青岛市社科规划重点项目

青岛市经济社会发展蓝皮书：2008

青岛市社会科学院
青岛市城市发展研究中心

主　编　任银睦
副主编　赵明辉　于淑娥　姜　红

中国海洋大学出版社
·青岛·

图书在版编目(CIP)数据

青岛市经济社会发展蓝皮书:2008/青岛市社会科学院编.—青岛:中国海洋大学出版社,2007.12
ISBN 978-7-81125-098-5

Ⅰ.青… Ⅱ.青… Ⅲ.①地区经济－经济发展－分析－青岛市－2007②社会发展－社会分析－青岛市－2007③地区经济－经济预测－青岛市－2008④社会预测－青岛市－2008 Ⅳ.F127.523

中国版本图书馆 CIP 数据核字(2007)第 190533 号

出版发行	中国海洋大学出版社
社　　址	青岛市香港东路 23 号　　邮政编码　266071
网　　址	http://www2.ouc.edu.cn/cbs
电子信箱	coupljz@126.com
订购电话	0532—82032573(传真)
责任编辑	李建筑　　　　　　　　　　电　话　0532—85902505
印　　制	文登市印刷厂有限公司
版　　次	2007 年 12 月第 1 版
印　　次	2007 年 12 月第 1 次印刷
成品尺寸	164 mm×240 mm
印　　张	22.75
字　　数	406 千字
定　　价	全套两册总定价 116.00 元(每册定价 58.00 元)

编辑委员会

主　　任　王　伟
副 主 任　吕振宇　徐万珉
委　　员　（按姓氏笔画为序）
　　　　　于淑娥　刘典平　任银睦　李　明
　　　　　张　勇　姜　红　郭守仁　赵明辉

主　　编　任银睦
副 主 编　赵明辉　于淑娥　姜　红
资料统筹　刘振磊　蔡文琴　王发栋

前 言

又值岁末,《青岛市经济社会发展蓝皮书：2008》马上就要出版了。它是青岛市社会科学院、青岛市城市发展研究中心汇集青岛市社会各界专家学者的集体智慧而奉献给读者的第七本"蓝皮书"。该书选择青岛市经济社会发展进程中的重点、热点和难点问题，以科学、翔实的经济社会发展数据为分析预测基础，遵循理论与实践相联系、宏观研究与微观研究相结合的原则，客观、全面地分析了青岛市2007年经济社会发展的形势，科学准确地预测2008年乃至"十一五"期间青岛市经济社会的发展走势。

2007年，青岛市高举邓小平理论伟大旗帜，认真践行"三个代表"重要思想，全面贯彻党的十六届六中全会、党的十七大和山东省第九次党代会及市第十次党代会精神，以科学发展观统领全局，努力建设富强文明和谐的社会主义现代化新青岛。在这一大背景下，2007年青岛市经济社会各项事业取得令人瞩目的成就。2008年青岛市将高举中国特色社会主义伟大旗帜，以邓小平理论和"三个代表"重要思想为指导，深入贯彻落实科学发展观，继续解放思想，坚持改革开放，推动科学发展，促进社会和谐，为夺取全面建设小康社会新胜利而奋斗。为此，本书按照科学发展观的要求，强调实现青岛市经济社会全面、协调、可持续发展，力求全面、准确地反映2007年青岛市经济社会运行态势及发展特色，系统、科学地预测2008年青岛市经济社会发展的走势。

为了突出和保持青岛市"蓝皮书"的多层次、宽领域、更全面地反映经济社会发展形势的鲜明特色，2008年"蓝皮书"在框架体系上既继续保留以往的风格，又不断完善创新，并形成新的特色。在体例上仍保留以往的"经济篇"、"社会篇"、"区（市）篇"和"专题篇"4个篇章，分报告由33个专题组成。"经济篇"、"社会篇"、"区（市）篇"、"专题篇"既各具特色，又相互联系，共同构筑起2008年"蓝皮书"的整体框架。

"经济篇"在对青岛市经济形势总体分析与预测的基础上，突出表现2007年青岛经济发展的特色。该篇以2007~2008年青岛市经济形势分析与预测为重点,对青岛市服务业、对外经贸、青岛与韩国技术转移、城乡居民收入及金融服务功能等发展形势设立分报告进行专门分析及预测,以此作为对青岛市经济形势分析与预测的有力支撑,并尽可能全面反映出青岛经济的特色所在、优势所在。

"社会篇"以青岛市社会事业发展形势分析与预测为重点,透过社会不同领域发展的具体情况,高起点、宽领域、多视角地展示出青岛市社会和谐发展的形势。如对城乡就业形势、公用事业发展形势、推进人文奥运与文明城市建设状况、体育事业发展形势等给予关注,专门设立分报告进行系统分析。

"区(市)篇"着重分析了青岛市各区(市)经济社会发展的现状,比较理性地预测了其走势,并在此基础上重点突出了各区(市)的特色。如市南区的金融业、市北区的特色文化产业、四方区的物流园区、青岛经济技术开发区的物流业、崂山区的休闲度假旅游产业、城阳区的农村城市化、胶州市的名牌农业、胶南市的农民专业合作经济组织。通过此篇,2007年青岛市城乡协调发展的大好局面得以充分展现。

"专题篇"是作者立足青岛经济社会发展的现实,从学术视角对发展过程中的问题在更深层面上予以关注和思考,并提出对策建议。如青岛市工业产业结构调整研究、重点项目建设对青岛经济拉动作用研究、公立医院改革研究、地方立法与和谐社会建设研究、李沧区流动人口管理与和谐社区建设研究、莱西市生物质能源发展与新农村建设研究等。

对城市经济和社会发展状况的综合分析和科学预测,是城市宏观决策的基础。近年来,青岛市各级领导机关和有关部门,都十分重视调查研究和分析预测工作,并取得了相应的丰硕成果,在决策的科学化方面发挥了重要的作用。正因为如此,我们完全可以这样说,"蓝皮书"的编写是在青岛市委、市政府领导的直接关怀和指导下完成的。青岛市委常委、宣传部部长王伟对本书的编写作了重要指示;市委宣传部副部长吕振宇,青岛市社科院院长徐万珉也对本书的编写提出了不少有价值的意见;青岛市社科规划办也将"蓝皮书"列入青岛市社科规划重点课题;本书在编写过程中,还得到了青岛市各级政府、有关部门和青岛市社会各界人士的大力支持。在此,我们谨表示衷心的感谢。

本书的编辑、校对工作由赵明辉研究员、于淑娥研究员、姜红副研究员完成;由任银睦研究员审稿、统稿并最后定稿。刘振磊、蔡文琴、王发栋同志负责本书稿的文字统筹等工作。

需要强调的是,按照"蓝皮书"通常定稿时间为本年度11月末的惯例,作者对形势分析所采用的数据大部分截止到2007年的第三季度末,并在此基础上预测出全年的测算数字,2007年全年的实际数字仍以青岛市统计局正式公布的数据为准;本书各篇文章的观点,仅代表作者本人,既不代表编者,也不代表作者所属的机构;同时,由于编写水平及时间所限,错误之处肯定存在,敬请广大读者不吝赐教,以使"蓝皮书"永远保持它的新鲜与活力。

编 者

二〇〇七年十一月

目 次

经济篇

2007～2008年青岛市经济形势分析与预测
....郭先登/3
2007～2008年青岛市服务业发展形势分析与预测
....邢恩深 贺学勇/18
2007～2008年青岛市对外经贸发展形势分析与预测
....姜 红 李莉莉/30
2007～2008年青岛与韩国技术转移形势分析与预测
....隋映辉 丁海洋/37
2007～2008年青岛市城乡居民收入形势分析与预测
....赵明辉/49
2007～2008年青岛市金融服务功能形势分析与预测
....周建宁 胡 岩/59
青岛市名牌战略实施状况分析
....于淑娥/69

社会篇

2007～2008年青岛市社会形势分析与预测
....马庚存/83
2007～2008年青岛市城乡就业形势分析与预测
....吴大立 宋 平/91
2007～2008年青岛市公用事业发展形势分析与预测
....柳 宾/103

2007～2008年青岛市推进人文奥运与文明城市建设状况分析与预测
.... 冷　静/120

2007～2008年青岛市体育事业发展形势分析与预测
.... 蒋　静/132

青岛市文化发展状况分析
.... 周海波/140

八大峡街道和谐社区建设状况分析
.... 张维克/150

崂山茶产业品牌化发展状况分析
.... 胡苗苗/161

区（市）篇

2007～2008年市南区金融业发展形势分析与预测
.... 贾聪敏　李春善/173

2007～2008年市北区特色文化产业发展形势分析与预测
.... 潘德华/182

2007～2008年四方区物流园区发展形势分析与预测
.... 修丰东　于雪红/190

2007～2008年崂山区休闲度假旅游产业发展形势分析与预测
.... 姜　伟/197

2007～2008年青岛经济技术开发区物流业发展形势分析与预测
.... 燕亚超　张延华　任根运/208

2007～2008年城阳区农村城市化形势分析与预测
.... 王彩杰　黄伟丽/216

2007～2008年胶州市名牌农业发展形势分析与预测
.... 刘骏骎/225

2007～2008年胶南市农民专业合作经济组织发展形势分析与预测
.... 张志刚　肖永凤　阚卫华　周春华/235

专题篇

青岛市工业产业结构调整研究
.... 刘俐娜/247

青岛市民营中小企业自主创新研究
.... 毕监武/262

重点项目建设对青岛经济拉动作用研究
.... 仇元明 /272

青岛市地方立法与和谐社会建设研究
.... 刘志荣 /278

青岛市公立医院改革研究
.... 李传荣 /289

青岛市高端旅游产品发展研究
.... 林红军 /299

李沧区流动人口管理与和谐社区建设研究
.... 张 纲 陈 东 /308

即墨市小商品市场发展研究
.... 丁爱梅 /318

平度市经济作物种植与农业发展研究
.... 贾晓峰 王成德 /326

莱西市生物质能源发展与新农村建设研究
.... 张仁坤 孙玉励 孙玉欣 仇宝琴 /337

CONTENTS

Economy

Qingdao in 2007~2008: Analysis and Forecast on Economic Situation
.... Guo Xiandeng/3
Qingdao in 2007~2008: Analysis and Forecast on Development
   Situation of Service Industry ··· Xing Enshen & He Xueyong/18
Qingdao in 2007~2008: Analysis and Forecast on Development
   Situation of Foreign Trade and Economic Cooperation
   .... Jiang Hong & Li Lili/30
Qingdao in 2007~2008: Analysis and Forecast on Situation of Techno-
   divertion From South Korea ········ Sui Yinghui & Ding Haiyang/37
Qingdao in 2007~2008: Analysis and Forecast on Urban and
   Rural Household Income Situation ············· Zhao Minghui/49
Qingdao in 2007~2008: Analysis and Forecast on Situation of
   Financial Service Function ············ Zhou Jianning & Hu Yan/59
Situation Analysis on Implementing Top Brand Policy in Qingdao
   .... Yu Shu'e/69

Society

Qingdao in 2007~2008: Analysis and Forecast on Social
   Undertakings Situation ····························· Ma Gengcun/83
Qingdao in 2007~2008: Analysis and Forecast on Situation of
   Urban and Rural Labour Employment ······ Wu Dali & Song Ping/91
Qingdao in 2007~2008: Analysis and Forecast on Development
   Situation of Public Utility ······························ Liu Bin/103

Qingdao in 2007~2008: Analysis and Forecast on Situation of
　　Promoting Humanism Olympics and Setting Up Civilization
　　City ·· Leng Jing/120
Qingdao in 2007~2008: Analysis and Forecast on Development
　　Situation of Sport Undertakings ···························· Jiang Jing/132
Situation Analysis on Cultural Development in Qingdao
　　··· Zhou Haibo/140
Situation Analysis on Harmonious Community Construction
　　in Ba Daxia Community ······································· Zhang Weike/150
Situation Analysis on Top Brand of Laoshan Tea Industry
　　·· Hu Miaomiao/161

District(county)

Shinan District in 2007~2008: Analysis and Forecast on Development
　　Situation of Financial Industry ······ Jia Congmin & Li Chunshan/173
Shibei District in 2007~2008: Analysis and Forecast on Development
　　Situation of Characteristic Culture Industry ············· Pan Dehua/182
Sifang District in 2007~2008: Analysis and Forecast on Development
　　Situation of Logistics Park ·········· Xiu Fengdong & Yu xuehong/190
Laoshan District in 2007~2008: Analysis and Forecast on Development
　　Situation of Tourism Industry of Recreation & Vacation
　　··· Jiang Wei/197
Qingdao Economic and Technological Development Zone in 2007~2008:
　　Analysis and Forecast on Development Situation of Logistics
　　Industry ················ Yan Yachao, Zhang Yanhua & Ren Genyun/208
Chengyang District in 2007~2008: Analysis and Forecast on
　　Situation of Rural Urbanization ······ Wang Caijie & Huang Weili/216
Jiaozhou County in 2007~2008: Analysis and Forecast on
　　Development Situation of Famous Agriculture ··· Liu Junqin/225
Jiaonan County in 2007~2008: Analysis and Forecast on Development
　　Situation of Economic Organization of Farmer Professional Cooperation
　　···
　　　　Zhang Zhigang, Xiao Yongfeng, Kan Weihua & Zhou Chunhua/235

Special Topic

Study on Adjustment of Industrial Structure in Qingdao
.... Liu Lina/247
Study on Independent Innovation of Civil-management
　　Medium and Small Enterprise in Qingdao ············ Bi Jianwu/262
Study on Impetus Effect to Qingdao Economy of Major
　　Projects Construction ························ Zhang Yuanming/272
Study on Regional Legislation and Harmonious Society
　　Construction in Qingdao ····························· Liu Zhirong/278
Study on State Hospital Reform in Qingdao ······ Li Chuanrong/289
Study on Development of Advanced Tourism Production
　　in Qingdao ··· Lin Hongjun/299
Study on Floating Population Management and Harmonious Community
　　Construction in Licang District ·········· Zhang Gang & Chen Dong/308
Study on Development of Small Commodities Market in Jimo
　　County ··· Ding Aimei/318
Study on Economic Crop Growth and Agricultural Development
　　in Pingdu County ················ Jia Xiaofeng & Wang Chengde/326
Study on Biological Energy Development and New Country
　　Construction in Laixi County ···
　　　　·········· Zhang Renkun , Sun Yuli , Sun Yuxin & Qiu Baoqin/337

2008

经济篇

2007~2008年青岛市经济形势分析与预测

郭先登

2007年,青岛市高举邓小平理论的伟大旗帜,认真践行"三个代表"重要思想,全面贯彻党的十六届六中全会和党的十七大及山东省第九次党代会精神,按照市第十次党代会确立的以科学发展观统领全局,努力建设富强文明和谐的社会主义现代化新青岛的战略目标与任务,站在更高的历史起点上,准确把握形势,全面落实科学发展观,着力调整经济结构和转变增长方式;着力加强资源节约和环境保护;着力推进改革开放和自主创新;着力促进社会发展和解决民生问题,加快构建社会主义和谐城市,推动经济社会发展切实转入科学发展的轨道,努力实现城市经济又好又快发展。

2007年,青岛市既面临"黄金发展期"的新形势,又面临"矛盾凸显期"出现的新问题,在山东省委、省政府和青岛市委、市政府的领导下,全市抓住机遇,应对挑战,全力建设创新型城市,实现从国家级生产制造基地向国家级科研创新基地的转变;加快引进"大院大所",突破核心技术,提高自主创新能力;继续推进品牌经济的发展,在服务业、科技、教育、医疗、文化等领域创出新品牌,壮大了城市品牌群;继续推进循环经济的发展,强化节约型城市的建设。通过上述努力,使青岛市城市经济实力和综合竞争力进一步增强,在速度、质量、效益相协调,消费、投资、出口相协调,人口、资源、环境相协调等方面,取得了巨大成就。

一、2007年青岛市经济形势分析

2007年,青岛市在经济运行中全面落实科学发展观,按照山东省委、省政府关于发挥青岛龙头带动作用的要求及市第十次党代会确定的一系列战略部署,实现了城市经济发展的良性循环。对2007年青岛市经济运行总的评价是:抓住重要战略机遇期,克服国内外经济运行带来的不利影响,坚持城市发展的特色,始终把提高城市居民的生活水平和质量、促进人的全面发展、构建社会主义和谐社会,作为城市经济社会发展的根本出发点和落脚点；把提高自主创新能力作为科学发展、调整经济结构和转变增长方式的中心环节，并贯穿于发展的全过程，作为发展的主动力；深化经济体制改革，全面提升城市高层次开放水平，从根本上转变经济增长方式，创新发展模式，建设节约型城市和创新型城市；发挥青岛在区域经济发展中的龙头作用，加速实现半岛经济一体化，为建设大而强、富而美的新山东作出更大的贡献。

（一）2006年青岛市经济健康发展，为2007年经济发展打下了良好基础

2006年完成的主要经济指标：

完成GDP 3206.58亿元，同比增长15.7%，占全国209407亿元的1.5%；占山东省21846.7亿元的14.7%。三次产业结构比为5.7∶52.3∶42.0。

规模以上固定资产总额1485.78亿元，同比增长19.8%。

完成规模以上工业增加值1472.78亿元，同比增长23.1%。

完成社会消费品零售总额1006.67亿元，同比增长将16.3%。

完成外贸出口创汇总额216.5亿美元，同比增长23.1%。

实际利用外资36.58亿美元，与上年持平。

完成地方财政一般预算收入225.77亿元，同比增长28.0%。

完成城市居民人均可支配收入15328元，同比增长18.6%。

城镇登记失业率2.96%，低于预定4%的目标。

（二）2007年是"十一五"期的第二年，青岛市以科学发展观统领城市经济社会发展全局，全力抓创新型城市和节约型城市的建设，主要经济指标全面超过预定目标，为全面顺利地实现"十一五"时期的各项经济社会发展目标奠定了基础

2007年青岛市完成GDP，第一季度达到761.75亿元，同比增长16.3%；上半年达到1789.92亿元，同比增长16.1%，比全国11.5%的增长速度高了4.6个百分点；1～9月达到2750.95亿元，同比增长16.2%，相当于"十一五"期末目标4900亿元的56%，增长幅度比全国11.5%高了4.7个百分点；全年预测将突破3600亿元，同比增长将超过预期的13%的目标。

2007年青岛市完成规模以上固定资产投资总额，第一季度达到212.2亿元，同比增长26.2%；上半年达到750.9亿元，同比增长24%；1～9月达到1289.9亿元，同比增长24.2%；全年预测将突破1700亿元，同比增长将超过预期的16%的目标。

2007年青岛市完成规模以上工业增加值，第一季度达到343.95

亿元,同比增长29.12%;上半年达到819.8亿元,同比增长23.2%;1～9月达到1247.1亿元,同比增长22.1%;全年预测将突破1800亿元,同比增长将超过预期的25%的目标。

2007年青岛市完成社会消费品零售总额,第一季度达到279.84亿元,同比增长16.6%;上半年达到567.1亿元,同比增长17.0%;1～9月达到872.3亿元,同比增长17.6%;全年预测将突破1150亿元,同比增长将超过预期的15%的目标。

2007年青岛市完成外贸出口创汇总额,第一季度达到57.04亿美元,同比增长29.1%;上半年达到122.23亿美元,同比增长26.6%;1～9月达到194.9亿美元,同比增长24.8%;全年预测将突破240亿美元,同比增长将超过预期的12%的目标。

2007年青岛市实际利用外资,第一季度达到12.56亿美元,同比增长9%;上半年达到21.5亿美元,同比持平;全年预测将突破40亿美元,同比增长将超过预期的10%的目标。

2007年青岛市完成地方财政一般预算收入,第一季度达到68.76亿元,同比增长29.2;上半年达到136.57亿元,同比增长23%;1～9月达到197.9亿元,同比增长24.6%;全年预测将突破260亿元,同比增长将超过预期的20%的目标。

2007年青岛市实现城市居民人均可支配收入,第一季度达到4607.17元,同比增长14.3%;上半年达到8869元,同比增长17.7%;1～9月达到13171元,同比增长16.6%;全年预测将突破16500元,同比增长将超过预期的9%的目标。

2007年青岛市城镇登记失业率,第一季度为达到2.92%;上半年达到2.94%;1～9月达到2.98%;全年预测为2.98%以内,低于预定4%的目标。

(三)以产业集群为骨架,促进产业结构升级,继续加快发展先进制造业,坚持以信息化带动工业化,广泛应用高技术和先进适用技术改造提升制造业水平,形成更多拥有自主知识产权的知名品牌

(1)重点项目带动作用更加显著。大力推进110个起点高、效益好、带动力强、有示范作用的重点工业项目的建设,项目总投资807亿元,其中利用外资5亿美元,涉及企业86家。重点工业项目的建设推动了骨干产业集群的发展,八大品牌产业集群同比增长20%以上。其中,船舶与海洋装备产业中,能力分别为30万吨和50万吨的国内最大的造船坞开工与建设,为中船重工造修船产业基地、海洋石油工程基地、青岛海西重机大型船舶配套设备与港口机械生产基地等项目形成新增能力;汽车产业积极深化了与美国、瑞典、德国等发达国家的技术合作,建设专用车制造研发基地,发展大型汽车精密模具;家电产业重点推进了海尔新兴产业园、100万套中高档分体式太阳能热水器、海信精密家电模具生产基地等项目的建设,提升高端配套率和核心竞争力,以项目带动整个家电产业集群发展。

(2)大企业集团的规模进一步壮大。2007年全市规模以上工业企业主营业务收入超过亿元的突破800家,同比增长10%以上,经济总量占到规模以上工业经济的79%。以海尔、海信、青钢、青啤、双星等为主体的十大工业企业集团,预计全年同比增长超过13%;以大企业集团为主体的八大产业集群预计全年同比增长超过25%。

(3)走新型工业化之路取得新的进展。企业原始创新、集成创新和引进消化吸收的创新能力不断提高。2007年青岛市在发展装备制造业上取得新突破,如南车四方机车公司为全国第六次大提速制造的动力车组投入运营,标志着我国铁路客运装备技术水平正式进入世界高速列车先进领域,具有里程碑意义。高新技术产业产值再创新高,上半年全市完成高新技术产业产值同比增长25.35%,占规模以上工业总产值的比重为44.25%。其中电器机械及器材制造业、通信设备计算机及其他电子设备制造业和专项化学用品制造三大行业总产值占高新技术产业产值的50%以上,成为高新技术产业的主要支撑行业。

(4)全市民营经济继续保持良好的发展态势,"半壁江山"地位更加稳固。2007年上半年民营经济完成增加值922.4亿元,同比增长17.9%,占全市比重为51.5%;三次产业比重由上年的3.7∶57.4∶38.9调整为3.1∶53.6∶43.3。在民营经济发展中个体私营经济不断扩张,上半年个体私营企业达到271868家,其中上半年新增30228家。

(5)继续把发展品牌经济作为发展的重点、核心和关键,在各个领域培育发展壮大品牌经济,开创了品牌经济发展新局面。2007年新增中国名牌27个,总数达到69个,位列中国城市第3名;中国驰名商标总数达到21个。

(6)工业企业运行质量继续提高,主要表现是赢利大户增加,亏损大户逐步减亏。2007年上半年规模以上工业企业实现利润同比增长32.69%,亏损企业亏损额同比下降32.57%;工业经济效益综合指数同比提高26.26个百分点。

从2007年前三季度看,工业产业结构调整取得重大成就,但是在优化产业结构方面还需要有更大的突破,尤其在进一步推进传统优势产业的升级和建设制造服务型产业模式上要有新的措施。

(四)城市特色经济稳步发展,业态结构进一步得到优化,在城市经济中的地位越来越重要

(1)海洋经济继续保持高速增长的趋势。主要表现是:传统海洋产业加快升级改造;海洋第三产业服务能力不断提升;海洋能源开发力度加大;新兴海洋产业蓄势发展;海洋经济可持续发展能力增强。据统计,2007年全市海洋经济总值首次突破1000亿元,其中水产品总值超过100亿元,出口创汇占山东省的40%,居全国同类城市首位。

(2)旅游经济在2006年取得突破300亿元的基础上,2007年又有新的发展。如2007年三个"黄金周",按照安全、秩序、质量、效益的总目标,取得重大经济和社会效益。春节"黄金周"来青旅游者达81.3万人次,旅游收入8.2亿元,同比增长13.6%和19.5%。同时,近郊乡村游也非常火爆,大批游客赴胶南琅琊台、胶州三里河公园、黄岛金沙滩、莱西产芝湖、平度大泽山、即墨温泉及鹤山等景区点观光休闲。据统计,春节"黄金周"全市近郊和乡村景区点累计接待游客超过30万人次。"五一""黄金周"来青旅游者达204.1万人次,旅游收入22.1亿元,同比分别增长27.6%和28.3%;同时拉动全市社会消费品零售额完成24亿元,同比增长20%;餐饮业同比增长15.7%。"十一""黄金周"接待旅游者达154万人次,同比增长8.4%;旅游收入15.56亿元,同比增长12%;实现社会消费品零售额26亿元,同比增长19%。再如第17届青岛国际啤酒节取得成功,带动了旅游经济的发展。据统计,啤酒节啤酒城接待游客360万人次,比上届增长30.9%,其中海外游客超过10万人次;啤酒节期间星级酒店平均入住率达到97%以上。

2007年上半年青岛市共接待海内外旅游人数1399.8万人次,旅游总收入161.4亿元。1~9月接待海内外旅游人数2713.64万人次,旅游总收入达到305.85亿元,同比分别增长16.6%和29.5%。其中入境旅游人数53.14万人次,同比增长36.86%,外汇收入4.78亿美元,同比增长38.9%;接待国内旅游人数2630.5万人次,同比增长16.1%,旅游收入270.02亿元,同比增长28.45%。

(3)港口经济在2006年港口吞吐量突破2亿吨(实际为2.2415亿吨)大关、集装箱达到770.2万标准箱的基础上,2007年实现新突破。第一季度港口吞吐量完成6500万吨,同比增长21%,港口每秒钟装卸达8.45吨,提高效率22%;用138天完成1亿吨吞吐量,比2006年提前了26天。1~9月港口吞吐量2亿吨,同比增长19.7%;集装箱达到701.4万标准箱,同比增长24.4%。

截止到2007年9月底,青岛港已经与世界150个国家和地区的450余个港口发生贸易往来;船舶交通流量达到40000余艘次;万吨级以上船舶艘次占总流量的1/3；吃水15米以上的超大型船舶平均每小时进港一艘，为全国之最。2007年青岛港实施跨区域资本合作取得新进展，与日照港合资建立了集装箱码头有限公司，提高了山东沿海码头资源的整合水平，实现了资源共享和优势互补，全年预测，日照港集装箱吞吐量同比翻一番。10月，青岛港同冰岛怡之航合作建设的全国最大、亚洲之最的冷库开业，这一项目将为青岛港带来每年50万TEU的箱量。

在三大特色经济的发展上，青岛市要更加注重海洋经济发展对城市经济发展的支撑作用，使海洋经济真正成为重要的税源之一。

（五）坚持以发展农村经济为中心，全面推进社会主义新农村建设；全面推进小城镇健康发展

（1）县域经济突出了发展特色，培植了一批主导产业、骨干产业、支柱产业，拉长了产业链，形成了新的竞争优势。据测算，2007年全市县域10强龙头企业实现销售收入同比增长22%，占全市县域企业销售收入的53%。

（2）农业产业化经营不断推进。2007年青岛市财政安排专项资金，重点支持30家省级以上龙头企业、100个农民专业合作组织、10处农产品产地批发市场和10个高效农业示范园区发展。全市农产品加工业1～9月份完成销售收入在副省级城市中名列第三。

（3）重点发展粮油、畜禽、果蔬、水产四大类农产品加工业，支持龙头企业依靠技术、产品和市场优势，扩大规模，做强做大。预计四大类农产品加工业2007年全年实现销售收入390亿元、出口交货值160亿元、税金7.9亿元，同比分别增长26%、15%和18%。

（4）社会主义新农村建设不断深入。推进社会主义新农村建设要办的25件实事基本完成，全年实施了272个村除氟改水工程；新建了1000家农资标准化超市；新发展农村新能源受益农户2万个；化解镇村债务取得明显进展，镇村负债总额下降30%。

社会主义新农村建设，青岛市要高度重视小城镇的发展，充分认识青岛与其他城市在这方面的差距，要加大投入水平，使小城镇建设更有特色。

（六）以大力发展城市现代服务业为重点，强化第三产业发展功能

（1）推动现代服务业十大重点领域加快发展。2007年青岛市加快了中央商务区的建设，使该区的金融、贸易、投资、保险、证券、中介等服务业得到发展，使其逐步形成区域性的人流、物流、资金流、信息流和文化的集散地，提升了青岛经济中心发展的水平。预计全年，服务经济增加值将同比增长 16% 以上。

(2) 中远物流、空港物流等物流园区建设加快,特别是第三方物流得到长足发展。1~9月物流产业实现收入同比增长 25.25%。

(3) 流通经济高速增长,市场交易活跃,规模水平明显提高。2007年以来,青岛市通过加强三级商业中心建设,不断引进新的经营业态,繁荣消费市场。确定了一批奥运餐饮服务商和迎奥推荐饭店,建成国家级餐饮街和特色餐饮街 14 条;大力发展经济型酒店 100 余户;规范升级 80 处早餐示范点,新建、改建"绿色早餐"便民网点 400 个;成功举办了第八届中国美食节,提升了城市特色餐饮的品牌效应,为奥帆赛食宿、购物等提供完备的服务平台。预计全年批发、零售、餐饮、住宿等四大行业将同比分别增长 15.1%、16.8%、17.5%和 17.2%。

(4) 会展经济成为新的经济增长点。仅会展中心 2007 年以来就举办了 50 余个展会,营业收入同比增长 28.2%。2007 中国电子博览会无论是从展会策划、布局、运作、管理、服务,还是从参展商、采购商邀请、论坛设计等方面,都充分体现了专业化、国际化特色,吸引了 430 家参展企业,比上届增长 9.7%;展位达到 1316 个,比上届增长 9.1%;观展人数超过 8 万人次,比上届增长 30%,其作为全球消费类电子产业交流重要平台的地位进一步巩固。

但与其他城市比较,青岛发展现代服务业还有很多空间,需要进一步开发,要采取更有力的措施,推动现代服务业重点领域加快发展。

(七)坚持实施经济国际化战略取得新的成就;调整和完善对外经济发展模式,使对外经济工作迈上新的台阶

(1) 调整优化出口结构,扩大机电产品、高新技术产品出口规模,争创国家科技兴贸出口创新基地。2007 年全市出口市场发生了重大变化,对欧盟出口快速增长,并取代美国成为第一大出口市场。在出口市场发生重大变化的同时,全市机电产品出口比重达到 40%。

(2) 出口创汇出现向大户集中的发展趋势。1~9月份 10 家出口大户平均增幅为 76%,高出全市平均增幅 47 个百分点。

(3) 大项目持续增加,独资企业继续领先,外企登记户数和注册资本实现双增长。2007 年上半年统计,全市新登记外商投资企业 714家,投资总额 21.58 亿美元,注册资本 12.11 亿美元,同比分别增长 14.42%、4.96%、15.89%;投资总额 3000 万美元以上企业有 159 家,同比增长 32.5%;独资企业已达 6177 家,占全市外商投资企业总数的 74.06%,其中韩国投资企业达 4262 家,占全市外商投资企业总数的 51.1%。

(4) 招商引资重量更重质,保持了稳定发展的良好态势。外商投资企业增资成为利用外资的新增长点,1~9月份新增外资已占新批合同外资的50%以上;批准的外资项目没有一个"两高一资"项目。

但从2007年第三季度看,进口增长缓慢,进出口贸易显得不平衡,其原因主要是地方促进进口增长的权限有限,而且即使有限的权限我们也没有充分运用好。

(八)在推行由积极的财政政策向稳健的财政政策转变过程中,税源经济进一步发展,财政收入水平,金融、证券业等发展水平得到提高

(1)完善促进金融业发展的政策措施,积极引进培育各类金融机构,不断创新金融产品,提高服务质量,改善金融环境。2007年在金融宏观调控力度加大,股市行情持续走高的情况下,存贷款继续保持了较高的增长速度,固定资产投资高位增长。据6月末统计,全市本外币各项存款余额3736.8亿元,比年初增加335.4亿元,同比少增2.1亿元;本外币各项贷款余额3156.8亿元,比年初增加355.4亿元,同比多增11亿元;中长期贷款增加155.2亿元,同比多增65.3亿元,占各项贷款增量的比重为43.7%,同比提高17.6个百分点。到2007年9月末,全市本外币各项存款余额3976.27亿元,比年初增加574.86亿元;本外币各项贷款余额3327.3亿元,比年初增加525.9亿元。

(2)税收实现较快增长。国税和地税在2006年分别达到495亿元和142.79亿元,同比增长26%、18.12%的基础上,2007年又有了较快增长。国税和地税上半年同比分别增长9.8%、18.96%。

(3)创新外汇管理服务方式,支持青岛企业实施全球资金运作。如为海尔集团量身订制了以"外汇资金池"为核心内容的全球资金集中管理模式,通过设立境内外两个"资金池",分别集中企业境内外法人企业的外汇资金;"资金池"内的外汇资金不再严格区分经常项目与资本项目性质,而且允许境内"资金池"对境外资金池进行融资,促进了企业资金的高效配置。

(4)对企业上市实行"五并举"方针。具体是不同所有制企业上市并举,不同规模企业上市并举,不同市场上市并举,不同行业企业上市并举,不同模式上市并举,逐步形成上市一批、申报一批、储备一批的良性发展态势。2007年9月末,全市拥有上市公司18家,发行股票20只。在积极推行企业上市的同时,青岛商业银行与意大利联合圣保罗银行实现战略合作,意方购买青岛商业银行19.99%的股权,这将全面提升青岛商业银行的国际竞争力。

在更加开放的情况下,青岛市要重视外资银行,充分发挥外资银行的作用。

(九)以提高自主创新能力为核心,促进城市科技经济的发展,建设创新型城市的步伐加快

(1)加大了对科技投入及科技成果的保护力度。2007年市财政安排科技三项经费1亿元,用于重点科技攻关和成果应用转化;进一步完善科技经费使用监管和绩效考核;加快建立规范有效的科技风险投资机制;继续实施知识产权保护战略,支持和帮助企业保护专利成果。

(2)加快城市自主创新体系建设,完善体制机制和政策环境,全面落实突破骨干产业核心技术、引进"大院大所"取得新进展。2007年5月由中科院、山东省、青岛市共同投资3.15亿元的中科院生物能源与过程研究所奠基;中科院化学所青岛基地新材料研发中心、西北工业大学青岛技术转移中心、中科院青岛节能工程技术研发中心、国家生化(青岛)工程技术研究中心、北京大学宽带流媒体技术联合实验室等相继落户青岛。同时,加快了市级重点实验室的建设速度,据24个市级重点实验室统计,2007年改造实验室面积8000平方米,购置仪器设备额7500万元,重点建设海洋微生物资源等十大技术研发平台;承担了"973"、"863"、"科技支撑计划"和国家自然科学基金等60项国家级科技计划项目,在海洋科学、材料科学、生命科学、信息科学以及机械领域取得一批具有自主知识产权的科研成果。

(3)企业技术中心建设有了新的进展。2007年新认定企业技术中心9户。以企业技术中心为主体,实施了366项重点创新项目,投资额达24.7亿元,其中技术开发费投入16.7亿元,占投资额的67.6%;预测全年实现销售收入349.3亿元,利税77.9亿元。在国家首批"企业国家重点实验室"认定中,青岛海尔集团、海信集团、中石化安全工程研究院等3家企业上榜,标志着青岛市科技创新体系有了实质性的跨越。

(4)研发水平不断提高,软件产业成绩斐然。2007年青岛海信集团在荷兰埃因霍温建立了"欧洲研发中心"。海信欧洲研发中心,主要是为欧洲市场服务,也承载着向其他市场辐射的责任,比如澳洲产品需求与欧洲就很类似,欧洲研发的产品很快就可以转向澳洲。2007年青岛市软件产业发展取得重大成就,城阳电子信息产品出口加工产业园和平度电子零部件产业园进入"山东省电子信息产业园"的行列;青岛高校软控股份有限公司、青岛海信移动通信技术股份有限公司、青岛海尔科技有限公司等成为首批"山东省软件工程技术中心";有6家企业和2名个人成为山东省优秀软件企业和软件企业领军人物。

面对新的形势,青岛市如何进一步发挥企业在城市自主创新体系建设中的主体地位,是2008年需要更加重视的问题。

(十)以抓好减量、替代、再生、再用等关键环节为重点,大力发展循环经济和新能源

2007年青岛市全面完成了主要约束指标,全社会万元生产总值综合能耗完成0.94吨标准煤,同比下降0.8%,比年初确定的4.8%的目标降低了20%;全市规模以上工业万元增加值能耗完成1.12吨标准煤,同比下降1.16%。

(1)合理规划和控制了高耗能行业的过快增长,实现由"点"上的普遍推广、"线"上的大规模突破,向"面"循环的方向发展。如青岛碱业公司、黄岛发电厂、华电青岛发电有限公司联手启动了白泥与二氧化硫双向治理项目,不仅每年可使用青岛碱业产生的14万吨的废弃白泥,还降低了发电厂锅炉烟道气的脱硫成本,相关企业可节约能源消耗支出和减少污染治理费用2000多万元。2007年以来青岛市完成了110家重点耗能企业的审计,其中列入国家1000家的有9家;进行了国家批准的9个循环经济产业链示范项目,取得明显经济社会效果。

(2)推进了生物质能、太阳能、风能、海洋能的利用及设备制造。如由青岛蓝德公司于2007年初投资4亿元建设的年产200台具有自主知识产权的1.5兆瓦级风电机组总装厂,是青岛市发展清洁能源装备制造业的重点项目,使青岛市形成了配套较为齐全的风电设备生产基地。

(3)在农村推广发展沼气和秸秆气化,提高再生能源的转化水平。预计2007年转化率同比提高21%。

(4)全面实施节能重点工程,加大节能减排执法力度。列出了关停单机容量5万千瓦以下的常规小火电机组、供电标准煤耗高出2005年山东省平均水平10%或高出全国平均水平15%的各类燃煤机组的进程计划;招商引资或新上项目,对未进行用能审核和评估不合理的重点用能项目严格把关,不符合要求不得开工建设;新、改、扩建项目严格按照环保"三同时"的要求,采取有效防治污染措施,切实把污染物的排放降到最低。

(5)大力推进建筑节能和交通运输节能。严格执行了居住建筑节能65%和公共建筑节能50%的设计标准,对既有建筑采暖、空调、热水供应、电气等方面进行节能改造,推广应用新型墙体材料,推进供热体制改革,新建建筑对不可再生能源消耗下降20%,建筑的建造和使用能耗达到现阶段中等发达国家水平。

在交通运输节能方面,优先发展城市公共交通系统,完善交通智能调度系统,加快淘汰高耗能、污染重的老旧汽车,推广使用能耗低、排放

少的节能环保型车辆和新能源汽车,更新改造天然气汽车,推广使用节油型机油和燃油添加剂,推广汽车节能驾驶技术等。

大力发展循环经济需要全社会的重视,2008年青岛市仍然要把发展循环经济作为建设节约型社会的主要内容来抓。

(十一)城市建设取得新突破

(1)高标准完成奥林匹克帆船中心建设。累计完成奥帆赛建设项目投资超过550亿元。按照国际标准测算,2007年奥运经济拉动城市经济增长达到2.7个百分点。

(2)基础设施建设加快。顺利推进海底隧道、海湾大桥、即平高速、机场扩建等重点项目实施。

(3)房地产业发展取得新的突破。2007年以来实现旧城区、城中村改造重点住房建设项目18个,完成规划建筑面积117万平方米。房地产开发上半年投资137.5亿元,同比增长17.1%。青岛建设集团完成了改制重组,积极引进战略合作伙伴,使其成为青岛市加快推进建设经济发展的重要的融资平台。

二、2008年青岛市经济发展预测

2008年是实施"十一五"规划期的第三年,也是关键的中期阶段。青岛市要认真贯彻党的十七大精神,继续落实科学发展观,继续推进城市经济又好又快发展。

(一)2008年青岛市主要经济指标增长预测

GDP同比增长15%以上,预测全年完成收入将超过4000亿元。

社会消费品零售总额同比增长15%以上,预测全年将超过1400亿元。

外贸进出口总额同比增长18%以上,预测全年将达到420亿美元。

实际利用外资总额同比增长10%以上,预测全年将超过50亿美元。

地方财政一般项目收入同比增长20%以上,预测全年将超过300亿元。

居民登记失业率控制在3%以内,城镇居民人均可支配收入增长10%以上,农民人均纯收入增长8%以上。

(二)依靠科技创新推动产业升级的步伐将进一步加快,经济增长质量将持续提高

中国作为最大的发展中国家,生产力发展水平具有多层次性和不平衡性。我们既要发挥劳动力资源丰富的比较优势,继续发展劳动密集型产业,又要努力提高竞争优势,推进产业升级,改善国际贸易条件,在技术密集与知识密集型产业领域,缩小与发达国家之间的差距,提升在国际产业分工体系中的地位。

经济全球化条件下的国际分工,导致工业生产过程超越了国家的边界,技术创新和产业升级不可能在封闭环境中进行。但在日益激烈的国际竞争中,各国也在采取措施实现自身利益的最大化,如保护知识产权、控制核心技术转移等。必须看到,在国际产业分工体系中,我国技术密集型制造业大多处于产业垂直分工的低端。我国虽然是居世界第三位的进出口贸易大国,但货物出口的55%是加工贸易,其中高技术产品出口的99%左右来自加工贸易。国内需要的先进技术装备主要依靠进口,制造业对外来技术的依存度在50%以上。在这种情况下,青岛市要实现从国家级生产制造基地向国家级科研创新基地的转变,2008年必须继续强调提高自主创新能力,只有这样才能从根本上改变高新技术依赖跨国公司、产业发展受制于人的状况。

发展中国家的技术研发起步晚,技术和产业起点低。为了缩小与发达国家的技术差距,往往通过向跨国公司转让国内的市场份额,以换取国外的先进技术,即通常所说的以市场换技术。这能够缩小技术差距,促进新兴产业发展。我们强调自主创新,并不排斥技术引进和利用外资。但由于产品生命周期和技术代际差异,发展中国家换来的技术是第二流或第三流的技术,跨国公司在技术转让时必然要"留一手",发展中国家难以获得核心技术。从实践上看,在引进技术的同时,坚持自主研发和创新,有利于企业提高技术水平和市场占有率。因此,2008年青岛市要加快自主研发和创新步伐,进一步提高经济增长质量。

(三)全面落实科学发展观,经济增长方式将进一步转变

在科学发展观背景下,经济增长方式有了新的含义,即要素投入由资本投入为主向资本、劳动、技术进步投入为主转变;需求拉动方式由投资净出口为主导向投资——消费——净出口拉动转变;投入产出方式由高投入、高消耗、低产出向低投入、低消耗、高产出转变等。2008年青岛市转变经济增长方式,需要加快建设国家创新体系,为转变经济增长方式提供强有力的科学技术支撑,对于技术创新领域的市场失灵,政府应发挥职能进行弥补;加快推进经济结构的战略性调整,特别是要大力发展先进制造业和现代服务业；大力发展循环经济，加快建设资源节约型、环境友好型社会；努力提高劳动者素质，使其能够与科技进步保持协调。

2008年青岛市将围绕建设创新型城市，认真落实国家中长期科学和技术发展规划纲要提出的目标任务。实施国家重大科技专项，努力攻克一批事关国计民生和国家安全的核心关键技术，依托重点工程推进重大装备自主化建设，力争在重点优势领域取得突破。加强基础研究、前沿技术研究和社会公益研究。深化科技体制改革。加快建立以企业为主体、市场为导向、产学研相结合的技术创新体系。完善自主创新激励体制，落实鼓励和支持自主创新的财税政策、金融政策和政府采购制度。积极发展创业风险投资。抓紧制定并实施国家知识产权战略，切实加强知识产权保护。继续实施全民科学素质行动计划。

(四)将进一步提高对外开放质量和水平，加快转变外贸增长方式，促进对外贸易的增长

2008年青岛市将继续引导拥有自主知识产权和核心技术的产品出口，提高一般贸易和高附加值产品出口比重，控制高耗能、高污染和资源性产品出口，扩大能源、重要矿产品以及先进技术设备、关键零部件进口，加强重要资源的战略储备。提高加工贸易企业准入门槛，推动加工贸易转型升级。以引进先进技术、管理经验和高素质人才为重点，提高利用外资质量。积极稳妥地推进服务业对外开放。完善促进境外投资的政策措施和协调机制，鼓励和规范企业的对外投资合作。积极参与多边贸易规则制定和自由贸易区建设。

(五)将进一步推进循环经济的发展，促进节约型社会的建设

推进循环经济的发展，特别要重视大企业的作用。青岛是大企业比较集中的城市，大企业一直站在节能减排工作的前列，在整个过程中积累了系统全面的经验。如果大企业能够转变角色，由被服务的对象转为主动提供节能服务，再结合目前市场上的节能服务公司的专长，帮助它们不断完善节能服务手段，将可以有力地促进节能减排工作的进行。

2008年要结合青岛实际，充分利用现有的科学技术提供的成果，加快推行2006年公布的《中国节能技术政策大纲》中的13种节能新技术，主要有：研发、推广高红外、远红外、等离子、感应加热等高效加热新技术；研发、推广微波能高温技术，如微波烧结、微波高温合成工艺及相关设备；研发、推广膜技术在气体分离、污水处理、电解等领域的应用；研发新型煤粘结构、助燃剂和工业型煤，发展煤粉成型技术；研发中小

型高效清洁煤燃烧技术及装备；研发机械、电子和信息技术相结合的机电一体化技术装备；研发微生物选矿、微生物化肥等微生物技术；研发环保、高能效比制冷剂等技术，发展冰（水）蓄冷技术，研发动态蓄冰技术；研发新型传热质技术以及纳米技术、超导技术、超声技术、磁化乳化技术、稀土技术在节能领域中的应用；研发减磨与润滑技术、新型密封技术、防腐蚀技术、清洗与除锈除垢技术、添加剂技术、催化助燃等高新技术；研发高温超导技术在大电流传输、电能储存和高效电动机的应用；研发天然气水合物等新型能源开采技术，发展、推广电子技术、模糊控制技术在用电设备和家电产品中的应用。

同时，加快研发推广新型保温、隔热、高温、密封材料；研发特殊高性能金属和金属基复合材料；研发化工、石化新型催化剂、添加剂、乳化剂等；研发、推广高效节能的新型材料。

（六）将深入推进社会主义新农村的建设，推进县域经济的发展，创造新农村建设的新模式

社会主义新农村的建设是长期的任务。2008年，青岛要努力探索新农村建设的新模式，要发展现代农业，用现代物质条件装备农业，用现代科学技术改造农业，实行农科教、产学研结合，有效整合农业科技资源，提升农业科技原始创新、集成创新和引进消化吸收再创新能力，构建具有市场竞争力的农业生产结构体系；用现代产业体系提升农业，培植高素质产业体系，围绕园艺、畜牧和食品加工业，加大能够替代进口、拥有自主知识产权的优良品种和先进技术的研究力度，构建联结机制更加完善的农业产业经营体系和辐射带动能力强的农产品市场体系；用现代经营形式推进农业，用现代发展理念引领农业，积极探索新形势下农业科技服务体系向村级延伸的新模式、新机制，构建富有创新活力的农业科技服务支撑体系；培养新型农民发展农业，提高农业水利化、机械化和信息化水平，提高土地产出率、资源利用率和劳动生产率，提高农业素质、效益和竞争力，构建全过程监管有力的农产品质量安全体系和标准化养殖生产体系。以围绕发展农村流通基础设施建设为中心，创造推进社会主义新农村建设的特色模式。

发达的物流产业和完善的市场体系，是现代农业的重要保障。发展现代农业的成功经验表明，积极发展现代农业，必须强化农村流通基础设施建设，发展现代流通方式和新型流通业态，培育多元化、多层次的市场流通主体，构建开放统一、竞争有序的市场体系。2008年青岛市应加快建设"万村千乡市场"、"双百市场"、"新农村现代流通网络"和"农村商务信息服务"等工程，充分发挥农村现有流通网络的作用，支持城市流通企业经营网络向农村延伸，积极发展连锁超市、便利店等新型流通业态,为农民消费提供便利。通过示范引导、自愿进入的方式,逐步以连锁经营、统一配送等经营方式改造农村传统的集贸市场。以集贸市场、连锁超市、便利店为基础,建立农村流通网络;科学规划城乡农产品市场布局,加快农产品市场标准化建设;鼓励批发市场通过建设农产品基地、发展订单生产、组建农产品采购和物流中心等方式,建立农产品进入城市市场的快捷流通渠道;探索和推广"超市+基地"、"超市+农村流通合作经济组织"、"超市+批发市场"等方式,拓展农产品零售市场。

(作者单位:青岛市社会科学院)

2007~2008年青岛市服务业发展形势分析与预测

邢恩深　贺学勇

2007年以来,青岛市认真贯彻落实全国服务业工作会议、山东省第九次党代会和市第十次党代会精神,按照"科学发展、和谐发展、率先发展"的要求,进一步强化措施,狠抓落实,服务业继续保持健康快速发展的良好态势,为实现市十次党代会经济发展的良好开局发挥了积极作用。

一、2007年青岛市服务业发展状况分析

(一)发展状况

1. 服务业保持良好发展态势

2007年前三季度,青岛市完成服务业增加值1132.7亿元,增长17.8%,占全市GDP的41.2%。服务业增加值内部构成为:交通运输、仓储及邮政业261.2亿元,增长17.6%,占服务业增加值总量的23.1%;批发和零售业199.6亿元,增长10.9%,占总量的17.6%;住宿和餐饮业77.3亿元,增长18.3%,占总量的6.8%;金融业91.4亿元,增长36.9%,占总量的8.1%;房地产业97.2亿元,增长13.1%,占总量的8.6%;其他营利性服务业170.2亿元,增长16.1%,占总量的15%;非营利性服务业235.8亿元,增长21.1%,占总量的20.8%。

2. 交通运输物流业增长较快

2007年前三季度,青岛市完成货物运输量28790.5万吨,货运周转量2459.7亿吨千米,分别增长1.3%、2.7%;客运量14930.2万人次、客运周转量70.1亿人千米,分别增长4.8%、12.6%;港口吞吐量2亿吨(外贸吞吐量占72.3%,增长13.7%),增长19.7%;集装箱吞吐量701.4万TEU,增长24.4%,同比提高3.6个百分点;航空旅客吞吐量595.7万人次,航空货邮吞吐量8.4万吨,分别增长15.3%、14.1%。保税区物流园区、空港物流园区、胶州物流园区等物流园区建

设加快推进,其中空港物流园区已入驻普洛斯、中远、银燕等4家知名物流企业。物流业招商引资取得新进展,合同利用外资金额超过100万美元的项目有11个,其中港洲实业公司、中远物流仓储配送、怡之航冷藏、汇泉海运、双益物流等5个项目投资金额超过1000万美元。此外,青岛裕龙集团与韩国4家企业签订投资合同建设青岛西海岸出口加工区中韩物流中心,敦豪快递(DHL)和新鸿基空港物流项目引进工作进展顺利。港口区域合作步伐加快,青岛港相继与威海港、日照港共同投资成立集装箱码头有限公司,将两港集装箱业务纳入自己的集装箱全球运输体系之中,"一港两翼"的战略发展格局初步形成。

3. 消费品市场持续快速增长

2007年前三季度,青岛市实现社会消费品零售额872.3亿元,增长17.6%,同比提高1.4个百分点,创10年来最高增速。从季度看,社会消费品零售额增速呈不断提高态势,第三季度分别比第一季度、第二季度高1个、0.6个百分点。从行业看,批发、餐饮和住宿三大行业增长最快,分别增长17.8%、25%和21.6%。从城乡看,城市市场实现社会消费品零售额687.7亿元,增长18.7%;农村市场实现消费品零售额184亿元,增长13.6%,城乡消费增速差距不断缩小,由2006年的6.6个百分点缩小到5.1个百分点。从消费结构看,吃、穿、用商品分别增长16.6%、13.5%和20.2%,用类商品消费增速明显高于吃、穿类;耐用家电、珠宝首饰和汽车消费大幅度增长,增速均保持在25%以上,消费结构不断升级。从企业看,全市十大零售企业实现销售额163亿元,增长20.6%,利群、维客、国美、佳世客、北方国贸5家企业销售额占十大企业的比重为80%,大企业发展集中度不断提高。从流通方式看,全市105家连锁经营企业新发展连锁店600多个,累计达到6000处,实现销售额占全市社会消费品零售额的比重达到32%,同比提高1.5个百分点,流通现代化水平不断提高。

4. 金融业运行健康平稳

金融存贷款增长较快。截至9月末,全市金融机构本外币各项存款余额3976.3亿元,比年初增加574.9亿元,同比多增163亿元。其中,企事业单位存款强势增长,余额达到1413.8亿元,比年初增加325.4亿元,同比多增164.4亿元;储蓄存款缓慢增长,余额达到1726.8亿元,比年初增加91.1亿元,同比少增91.6亿元。全市金融机构本外币各项贷款余额3327.3亿元,比年初增加525.9亿元,同比多增81.4亿元。其中,外汇短期贷款、中长期贷款和个人消费贷款增长较快,分别比年初增加11.2亿美元、249亿元和80.9亿元,同比分别多增9.1亿美元、88.1亿元和48.6亿元。资本市场取得新突破。青岛国信公司成功发行5亿元企业债券;普洛康裕和海尔2家上市公司新增发股票融资 10.1 亿元。保费收入快速增长。全市累计实现保费收入 57.1 亿元,为 2006 年全年收入的 94.4%,增长 25.7%,保费收入超过大连、宁波,在副省级城市中居第 6 位。金融机构引进取得新进展。新引进的兴业银行、中石化财务公司、渤海财产保险、平安养老保险等 4 家金融机构开业经营,获准筹建海信财务公司、瑞穗实业银行(中国)有限公司、合众人寿保险、永诚财产保险等 4 家分公司。金融安全不断提高。9 月末,全市银行不良贷款率从上半年的 5.9% 降到 5.4%,比年初下降 1.5 个百分点。

5. 旅游会展市场增速较快

2007 年前三季度,青岛市接待旅游总人数 2713.6 万人次,增长 17%,增速同比提高 3.9 个百分点;实现旅游总收入 305.7 亿元,增长 29%,增速同比提高 6.1 个百分点;接待国内旅游人数 2630.5 万人次,实现国内旅游收入 270 亿元,分别增长 16.1%、25%;接待入境旅游人数 83.1 万人次,实现旅游外汇收入 4.78 亿美元,分别增长 36.9%、38.9%,增速同比分别提高 16.2 个、17.4 个百分点。旅游大项目加快建设,旅游基础设施不断完善,现代艺术中心小剧场已封顶,极地海洋世界二期、海军博物馆改造工程、港中旅青岛海泉湾等项目进展顺利;经济型酒店快速发展,新引进上海莫泰 168、北京雅悦等品牌经济型酒店,新开设经济型商务酒店 30 家。黄金周旅游经济稳步发展,高端旅游、特色旅游增速较快。"五一"、"十一"黄金周期间,全市接待旅游总人数 358.1 万人次,实现旅游收入 37.7 亿元,分别增长 19% 和 21%;高尔夫、游艇、温泉等高端旅游度假项目累计接待人数超过 14 万人次,海底世界、极地海洋世界接待游客同比分别增长 60.2%、35.3%;乡村旅游成为新热点,如崂山区"北宅采摘节"、城阳区"超然大枣采摘节"、开发区"唐岛湾休闲游"接待游客量分别达到 35 万人次、16.6 万人次、39.1 万人次。争创"全国最佳旅游城市"工作稳步推进,成立了创佳工作组织机构,制订了具体工作方案。1~9 月份,国际会展中心共举办规模展会 56 个,使用展览面积 63.6 万平方米,接待国内外参观人数 142.7 万人次,分别增长 9.8%、29.8%、24%。2007 中国(青岛)奥运与旅游国际论坛、第二届中日韩旅游部长会议、2007 青岛国际帆船赛的成功召开,以及第八届中国美食节、第十七届青岛啤酒节等大型节庆活动顺利举行,青岛市城市知名度和影响力得到明显提升。

6. 房地产业发展渐趋平稳

房地产投资平稳增长。2007 年前三季度,青岛市完成房地产开发投资 234.7 亿元,增长 14.6%,增速同比下降 8.7 个百分点。新开工面积小幅增长。全市房屋新开工面积 979.6 万平方米,增长 4.7%,增速比上半年提高 5 个百分点,其中商业营业用房和其他用房同比分别增长148.6%、23.6%,而商品住宅和办公楼新开工面积同比分别下降8.9%、13.6%。商品房施工面积不断增长。全市房屋施工面积2918.8万平方米,增长25.5%,增速同比提高6.4个百分点,其中住宅、办公楼、商业营业用房、其他用房施工面积分别增长22.8%、17.9%、23.9%、33.6%。商品房竣工面积继续增长。全市商品房竣工面积356.3万平方米,增长11.8%,其中商品住宅、办公楼、商业营业用房竣工面积分别增长15.3%、253.6%、31.6%,其他用房竣工面积下降28.7%。

7. 新兴服务业快速发展

创意产业。国家动漫创意产业基地建设加快推进,基地发展规划已初步编制完成;全市以"星动数码"、"中加科技"、"灵镜数码"、"高路动画"为首的40多家动漫制作企业发展迅速,制作了一些高水平的动漫产品,其中大型动画连续剧《蒙蒙与牛牛》已与中央电视台签约;创意100产业园、中联创意广场、闽江三路浮山所1368文化街、北京电影学院创意媒体学院等项目加快建设。

信息服务业。2007年前三季度,青岛市实现软件销售收入84亿元,增长15.2%(嵌入式软件销售收入78亿元,增长18.2%),出口2.2亿美元,增长92%;新通过"双软认定"企业29家,累计224家;新登记软件产品63个,累计713个。

总部经济。2007年前三季度,新引进总部企业2家,全市总部企业总计136家,经第三届中国总部经济高层论坛评价,青岛市总部经济综合能力居国内第9位,比2006年提高1个位次;远洋大厦、莱钢总部大厦等15个重点总部楼宇项目建设进展顺利。

中介服务业。截止到2007年9月底,全市新增中介机构2547户,注册资金61.6亿元。其中,代理类新增1464户(占新增中介57.5%),注册资金25.9亿元;经纪类新增882户(占34.6%),注册资金15.8亿元;作为高端中介机构的鉴证类新增201户(占0.8%),注册资金1.7亿元。全市共有各类中介机构24836户,注册资金644.6亿元。

(二)主要特点

1. 服务业增速保持较高水平

与历年相比,2007年前三季度服务业增速比上两年同期分别高1.6个和1.9个百分点,为近年最高水平。GDP内部比较,近几年来服务业增速首次超过第二产业增速,比GDP增速高1.6个百分点,比第二产业高1.3个百分点。与同类城市相比,在副省级城市中居第1位,比副省级城市平均水平高2.8个百分点。同时,服务业占GDP的比重不断提高,同比提高1.3个百分点。在15个副省级城市中,青岛市服务业增加值总量、增速、占GDP比重分别居第6、1、14位,总量、增速和比重位次同比分别提高2、4、1位,见表1。

表1 2007年前三季度15个副省级城市服务业主要指标比较

	增加值(亿元)	排名	增幅(%)	排名	占GDP比重(%)	排名
广州	2845.45	1	13.1	13	56.9	1
深圳	2304.52	2	12.8	14	48.4	8
杭州	1259.54	3	16.5	5	45.0	11
南京	1158.1	4	15.8	6	49.0	5
武汉	1140.75	5	14.1	10	50.2	4
青岛	1132.69	6	17.8	1	41.2	14
成都	1123.5	7	12.5	15	47.8	9
沈阳	1070.02	8	13.5	11	48.7	6
大连	1041.7	9	16.9	3	46.2	10
宁波	990.94	10	17.5	2	41.1	15
哈尔滨	914.47	11	14.4	9	53.9	2
济南	872.52	12	16.9	4	48.6	7
长春	613.01	13	14.7	7	43.1	13
西安	593.82	14	14.5	8	51.5	3
厦门	434.82	15	13.4	12	44.9	12

注:①2007年1~9月份,15个副省级城市服务业比重平均水平为47.8%,5个计划单列市服务业比重平均水平为44.4%。

2. 服务业结构调整稳步推进

金融、房地产等现代服务业增长较快,占服务业的比重不断提高。金融业增长36.9%,比服务业增速高19.1个百分点,占服务业的8.1%,比重同比提高1.5个百分点。房地产业增长13.1%,增速同比提高7.7个百分点;占服务业的8.6%,比重同比提高2.5个百分点。其他营利性服务业增长16.1%,增速同比提高6.7个百分点;占服务业的15%,比重同比提高1.5个百分点。非营利性服务业增长21.1%,增速同比提高1.7个百分点;占服务业的20.8%,与2006年同期水平持平。交通运输、批发零售等传统服务业比重不断下降。交通运输、仓储及邮政业尽管增长17.6%,但占服务业的23.1%,同比下降3.6个百分点。批发零售业增长10.9%,增速同比下降5.4个百分点；占服务业的17.6%，比重同比下降2.6个百分点。

3. 服务业财政就业贡献不断增强

2007年前三季度，服务业对经济增长的贡献率为44.1%，同比提高4个百分点，为近年来最高水平，拉动全市经济增长7.1个百分点。服务业实现地方税收102.4亿元，增长20.9%，占地方税收总量的61.1%。现代服务业对地方财政收入的贡献较大，例如，金融业实现地税收入11.1亿元，增长37.7%，占服务业地税收入的12.8%，比重同比提高1.5个百分点；房地产业实现地税收入32.3亿元，增长26.6%，占服务业地税收入的37.3%；信息服务业实现地税收入增长38.7%。服务业吸纳就业10.1万人，占全市新增就业总量的81.6%，比重同比提高1.1个百分点。

4. 服务业企业效益日益提高

2007年前三季度，在经济加快发展的同时，以金融、商贸为主的服务业企业经营效益也呈快速发展态势。受股市火热与信贷规模扩大的影响，金融企业效益快速提高。银行机构实现账面利润56.3亿元，增长45.9%；1～8月份，37家证券营业部共完成营业收入10.2亿元，实现利润6.9亿元，上缴各类税金9361万元，辖区期货经营机构实现手续费收入1388.7万元，赢利324.8万元，整个行业实现了扭亏为盈。在城乡消费的强力推动下，商贸企业效益快速提高。全市十大零售企业实现利润4亿元，增长38.4%，其中利群、佳世客、家乐福分别实现利润1.8亿元、1.2亿元、0.5亿元，分别增长70.9%、25.6%、10.3%，国美、国货的赢利水平也超过了1000万元。

5. 服务业固定资产投资增势良好

2007年前三季度，青岛市服务业完成规模以上固定资产投资557.9亿元，增长27.9%，比全市投资增速高3.7个百分点，比第二产业投资增速高5.7个百分点；占全市投资总量的43.2%，比重同比提高1.2个百分点，服务业和第二产业投资占总投资比重的差距不断缩小，由2006年同期的14.1个百分点缩小为12个百分点。年初确定的100个服务业重点项目进展顺利，有80个项目开工建设，其中有6个项目建成投入使用，累计完成投资171.9亿元。

6. 服务业对外开放水平不断提高

2007年前三季度，全市新批服务业项目271个，占全市新批外资总数的33.8%；合同利用外资10.7亿美元，占全市合同利用外资总量的43%；外商投资主要来自韩国、日本和中国香港，主要集中在房地产、批发零售、租赁服务、物流仓储等领域。实现服务贸易（国际收支BOP口径）总额25.8亿美元，占货物贸易的8.1%，增长21.8%，增速比货物贸易高2.7个百分点；实现服务贸易出口额10.1亿美元，增长

29.8%,其中运输、保险、咨询等行业出口增速较快,分别增长36.8%、36.8%、23%;技术出口快速增长,技术出口金额达到135.8万美元,增长404.4%。

7. 服务业体制改革和标准化建设稳步推进

服务业企业改革步伐加快。2007年前三季度,有6户国有饭店的注销登记和调整划转全部结束,黄海饭店集团的组建方案基本完成。上市企业辅导培育力度进一步加大,拟上市后备企业达50多家。青岛商业银行成功引进境外战略投资,股份制改革和上市工作取得新突破。青岛人民印刷有限公司在美国OTCBB市场成功上市,新华锦国际股份公司实现借壳上市。服务标准化建设取得新进展。全市制定了《农家乐旅游经营单位等级评定及服务规范》、《住宿业经营服务质量要求》、《食品安全管理体系餐饮业要求》、《巾帼文明岗服务规范》等4项服务业地方标准,到9月末全市服务业地方标准总计48项。省级标准化试点工作进展顺利,全市有包括行政服务中心、现代物流、旅游、社区、餐饮服务等领域的18家单位积极开展省级服务标准化试点工作。服务标准化建设有效地推动了服务品牌化发展,1~9月份全市新培育省级服务名牌10个,累计达到45个。

从前三季度看,尽管服务业发展态势良好,但也存在一些问题,主要是服务业比重提升不快。前三季度,尽管服务业增加值占GDP的比重同比提高1.3个百分点,在15个副省级城市中仅居第14位,在5个计划单列市中仅比宁波(41.1%)高,比副省级城市和计划单列市平均水平分别低6.6个和3.2个百分点。由于规模工业继续保持高速增长,预计全年将达到22%,这必将给服务业比重的进一步提升带来较大挑战。同时,2007年以来服务业投资增速回落过快,前三季度同比下降2个百分点,也将进一步影响服务业发展的后劲。

二、2008年青岛市服务业发展趋势展望

(一)2008年服务业发展环境分析

2007年全年,预计全市服务业增加值将达到1640亿元,同比增长17%左右;现代服务业增加值将达到672亿元,占服务业增加值的比重为41%;服务业规模以上固定资产投资将达到800亿元,增长25%;服务业完成地方税收140亿元,增长20%以上;服务业从业人员占全社会从业人员的比重将达到37%。

2008年,是全面落实党的十七大工作任务的开局之年,党的十七大为服务业发展描绘了广阔的前景。2008年,青岛市服务业发展面临

着良好的机遇：

（1）良好的政策环境。2007年，国家、省、市高度重视服务业发展工作，出台了一系列支持政策和战略举措，为2008年服务业发展创造良好的政策环境。

（2）良好的国内外宏观经济社会环境。尽管受信贷危机的冲击，2008年美国等发达国家的经济增长速度将有所减缓，但世界经济仍可望继续保持增长。虽然2008年我国经济将进入"温和调整期"，但仍将保持较高增速，这为青岛市服务业发展提供了良好的国内外宏观经济环境。同时，全面建设小康社会、和谐社会，实现经济社会协调发展，也为新阶段、新形势下提高服务业在国民经济发展中的地位和作用带来新的机遇。

（3）国际服务业转移速度加快。当前，经济全球化进入服务业全球化新阶段，世界服务业跨国转移呈加速趋势，我国已经成为跨国公司服务转移、外包有潜力的新兴市场和研发转移的重要目的地。

（4）奥运会热点带动。2008年一批为奥运会服务的项目将建成投入使用，投资拉动作用将进一步显现。同时，奥帆赛的举办，将有利于加快形成与国际接轨的服务标准体系，拓展服务消费市场，培育新的服务业增长点，提高青岛市服务业的现代化和国际化水平，推动青岛市服务业与国际市场全方位、多层次的交流互动。

（5）良好的发展基础。2007年以来，青岛市在推动服务业重点领域发展方面做了大量扎实有效的推进工作，为2008年服务业发展打下了良好基础。

但服务业发展也面临着一些不利因素：

（1）经济增长模式的影响。当前，青岛市正处于工业化中后期阶段，经济发展有明显的重化特征，工业发展速度一直保持着较高水平，经济增长对第二产业增长的依赖性较大。2008年，随着工业大项目的相继建成投产，工业的增速和占GDP的比重将更快、更高。工业的快速发展，将为生产性服务业带来较大的发展空间，但在短期内将会不断挤压服务业比重，2008年实现服务业比重进一步提高的任务将更加困难。

（2）市场化程度不足。服务业改革、开放步伐相对缓慢，集中表现在行业进入门槛和行业垄断两个方面。

（3）城市化滞后。目前青岛市城市化水平滞后于所处的经济发展阶段所应达到的水平，影响服务业总量进一步扩大。

（4）最终消费率偏低。偏低的消费率，对服务业的需求拉动明显不足。

此外，服务业发展还面临着一些机制、体制环境等方面的不利因素。

(二) 2008年服务业发展水平预测

2008年,青岛市将以邓小平理论和"三个代表"重要思想为指导,认真贯彻落实党的十七大精神,加快转变经济发展方式,推动产业结构优化升级,促进经济增长由主要依靠第二产业带动向依靠第一、第二、第三产业协同带动转变,发展现代服务业,提高服务业比重和水平,立足"五个结合",按照"明确目标、整体推进、重点突破、合理布局"的思路,推进全市现代服务业实现又好又快发展。

2008年青岛市服务业增加值将达到1880亿元左右,增长15%,占GDP的比重为44%;现代服务业增加值占服务业增加值的比重将达到42%。服务业规模以上固定资产投资将增长20%;服务业从业人员占全社会从业人员的比重将达到38%。

(三) 2008年服务业发展趋势展望

1. 青岛市服务业将实现全面推进

(1)生产性服务业将进一步拓展。鉴于工业加快发展对生产性服务业的需求越来越大,2008年青岛市将大力发展交通运输业、现代物流业、金融业、信息服务业、商务服务业等生产性服务业。

(2)消费性服务业得到提升。适应城乡居民消费结构升级趋势,继续发展主要面向消费者的服务业,丰富和提升商贸流通业,加快旅游业的升级转型,实现房地产业的结构调整。

(3)城乡公共服务业将得到全面发展。从建设更高小康社会水平、促进人的全面发展以及加快构建和谐社会的高度出发,全面发展医疗卫生事业、教育事业、文化事业与文化产业、体育事业与体育产业、市政服务业、社区服务业等城乡公共服务业。

2. 服务业十大重点领域将有较大突破

(1)金融业。年内引进或升格银行类机构1~2家,引进1~2家保险公司,成立1~2家财务公司,新增上市公司2~3家;力争金融业增加值占服务业增加值的比重提高1个百分点,达到8.5%以上。

(2)现代物流业。着力抓好黄岛海港、城阳空港、胶州铁路三大物流中心建设,加快引进国内外著名物流企业,推动第三方物流加快发展,力争物流业增加值占服务业增加值的比重提高1个百分点,达到24%以上。

(3)旅游业。全力举办好奥帆赛,做好"中国最佳旅游城市"创建工作,加快规划邮轮母港和停靠港,加快推进小麦岛开发、港中旅、啤酒城改建、唐岛湾滨海公园等旅游大项目建设,力争旅游总收入达到460亿元,增长18%。

（4）房地产业。结合全面实现小康社会的发展目标,根据城市居民收入水平和房地产发展实际,逐步完善房地产供应体系、市场服务体系和政府调控体系,构建合理的房地产业内部结构,使城乡居民的居住条件得到全面改善。

（5）创意产业。推进重点创意园区建设,引进重点行业个人工作室和服务性公司,突出发展研发设计、影视传媒、软件动漫、策划咨询、节庆会展、时尚消费、艺术创造等创意产业;成立推进工作机构,做好规划和选址,加快建设国家动漫创意产业基地;力争创意产业增加值占服务业增加值的比重提高1个百分点,达到8%。

（6）信息服务业。以青岛软件园为依托,积极争创"国家服务外包基地城市"和"国家软件出口创新基地";加快培育一批具备国际资质的服务外包企业,促进服务外包产业跨越式发展;加大对孵化器建设的支持,加强创新服务体系建设,加快公共信息平台建设;力争信息服务业增加值占服务业增加值比重提高1个百分点,达到7%。

（7）现代商贸业。继续优化完善商贸流通业的发展布局,加强对连锁零售业的规划研究,扩大零售网点覆盖面,引进专卖店和特许店,扩大超市规模;推广新型流通方式和管理技术,加快发展电子商务,增强商贸企业核心竞争力;进一步改善消费环境,力争社会消费品零售额增长15%以上,商贸业增加值占服务业比增加值重达到24%。

（8）总部经济。进一步优化商务环境,落实支持政策,力争新引进2～3家国际知名的跨国公司地区总部和8～10家国内知名企业的地区总部落户青岛市;加快推进远洋大厦、莱钢总部大厦等重点楼宇项目建设。

（9）中介服务业。规范市场公平竞争环境,加快实施中介业品牌发展战略;积极引进国内外知名律师、会计、资产评估事务所等,加快发展经纪类、鉴证类中介服务组织;加快推进青岛金融中介服务交易中心建设;力争中介服务业增加值占服务业增加值比重达到6%以上。

（10）会展业。编制完成会展业发展专项规划,研究提出发展目标,规划功能区域布局;推进会展设施建设,着手进行新会展中心的规划选址,建设特色专业会议、会展场馆,加快构筑大会展产业发展格局;优化商务环境,出台《青岛市会展业管理办法》,建立市会展业协会,落实各项税收和工商管理优惠政策,提高会展业管理服务水平;加快市场主体培育,整合政府现有办展力量,组建大型专业会展企业,鼓励其以资本为纽带,通过联合、合作、参股等方式,壮大企业规模,引进品牌会展,繁荣活跃会展市场;继续办好电博会、APEC中小企业展览会等重点展会。2008年全年将承办各类展会100个,其中标准展位1000个以上的展会15个。

3. 服务业布局将更加合理

市内四区,将结合旧城旧村改造和老工业区搬迁,合理规划产业布局,突出特色商务区建设,加快形成金融信息商务集群、文化创意产业集群、旅游餐饮服务集群、娱乐高档消费集群,着力打造金融、商贸、研发、创意、信息等现代服务业集聚发展的城市核心区。崂山、城阳、黄岛三区发挥新区和交通优势,重点布局现代物流、科研教育、信息服务、商务会展、旅游度假等生产性服务业和高端服务业,加快形成现代服务业和新兴服务业隆起带。郊区五市,主要围绕社会主义新农村建设,积极发展农村服务业,重点是开发一批旅游景点和特色项目,发展旅游业;加快特色专业市场、物流配送中心建设,发展物流业;大力发展生活服务业。

(四)保障措施

1. 健全领导机制

加快成立青岛市服务业发展领导小组,组建服务业发展局,负责日常具体工作。各区(市)也要建立相应服务业发展协调指导和工作职能机构,市直有关部门特别是经济综合管理部门、服务业重点领域牵头部门,都要明确专门业务处室和人员。

2. 加强责任分解

进一步明确服务业重点领域牵头部门,对部门进行责任分工,加强督查。各牵头部门要根据责任分工,对服务业重点领域进行深入细化研究,分门别类提出本领域今后五年总体发展规划,突出行业特点,统筹协调发展。

3. 出台发展政策

结合青岛市实际,重点围绕鼓励生产性服务业发展,繁荣消费性服务业,积极发展公共服务业和农村服务业,大力发展服务贸易和服务外包,研究出台税费减免、降低门槛、资金扶持等优惠政策,鼓励引导现代服务业实现较快发展。

4. 加强考核工作

按照《青岛市服务业发展指标体系及考核办法(试行)》,认真组织考核工作,全面、客观、公正地反映和评价12个区(市)服务业发展状况。通过考核督查,有效促进服务业阶段目标任务的顺利完成。

5. 加强载体建设

在调查摸底的基础上,按照相关标准、程序评选和公布全市服务业百强企业,作为培育和扶持重点;推动省级服务业综合改革试点工作,抓好服务业集聚区建设,进一步优化城市服务业结构布局;按照"拟引进项目抓招商、在谈项目抓签约、签约项目抓开工、开工项目抓推进、竣工项目抓投产"的思路去抓好100个服务业重点项目建设,不断形成服务业新的增长点;推动服务标准化建设,提高企业服务水平,培育新的服务业品牌。

6. 加大资金投入

充分运用市场机制,广开投融资渠道,逐步形成以政府投入为引导、企业投入为主体、民间资本和外资共同参与的多元化投融资格局。继续加大政府投入力度,通过贴息、补助等方式,支持服务业重点项目建设。积极引导国外、国有、民营资金投向服务业。拓展融资渠道,鼓励企业进入资本市场融资,通过股票上市、企业债券、产业投资基金、项目融资、资产重组、股权置换等方式筹措资金。

7. 做好统计工作

按照山东省政府要求和工作部署,以优化税收结构为抓手,研究推进企业特别是中小企业第二、三产业分离工作,促进生产性服务业向专业化发展,进一步优化产业结构。加强服务业统计工作,切实解决服务业漏统、混统等问题。

8. 加强人才培训与引进

编制完成青岛市现代服务业人才培训规划,年内在现代服务业重点领域培训1600人以上,其中包括10%的高级专业技术人才。引导大中专院校按照市产业结构调整趋势和市场需求加快调整专业设置和招生规模,为服务业发展提供人才支持。

(作者单位:青岛市发展和改革委员会)

2007～2008年青岛市对外经贸发展形势分析与预测

姜 红 李莉莉

2007年以来,青岛市积极转变经济发展方式,全市经济社会又好又快发展取得新进展。据初步核算,前三季度全市实现生产总值2750.95亿元,增长16.2%。对外经贸作为其中的重要组成部分,发展迅猛,有力地支持了全市经济的发展。

一、2007年青岛市对外经贸形势分析

2007年1～9月份,青岛市外经贸各项指标均达到或超过时间进度,与全年目标相比,出口完成78.3%,到账外资完成75%,对外经济合作和境外投资分别完成123.6%和124.1%。

(一)2007年青岛市对外经贸发展状况

1. 总体状况

(1)进出口方面。据海关统计,青岛地区1～9月份完成外贸进出口总值336.71亿美元,同比增长16.7%,占全省和全国的比重分别为38.3%和2.1%。其中,出口207.03亿美元,同比增长21.8%,占全省和全国的比重分别为38.7%和2.4%;进口129.68亿美元,同比增长9.4%,占全省和全国的比重分别为37.6%和1.9%。

青岛市市属企业1～9月份完成进出口总值319.80亿美元,同比增长19.1%,占全省和全国的比重分别为36.4%和2.0%。其中,出口194.88亿美元,同比增长24.8%,占全省和全国的比重分别为36.5%和2.2%;进口124.92亿美元,同比增长11.2%,占全省和全国的比重分别为36.2%和1.8%。

(2)利用外资方面。2007年1～9月份,全市共批准外商投资项目802个,合同外资24.9亿美元,同比增长4.3%;外管局到账外资15.05亿美元,同比增长27%。

(3)对外经济合作方面。2007年1～9月份,全市完成对外承包劳务项目747个,合同额3.95亿美元,同比增长20.6%;营业额3.48亿美元,同比增长21.5%。外派3530人次,期末在外10921人。全市批准设立境外投资项目48个,同比增长2.1%。境外投资带动技术、设备、原材料和零部件出口54072.7万美元,同比增长15.4%。

2. 发展特点

(1)进出口的特点:

一是对新兴市场国家出口增长较快。1～9月份,青岛市对南亚、中东、非洲、俄罗斯、拉美、大洋洲等新兴市场出口34.65亿美元,同比增长44.5%,占全市出口比重比上年同期提高2.4个百分点。

二是大企业出口拉动作用明显。2007年前九个月出口过亿美元的企业达到21家,比上年同期增加6家。21家企业合计出口43.54亿美元,平均增长36.0%,比上年同期多出口11.53亿美元,占全市出口增量的29.7%,拉动全市出口增长7.4个百分点。

三是农产品出口成倍增长,成为青岛市出口的亮点。1～9月份青岛市农产品出口19.34亿美元,同比增长108.3%,占全市出口的比重接近10%。蔬菜、水果、花生等主要出口产品增长均较好。

四是一般贸易进口增长较快。1～9月份一般贸易进口46.96亿美元,增长29.4%,占全市进口的比重达到37.6%,比上年同期提高5.3个百分点。

五是大宗原料商品进口较多,对全市进口的拉动作用明显。1～9月份青岛市进口成品油15.14亿美元,增长44.6%;铁矿砂11.29亿美元,增长31.0%;塑料5.86亿美元,增长39.3%。仅上述三种商品进口就比上年同期增加9亿美元,占全部进口增量的71.4%,拉动全市进口增长8个百分点。

(2)利用外资的特点:

一是服务业利用外资比重继续上升,房地产项目仍是到账外资主要拉动因素。1～9月份,全市批准服务业外资项目271个,合同外资10.7亿美元,同比增长49.8%,占全市同期合同外资的43.2%,比上年同期提高13个百分点。外商投资服务业仍然主要集中在房地产开发、货代仓储和码头建设为主的物流码头业等行业。

二是制造业外资项目资本和技术密集度进一步提高。1～9月份,全市新批制造业外资项目中,没有"两高一资"项目,机械、电子、汽车零部件等项目比重提高6个百分点。74个过千万美元的大项目中,制造业项目占58%,均为技术含量较高的大项目。

三是9月份当月到账外资呈现大幅增长。1～9月份外管局到账外资15.05亿美元,其中9月份当月完成到账外资2.96亿美元,较8

月份增长25%。

四是世界500强项目进一步增多。1~9月份,又有4家世界500强企业在青投资,分别是日本商事株式会社投资的中集环境保护设备有限公司项目;德国汉莎(香港)国际食品服务有限公司投资的青岛中航汉莎食品有限公司项目;朗盛德国公司投资的莱茵化学润滑油添加剂(青岛)有限公司项目及法国威立雅水务投资的青岛青碱威立雅水务有限公司项目。截止到2007年9月底,在青投资世界500强企业80家,投资项目163个,累计投资额近18亿美元。

(3)对外经济合作的特点:

一是对外承包劳务和设计咨询营业额稳定增长。对外承包工程项目按期开工、竣工,为营业额同步增长奠定基础。对外设计咨询履约率高和对外劳务合作顺利履约,使全市对外经济合作营业额随合同额呈同步增长态势。

二是南美市场实现零的突破。青岛市企业积极拓展海外市场,首次在智利设代表处,至此青岛市境外投资业务已扩展至50个国家和地区。

(二)青岛市对外经贸发展存在的问题

1. 进出口增速放缓

2007年1~9月份,青岛市进出口增幅分别落后全国、全省4.4个和7.2个百分点;出口增幅落后全国、全省均为2.3个百分点。进出口增幅与全国特别是山东省相比,差距呈扩大趋势。

2. 机电产品、高新技术产品出口比重偏低

2007年1~9月份,青岛市机电产品出口77.4亿美元,同比增长31.6%,占全市出口比重为39.7%;高新技术产品出口21.2亿美元,同比增长17.9%,占全市出口比重为10.9%。两类产品所占比重虽有所增长,但相对于先进城市仍有很大差距。

3. 引进项目中缺乏外资大项目

和先进城市相比,青岛市除增资项目外,连续3年没有过亿美元生产性大项目落户。由于缺少大项目支撑,2006年青岛市外管到账外资(18.3亿美元),被沈阳(30.3亿美元)、大连(22.45亿美元)、宁波(24.3亿美元)等城市超过。三城市通过引入大项目,培植了一批优势产业,如大连通过引进25亿美元的英特尔芯片项目,将成为世界重要的芯片生产基地;沈阳通过引进10亿美元的富士康(沈阳)科技园项目,将在精密工业制造方面获得快速发展。

4. 政策优势不突出

从国家政策层面来看,近年来,我国为振兴东北老工业基地、加速西部大开发、中部崛起等制定了一系列的优惠政策。相比之下，青岛市在国家政策层面上处于相对劣势。从地方政策层面来看，上海、大连、苏州等地区在招商引资、园区发展、人才引进、服务外包、科技兴贸等方面均制定了有力的支持政策。相比之下，青岛的扶持政策有待进一步加强。

二、2008年青岛市对外经贸发展形势预测

(一)发展环境分析

当前，世界经济贸易正在发生积极的变化，我国国民经济继续保持快速增长。总体上看，2008年青岛市外经贸发展面临的国内外形势有可能会好于2007年。但是，影响和制约青岛外经贸发展的许多因素依然存在。

1. 有利因素

(1)世界经济继续保持增长，外经贸发展空间增大。世界各大经济研究机构对2008年全球经济增长均持乐观态度，如国际货币基金组织(IMF)2007年10月预测2008年全球经济将以4.75%的坚实步伐增长。世界经济继续保持稳定增长，外经贸发展空间增大，为青岛产品出口创造了良好的外部条件。

(2)经济全球化加速发展，为外经贸发展带来新的机遇。2007年10月16日，联合国贸易和发展会议在公布的《2007世界投资报告》中指出，2006年全球外国直接投资总额超过1.3万亿美元，比2005年增长38%。据联合国贸发会议调查，跨国公司对全球外国直接投资增长前景依然乐观，最有吸引力的投资目的地国前两位是中国和印度。另外，世界范围内公司利润的增长以及由此带来的股票价格上升、跨国并购价值的提高等也起到刺激作用。2007年上半年，全球跨国并购比上年同期增长了近一半，不断增长的跨国并购将推动2007年及其后的全球外国直接投资的持续增长，这就为青岛外经贸的发展带来了新的机遇。

(3)国民经济持续快速增长，为青岛外经贸持续快速发展提供了坚实的基础。2001~2006年，中国GDP年均增长超过9.5%，货物贸易进出口总额从5000亿美元增长到1.76万亿美元，国际排名也从第6位上升到第3位。2007年前三季度，进出口总额15708亿美元，同比增长23.5%。与此同时，我国对外国直接投资的吸引力不断增强，已连续15年成为吸引外资最多的发展中国家。2007年前三季度，外商直接投资实际使用金额472亿美元，同比增长10.9%。9月末，国家外

汇储备14336亿美元,同比增长45.1%。随着我国综合国力的大大增强,在世界经济中的地位不断提升。根据世界银行公布的数据,2003～2005年,我国经济增长对世界经济增长的平均贡献率达13.8%,仅次于美国的29.8%,排名世界第二。

胡锦涛总书记在2007年10月召开的党的十七大报告中指出,要科学分析我国全面参与经济全球化的新机遇新挑战,全面认识工业化、信息化、城镇化、市场化、国际化深入发展的新形势新任务,深刻把握我国发展面临的新课题新矛盾,更加自觉地走科学发展道路。十七大的召开,将推动中国经济持续平稳快速增长,进一步提高中国对世界经济的影响力,为青岛外经贸持续快速发展提供坚实的基础。

(4)奥帆赛的举办,将推进青岛外经贸的发展。作为北京奥运会的伙伴城市,2008年青岛将举办奥帆赛,这将提高青岛的知名度,促使更多的外国客商了解青岛,加强与青岛的经贸往来。与此同时,青岛为成功举办奥帆赛而大力完善基础设施建设,注重环境保护和市民素质提高的努力,也会为青岛营造更好的招商引资环境,从而扩展青岛外经贸的发展空间。

2. 不利因素

(1)世界经济贸易发展存在不确定性。IMF在预测2008年全球经济继续增长的同时,也指出经济前景面临明确的下行风险,主要是担心金融市场的压力可能加剧,导致更显著的全球下滑。经济前景面临的风险还包括潜在的通货膨胀压力,波动的石油市场,以及外汇大量流入给新兴市场造成的影响。

(2)国际贸易保护主义日趋明显。发达国家往往用反倾销、技术壁垒、环保壁垒等贸易保护措施,限制发展中国家商品进入本国市场。2007年1～7月份,世贸组织149个成员国共提起87件反倾销诉讼,其中针对中国的达32起。

(3)国内竞争加剧,仍然存在一些制约青岛外经贸发展的因素。据青岛市对外贸易经济合作局公布的数字显示,2007年1～9月份,青岛市外贸进出口总额在15个副省级城市中排名第5,但增幅仅排第9位。由于周边地区的竞争,青岛引进的高新技术产业项目也呈现增长缓慢的态势。其他城市对外经贸发展速度不断加快,与青岛的竞争更为激烈。

(4)国家政策的调整效应逐步显现。2007年以来,国家相继实施"两税合一"、土地新政及限制外商投资房地产业等宏观调控政策,这些政策的实施使外资的流入明显放缓。新近出台的加工贸易新政策,对青岛市项目引进和到账外资的影响也较大。2007年1～9月份,全市新批外资项目802个,同比下降23.1%;其中总投资千万美元以上项目74个,同比下降36.7%。将在今后一段时期内影响新批项目的数量,并影响前两年批准企业的外资到账情况。

(二)发展趋势预测

1. 进出口将呈现平稳增长态势

从出口方面来看,大宗商品及欧盟市场的拉动力较强。2007年上半年,青岛市出口超过10亿美元的大宗商品已达到4个,占全市出口增量的39.1%,拉动全市出口增长10.4个百分点;青岛市对欧盟出口26.73亿美元,增长44.3%,比全市平均增幅高17.7个百分点,呈现稳定增长的态势。预计以上状况在2008年会持续下去。但是,由于2007年7月1日出口退税率的调整,使青岛市5600家企业受到影响,加大了企业的出口压力,从而使2007年下半年及2008年出口增幅放缓。从进口方面来看,2007年以来,一般贸易进口增长较快,上半年达29.43亿美元,同比增长27.8%,比全市平均增幅高15.3个百分点。大宗原料商品进口对全市进口的拉动作用也十分明显。但由于加工贸易进口增速仍然较低,影响了全市进口的快速增长。总体来看,2008年进出口贸易将呈现平稳增长态势。

2. 利用外资总量不会出现大幅增长,投资方向将更加优化

新近出台的土地及加工贸易等政策,对青岛市2008年项目引进和到账外资影响较大,加之缺乏大项目的带动作用,因此,2008年利用外资总量不会出现大幅增长。但新政的实施从长远看可以起到优化引进资金的投资方向的作用。

3. 对外经济合作将加速发展

从2007年前三季度来看,对外经济合作进展状况良好,尤其是对外设计咨询业务发展较快,领域不断扩大,呈现出快速发展的势头。2008年,在有利的国内外经贸发展环境下,这种发展势头仍将持续下去。

(三)加快对外经贸发展的对策

1. 紧跟国家出口政策导向,加快推进产业结构调整

以出口退税政策调整为契机,突出发展造船、汽车、机车等先进装备制造业,进一步壮大电子信息等优势产业实力,加快培育海洋生物医药、新材料等高新技术产业,推进化工、橡胶、钢铁、纺织等传统产业内存量企业改造提升,严格控制能源资源消耗高、污染大和产能过剩行业新上项目,加快皮革、塑料、造纸等低端产业的淘汰、整合、转移步伐。与此同时,注重改变青岛市加工贸易产品结构停留在较低层次上的状况,推动加工贸易产业链向上游研发设计、中游集约发展、下游营销服务延伸,提高青岛产业在国际价值链中的地位,进一步控制低层次加工贸易的发展规模。鼓励和引导加工贸易企业增加研发投入,并通过技术转移等方式向自创品牌方向发展。

2. 突出重点项目,确保项目落地

抓好"三个一批",努力提高"四率",即落实一批在谈大项目、推进一批在建大项目、抓好一批增资大项目,使全市外资大项目的签约率、注册率、出资率和开工投产率有较大提高。充分发挥重点在谈外资项目市领导分工负责制和重大外资项目联席会议制度作用,确保在谈项目按期落地、在建项目及时出资。特别是对有增资意向的企业和总投资过千万美元的重点在谈项目,要密切关注、全程跟踪,及时协调市直各部门和各区市逐个研究、逐一推进,努力把项目建设落到实处。

3. 提高应对发达国家反倾销、技术壁垒、环保壁垒等贸易保护措施的能力

青岛市出口商品结构档次较低,主要以纺织服装、鞋帽、农副产品居多,机电和高新技术产品所占比重不高,容易受到国外各种技术性贸易壁垒的影响。青岛市区各级政府应深入研究反补贴调查的国际规则,加快制定相关规定和政策,使之与世贸组织规则一致。企业、律师也应积极探索、积累诉讼经验,以化解不利影响。

4. 进一步优化投资环境

良好的投资环境一向是吸引外商投资的最重要的因素。随着国内对外商投资企业各项优惠政策的逐步取消,投资环境的重要作用日益凸显。青岛市应借助举办奥帆赛的契机,大力改善投资软硬环境,通过进一步精简审批程序,畅通外商知情渠道,重点解决好外商在青投资发展、生产经营、人才需求、居住生活等方面的困难和问题,促进青岛市对外经贸的全面快速发展。

(作者单位:姜红,青岛市社会科学院;
李莉莉,青岛市对外贸易经济合作局)

2007~2008年青岛与韩国技术转移形势分析与预测

隋映辉　丁海洋

经过多年的高速发展,目前青岛进入了产业结构升级和可持续发展的战略转型阶段。发挥青岛的比较优势,在更长的时期内保持经济的高速、健康、持续发展,以及通过利用国际技术资源和投资项目实现产业升级和可持续发展,还面临着一系列亟待解决的问题。韩国作为青岛重要的合作伙伴,通过技术输出、直接投资和国际合作交流等方式对青岛实现产业升级和持续发展具有重要的影响。深入分析2007年韩国向青岛的产业转移状况,展望2008年韩国与青岛技术转移趋势,对进一步提升青岛与韩国的产业技术合作层次,扩大投资项目范围,加快产业升级和经济可持续发展,具有重大的现实意义。

一、2007年青岛与韩国技术转移状况分析

(一)2007年青岛与韩国技术转移基本情况与特点

2007年青岛与韩国技术转移的途径主要包括技术引进、国际直接投资和国际技术合作与交流。

1. 对韩国技术引进情况与特点

近几年来,青岛市外向型经济发展迅速,对外开放水平显著提高,对外贸易已成为推动全市经济和社会发展的重要力量。在各项外经贸指标均跨上新台阶的大背景下,技术贸易稳步发展。技术引进对提升青岛市产业技术水平、增强企业创新能力、促进经济和社会发展发挥了重要作用。

2006年青岛市全年备案登记技术引进合同599份,合同总金额1.25亿美元,技术引进来源国家和地区共有26个。其中,从韩国引进技术合同数量为115份,同比增长59.7%,占比19.2%,合同金额为2081.2万美元,同比增长52.4个百分点,占比16.6%。2007年1月

全市备案登记技术引进合同40份,总金额1425.8万美元,技术引进来源国家和地区共有14个,从合同金额来看,韩国列日本、美国之后,居第三位,为290.9万美元,同比增长20.4%,占比20.4%。其中,锦湖汽车租赁(青岛)有限公司引进韩国锦湖汽车租赁株式会社关于汽车租赁服务管理系统软件的技术许可合同,合同金额201万美元。

技术引进的主要特点:一是技术引进的质量和档次显著提升。专利或专有技术的转让和许可合同数量和金额显著提升。单笔技术引进合同金额有明显提高。二是韩资企业主导地位稳固,国有企业技术引进步伐加快。韩资技术转移呈现内部化。近年来跨国公司的成熟技术向外转移加快,但有内部化倾向,技术转移在跨国公司母子公司之间流动,出国不出公司。三是制造业技术引进仍为主导行业,电子及通信设备产业引进一枝独秀。四是技术引进企业区域较为集中,重点区市引进技术所占比重较高。五是部分重点项目核心关键技术的引进,有力促进了企业的技术水平提高和青岛市产业结构调整。例如,胶南现代造船有限公司引进韩国远东船舶设计工程有限公司的5600吨油轮/化学品船的建造和基本设计,有效填补了青岛市造船业的技术空白;即墨马斯特造船有限公司引进韩国马斯特重工(株)的优化船舶设计软件TRIBON(VM版本)用于减少船舶设计错误节省设计工时,不仅降低了材料和人工成本,提高了生产效率,而且对于该公司经济效益的提升以及青岛市造船业的加速发展均起到了举足轻重的作用。

2. 韩国直接投资情况与特点

(1)劳动密集型企业缺乏核心技术,逐步淘汰。在初期,韩国对青岛的投资,看重短期利益,走的是加工出口路线,即利用中国廉价的劳动力和原材料组织生产,再把产品打入国际市场和返销韩国。投资项目集中在投资利润较高,投资风险较少,投资回收期较短的纺织服装、制鞋、电子、玩具等传统的劳动密集型制造业上,其中也有高能耗、高污染的皮革业。项目普遍规模小,技术含量低,且过分依赖中国廉价劳动力和制造成本,抗风险能力差,对生产要素成本及国家政策反应较为敏感。随着经济快速发展,青岛的"人力荒"日趋严重,人工费大幅上升;同时,我国政府在税收、投资、劳动法等多个方面进行了调整,工人福利增加,对污染产业的规定得到加强,对外资企业的优惠减少;加上具备竞争力的中国本土企业大举登场。这让没有技术与核心竞争力的韩国劳动密集型企业感受到了严峻的压力。

根据韩国进出口银行2007年公布的中国的598家韩国企业的2005年结算报告书分析结果,51.8%的企业出现亏损(以当期净利润为准)。其中,中小企业亏损的比例达到55.0%,大企业达到46.7%。而且饮食业等的亏损比例超过了70%,就连业绩比较好的汽车行业的亏损比例也达到40.3%。2005年青岛市外资企业统计报告显示,70%的韩资企业处于亏损状态。在青岛市内韩资企业密集度最高的城阳区,有73%的韩资企业亏损;在青岛的卫星城市胶州市,也有65%的韩资企业处于亏损。面对压力,越来越多的劳动密集型韩资企业正在把工厂从青岛迁移到西安、广西等内陆地区,以及越南等国,甚至出现了信一和信五皮革公司没有经过清算程序就连夜出走的局面。高能耗高污染、劳动密集型小企业正在被逐步淘汰。

(2) 新投资项目逐步向资金、技术密集型产业转变。高能耗高污染、劳动密集型小企业的逐步淘汰,换来了投资经验更成熟的著名跨国企业资金、技术密集型项目的进入。目前,韩国产业转移正在从一般加工业逐渐过渡到先进制造业和高新技术产业,从劳动密集型向资本技术知识密集型、高端装备制造产业转移,从低成本地区向高素质人才集聚的大城市周围转移。主要集中在电子电器、通信设备、汽车、钢铁、化工、机械设备、生物技术等行业和领域。这同青岛正在倾力打造的电子家电、石油化工、汽车机车船舶集装箱制造、新材料基地有着极其紧密关联,除了少数尖端、敏感的技术之外,大量的先进制造技术正在伴随着产业转移的进程一并进入青岛。2007年,由韩国(株)晓成D&P投资1000万美元成立的青岛晓成金刚石工具有限公司签约青岛保税区;LG芳烃有限公司与青岛凯联集团青岛红星化工有限公司共同投资近4亿美元的丽东化工正式投产;年总投资2885万美元的泛高(青岛)有限公司建成开业,将发展成为一个高档针织面料、高档服饰的集中加工基地;总投资6500万美元的韩国东和商协汽车轮毂项目——青岛东和铸造有限公司奠基,企业产品主要为通用、现代、起亚等汽车公司配套,这必将进一步地丰富和延伸青岛市的汽车配件产业链,推动汽车产业集群做大做强。2007年,两家可制造海底光缆用钢缆企业之一的青岛韩线钢铁有限公司在开发区奠基,总投资1.29亿美元,主要业务范围为生产和销售新型合金线材产品,最终产品为镀锌铁线和钢丝绳。该企业规模大、实力强、层次高,其开工建设无疑将进一步丰富青岛市钢铁产业链条。

(3) 投资主要集中在制造业,第三产业投资规模扩大。制造业是青岛经济发展的基本支撑和重要驱动力量,因此仍是韩资进入的主要领域,但投向第三产业的比重逐渐增加,并向金融、保险、技术服务等高端领域发展。过去的几年,韩国新韩银行、汉拿银行、中小企业银行、三星火灾保险、韩国产业技术研究院等机构相继落户青岛。2007年1~6月份,青岛注册韩资第三产业企业达到了386家,占当期注册韩资企业总数(1473家)的26.2%,其中各类批发企业137家,占比35.49%,比重最高,其次是咨询业,包括科技咨询、社会经济咨询、管理咨询,共计

73家,占比18.91%,排在第三的是餐饮服务业企业,61家,占比15.80%。相比之下,2005年全年青岛注册韩资第三产业企业仅231家,不足2007年半年注册量;2006年全年注册量为414家,与2007年半年注册量基本相当。

其中,最具标志性的是2007年中国商务部正式批准佳施加德士独资投建加油站。按照韩国GS的规划,2015年佳施加德士要在青岛乃至山东省布设500家加油站。另外,韩国第八大银行釜山银行2007年上半年在海外设立办事处的申请已获批准,计划在青岛设立中国的办事机构;由韩国政府产业资源部牵头,以世界物流巨头——韩进集团等大型物流企业组合的,旨在为韩国商品进入中国及向在华投资的韩资企业提供综合物流服务的唯一政府性投资项目——"韩国商品共同物流分拨中心"及"在华韩资制造业物流服务中心"也拟进驻青岛保税区。

(4)韩企投资注重质的提高,逐渐加大研发经费的投入。青岛已成为韩企的"制造中心"之一,随着这一"制造中心"地位提升、中国市场巨大潜力的显现和国家利用外资政策的逐步调整,韩国企业为应对国际竞争,抢占中国市场,更加注重在青岛投资项目的质量,项目层次逐步提高,研发经费的投入也逐渐加大。到2007年9月,韩国三湖制鞋、韩国马斯特造船等企业都在青岛设立了研发中心。

3. 技术合作与交流情况

2007年青岛各高校积极开展与韩国交流与合作。在联合办学方面,青岛理工大学与韩国大学发明协会签署了合作协议书,就联合举办"青岛理工大学高级管理者课程班"达成协议;青岛大学与韩国大佛大学签署了申请建办海外孔子学院意向书。学术交流方面,韩国大学发明协会对青岛职业技术学院进行友好访问,举办了"韩国青少年发明(科学)大赛2006产业机器人发明竞赛获奖人员青岛职业技术学院报告会",双方签署合作交流协议;韩国首尔国立大学安龙浚教授和金正汉教授访问青岛农业大学,分别为植物保护学院师生作了学术报告。

在博览会方面,2007年青岛相继举办了第四届中国国际食品工业暨食品出口(青岛)博览会、第五届中国国际航海博览会、中国国际消费电子博览会、中国国际海事(青岛)展览会、青岛国际农产品交易会,吸引了韩国的多家企业参展,同时参会的还有韩国大型采购团、企业管理人员、专家学者等,有力促进了技术交流。

在培训方面,2007年由韩国产资部所属生产技术研究院与青岛市外经贸局联合举办了"2007韩国驻青企业管理技术示范教育活动",此次示范教育活动是韩国生产技术研究院首次在中国举办此类活动。同时,青岛还坚持主动走出去的原则,在韩国的首尔举办了"2007青岛周期",就进一步扩大青岛与韩国大企业集团的合作进行了广泛的交流。

期间,还与韩国三星和青岛艾维集团签署了共同组建青岛无线宽带城域网的三方战略合作框架协议。

(二)2007年青岛与韩国产业技术转移中存在的不足之处

1. 韩国对青岛投资目的仍未改变,对技术转移态度不够积极

虽然2007年韩国对青岛技术转移取得了一定的成绩,但由于韩国对青岛投资的目的仍未改变,严重制约着对青岛的技术转移。研究显示,韩国企业进驻青岛的动机依次为:利用廉价的劳动力,利用国内母公司的技术,租金低及利用工厂地皮开拓第三国市场,利用中国的原辅材料。据仁川发展研究院对韩国仁川市进入青岛的企业投资动机调查显示:46.5%为利用低工资和劳动力;25.2%为进入内需市场;8.4%为消费者的需求;7.1%为原材料供给;5.6%为与其他企业一起进入;4.7%为出口优惠;2.4%为韩国国内限制(环境)。由此可见,韩国对青岛投资目的仍然是以利用低工资和廉价劳动力为主。虽然投资项目由劳动密集型向资金、技术密集型转变,但其对待技术转移的态度不够积极。

2. 重视生产能力转移,技术转移难度大

韩国投入到青岛的仅仅是先进的生产线,是生产能力的转移,这与严格意义上的技术转移是有本质区别的。产品的技术,主要体现在产品的设计开发和关键部件的设计与生产工艺方面。韩资企业把其研发的主要机构设在母国,将核心零部件和产品的核心生产过程与关键环节放在其母国进行,而将技术含量低的零部件、产品的最终成品组装生产放在青岛进行。高技术产品的加工工序多,有些产品的生产工序逾百道,即使掌握了韩资企业设在青岛的生产过程的工艺技术,也无法生产出该类产品,一旦企业撤走,生产技术又会回到以前的水平。

3. 研发机构少,层次低

虽然韩资企业在青岛设立了一些研发机构,但集中在几个大企业,数量少,且层次低。这是因为相比欧美,由于韩国技术水平相对较低,实力较弱,所以更倾向于在本国设立研发机构,在中国设立研发机构是"迫不得已"。目前在青岛设立的研发机构多是非独立性机构,而且设立在具体业务部门内部,以事业部形式管理,功能定位在服务于占领中国市场需要,基本上从事的是一些适应性的工程化配套技术服务,很少从事创新研究,基础性研究与核心技术研发工作仍然放在韩国。

4. 出口、进口依存度高,资本密集型行业水平依然较低

虽然韩国对青岛投资的项目逐渐由小的劳动密集型项目向大的资本和技术密集型项目转变,浦项、丽东化工等大型项目相继投产,但韩资企业出口、进口依存度大的特点没有改变,并且大大超过外资企业平均水平。一般来说,资本密集型行业的技术性加工主要集中在关键零

部件的生产环节,进口依存度越高说明关键零部件越依赖于进口,在青岛的加工环节主要集中在非关键技术部分,即劳动密集型加工环节,水平依然较低。

5. 国际技术合作与交流活动少、层次低

2007年青岛与韩国的国际技术合作与交流活动并没有实质性进展,表现为交流次数少、层次低。技术交流仅限于几所大学的简单的学术活动、常规性博览会和举办的"青岛周",次数非常少;同时,虽然青岛与韩国互派留学生项目合作非常成功,但多为本科生和硕士生,层次较低;引进韩国专家数量也较少。

6. 投资呈抱团式,但产业链的配合程度小,技术溢出效果较差

受民族文化的影响,韩国企业扎堆抱团的特点较之其他国家更为明显,一个企业在境外投资成功后,其上下游关联企业大都会迅速跟进,实现产业链的整体迁移。如青岛浦项制铁项目落户开发区后,青岛韩山金属有限公司、青岛新浦不锈钢有限公司和青岛浦金钢材有限公司等下游生产线随之跟进,形成生产者和消费者的材料——加工——产品——内销/出口的不锈钢联合体。但由于韩资企业多数仍依赖于母公司的市场影响和销售渠道,在协作方面也仅考虑随之而来的韩国配套企业,习惯采用的"封闭性"的营销和经营模式,对当地产业匹配或协作的问题考虑很少,技术溢出效果较差,产业集聚效应并未因企业的相对集中而凸现出来。这种状况虽然减少了与中国青岛地区企业争夺资源和市场的矛盾,但同时也限制了当地产业结构的提升和技术的进步。一旦当地的经济发展进入较高发展阶段,其局限性将不可避免地暴露出来。

7. 独资形式,技术内部转移

韩国业主多数选择了尽可能减少与中方打交道的企业运作方式,规避中外企业在制度、文化、经营理念等诸多方面差异导致的摩擦和矛盾。此外,独资能更好地保护外商的生产专利或技术、经营管理经验等无形资产。在技术转移上,韩国企业也仅进行独资公司内部转移,通过加强对核心技术的控制,阻止了青岛的投资者分享由这些技术资源所带来的垄断利润或租金。

二、2008年青岛与韩国技术转移展望

(一)2008年青岛与韩国技术转移的影响因素分析

1. 有利因素分析

(1)韩国企业对外投资意愿趋强。根据韩国2007年公布的一份调

查,包括韩国主要大企业在内的销售额排在前500名的企业中,有61.9%的企业制定了海外投资计划,其中57%的企业计划年内在海外建厂。调查结果显示,每10家被调查企业中,有6家企业(61.9%)制定了海外直接投资计划。其中,计划2007年内立即进行投资的企业达到57.0%,在以后3年内进行海外投资的企业达到93.3%。有73.8%的进军海外的企业表示,在国内继续经营工厂,同时在海外经营同一种事业或对新型事业进行投资。而有11.7%的企业将扩建在海外的工厂。而关闭国内工厂后转移到海外的企业占2.1%。主要投资对象国家依次是中国(48.8%)、东南亚(29.8%)、北美(11.9%)、欧洲(6.5%)。另外,韩国大韩商工会议所对在华投资的5000家韩国企业进行了调查,虽然2007年中国对外资政策作了较大调整,但其中48.2%的企业仍愿意继续扩大在华投资,48.6%的企业表示将继续维持目前的投资规模,打算减少投资规模或撤销中国当地法人的企业只有3.2%。

(2)韩国企业投资动因调整。利用我国丰富的廉价劳动力资源,一直是韩国对华直接投资的基本动机。根据韩国工商会所、中国韩国商会据对来华投资的256个企业调查的结果,在投资动因中利用我国廉价劳动力的动因,列各投资动因之首(51.4%),其次为进入中国市场(30.5%),真正实施企业国际化战略的动因,仅占1/4左右。但就不同产业对比而言,有些已经作出了调整。例如,在制造业中,排第一位的是利用当地廉价劳动力(55.7%)。其中,在纺织服装、皮革鞋类、木业家具等行业中,该因素更加突出(60%以上)。而在石油、化学等行业中,虽然也要考虑劳动力因素,但排第一位的是为了进入中国市场(70%)。此外,像农业、服务业投资,因这些行业产品特性的缘故,韩国对华直接投资也主要是为开拓中国市场的需要(55.1%)。

(3)投资政策门槛提高。随着科学发展观的提出,以及外汇储备额丰沛,中国引进外资门槛逐渐提高。首先,将外资企业和内资企业的所得税合二为一,对境内企业税收实现了"四个统一",即内资企业、外资企业适用统一的企业所得税法;统一并适当降低企业所得税税率;统一和规范税前扣除办法和标准;统一和规范税收优惠政策。但鼓励外资在高科技产业以及清洁生产、节能降耗、减排治污项目等项目的投资,这些行业仍将享受优惠税率。其次,新的《中华人民共和国劳动合同法》对用人单位职工的雇用稳定保障、终身雇用的扩大等劳动者权益进一步加强,对于看准中国低人工费而投资劳动密集型行业的韩国企业来说,意味着人工费用负担将要立即提高10%~15%。第三,国家多次调整部分商品进出口关税税率,进一步收紧高耗能、高污染、资源性产品的出口路径。目前,大部分钢铁产品出口退税率归零,皮革行业的出口退税全部取消。第四,钢铁、石油化学、汽车行业必须和中国企业合资,股份还不能超过50%。同时,国家从2007年开始面向外国企业征收高于以前3倍的土地使用税,原来仅为中国企业一半水平的法人税也将从2008年开始和中国企业一样,面向外国企业的优惠政策正陆续取消。

(4)韩国企业投资进入第三产业。大韩贸易投资振兴公社青岛代表处公布的资料显示,韩国有强烈愿望投资中国的第三产业。目前,除了从事制造业的中小企业开始大面积向中国转移,金融、物流、零售等现代服务业也开始进入中国,韩资的零售连锁企业易买得在天津开业,韩国现代电视购物进入了广东,希杰(CJ)电视购物进入上海。在青岛,韩国新韩银行、汉拿银行、中小企业银行、三星火灾保险、佳施加德士独资加油站,以及青岛森逸国际船舶服务有限公司也相继开办。

(5)青岛投资基础条件日趋完善。青岛在与韩国经济技术合作中,具有良好的区位优势、地区市场发展空间相对优势、园区经济体系优势、成功的外向经济发展的战略模式和对韩招商模式。在实际的合作中,青岛充分发挥自有优势,紧紧抓住韩国经济结构调整和产业转移的重要机遇,加强与韩国方面的沟通协商,共同规划构建以长期技术经济合作推动各方产业对接互动,韩国向青岛先进技术领域的转移已初露端倪,青岛高丽钢线、丽东化工等一批企业具备了国际一流的技术。在新形势下,青岛市政府一如既往高度重视与韩国的全方位合作,努力搭建和完善政府支持平台、政策扶持平台和重点产业合作平台等三个平台,重点加强青岛与韩国先进制造业和现代服务业等领域的合作,青韩合作的规模和层次将全面提升。

2. 制约因素分析

(1)韩国立法防止技术外流。上世纪60年代以来,韩国通过"引进来、走出去"的科技发展战略,在技术上取得了长足的进步,很多产业已接近或走在世界前列。因此,韩国认为其产业技术已受到别国特别是发展中国家的关注,存在着外泄的危险,特别是近两年来,韩国国内"反对技术外流"的声音越来越高涨,并且将矛头直指中国企业。据韩国有关部门的一份材料显示,2003年至2007年8月期间,韩国共发现并阻止了72起技术外流事件,涉及金额达938万美元,包括手机、半导体等韩国具有竞争力的领域,其中很大一部分事件涉及中国企业。2006年三星经济研究所发布的《威胁韩国IT技术的中国》,更是将中韩两国IT技术水平差距由2003年的2.6年缩短至当年8月底的1.7年的原因归结为中国企业并购韩国企业。韩国政府曾多次授意三星、现代、LG等高新技术企业,建议它们在华投资步伐"可以适当减缓",涉及关键技术的合作尤其要保持谨慎。

2007年3月韩国正式实施《尖端技术产业技术保护法》。作为第一部全国性保护产业技术的法律,《尖端技术产业技术保护法》将确定手机、半导体等尖端产业技术为国家核心技术,严禁流向海外。根据这部法律规定,受保护的技术将按其重要性划分保护等级,对它们进行系统管理和提供保护资金;新设"保安协会",帮助企业建立技术保安系统;加强对新技术保护的研究,形成保护新技术的机制;构筑中小企业技术管理系统,为中小企业保护技术提供咨询。这部法律还规定,将造成产业技术外流的惩罚对象由企业扩大到研究所、大学等;对于举报产业技术外流的有功人员,实施最高金额达1亿韩元的奖励。韩国政府将把向海外转让技术和出售企业写进《尖端技术产业技术保护法》,规定凡企业向国外转让技术或者向国外出售企业,均须报政府批准。韩国政府制定《尖端技术产业技术保护法》,特别是其中有关转让技术和出售企业须经政府批准的规定,主要是为了防止其技术流向中国。

(2)韩国对中国投资战略认识不足影响技术转移。在产业和技术转移战略上,韩国寄希望于将高技术、高增值环节和产业留在国内,将低技术、低附加值和工程转移到中国,建立韩中两国之间的两种产业关系:韩国拥有半成品和生产资料,只将成品组装生产线转移到中国;韩国专门负责研发和物流,中国只负责生产过程。从而使中国成为其区域性生产体系的一部分。由于韩国实行的是大企业导向,高技术、高增值环节均掌握在三星、LG、现代等大型企业中,中小型企业成为韩国鼓励对华投资的重点,政府对进军中国的中小企业制订人力供给支援方案、扩大税务和劳务方面的咨询服务等。但是这些中小企业对中国投资环境和发展的认识仍然停留在几年前的水平,缺乏海外投资经验和在华投资经验,并对中国经济发展带来的投资环境和政策环境变化认识不足,目光仍锁定在传统制造业领域,与中国实际需求相背离。

(3)韩国企业本土化战略不足,阻碍技术转移。如前文所述,受民族文化的影响,韩国企业扎堆抱团的特点较其他国家更为明显,在协作方面仅考虑韩国配套企业,习惯采用"封闭性"的营销和经营模式,本土化战略不足。

在采购方面,韩资企业在国内购买生产原材料和零部件的比例非常低。这一方面是因为有些企业的原材料和零部件质量要求较高,需要从国外进口;另一方面,那些以再出口到韩国或出口到第三国为目的的企业因为使用进口原材料能实现出口退税,即使国内有丰富优质的原材料和零部件,考虑到成本和收益,企业仍从国外进口。在人力资源利用方面,韩资企业中,直接从事生产的员工几乎都是中国人,但中国人在管理层所占比重不高,只是处于辅助地位。韩资企业缺少系统的职业培训,提供到韩国研修计划的企业更是少之又少。韩国式的经营管理与中国的文化有较大的差距,职员与经营者之间的纠纷较多,中国职员的离职率高。在研究开发方面,除三星、LG等大企业在中国设立了研发中心外,大多数韩资企业没有研发能力,技术研发多在韩国国内进行,对中国在转让技术方面非常保守,研发本土化程度非常低。

(4)长三角优势更明显,高技术韩资逐步南下。由于长三角等发达地区的先发优势明显,已经形成了汽车、通讯电子、集成电路等完整而有特色的产业集群,不仅提供原材料的上游行业发达,物流、分销、零售等下游行业也很发达。同时,韩国企业在华投资,起初是看重中国的廉价劳动力,随着情况的改变,则逐步转向考虑综合生产成本的降低。这样,尽管具有地缘优势的环渤海地区对韩国企业有着天然亲和力,但以上海为中心的长三角地区,却最终以其优越的环境发挥了对韩国投资的磁铁效应,以环渤海地区为投资重点的韩国企业已悄悄将发展重心移向长三角地区。韩国在长三角的投资,不仅数量骤增,而且质量也有明显提高,呈现如下特点:一是资金技术密集,投资水平升级。韩国在长三角的投资,主要集中在电子、集成电路、精密机械(汽车零部件)等科技含量高,具有比较优势的产业,且项目大,尖端产品进入,龙头企业有明显带动效应。比如韩国海力士20亿美元的超大规模集成电路项目落户在无锡,成为韩国在华投资的亮点。二是研发机构先行,配套企业跟进。韩国企业研发机构跟随制造基地的南下而向南转移。随着韩国国内产业调整,对外投资速度加快,研发中心的建设和投资业务实现了一体化。据调查,韩国企业在中国的研发投资不断增加,但更多的是将研发中心转移到上海、苏州、无锡等长三角地区。

(二)2008年青岛与韩国技术转移预测

1. 青岛将继续实施外资优化战略,促进技术转移

根据我国最新政策,青岛将会继续坚持积极合理有效引进外资的方针,引进外资既注重规模,更注重质量。发挥外资在资源配置中的重要作用,带动全市经济发展和产业水平提高,着力提高全市对外资技术与管理的消化、吸收和创新的能力,把吸收外资与全市产业结构调整、技术进步、区域协调发展、企业改组再造相结合,在更高层次上发挥外资对青岛市经济与社会发展的积极作用。同时将外资与提高自主创新能力结合,克服重引进轻消化吸收的现象,促进外商转让关键技术与核心技术,充分发挥青岛区位优势,鼓励韩国大型公司设立研发机构与地区总部,着力吸引其将更高技术水平的加工制造环节转移,强化技术溢出效应。

2. 青岛加工制造基地的身份短期内难见变换迹象，生产型服务业将得到发展

从产业结构演变趋势上来看，目前韩国工业产值在国民经济中的贡献率正经历一个拐点，开始呈现往下走的趋势。即韩国将随着产业发展趋势，逐步降低工业制造业在产业结构的比重，并将这一部分产业向外转移。与此同时，中国工业制造业仍旧处在上升过程中，作为相邻地区，青岛加工制造基地的身份短期内难见变换迹象。制造业的发达，将促进青岛生产服务业的发展，在制造业地位取得提升的同时，与之相关的技术服务、广告设计、会展咨询等生产型服务业必然得到长足发展。

3. 某些劳动密集型企业将被淘汰，产业技术水平将持续升级

受我国经济快速发展所带来的工人短缺、工资上涨，以及"两税合一"、新《劳动合同法》实施、关税调整、对污染的控制等国家政策的影响，韩国的劳动密集型企业将继续面临亏损状态。它们或者向西部地区，或者向越南、印度等国转移，或者提高自身技术含量，进行产业转型，劳动密集型企业将逐步被淘汰。另一方面，我国政策鼓励外资在高科技产业以及清洁生产、节能降耗、减排治污项目等项目的投资，这些行业仍将享受税收等优惠政策，这势必促进产业技术水平持续升级。

4. 韩国对青岛第三产业投资将逐步加大，技术转移范围将进一步扩大

随着青岛产业政策鼓励外资对第三产业的投资，韩国继续加大对青岛第三产业的投资。可以预测，在 2008 年，韩国对青岛第三产业投资逐步加大的趋势不会改变，投资项目与规模甚至会呈现直线上升的迹象。在投资范围上，商业批发贸易和咨询仍将是主体，但会向着韩国具有比较优势的机电产品销售、维修、建筑、美容整形等行业进行扩张。这必将扩大技术转移和溢出范围，提升青岛的第三产业的管理与组织技能。

5. 劳动密集型韩资中小型企业数量将与 2007 年持平

受韩国对中国投资战略及企业认识不足的影响，2008 年青岛市的韩国投资项目在数量上将仍以中小型企业为主，仍然集中在劳动密集型制造领域。但由于韩资中小型企业多是外向型企业，其市场在中国以外，可以选择多个国家和地区作为替代国际市场商品生产地，其目的是追求低成本，看重短期利益。由于规模小，避税措施少；对员工苛刻，看重劳资关系等，所以受中国调整出口退税率、两税合一、对工会的加强以及新的《劳动合同法》的影响，2008 年韩资中小型企业增量不会太大，同时还会有很多劳动密集型企业撤资。综合对比下，2008 年青岛韩资中小型企业数量基本会与 2007 年持平。新投资项目将以大项目

为主,技术水平较高。

6. 石油化工、机械等产业将加快技术转移步伐

在韩国部分产业投资意愿作出调整的情况下,韩国企业对青岛的投资更具有战略色彩。为了应对随着外资制造业向中国转移加剧形成的激烈竞争态势,出于市场考虑,石油化工、机械、服务业等行业2008年会加快把较为先进的技术转移到青岛,以尽快抢占中国市场。

7. 信息通讯产业转移与技术转移将会保持缓慢速度

受高技术产业,特别是信息通讯产业的韩资南下影响,虽然青岛近年来信息产业发展势头迅猛,与韩国具有很强的衔接必要性和可能性,但韩国依然会选择已经形成了汽车、通讯电子、集成电路等完整生产体系而有特色的产业集群的长三角,将其信息通讯产业与技术更多地转移到长三角附近,对青岛的转移将会继续保持缓慢速度。

8. 抱团现象、独资化、技术内部转移现象仍将存在

民族文化的影响所导致的韩国企业抱团和独资化现象,会存在一个相当长的时期。并且,随着对青岛投资项目技术水平的提高,为保护技术,巩固其垄断优势,韩国企业会更加倾向于选择高度控制的治理结构——独资,保证技术仅在公司内部转移。

(作者单位:隋映辉,青岛市社会科学院;丁海洋,山东科技大学)

2007~2008年青岛市城乡居民收入形势分析与预测

赵明辉

2007年,青岛市城乡居民收入大幅增长,城乡居民生活质量不断提高。通过对其特点进行分析,可以看出2007年青岛市各级政府在统筹城乡发展方面所作努力。2008年,青岛市城乡居民收入将继续呈现稳定增长的良好态势,在收入分配中将更好地实现效率与公平的有机结合,将有助于实现社会的公平,实现经济社会又好又快的发展。

一、2007年青岛市城乡居民收入状况分析

2007年以来,青岛市经济呈现协调、健康发展的良好态势,随着科学发展观的进一步贯彻落实和构建社会主义和谐社会步伐的加快,以及政策性增资和企业经济效益提高,广大市民得到的实惠越来越多,城乡居民收入有较大幅度提高。

(一)城乡居民整体收入水平提高

近年来,青岛市城乡居民收入实现了较快的增长。市统计局提供的有关资料显示:2006年,青岛城市居民人均可支配收入15328元,比2002年增长75.8%,年均增长15.1%;2006年,农村居民收入增速逐步加快,全市农村居民人均纯收入6546元,比2002年增长56%,年均增长11.8%。城乡居民收入差距拉大的趋势得到缓解。

2007年以来,青岛市经济继续呈现出良好的发展趋势,并且城市就业环境进一步改善,收入渠道不断拓宽,农村劳动力转移得到进一步加强,农产品价格大幅上升,因此城乡居民收入增幅显著。据青岛市统计局资料,上半年,青岛市城市居民人均可支配收入达8869.41元,较上年同期增长17.7%;人均消费支出达6788.27元,较上年同期增长18.9%。第三季度青岛市城市居民家庭人均可支配收入为4301.18元,比上年同期增长14.4%;人均消费性支出为3253.21元,增长8.1%,收支继续保持较快增长。1~9月份,城市居民人均可支配收入

13171元,增长16.6%。其中,工资性收入10193元,增长14.6%;经营净收入728元,下降3.9%;财产性收入135元,增长1.62倍;转移性收入3224元,增长20.9%。

上半年,青岛市农民现金收入人均3859元,同比增长15.1%。其中,工资性收入人均为1639元,同比增长17.1%;家庭经营收入人均为2002元,同比增长13.3%;财产性收入人均为94元,同比增长12.8%;转移性收入人均为124元,同比增长22.9%。1～9月份,农民人均现金收入6108元,同比增长15.4%。其中,工资性收入人均为2459元,同比增长15.0%;家庭经营收入人均为3300元,同比增长14.4%;财产性收入人均为149元,同比增长16.9%;转移性收入人均为200元,同比增长41.8%。

(二)城乡居民收入特点

2007年青岛市城乡居民收入的增长是在经济市场化背景下实现的,与前几个时期相比,2007年推动收入增长的因素都有较大的变化,如第二、三产业蓬勃健康发展,为劳动力提供了就业机会,就业率持续上升;企业效益向好,最低工资上调,以及股票市场人气旺、指数涨等因素的共同影响,收入来源结构多样化特征更加明显。

1. 工资性收入是城乡居民收入增长的主要来源

2007年以来,青岛市委、市政府采取了一系列促进劳动力就业的措施,就业环境进一步改善,使工资性收入增长势头较强。据市统计局抽样调查,2007年上半年,城市居民人均工资性收入为6794.01元,较上年同期增长14.4%,拉动可支配收入增长11.4个百分点,占可支配收入的76.6%,仍是居民收入的主要来源。其中,工资及补贴收入为6629.82元,较上年同期增长15.1%,增势强劲。第三季度城市居民人均工资性收入3399.33元,同比增长15.0%。1～9月份,城市居民工资性收入10193元,增长14.6%。

上半年,青岛市农村居民工资性收入人均1639元,同比增长17.1%。其中,在非企业组织的劳动所得人均339元,同比下降1.3%;在本乡地域内劳动得到收入人均884元,同比增长27.0%;外出从业得到收入人均416元,同比增长15.3%。1～9月份,农民工资性收入人均为2459元,同比增长15.0%。

2. 稳定增长的农业收入成为农村居民收入增长的重要保证

上半年青岛市农副产品出售价格指数为116.27%。虽然农民出售农副产品的数量下降,但价格的上涨仍促进了农民的增收。青岛市农民家庭经营收入人均达到2002元,同比增长13.3%。其中,来自第一产业的收入人均1224元,同比增长12.2%。

3. 非经营性收入成为城乡居民收入增加的亮点

随着城乡居民财富的积累,投资渠道更趋多元化,股票与红利、房屋出租、被征用土地补偿等收入大幅度增长。2007年上半年城市居民股息与红利收入人均已达到109.07元,拉动人均可支配收入增长1.4个百分点。1~9月份,城市居民财产性收入135元,增长1.62倍;农民财产性收入人均为149元,同比增长16.9%。

4. 家庭经营第二、三产业的发展是城乡居民收入增长的重要推动力

2007年,越来越多的青岛市城乡居民走上了自主择业的道路。如在全市经济良性发展的带动下,农村第二、三产业呈现出稳定的发展势头。2007年上半年,青岛市农民经营第二、三产业收入人均778元,同比增长15.0%。

5. 转移性收入继续保持较快增长

受2007年上半年企业离退休人员上调养老金等因素的影响,城市居民家庭转移性收入增长较快。2007年第三季度青岛市城市居民家庭转移性收入人均为1050.16元,比上年同期增长22.3%。其中,养老金或离退休金收入增长较快,人均971.80元,增长22.3%。1~9月份,城市居民转移性收入3224元,同比增长20.9%;农民转移性收入人均为200元,同比增长41.8%。

(三)城乡居民收入增长因素分析

1. 经济的稳定、协调和可持续发展

2007年以来,青岛市认真落实科学发展观,突出科学发展、和谐发展、率先发展的理念,积极转变经济发展方式,农村经济稳定发展,工业生产保持较快增长,投资结构进一步优化,消费品市场繁荣活跃,物价上扬势头减弱,宏观调控效果逐步显现,全市经济社会又好又快发展取得新进展。据青岛市统计局资料,1~9月份,全市实现生产总值2750.95亿元,增长16.2%,分产业看,第一产业实现增加值130.25亿元,增长1.0%;第二产业实现增加值1488.01亿元,增长16.5%;第三产业实现增加值1132.69亿元,增长17.8%。财政收支稳步增长,全市地方财政一般预算收入达到197.9亿元,增长24.6%;全市地方财政一般预算支出达到186.6亿元,增长24.3%,等等。这一切是城乡居民收入增长的重要保证。

2. 农村劳动力的有效转移

近年来,特别是2007年以来,为了更好地促进青岛市农村劳动力的有效转移,青岛市一直致力于城乡统一的劳动力市场的建立、完善和发展。为增强农村劳动力就业能力,提高农村劳动力技能水平,加大了

的对失业人员再就业培训、农村劳动力转移培训、劳动者创业培训等方面的培训力度和资金扶持。1~9月份,青岛市财政共拨付职业培训费补贴资金280多万元。目前,失业人员、农村劳动力及其他有求职要求人员经过职业培训后,百分之百实现就业。经过几年的发展,其效应开始逐步显现,农村劳动力的转移成效明显。据市统计局资料,2007年上半年青岛市农村非农劳动力比重达到57.6%,比上年同期提高了4.7个百分点;农村就业劳动力中,受过专业培训的劳动力比重也比上年同期提高了0.6个百分点。农村劳动力素质的提高为其就业渠道的拓宽和工资水平的提高提供了条件。1~9月份,农村劳动力转移就业7.44万人,完成全年目标8万人的93%。

3. 政策性增资是拉动青岛市城市居民人均工资性收入增加的主要原因

2007年第二季度,青岛市行政事业单位工资改革开始实施,这些单位的职工增资和补发的增加工资收入是2007年上半年工资性收入增加较快的主要原因。同时,2006年下半年青岛市为企业离退休人员提高了养老金标准,这也拉动了2007年居民收入的增长。上半年城市居民人均来自离退休金的收入为1917.14元,较上年同期增长了19.1%,拉动可支配收入增长了4.1个百分点。

4. 就业形势的稳定

2007年以来,青岛市进一步完善促进失业人员就业政策,结合青岛市最低工资调整的机会,及时调整了社会公益性岗位从业人员的工资待遇,吸引了大量失业人员选择社会公益性岗位就业。同时,市劳动保障部门不断加强与工商、税务、财政等部门的联系,共同协调解决促进就业政策落实中遇到的问题,有力推进了城镇失业人员就业。1~9月份,全市实现城乡就业19.8万人。其中,城镇失业人员就业12.3万人,完成全年目标12万人的102%。9月末城镇登记失业人员5.99万人,城镇登记失业率2.98%。

二、2008年青岛市城乡居民收入增长形势展望

(一)城乡居民收入增长影响因素分析

1. 有利因素

2008年青岛市整体经济发展水平将不断提高,这将为城乡居民增收打下坚实的基础。此外,2008年青岛市城乡居民收入增长还有以下有利因素。

(1)关注民生的良好政策环境。胡锦涛同志在十七大报告中提出,

深化收入分配制度改革,增加城乡居民收入。要坚持和完善按劳分配为主体、多种分配方式并存的分配制度,健全劳动、资本、技术、管理等生产要素按贡献参与分配的制度,初次分配和再分配都要处理好效率和公平的关系,再分配更加注重公平。逐步提高居民收入在国民收入分配中的比重,提高劳动报酬在初次分配中的比重。着力提高低收入者收入,逐步提高扶贫标准和最低工资标准,建立企业职工工资正常增长机制和支付保障机制。创造条件让更多群众拥有财产性收入。保护合法收入,调节过高收入,取缔非法收入。扩大转移支付,强化税收调节,打破经营垄断,创造机会公平,整顿分配秩序,逐步扭转收入分配差距扩大趋势。这是2008年及今后城乡居民收入水平普遍增长的良好环境。

(2)新农村建设的不断深入。2007年青岛市新农村建设工作不断推进,采取了一系列推进新农村建设的新举措,涉及现代农业、农村基础设施建设、改善民生提高农民生活水平等诸多方面。例如,从2007年起,市财政每年从土地出让金中安排4000万元,重点搞好100万亩以蔬菜为主的标准化栽培示范区建设;2007年财政继续安排1000万元专项资金,以贷款贴息的方式,扶持20家左右的农产品加工龙头企业的建设项目,鼓励企业做大做强。到2007年底培育认定50家首批青岛市农产品加工龙头企业,等等。这一切为农业增产、农民增收奠定了良好的基础。

(3)促进就业工作力度的不断加大。近年来,特别是2007年以来,青岛市通过一系列优惠政策和具体措施,促进了城乡就业工作不断深入。一是积极推进城镇失业人员就业。结合青岛市最低工资的调整,调整了社会公益性岗位从业人员的工资待遇,进一步完善了促进就业政策。加强与工商、税务、财政等部门的联系,协调解决促进就业政策落实中遇到的问题,建立完善了信息互通制度。公益性岗位保有量将保持在1.2万个。二是统筹推进城乡就业。将逐步将城镇失业人员和农村劳动力两类资源合并,将就业帮扶政策向失地农民延伸,鼓励创业政策向农民延伸,职业培训政策向所有有转移就业要求的农村劳动力延伸,最终实现两类劳动力资源的统一登记、统一管理、统一服务。2007年,将在推广黄岛区统筹城乡就业试点经验基础上,进一步扩大试点范围,力争2010年全市实现统筹城乡就业。三是强化劳动力转移就业和培训。对有转移就业要求的农村劳动力有计划、有组织地进行就业指导。完善了农村劳动力培训网络管理系统,开发了农民工培训网络管理系统。2007年全年,市劳动保障部门将组织失业人员培训3万人,组织企业职工培训3万人,组织农村劳动力转移培训3万人,组织进城务工农村劳动者技能培训3.2万人。四是进一步推进青岛市创业工作深入开展。为鼓励和支持失业人员自主创业,方便创业者了解和享受各项创业政策,青岛市充分利用和发挥了市、区(市)、街道(镇)、居(村)四级创业服务平台,发放政策宣传单,做好"小老板"创业政策的宣传和贯彻落实工作。强化创业培训,注重培训实效。截止到2007年9月底,已批准建立创业培训基地16个,青岛市创业实习基地12个,为创业者提供创业实践,降低创业的市场风险,进一步开展创业工作打下良好基础。前三季度,全市扶持自谋职业自主创业13970人,完成全年工作目标的139.7%;全市共发放小额担保贷款24102.03万元,完成全年工作目标的12倍。所有这一切将有力地促进城乡居民,特别是城市失业人员和农民收入的增长。

(4)居民投资意识的进一步增强。由于股市持续活跃,投资者参与股市的热情上升,规模和实力迅速扩张,截止到2007年9月末,青岛地区共有开户的证券账户106.31万户,共有各类资金账户65.82万户,均保持了较快增长态势。证券市场的发展、投资渠道的不断拓宽,促使城乡居民投资意识日益增强,这将使居民财产性收入有较快的增长。

2. 制约因素

(1)农民增收仍面临着较大压力。虽然青岛农民2007年前三季度增收形势喜人,但从长远看,影响农民增收的因素仍然存在,增收压力呈加大趋势。一是生产资料价格的大幅上升。2007年上半年,青岛市农业生产资料价格指数为111.72%,同比上涨了11.3个百分点,比2006年全年也提高了3.72个百分点。生产资料价格的大幅上升,在很大程度上增加了农业的生产成本,削弱了农民增收。二是农村劳动力转移已进入稳定期,正逐步呈现出饱和状态。经过各级党委、政府和有关部门的多年努力,青岛市农村劳动力转移取得了显著成效。但农村劳动力的有效转移经过几年的发展,农村剩余劳动力资源已经有限,而且这部分未转移劳动力受素质、年龄等因素的影响,转移难度越来越大,必然在一定程度上影响农民收入水平的增长。

(2)城乡收入的差距。改革开放以来,特别是近年来,我国城乡居民的收入水平都有了很大提高,但是不可忽视,与此同时城乡居民的收入差距在逐步拉大。形成城乡收入巨大差距的原因是多方面的,但主要原因是由于我国城乡二元经济结构的存在,城市居民和农村居民在收入和生活水平方面客观上存在较大的差距。随着经济体制改革的不断深化,市场机制在分配领域中发挥着越来越大的作用,收入差距呈现出一种全面的、多层次的扩大态势。客观地讲,合理的收入差距在社会主义市场经济条件下是不可避免的,但当前的收入差距过大之所以引起了全社会的关注甚至某些群体的不满,主要是收入差距中不合理、不合法的因素使然。这种城乡收入差距扩大的状态不改变,必然影响到全体居民整体收入水平的提高。

(二)2008年青岛市城乡居民收入增长趋势分析

1. 城乡居民收入水平将不断提高

2007年青岛市实现城市居民人均可支配收入,在前三季度13171元的基础上,全年预测将突破16500元,同比增长将超过预期的9%的目标。2007年第四季度,青岛市农民人均现金收入在前三季度6108元的基础上,将稳定增长。2008年,青岛市城市居民人均可支配收入将增长10%以上,农民人均纯收入将增长10%以上。到2010年,青岛市城市居民人均可支配收入将达到20900元左右,农村居民人均纯收入将达到9350元左右,年均将分别增长10%左右。

2. 收入来源渠道将进一步拓宽

2008年,在加快推进以改善民生为重点的社会建设中,青岛市将认真学习贯彻落实党的十七大提出的各项目标任务,加快富强文明和谐的现代化国际城市建设,全面确立"民生为先"理念,更加注重社会建设,着力保障和改善民生。在此环境中,青岛市城乡居民的就业环境将进一步改善,增收渠道将不断增多。同时,随着城乡居民财富的积累、居民理财观念的转变以及投资渠道的日趋多元化,2008年,在工资性收入仍是青岛市城乡居民收入增长的主要来源的基础上,股票与红利、房屋出租、被征用土地补偿等收入将大幅度增长,并将成为城乡居民收入增加的新亮点。

3. 城乡低收入家庭收入水平将有较大幅度的增长

在青岛市城乡居民收入总体增加的同时,近年来多数城乡居民家庭收入都有不同程度的提高。特别是2007年,我国低收入人群受政策惠及较多,收入者收入水平有较大提高,弱势群体权益进一步得到保障。29个省(区、市)调整了最低工资标准,调整幅度平均达到30%左右,是历年调整面最宽、幅度最大的一年;31个省(区、市)颁布了小时最低工资标准。继续提高职工基本养老金水平。提高城市低保标准,每人每月较上年增加13.6元;农村最低生活保障制度加快推进,全国共有2133个县(区)、1509.1万农村人口被纳入农村低保制度。个人所得税的工薪收入起征点由800元提高到1600元,进一步减轻了中低收入者税收负担。上述政策同样惠及青岛市城乡居民。2007年青岛市委、市政府决定提高城乡居民最低生活保障及农村五保供养标准。市内四区城市居民最低生活保障标准由每人每月260元提高到300元,增长15.4%,是历次调整城市低保标准幅度最高的一次。市内四区城市居民最低生活保障家庭中社会孤老专项生活补贴标准,由每人每月130元调整为300元,使社会孤老生活费由390元提高到600元,增长53.8%。全市农村居民最低生活保障标准由每人每年1080元提高到1500元,即每人每月125元,增长38.9%。全市农村五保供养对象集中供养标准由每人每年2000元调整为2400元,其中农村低保金1500元,五保生活补助900元;分散供养标准由每人每年1200元调整为1600元,其中农村低保金1500元,五保生活补助100元。因此,2008年,青岛市低收入家庭将受到更大关注,在城乡居民收入快速增长的同时,青岛市低收入家庭数量将不断减少,其收入增长步伐将加快。自主就业和政府转移支付力度的加大是低收入家庭收入增长加快的重要因素。

4. 城乡居民之间收入差距拉大的趋势将得到缓解

中国社科院关于中国城乡收入差距的研究报告认为,当农产品价格上升以后,农民收入增加,城乡之间的收入差距缩小,如果农产品价格不变或者下降,城乡之间的收入差距就会进一步扩大;中国城乡之间的收入差距,上个世纪90年代以来出现一个先上升后扩大的过程,1994年城乡之间收入差距出现了下降的趋势,但是从1997年起又逐步扩大;这种变动与农产品价格的变化基本上是同步的,即农村居民收入增长较快的,也是城乡之间收入差距缩小的几年,同时也是农副产品的收购价格较大幅度上调的几年。2007年青岛市农副产品价格上涨幅度较大。据市统计局资料,上半年青岛市农副产品出售价格指数为116.27%,价格的上涨,促进了农民的增收。2008年,青岛市农副产品价格仍将延续2007年的发展态势,农民收入将较快增长,城乡居民的收入差距拉大的趋势将得到缓解。

(三)促进青岛市城乡居民收入不断增长的对策建议

1. 深化收入分配制度改革

党的十七大报告对深化收入分配制度改革进行了精辟论述,明确提出:"提高居民收入在国民收入分配中的比重,提高劳动报酬在初次分配中的比重。"这是针对当前收入分配格局存在的不足提出来的新要求,表明中央着眼于国民收入分配大格局,着眼于更好理顺政府、企业和居民的收入分配关系,同时着眼于更好理顺劳动要素与资本等要素的分配关系,体现了党中央总揽收入分配全局的战略眼光和关心全体人民基本利益的胸怀,为我们今后更好地推进收入分配制度改革指示了战略方向。深化分配制度改革,尤其是强调着力提高低收入者收入,逐步提高扶贫标准和最低工资标准,建立企业职工工资正常增长机制和支付保障机制,更多关注低收入者和工薪阶层的收入。这是全面建设小康社会的要求。各级政府及有关部门应抓住当前收入分配中存在的突出问题,采取有效措施,完善按劳分配为主体、多种分配方式并存的分配制度,健全劳动、资本、技术、管理等生产要素按贡献参与分配的制度,创造条件让更多群众拥有财产性收入,从而促进城乡居民收入的不断增长。

2. 多渠道增加农民收入

在建设社会主义和谐社会的进程中,政府应当给农民收入增长以有效的政策支持。在充分发挥市场机制作用的同时,政府采取有力的政策,支持农业,发展农村,保障农民。国家、省、市已经出台了一系列农民增收措施,农民收入的确在不断增长,但目前农民增收是非常脆弱的。一方面,国家转移支付的财力所限;另一方面,生产资料价格的上涨,市场的价格波动,会把农民增收的一部分"吃掉"。为了让农民持久地增收,除政府支持、财政转移支付之外,更应该让农民学会从市场上增收,要把新农村建设与推动农民增产增收进行有效结合。一是挖掘种养业发展的潜力,发展具有当地特色和优势的名、特、优、新、稀产品,并形成规模,提升档次,造就精品,创出名牌,进一步增强市场竞争力,把资源优势真正变成市场优势和经济优势,促进农民收入的大幅度增长。二是拉长农产品加工增值产业链,加强产业引导,推广新型订单农业生产及产品的深加工,促使农产品的流通,着力增加农民从加工、销售等环节获得收入。三是优化农村就业结构,大力发展农村第二、三产业,支持建立适合地方发展的农产品加工、矿产开采、林牧业加工等劳动密集型产业,吸纳农民就业,引导农业劳动力从效益低的产业向效益高的产业转移,通过多渠道增加农民收入,保证农民收入稳定增长。

3. 关注和保护失地农民利益

由于城市化过程中对土地的需求必然要通过行政上对农村土地的征用来满足,失地农民在一个较长时期都将存在。因此,对被征地农民必须给予公平的补偿,充分保护失地农民利益。公平补偿是指按照反映土地真实价值的市场价格来进行。具体的补偿标准应根据被征地的用途来确定,如果被征地用于城市非公共设施建设,则应完全按照被征地现时市场价格来补偿;如果为了公共利益的需要征用农民土地,基本的补偿标准应确定在保证被征地农民境况比失地前有所改善,提高被征地农民的生活水平,并有利于农民失地后向城市转移。

4. 建立农民工工资稳定增长和权益保护机制

加强对企业执行最低工资标准的监督检查,对违反《最低工资规定》的行为依法查处。在农民工集中的劳动密集型行业实行企业社会责任强制性认证,以切实改善企业社会责任状况。可考虑建立企业欠薪保障制度或实行工资备付金制度,以解决企业发生拖欠时垫付职工工资的资金来源。通过采取一系列有效措施,保证农民工收入能够稳定增长,使农民工工资成为农民增收的重要来源。

5. 千方百计扩大就业,重点关注城市低收入群体

就业是民生之本,是改善分配关系、缩小收入差距、实现共同富裕的重要前提。为增加城乡居民收入,要努力做好就业和再就业工作,大力发展社区服务、餐饮等劳动密集型产业,鼓励中小企业和非公有制经济的发展。落实好最低工资制度,确保职工工资按时足额发放。实行再就业援助制度,积极开发公益性岗位,做好城镇新增劳动力就业工作。加大财政投入力度,适当提高城市低保对象补助水平,并向生活最困难、最需要救助的低保对象倾斜。考虑低收入者的实际需要,保障项目及范围都应有所增加。可在国家基本保障制度外引入补充医疗保险、企业年金等作为基本保障制度的补充。地方财政在财政盈余大幅增加的情况下,也应在改善本地社会保障方面,如医疗、教育等领域加大投入。

(作者单位:青岛市社会科学院)

2007～2008年青岛市金融服务功能形势分析与预测

周建宁　胡　岩

金融服务功能是指各类金融机构运用金融政策与金融工具,向特定客户提供金融产品与服务的总和,主要包括银行、保险、证券、信托等中介机构在金融体系与金融服务中所发挥的各项功能。金融服务功能主要包括存款、贷款、理财、融资平台的功能,资金融通的功能,社会资金的清算,各种金融产品的买卖,金融市场服务等功能,这些金融服务由各类金融机构直接提供给个人消费者和机构投资者,而中央银行则提供了关键的后台支持性服务。从广义上说,金融服务功能还包括各类金融软硬件和投资环境的建设。2007年以来,青岛市围绕提升金融服务功能、打造区域性金融中心的战略目标,认真贯彻科学发展观和国家宏观调控政策,着力于金融机构、资金规模、创新产品"三个扩张"和金融环境、融资平台、发展机制"三个建设",在壮大金融规模、完善组织体系、优化金融结构、加快金融创新等方面均实现了新的突破,各项业务保持了快速健康发展的良好势头,形成了又快又好的发展格局。

一、2007年青岛市金融服务功能状况分析

(一)2007年青岛金融服务功能发展特点

1. 金融服务业规模迅速膨胀

2007年,在国家宏观调控效果显现的背景下,储蓄存款增势趋缓,企业存款大幅上升,贷款投放较快增长,短期和中长期贷款齐头并进。青岛市经济金融运行良好,银行、保险、证券三业均实现了大幅度增长。截止到2007年9月末,青岛市存款余额达到3976.3亿元,比年初增加574.9亿元;前三季度外汇贷款快速增长,增加16.7亿美元,同比多增10.7亿美元,其中短期贷款增加11.2亿美元,同比多增9.1亿美元,进出口贸易融资3.5亿美元,同比多增2亿多美元;个人消费贷款增势

上升,9月份人民币个人消费贷款余额506亿元,比年初增加81.1亿元,占人民币贷款增加额的19.8%;保险业步入快速发展轨道,前9个月实现保费收入57.1亿元;金融业实现增加值和提供地方税收增长迅速,前九个月金融业实现增加值57.87亿元,同比增长33.5%,占第三产业比重为7.88%,比2006年上升1.38个百分点;前三季度青岛市银行业实现利润56.3亿元,增长46.2%;实现地方税收收入6.78亿元,同比增长27.2%。

2. 金融服务业组织体系日益健全,初步形成了业态完整、功能齐备的组织体系

2007年,青岛市在金融机构的引进与培育方面实现新突破,成功引进和培育了兴业银行、民生银行、渤海保险、平安养老金保险、中石化财务公司、首创安泰保险、瑞穗银行、海信财务公司等8家金融机构,使得金融组织体系日益健全。另外,原已进驻岛城的汇丰银行、渣打银行、东亚银行三家外资银行2007年成功转制,开始全面办理人民币业务。

中国银监会正式批准了海信财务公司的设立申请。海信财务公司是青岛市继海尔财务公司、中石化财务公司获批的又一家财务公司,对于促进海信集团的资金集约化管理、增强内外部资金聚居功能,夯实资金链条,提高核心竞争能力将起到积极作用。截止到2007年9月底,青岛市共有金融机构66家,其中政策性银行3家,内资商业银行17家,外资银行10家,内资保险机构25家,外资保险机构5家;财务公司3家;证券公司1家;信托公司、邮储资产管理公司各1家,实现了量的积累和质的飞跃。

3. 地方金融机构发展步伐加快,竞争力明显增强

在不良资产置换工作顺利推进的基础上,青岛市商业银行成功引进海外战略投资者,2007年7月12日青岛商业银行与意大利联合圣保罗银行签订战略合作协议,意大利联合圣保罗银行以每股2.6元的价格认购了青岛商业银行19.99%的股权,这次收购是意大利银行首次涉足中国银行业的股权收购。通过本次收购和增资扩股,青岛商行的注册资本由11亿元增至20亿元人民币,海尔集团公司仍以持股28%名列第一大股东。入股后意大利联合圣保罗银行将在信息技术、产品研发、战略规划制定、风险管理和信贷审核流程改造等方面给予青岛商业银行全方位的支持。

农村信用社产权制度改革在全省内率先取得了阶段性成果。截止到2007年9月底,农村信用社6.1亿元中央银行票据兑付工作已全面完成,青岛农村信用联社和华丰联合银行已重组并开始试运行,农村合作金融机构资本充足率达到14%,比2003年末提高8.6个百分点,步入了良性发展轨道,为农村合作银行的组建创造了积极条件。作为青

岛地区唯一一家法人证券公司,中信万通证券公司把握证券市场持续走强的契机,先后在济宁、潍坊、东营等地设立了分支机构,公司的分支机构达到25处。1～9月份累计实现交易总量和股票基金交易量5376.60亿元和4453.71亿元,股票基金市场份额为5.92‰,销售基金总额达到38.79亿元,实现利润总额62276.3万元。客户总量达到47.12万户,托管客户资产总值为337.77亿元,实现了大跨度、跳跃性发展。

4. 县域金融业实现跨越发展

2007年青岛市创造性地推出"金智惠农"创业扶持贷款模式,将金融政策与财政政策、产业政策有机结合起来,探索建立扶持农民和城镇失业人员创业基金,实行优惠利率政策,并在胶南先行试点,取得了初步成效。青岛市积极发挥财政政策和信贷政策对县域经济的扶持作用,支持农村金融组织体系建设,鼓励股份制银行在县域增设经营网点,截止到2007年9月底,已有3家银行(交行、中行、青岛商行)在农村设立4个分支机构。这种做法不仅加大了县域金融发展和新农村建设的信贷投入,而且通过农村助学贷款、再就业贷款的投放,加大对县域经济和中小企业的信贷支持力度。到2007年9月末,全市金融机构农业贷款余额192亿元,比年初增长20亿元,同比多增13亿元,而贷款以外的融资方式也明显增长,其中银行承兑汇票累计签发额和余额占比分别升到10.9%和7.7%,信用证累计办理额和余额分别升至9.5%和2%;同时,加大农村保险工作力度,拓宽保险服务领域,小麦种植保险、能繁母猪保险正在积极开展。

5. 保险业着力搭建与国际接轨的一流管理平台,为经济与社会发展服务

2007年,青岛市保险业机构规模迅速壮大,形成了良性竞争的格局。截止到2007年9月末,青岛市共有保险机构26家(其中正在筹建1家),按照资本性质分:中资公司24家,中外合资公司2家。按照经营业务分:财产保险公司15家(含信用保险公司1家),人寿保险公司11家(含专业健康保险、养老保险公司各1家)。2007年前9个月新增保险专业中介机构9家,各类保险中介法人机构共计81家。保险从业人员2.2万人,约占全市金融行业从业人员总数的42%,保险市场初步形成了多种组织形式、多种所有制并存,公平竞争、共同发展,保险直销市场与保险中介市场互为依托、协同发展的格局。

保险业服务空间不断拓展,覆盖面不断扩展,社会保障功能得以增强。截止到2007年9月末,全市保险业承担风险保障12039亿元,商业保险公司累计为2.6万人次提供了新型农村合作医疗保险,赔付金额5389万元;全市汽车消费信贷保险累计保险金额45亿元,

住房按揭保险累计金额235亿元,出口信用保险累计保额20.93亿美元。在跨海大桥、滨海大道、奥帆工程等大型工程和2007年青岛帆船邀请赛等重大活动中,保险业及时提供了风险管理支持和保险保障。2007年前三季度全市保险业累计赔款与支付19.4亿元,同比增长30.5%。

2007年在为新农村建设服务方面,青岛保险业也有所作为。胶州市胶北镇"保险示范村镇"试点建设初见成效。在胶南、平度、即墨开展了小麦火灾保险。商业保险公司在城阳区和开发区参与了新型农村合作医疗试点,已经累计为21728人次提供了医疗补偿服务,赔付金额4329万元。根据市政府《关于完善新型农村合作医疗制度的意见》中关于推广"政府监管,市场运作"的新农合发展模式,有关区、市正在稳步推进,覆盖面将进一步扩大。

2007年,青岛市保险业积极参与完善社保体系和社会管理活动。企业年金拓展已取得了初步成果,截止到2007年9月底,青岛市已有10家企业、2.3万人参加了企业年金保险,实现管理基金1.1亿元。商业健康保险承保了130多万城镇职工大额医疗保险。目前全市医疗责任保险参保医疗机构168家,保险累计责任限额1.48亿元,共有12个街道、19个居民委员会、14个乡镇、52个村,共计46188户参加了社会治安联合保险。

6. 证券业呈现大跨度、跳跃性发展态势,投资者规模迅速膨胀,服务功能不断提升

2007年是中国证券业步入"黄金十年"的开端,上证综合指数一直冲到6124点,中国建设银行、中国神华回归A股,使得深沪市场市价总额达到27万亿,越来越多的投资者分享到了股市"黄金十年"成长的成果。

由于股市持续活跃,投资者参与股市的热情上升,规模和实力迅速扩张。截止到2007年9月末,青岛地区共有开户的证券账户106.31万户,共有各类资金账户65.82万户,均保持了较快增长态势。青岛地区内各营业部存管的保证金余额为133.7亿元,托管证券市值大幅增长至490.94亿元,基金、股票、理财产品对储蓄资金形成了较强的分流作用,前三季度,青岛市银行机构基金代销额高达364.6亿元,销售理财产品84.2亿元。随着深沪指数的攀升,辖区内投资者的证券持有量一直保持在高值。

证券经营机构在强化服务功能上有新举措。截止到2007年9月底,青岛地区共有证券营业部38家(其中招商证券青岛营业部在建中),各类证券经营机构都在强化服务功能方面下了很大工夫,如中信万通证券公司以"96577"呼叫中心综合平台为中心,着力打造客户投资

服务平台,"金股信短信服务平台"和"电子咨询邮箱平台",立足于为客户提供全面的服务,在业内取得了领先优势。

在股票发行与上市方面也实现了新的突破。继2006年青岛软控、青岛金王、康大集团在海内外分别上市后,2007年8月8日,青岛人民印刷登陆OTCBB市场,新华锦国际借壳兰陵陈香重组上市,岛城资本市场再添新丁。青岛人民印刷有限公司在美国OTCBB市场成功上市后,根据与中介机构签订的上市协议,融资规模为2200万美元,其中550万美元已于2007年初到位,其余资金将陆续到位。该企业成功登陆OTCCB市场,为企业做大做强,实现跨越式发展打下良好基础,同时也为青岛市中小企业融资提供了一条有效途径。8月15日,山东新华锦国际有限公司(600735)复牌交易,标志着新华锦国际重组兰陵陈香借壳上市成功,2007年4月10日,SST陈香刊登了公司高管变动及公司更名的公告,半年来,通过置入山东鲁锦进出口有限公司的优质资产,清偿欠款、赠送资产、增加公司净资产值,增强公司的赢利能力和可持续发展能力,使得公司在8月15日成功复盘。

截止到2007年9月底,青岛市共有16家企业、18只股票在境内外发行上市,累计从资本市场筹集资金136.47亿元。利用银行间债券市场融资在2007年实现了突破。2007年6月,青岛国信实业公司成功发行了5亿元的企业债券筹集资金用于海底隧道项目,这成为自1999年企业债券发行由国务院特批以来,青岛市发行的第一单企业债券,青岛前湾集装箱码头有限责任公司短期融资券项目正式启动,该融资项目总规模达11亿元,主要用于充实公司短期营运资金。

同时,新型融资机构日益红火。以担保公司、民间中介机构、典当行等为代表的新型投融资力量2007年以来不断壮大。2007年1~9月担保机构就新添了9家,截止到2007年9月底,青岛市担保机构数量已达40家,注册资本为11亿元,典当行20余家,而民间借贷中介机构因进入门槛较低,膨胀最为迅速,这三类机构大都以房产抵押为主,其中典当行的业务70%是通过抵押房产放款。

(二)青岛市金融服务功能方面存在的问题

1. 金融服务业的规模偏小,与青岛市的经济地位不相匹配

青岛市目前的金融服务业增加值占全市GDP的比重为2.6%左右,低于南京等其他计划单列市。贷款余额占GDP的比例低于同等城市。保险公司保费收入、证券市场累计融资额占全国总量的比重也低于经济总量占全国的比重。金融业的总体规模与青岛市的经济发展和在国内外的知名度存在一定的差距。

2. 金融业的法人金融机构及区域性管辖机构偏少，辐射力不够强

法人金融机构是一个城市金融体系的重要组成部分。截止到2007年9月末，青岛市仅有青岛商业银行、青岛国际银行、青岛农村信用联社、中信万通证券公司和青岛海协信托等5家法人金融机构，地方性总部金融机构也仅有中国银行山东分行等4家，而保险类企业至今尚无总部机构。法人金融机构偏少，不仅制约了资金积累对青岛经济的支持作用，而且难以推出由法人机构完成的金融创新。同时，因与其他地区信贷资金往来不畅，辐射力和吸引力明显不足。

3. 市场创新不足，金融服务功能的深度不够

在金融服务领域，一方面，企业对金融市场变化的适应性不够，对金融产品的需求面较窄，利用金融资源满足企业多层次的需求动力不足、办法不多；另一方面，金融业适应市场变化的能力较弱，业务结构规模和水平与市场需求相比存在一定差距。银行业务同质化现象普遍存在，特别对满足日趋旺盛的中小企业和个人差异化金融服务需求的产品结构还不够合理，中间业务发展缓慢。如青岛的担保公司，目前的数量虽然已经达到40家，但由于规模较小，无法与银行实现业务对接，仅有7家开展了担保业务，82.5%的担保机构未开张。

4. 资本市场发育不足，直接融资的比例偏低

证券市场的规模较小，目前全市仅有16家上市公司、18只股票挂牌，资产证券化率仅为13.6%，低于全国27.1%的平均水平；上市公司没有完全体现出青岛市经济发展的实力与优势，数量少、行业分布不合理，反映青岛市经济特色领域的企业尚无突破；推动力度不够，后备上市资源严重不足。从其他融资渠道看，唯一一家信托投资公司——青岛海协信托作用发挥不明显；全市大型企业虽多，但仅有海尔集团公司、海信集团公司和中石化三家财务公司；目前尚无自己的产业投资基金和创业基金。上述现象导致企业融资出现"短腿"，形成主要依赖于银行贷款的局面，直接融资仅占企业融资额的4.4%左右。

二、2008年青岛市金融服务功能发展状况预测

(一)青岛市金融服务业发展环境分析

1. 金融政策环境日益完善，创造出有利于金融服务业发展的良好环境

胡锦涛同志在党的十七大报告中对资本市场建设及金融服务业发展提出了新要求：优化资本市场结构，多渠道提高直接融资比重。要推

进金融体制改革,发展各类金融市场,形成多种所有制和多种经营形式、结构合理、功能齐全、高效安全的现代金融体系。要优化资本市场结构。多渠道提高直接融资比重,提高银行业、保险业、证券业竞争力。青岛市高度重视金融业务的发展,从加强金融生态环境建设,提升金融服务功能的角度出发,努力营造有利于金融发展的良好社会环境。近年来先后出台了《关于创建金融安全区的通知》、《关于加快金融业发展的意见》、《关于加强生态金融建设的意见》一系列支持性、导向性意见,在国内同等城市率先建立金融生态建设指标体系,并建立政府与监管部门之间的金融稳定协作联席会议制度。为强化对金融业的服务,市政府专门建立了金融协调领导小组,并设立金融办公室作为具体办事机构。近期还将研究出台加快金融发展的具体政策。

2. 金融开放程度日益加强,在省内形成了金融业开放的绝对优势

青岛市作为山东省的口岸城市,已经被山东省政府确定为全省经济的"龙头",其金融服务功能必将会有一个大发展、大提升的过程。

(二)青岛市2008年金融服务业发展形势预测

1. 2008年青岛市金融服务业的整体发展态势

2008年,随着党的十七大的召开,国家宏观调控政策的进一步落实,青岛市经济将继续保持良好的发展态势,企业效益、居民消费、进出口、投资将稳步增长。2008年奥帆赛的举行,跨海大桥、海底隧道、快速路等大项目的建设,对青岛市投资增长的带动性增强,企业的投资将平稳增长。在良好的经济环境下,青岛市金融将继续保持稳健运行,金融服务功能将进一步增强。

青岛市银行业发展步伐将会加快,在促进地方经济发展方面将会发挥更大作用。预计,2008～2010年青岛市银行业存贷款余额年均增幅将保持在15%左右,新发贷款不良率控制在0.2%,拨备覆盖率将达到80%以上,资本充足率将保持在8%以上,资产利润率将达到1.2%左右,金融产品增加值将保持15%的增长速度,到2010年,金融产业增加值占生产总值的比重将达到6%以上,占第三产业增加值比重将到达15%。

在引进外资金融机构方面,青岛市正在主动加强与美国花旗银行、比利时联合银行、泰国德富勤银行等金融机构的联系,其中花旗银行已正式提交在青岛市的设立分支机构申请,这三家外资银行有望在2008年内获批入驻青岛市。青岛市也把培育和发展地方金融机构作为2008年完善金融体系的重点,积极推动地方法人保险公司——中路交通财产保险公司的组建工作,多次向中国保监会作了专题汇报,争取

2008年内能获批筹建,以填补青岛市无法人保险公司的空白。在农村信用社的金融改革中,农村信用社切实完善法人治理结构,健全内控机制,增强支农服务功能。青岛农村合作银行有望在2008年内成功挂牌。

提高金融服务意识,将成为2008年青岛辖区各银行金融机构的重中之重。青岛市已将2008年作为金融宣传推进年,要求各金融机构积极参与人文奥运建设,全市金融系统广泛开展"迎奥运、促发展"活动。以重规范、谋发展、求突破为方向,围绕创新金融产品、优化金融结构、提高服务效能、提升核心竞争力等多方面,从业务流程再造、网络平台搭建、行业诚信建设、窗口服务规范等多角度,广泛开展系列活动,扎实推进满意服务、素质提升等"七项工程",持续加强金融软硬环境建设,规范化服务、工作效能、业务流程等方面已有了明显提升。金融的影响力得到不断提高。同时,强化金融街区规范与建设,命名了香港路金融一条街和第二批5条刷卡消费无障碍示范街区。青岛银监局要求辖区内各银行业金融机构按照《商业银行小企业授信工作尽职指引》,进一步建立、完善和细化"六项机制",积极进行风险定价、绩效考核、激励约束机制创新,不断满足小企业的贷款需求。

2. 2008年青岛市金融体系发展形势

(1)青岛市保险业的发展形势。2008年青岛市保险业将贯彻落实国务院保险业发展的意见,拓宽保险服务领域,完善多层次社会保障体系,在改革完善基本养老保险制度同时,拓宽发展企业年金保险,拓宽企业和个人补充养老保险;发展商业补充医疗业务,鼓励和支持商业保险公司参与城镇职工大额医疗保险;强化"三农"保险发展力度,开展农业保险,鼓励和引导保险机构参与农村意外、医疗、养老等保险保障,推动"保险示范村镇"的创建活动,探索开发保费低廉、保障适度、保单通俗的保险产品;积极发展各类责任保险。同时,根据保险资金运用渠道放宽的趋势,发挥保险资金长期性和稳定性的优势,积极争取部分保险资金和资产管理公司参与青岛市基础设施、重点项目、产业集群投资和创新投资企业试点,增加融资渠道。

(2)青岛市证券业发展形势。按照计划,未来5年全市境内外上市公司将达到30家,累计融资300亿元以上,各区市在未来3年要上市3~5家。目前青岛市储备了大量拟上市公司的资源,已经引起了国际金融机构和国际资本的热切关注,像青岛港、华仁药业、凤凰印染、海隆机械、瀚生生物、捷能汽轮机股份、海丰航运、利群集团、青岛地恩地机电公司等企业都在进行着境内外上市的准备工作。目前,青岛已经吸引了包括纽约、伦敦、新加坡、韩国、日本等在内的十几家境外证券交易所。

作为北方第一大港、中国第二大外贸港口的青岛港正在抓紧其在资本市场融资的步伐,青岛港拥有世界上最大的铁矿石码头,亚洲最大的原油码头和国内第三大集装箱码头,有望于2007年内上市,所筹集的资金将主要用来扩大集装箱码头的规模。虽然青岛市企业在资本市场上取得了重大突破,但与南方一些城市相比,上市公司产业结构还不均衡,青岛旅游、港口、海洋经济至今尚无一家上市公司。

在目前青岛的38家证券营业部的竞争中,2008年将会形成"三足鼎立、中信万通先行"的格局。作为辖区内唯一的专业性证券公司,中信万通证券公司将依托中信证券公司的品牌优势和青岛的地缘优势,整合资源,拓展业务,在青岛的证券服务业中处于领先地位。由原天勤证券公司13家营业部翻牌而成的国元证券公司营业部,不仅实现了国元证券公司在青岛地区的低成本扩张,而且进一步提升了国元证券的品牌形象,在青岛地区形成了"集团作战"的优势。由齐鲁证券公司吸收合并原天同证券公司青岛证券营业部,则在化解风险隐患、维护经纪业务、客户资源方面下足气力,显示出一定的后发优势。

(3)着力打造"融资绿色通道"、打造融资服务平台是青岛市健全民营及中小企业社会服务体系的重要举措之一。目前,加入青岛市中小企业联盟的企业已经达到345家。2008年青岛市有关部门将积极拓展深化融资服务功能,在2006年成立中小企业发展战略联盟的基础上,不断打造方便、快捷的"融资绿色通道"。

(三)促进青岛金融服务业发展的对策建议

1. 大力引进和培育各类金融机构,着力打造金融机构和功能集聚区域

要充分发挥青岛市在山东省的龙头地位,着力打造金融机构和功能集聚区,重点引进和培育法人金融机构、区域管辖机构,加快各类发展各类非银行金融机构,进一步确立青岛在山东省内金融机构种类最多、数量领先的地位。

2. 调整优化信贷结构,促进金融规模扩张

针对中小企业"融资难"的问题,继续完善中小企业贷款授信评级、审批程序、抵押担保、激励约束等方面的差异化管理政策,充分利用利率手段覆盖风险;加强对青岛市居民消费信贷的支持,着力开发以拉动消费为重点的信贷产品。完善小额贷款工作的长效机制,推动建立小额贷款、创业培训和信用社区建设的联动机制。在金融市场中大力发展银团贷款,提高银行的融资能力。2008年争取新增贷款规模达到420亿元。

3. 进一步强化金融服务和辐射功能,完善多层次的金融服务体系

一是探索建立"胶东半岛区域票据交换中心",推动商业承兑汇票业务的发展,加快区域支付清算体系建设,提高结清算速度和效率。二是完善金融支农政策体系,继续深化农村信用社改革,推进农业银行和农业发展银行业务转型,推进邮政储蓄银行化,着手探索建设农村小额信贷组织,在开发农村创业贷款、置业贷款、俱乐部贷款、社团贷款等金融产品方面进行积极探索,加大对农村"路水气电医学"和农村文化建设的信贷支持力度。2008年县域农村信用社新增农业贷款占比争取达到65%以上。

4. 加强对青岛企业上市的统筹规划,加快企业上市步伐

一是大力发展证券市场,扶持中信万通证券有限责任公司做大做强,确立其行业竞争优势,使其成为具有较强辐射功能的区域性综合性券商。二是积极推进期货市场的发展,充分发挥青岛市的区位优势,吸引更多国内势力强的期货公司来青岛,以逐步解决期货机构少、实力弱等问题。三是对企业上市公司统筹规划,加大推动企业进入资本市场的力度,切实解决目前青岛市上市公司数量偏少和特色行业空白的问题。

5. 营造有利于金融服务功能发展的外部环境

一是以保持金融稳健运行,防范和化解金融风险为前提,逐步建立起诚实守信、资金流动畅通、经济金融和谐互动发展的环境。二是加强金融街的培育发展。建立联席会议制度,协调落实有关扶持政策和条件,着力打造金融资源的集聚区,并以青岛金融街为标志,进一步提升城阳区、黄岛区、崂山区金融区的功能,打造有特色的金融街区,提升金融街的影响力。

6. 加大宣传力度,提升社会金融意识

要加强与海内外金融机构的合作与交流。通过举办金融研讨会,聘请国内外专家授课、金融产品展示会、金融周、保险日以及金融机构座谈会等金融活动,推进金融研究与创新,提高金融社会认知度,形成各级、各部门、各阶层共同关心金融服务业、支持金融发展的良好的社会氛围。

(作者单位:周建宁,中信万通证券有限责任公司;
胡岩,青岛市四方区城市管理行政执法局)

青岛市名牌战略实施状况分析

于淑娥

品牌（brand）一词来源于古挪威文字 brandr，其意思是"烙印"。这是现代品牌概念的来源。1960年，美国营销学会（AMA）给出了对品牌较早的定义：品牌是一种名称、术语、标记、符号和设计，或是它们的组合运用，其目的是借以辨认某个销售者或某销售者的产品或服务，并使之同竞争对手的产品和服务区分开来。通俗说，品牌就是经正式登记注册的商标或商号。名牌指有一定知名度和美誉度的品牌，是品牌发展到一定阶段的产物。名牌是强势品牌，是市场竞争中产生的、具有杰出表现、得到顾客忠诚与认可的、能产生持久的巨大的效应的品牌。名牌是品牌的归宿，是终极目标。

青岛是全国最早实施名牌战略的城市之一。从上世纪80年代创"金花"产品，到90年代实施新一轮名牌战略，直至发展名牌经济，青岛市抓住经济转轨的历史机遇，始终以"有形的手"牵引名牌战略不断升级。通过不断强化政策扶持与引导，形成了浓厚的争创名牌的社会氛围和科学长效的创建机制。名牌创建的范围由工业领域逐步向现代服务业乃至政府机关拓展，名牌已经成为青岛城市的名片，青岛市也因此享有"中国品牌之都"的美誉。沿着"名牌产品—名牌企业—名牌经济—名牌城市"的轨迹，目前青岛正加快实现由"名牌经济"向"名牌城市"的跨越。

一、青岛市实施名牌战略的基本情况回顾

改革开放以来，青岛市在全国较早地实施了名牌战略。20世纪80年代开始，全市通过制定重点产品规划、名牌产品培育滚动发展计划等，实施和创新名牌战略，涌现出海尔、海信、青啤、澳柯玛等一大批国内外知名大型企业（集团）和"海尔"、"青啤"、"双星"、"海信"、"澳柯玛"等一批知名品牌。2003年9月世界品牌实验室认定，海尔品牌在世界知名品牌100强中排序为第95名，这是中国唯一品牌首次入选；2005

年8月30日,英国金融时报公布的中国十大名牌,"海尔"列首位,"青啤"列第四位;2005年9月1日公布中国世界名牌3个,其中海尔占据2个席位(冰箱、洗衣机),占全国总数的66.7%。

青岛市实施名牌战略的实践,可分为四个阶段,每一个阶段都有一个鲜明的主题,并形成了标志性成果。

第一阶段为1984～1987年。该时期,青岛市以制定重点产品发展规划为中心,支持企业树立名牌形象。在工业各行业上报的181种有发展潜力的产品基础上,通过专家论证,于1984年制定出台了《青岛市1984～1990年重点产品发展规划》,该《发展规划》提出要培育一批像青啤一样的拳头产品,确立了57种产品列入该《发展规划》,海尔冰箱、海信彩电、双星运动鞋都在规划之列;并把获得各级优质产品称号的376种产品编辑成《1979～1984年青岛市优质产品汇编》,向国内外推介。

第二阶段为1987～1994年。该时期,青岛市以全市工业企业创金花产品为载体,实施名牌战略。1989年发出《关于在工业系统全面开展争创"青岛金花"活动的通知》,继1989年首批认定11个青岛市金花产品后,到1993年共认定金花产品31个。

第三阶段为1994～2003年。该时期,青岛市以创评青岛名牌为基础,努力争创国家级知名品牌,打造"中国品牌之都"。1994年,发出《关于实施名牌战略、开展争创"青岛名牌"产品活动的通知》,1999年发出《关于进一步加强实施名牌战略争创名牌产品工作的通知》(青政发〔1999〕135号)。在认定了168个青岛名牌产品基础上,有25个产品被评审为中国名牌;在全市各个行业、各个部门、各个区市开展了创服务名牌、政务名牌活动。

第四阶段为2003年～至今。按照山东省委、省政府关于加快推进名牌战略的部署,在企业创名牌的基础上,青岛市将创建机关服务名牌纳入全市实施名牌战略活动中,开始打造名牌之都。期间,2004年发出《关于建立新创工业知名品牌奖励制度的通知》,2005年出台《2005年品牌经济工作意见》,以此鼓励和指导全市名牌战略实施。2004年被中国品牌研究院评选为"中国品牌之都",2005年被经济日报评选为"中国品牌之都";2006年再次蝉联"中国品牌之都"称号。

截止到2006年底,青岛市实施名牌战略取得的成果有:

世界知名品牌。2003年9月世界品牌实验室认定,海尔品牌在世界知名品牌100强中排序为第95名,这是中国唯一品牌首次入选;2005年8月30日,英国金融时报公布的中国十大名牌,海尔列首位,青啤列第四位;2005年9月1日公布中国世界名牌3个,海尔2个(冰箱、洗衣机),占66.7%。

中国名牌和中国驰名商标。截止到 2006 年底,青岛市拥有 2004~2006 年管理期内中国名牌 54 个,占全国 1338 个的 4%,位列全国城市第 3 名,为山东省城市首位;拥有中国驰名商标 19 个,其中国家工商总局认定的 14 个(利勃海尔、海尔、海信、澳柯玛、青啤、双星、即发、喜盈门、英派斯、亨达、哈德门、六和、红领、青特),占全国行政认定 809 个的 1.7%;司法认定的 5 个(白雪、壹枝笔、摸错门、琅琊台、得其利是)。

国家质量管理奖。截止到 2006 年底,青岛市拥有国家质量管理奖 5 个(海尔、海信、港务局、青啤、建设集团),占全国 44 个的 14%。

山东名牌和山东著名商标。截止到 2006 年底,青岛市拥有山东名牌 199 个,占山东省 1372 个的 14.5%;山东服务名牌 24 个,占山东省 94 个的 25.5%。拥有山东省著名商标 152 个。

青岛名牌和青岛市著名商标。截止到 2006 年底,青岛市政府认定的青岛名牌 267 个。其中,日用消费类 133 个,生产资料类 106 个,服务类 28 个。青岛市认定的青岛市著名商标 238 个。

青岛潜力品牌。截至 2006 年末,连续四届评选出青岛潜力品牌 115 个。

二、2007 年青岛市实施名牌战略的基本情况及特点

(一)2007 年青岛市实施名牌战略的基本情况

2007 年,青岛从完善名牌战略的政策入手,继续稳步实施名牌战略,名牌经济取得新进展,名牌队伍不断扩大。2007 年"亚洲品牌 500 强"中,海尔品牌居第七位,成为唯一进入前十强的中国内地品牌。同时,海尔集团还荣获亚洲 500 强最具价值品牌大奖,海尔集团首席执行官张瑞敏荣获 2007 年亚洲品牌盛典人物大奖。该项评选由亚洲国际名优品牌认证监督管理中心、国务院国有资产监督管理委员会研究中心等机构联合主办,围绕品牌的"市场表现、发展潜力、质量水平、效益水平"四大维度,以及"国际化程度、营销组合、品牌知名度"等十项指标对亚洲品牌进行综合评价,是亚洲地区集科学性与权威性于一体的知名品牌评定活动。

同时,在 2007 年中国名牌评选中,青岛市新增中国名牌 17 个,拥有的名牌总数达到 69 个,稳居全国前列,排山东省首位。新创的中国名牌产品分别是橡六牌高强力输送带、双驼牌摩托车轮胎、双蝶牌安全套、美高牌硅胶、青钢牌优质碳素钢热轧盘条、青特牌车桥总成、六和牌水产饲料、海尔牌橱柜、地恩地牌电动台钻、青水牌散热器总成、南车牌轨道客车、白雪牌记号笔、万福牌鲜冻分割猪肉、即发牌 T 恤、海信牌

电冰箱、赛轮牌橡胶子午胎、红领牌裤子。

1. 进一步完善了名牌战略实施的政策体系

2007年,青岛市继续实施名牌战略,并从政策上进行完善,相继出台了几个指导性文件。例如,青岛市人民政府办公厅《关于进一步加快实施名牌战略的意见》(青政办发〔2007〕18号);青岛市经济贸易委员会《关于推进纺织服装品牌集群发展的意见》(青经贸〔2007〕79号);青岛市对外贸易经济合作局和青岛市经济贸易委员会联合下发的《关于鼓励和支持全市品牌企业"走出去"的意见》(青外经贸合字〔2007〕199号)等,使青岛市名牌战略实施的政策体系更加完善。这些政策的出台,无疑对青岛市实施名牌战略起到了政策导向作用。截至2007年9月底,获准境外投资项目累计超过300个。其中,名牌企业设立的项目占近50%。

2. 加大了对名牌的培育和扶持力度

2007年,为进一步加快青岛市品牌经济发展,着力培育一批带动作用强的名牌产品、名牌服务,促进全市经济健康发展,青岛市经贸委对符合国家、省、市产业导向并具有较好发展前景的产品(服务)进行重点培育。在企业自愿申报、各系统推荐的基础上,经专家评审确定将"海信牌电冰箱"等30种消费类产品、"瀚生牌氟磺胺草醚"等46种生产资料类产品、"放飞理想"等12种服务类品牌列入2007年青岛名牌培育计划。在积极培育下,海信牌电冰箱等一举获得2007年度中国名牌产品。

3. 加强企业培训,为企业创名牌、保名牌提供全方位服务

为进一步做好全市名牌培育工作,提升名牌经济发展水平,由商务部支持,青岛市经贸委、市外经贸局联合香港贸发局邀请香港著名的品牌专家,于5月16日免费举办"携手香港专业服务共同打造中国品牌"研讨会。邀请商务部及香港地区品牌专家介绍、演讲国家关于支持自主品牌发展的相关政策、"自主品牌如何拓展海外市场"、"百年品牌再造和发展全国品牌"和品牌增值创造市场与设计等,市经贸等相关部门、列入2007年度青岛名牌培育计划的企业、2006年度青岛名牌企业等负责人参加了研讨会。通过培训,提高了相关人员的认识和知识水平,为名牌战略的高效实施创造了条件。

4. 大张旗鼓地宣传和鼓励名牌企业

2007年1月,青岛市政府召开会议,表彰2006年度新认定产品类和服务类"青岛名牌":产品类"青岛名牌"44种,服务类"青岛名牌"9种。通过这种形式表彰了先进,促进了青岛市名牌战略的进一步实施。

5. 完善服务机制,搭建交流平台,为名牌企业开拓国际市场牵线搭桥

2007年,中国名牌产品博览交易会上,青岛市质量技监局与青岛市跨国采购促进中心组织48家跨国采购商发布产品采购信息,组织青岛籍名牌企业进行经贸洽谈,为跨国采购商和中国名牌产品企业搭建了一个沟通与交流的平台。法国安达利、德国麦德龙等10余家跨国采购公司在内的采购商发布了20余类600余种产品信息,共有28家企业签约,涉及纺织、机械、化工、食品等14个项目,签约额达1.59亿元。

(二)青岛市实施名牌战略的特点

1. 政府在引导和支持名牌经济崛起中发挥着重要作用

从青岛名牌经济发展的过程来看,政府一直扮演着重要的角色。通过创建公平、有序的法制环境,顺势引导,有为而治,运用市场的手段、社会的力量,由点及面加以推动,不断营造与优化名牌成长的硬软件环境。一是充分利用国家政策并运用自身财税杠杆,加大对名牌企业的技术改造,提高企业的技术装备水平和生产能力。青岛市每年都根据企业的申请排出30个名牌产品技术改造重点项目予以资金与政策支持,从立项、实施到投产、达产实行一条龙服务,加快名牌企业的技术改造速度,增强了企业的市场反应能力和竞争力。二是发挥名牌优势,促进强强联合。青岛市政府通过资产划转、整合重组等多种形式,促进具有一定实力的名牌企业做大做强。海尔的发展历程即是最好的例证。三是营造企业家成长的良好环境,建立一支优良的企业家队伍。青岛市政府始终把培植名牌产品、培育名牌企业和培养知名企业家紧密结合,在组织宣传名牌产品和名牌企业时,把宣传名牌企业家放到突出位置,采取了许多切实有效的措施,如率先实行"年薪制",调动了经营者的积极性,促进了名牌企业的加速发展。

2. 以大企业为龙头的名牌经济成为青岛市经济发展的重要支撑力量

根据青岛市企业调查队调查资料,仅以全市海尔、海信、澳柯玛、青啤、双星、即发6个中国驰名商标企业为例,近几年主营业务收入(6家总和)年均在1000亿～1200亿元之间,创利税年均在60亿～75亿元之间,成为地方财政收入、国家税收的中坚力量;在人才方面,这6个中国驰名商标企业集团拥有研究开发人员近10000人,并且在全国各地、国外聘请了一批专家为企业服务;其科技投入(R&D)年均接近50亿元,占主营业务收入5%左右,接近国外一些先进跨国大公司水平,拉动了青岛市科技转化、科技水平、人才培育的提升。

3. 名牌的发展呈辐射扩散状态

一是名牌企业内部实现聚集扩散,表现为企业不同产品出现名牌,最典型的是海尔集团,几乎所有产品都是名牌。二是名牌企业实现跨行业的辐射效应,如海信、喜盈门等集团,大多实行多元化经营,而且不同领域均有名牌产品。三是从全市经济结构看,原来青岛市名牌领域主要在第二产业特别是工业企业,而现在第三产业的企业名牌也逐渐显露头角,这标明青岛名牌战略已在各个领域展开。

4. 企业名牌向政务名牌延伸

结合"五项工程"、"双学双比"和"三快一提高"等活动,青岛市将名牌战略引向机关,使整个机关部门工作作风、效率有明显提高,一些政务名牌如青岛市劳动局的"真情相助"、青岛市统计局的"市情信达"等已经逐渐在全国叫响。政务服务名牌的推进,无疑为名牌企业、名牌经济乃至名牌城市的确立、发展,增添了新的色彩,也使青岛市名牌战略的实施全面展开。

6. 民营企业成为名牌后备库

2007年,青岛市新创17个中国名牌产品,其中民营企业12个,占全市新增中国名牌的70%,这些名牌产品包括美高牌硅胶、万福牌鲜冻分割猪肉、即发牌T恤、青特牌车桥总成、六和牌水产饲料、赛轮牌橡胶子午胎、红领牌裤子、白雪牌记号笔、双驼牌摩托车轮胎、双蝶牌安全套、地恩地牌电动台钻、青水牌散热器总成等。统计显示,青岛民营企业创建的中国名牌总数已达到31个,占全市的45%。民营企业已经成为青岛市名副其实的名牌后备库。值得关注的是,民营企业所创中国名牌产品涉及机械制造、电子、纺织服装、化工、农产品等多个领域,标志着民营企业在青岛市先进制造业各领域都取得了较大成就,竞争力增强。

(三)青岛市实施名牌战略过程中存在的问题

1. 名牌发展不平衡

表现在区域分布上,与苏州相比,苏州市"驰名商标"、"著名商标"、"知名商标",在市区及所辖的县级市几乎都有分布,且分布较为均匀。而青岛市的"驰名商标"、著名(知名)商标大多集中在市区,所辖区市太少,只有即墨、城阳等少数区市有;从企业大小分布看,青岛市全国的名牌、驰名(著名)商标主要分布在大企业,众多中小企业特别是小企业少。

2. 对本地企业带动不足

表现在配套产品及零部件本地配套率低,以家电为例,据有关资料显示,其本地配套率只有不到20%,大多数配套产品和零部件都靠外购。

3. 国际知名品牌少且弱

由世界品牌实验室(World Brand Lab)编制的 2004 年《世界最具影响力的 100 个品牌》中,Coca-Cola 可口可乐荣登排行榜第一名,McDonald 麦当劳排名第二,Nokia 诺基亚排名第三。青岛市最具代表的海尔集团的 Haier 海尔作为唯一入选的中国本土品牌,排在第 95 名。从品牌价值上看,《商业周刊》公布的 2004 年全球 100 大品牌排行榜。第一名是美国的可口可乐,品牌价值为 696.4 亿美元,青岛的几个知名品牌中,权威部门的价值定位:海尔最高,为人民币 702 亿元,青啤 168.73 亿元、海信 74.33 亿元、青钢 55.52 亿元、澳柯玛 50.04 亿元、双星 43.87 亿元,折合成美元就更少了。从企业自主知识产权看,海尔拥有的专利等知识产权数量,在国内是名列前茅的,海尔集团每年单在知识产权方面的支出就在 500 万～600 万元之间。但从青岛市名牌企业知识产权调查所反映出来的获得专利情况看,属于发明专利的约占全部专利的 6.7%,而实用新型专利占 35.8%,外观设计专利则达到了 57.5%。在这一点上,即使不与欧美发达国家相比,仅与韩国相比,差距也是很大的。据韩国知识产权部门公布的统计,近几年韩国受理发明专利申请占全部专利的 57%左右。在制造类企业,包括青岛市在内的全国各大中城市更多的是凭借技术引进,来达到与国际水平接近或者相同。典型的是家电企业,除了外观设计的区别,核心技术几乎没有差异。许多企业满足于国内领先、省内领先,市内领先,对争创国际名牌信心不足,积极性不高。

三、2008 年名牌战略实施的趋势与预测

(一)2008 年青岛市实施名牌战略的机遇与挑战

2008 年,青岛市将继续实施既定的名牌支持和发展战略,继续对纳入培育计划的企业进行扶持和指导。2008 年将继续实施名牌培育计划,在企业自愿申报的基础上,选出近百种品牌进行扶持和指导,会有更多企业入选全国、省、市名牌,名牌队伍不断扩大。预计 2008 年将有 100 个品牌进入各级名牌行列,为青岛市名牌城市称号增添新的活力。同时,随着民营经济发展环境的不断改善和总体势力的不断积累,预计民营经济品牌数量将会提速,名牌经济中的民营经济成分将不断扩大。

(二)影响青岛市名牌战略发展因素分析

1. 青岛市实施名牌战略的环境十分有利

从世界范围看,创名牌、保护名牌已成为各国企业追求的目标;从全国看,对名牌的评选和支持力度大大增强。从青岛市看,政府高度重视名牌战略的实施。一直以来,青岛市政府不仅是名牌战略的倡导者,更是带头实施者。

(1)制定名牌战略实施规划,从政策上规范和支持名牌战略的实施。在《关于进一步加快实施名牌战略的意见》中,提出"十一五"期间名牌战略实施的主要目标:紧紧围绕青岛市"十一五"国民经济和社会发展规划目标,突出抓好对经济发展具有重大影响的支柱产业和主导产品,加大高新技术、先进制造业、环保产业、涉农产品、现代服务业以及传统优势产业等领域的名牌创建工作力度。力争到2010年,达到3~5个中国世界名牌产品;80个具有较强竞争能力的中国名牌产品;300个山东省名牌产品;40个省级以上农(林、水)产品名牌;50个省级以上服务名牌;30个中国驰名商标,300个山东省著名商标,5个特色产品获得国家地理标志保护。在《关于推进纺织服装品牌集群发展的意见》中,提出了纺织服装业创建品牌的主要目标:用5年左右时间,在青岛市纺织服装行业培育2~3个具有国际竞争力的世界性知名品牌,新培育中国名牌(或中国驰名商标)3个、山东名牌6个、青岛名牌10个;纺织服装产业结构更趋合理,纺织服装企业自主创新能力显著增强;即墨针织、服装,胶南纺机,胶州服装面料,城阳家纺等区域品牌在全国具有较高知名度,"品牌洼地"效应明显;实施"名城基地"战略,突出优势行业的龙头带动作用,到2012年,全市规模以上纺织服装业产值达到1200亿元,纺织服装行业逐步走向集群品牌化发展模式。并提出了具体的实施意见。在《关于鼓励和支持全市品牌企业"走出去"的意见》中,支持范围包括中国最具市场竞争力品牌企业,国家、省重点出口品牌企业,中国名牌企业,山东省名牌企业,青岛市名牌企业和年度青岛名牌培育计划中企业,并提出相应措施。例如,在推荐申报不同层次名牌、品牌的标准条件中,重视品牌的国际化程度,可在市级名牌培育和申报中,增加"开拓国际市场"内容条款。

(2)营造企业家良好的创业环境。建立稳定的企业家队伍,是青岛市政府留给名牌企业和社会的一笔宝贵财富。充分发挥优秀经营者的聪明才智,激发他们的创造力,成为推动名牌经济的原动力。培育名牌产品、培育名牌企业和培养知名企业家三者紧密结合是青岛市政府发展名牌的成功之道。

(3)优化品牌经济发展环境。通过开展品牌策划、组织品牌展示、鼓励项目投入、支持资本运作、奖励名牌企业、宣传在名牌经济发展中取得突出成绩的大企业和企业家,引导企业和全社会力量推动全市名牌经济战略不断升级。把名牌经济发展同科技创新结合起来,构建富有活力的研发系统,各名牌企业与国内外著名高校和科研院所建立产学研合作关系,形成了培育名牌、发展名牌、宣传名牌、保护名牌的良好机制。

2. 青岛市实施名牌战略的基础好

青岛市是全国少有的名牌城市之一,拥有市级以上名牌的企业达到160余家。据统计,2005年青岛市获中国名牌和山东名牌的78家企业,分布在25个行业中,资产达1309亿元,占全市规模以上总资产的46.6%,销售收入占58%,实现利润占44.4%,实现利税占47.7%,出口额占22.8%;市级以上名牌形成的经济总量占全市城市经济总量的64%;名牌形成的无形资产价值总量突破1万亿元人民币大关。2006年,青岛市市级以上工业名牌企业经济总量占规模以上工业的45%左右,成为支撑全市经济发展的骨干力量。2006年获准境外投资项目318个,其中名牌企业设立项目148个,占46.5%。所有这些为青岛市实施新一轮名牌战略打下了良好的基础。

3. 实施名牌战略发展后劲足

青岛市目前以自主创新提升品牌竞争力,推动更多的品牌由营销型向技术型转变,抢占产业价值链高端,品牌的技术含量和品牌价值不断提高。如在海尔产品中,洗衣机已申请专利1261项,电冰箱申请专利1523项,环保双动力洗衣机申请专利32项。海信的"信芯"获得30多项专利,其中发明专利9项,海信冰箱变频专利36项,其中11项达到国际先进水平。海尔品牌价值由2000年的300亿元,提高到2006年的702亿元。

同时,青岛市共有国家级技术中心10个,这些技术中心的母体是名牌大企业,它们不仅每年为本企业研制开发高新技术产品,而且承担着国家级重点技术攻关课题。"十五"期间,专利申请量和授权量每年增长15%以上,其中企业占80%。目前青岛市高新技术企业拥有博士近400名,海尔、海信、青啤等十大企业集团产值、利税占全市比重达40%以上。今后,青岛市在继续以自主创新推进名牌经济发展、实施名牌带动战略中,必将以技术创新推动自主名牌的创新发展,以自主品牌发展支撑优势企业的创新发展,实现名牌经济新跨越。

(二)面临的挑战

1. 竞争激烈,形势严峻

从目前情况看,青岛与泉州、宁波、佛山等城市都是名牌之都,其在中国驰名商标、中国名牌和行业标志性名牌方面都在其他城市的前面，都具有较强的产业集群和支柱性产业，进而带动了城市经济的快速发展。如泉州，截至2007年10月，有经国家工商总局认定的驰名商标28件，中国名牌产品54个，居全国地级市首位，有"国"字号的"鞋都"、"强市"、"茶都"等区域知名品牌20多项，市场占有率居全国前列的商品种类达10多种。1993年正式全面启动实施名牌战略以来，通过10多年的不懈努力，宁波已成功培育了11个中国驰名商标、12个中国500最具价值品牌和35个中国名牌产品，另有150个浙江名牌、134个浙江著名商标、331个宁波名牌、157个宁波知名商标，涌现出了雅戈尔、波导、奥克斯、杉杉、罗蒙、维科、帅康、方太、贝发、双鹿、海天等一大批强势品牌企业，崛起了纺织、服装、家电、文具、模具、塑机、电子信息等众多名牌产业，成为长三角南翼重要的先进制造业基地。佛山，截至2007年4月，共获中国名牌产品53个，主要集中在家电行业、机械装备制造行业、塑料及橡胶制品行业、陶瓷及其他建材行业、金属冶炼压延加工及制品行业；中国驰名商标16件，主要集中在家电行业、陶瓷及其他建材行业、食品饮料行业、金属冶炼、压延加工及制品行业、塑料及橡胶制品行业。上述城市以及像苏州这样的县级市其名牌战略的实施都有其独特的优势，而且在产业上与青岛市也有许多相似之处，这对青岛市名牌战略的实施和升级构成挑战。

2. 科研投入不足

在青岛市的名牌企业集团中，企业集团研究开发经费R&D投入，近几年均增长在6%～8%之间，R&D占当期产品销售收入的比重也在3%～5%间波动。但是比较一下国外一些大企业集团公司，R&D投入至少为5%，世界500强中具有著名品牌的制造业企业R&D的投入大都为10%左右，更有很多在世界500强排位在前的企业R&D投入能达到20%。

3. 现有名牌较年轻，抗风险能力相对较弱

国外，特别是西方国际知名品牌是在成熟与理性的市场环境中，有成熟的品牌管理理论的背景下逐渐成长起来的。根据资料，知名品牌中36%具有100年以上历史，28%有80～100年的历史，25%有50～80年历史，只有6%的创业史在50年以内。青岛的名牌中虽有"青啤"这样百年史的老名牌，但大部分创建仅有20年左右的时间，经验的积累和对规律的把握较少，因而抗风险能力相对较弱。

(三)进一步实施名牌战略的建议

1. 政府：应在新一轮名牌战略实施中有更大作为

青岛市政府一直是名牌战略倡导者和支持者，特别是在世界经济

一体化、国内外经济竞争激烈的新形势下,青岛市名牌战略的实施更需要政府支持。一是要强化企业及全社会的名牌意识。要把宣传名牌、保护名牌作为一项重要工作来抓。通过大张旗鼓地宣传名牌产品和名牌企业,建立争创名牌激励机制,表彰奖励创国家奖项的企业和有功人员,从而增强广大企业及社会各界的名牌意识。二是创造公平的竞争环境。充分发挥政府各有关职能部门的作用,运用法律保护名牌产品,维护名牌企业的合法权益。不断加大打假治劣工作力度,严厉打击不正当竞争行为,为名牌企业的发展创造一个公平公正的竞争环境。三是建立名牌经济发展的社会服务体系。

另外,目前青岛市的名牌靠大企业支撑,而且分布不均。因此,夯实小企业基础,扩大名牌的行业覆盖面十分必要。应在科学制定青岛名牌经济中长期发展规划的基础上,立足城市名牌资源,按层级、分梯队推进,有计划、有重点地进行名牌储备,形成名牌发展梯队。要利用财税杠杆,制定相应的优惠政策,引导和支持中小企业采用新技术、新标准、新工艺、新材料、新装备,逐步做强,占领行业制高点,提高争创名牌的含金量,逐步成长为名牌企业。

2. 企业:应树立科学发展观,敢于创新争优

企业是名牌经济发展的主体。企业应将名牌作为企业发展的旗帜,以名牌的运作促进企业的发展,以企业的壮大促进名牌的不断增值。应抓住国际产业转移和承办2008年奥运会帆船比赛的历史机遇,高起点引进与消化吸收国外先进技术,大力实施技术创新和管理创新,不断增强名牌活力。同时,建立与国际跨国公司的战略联盟,逐步跨入国际知名品牌行列。

(作者单位:青岛市社会科学院)

2008

社会篇

2007~2008年青岛市社会形势分析与预测

马庚存

进入2007年,青岛市经济社会发展势头良好,经济在连续多年快速发展的基础上呈平稳协调持续发展态势。前三季度全市实现国内生产总值2750.95亿元,增长16.21%。地方财政一般预算收入197.9亿元,增长24.6%;地方财政一般预算支出186.6亿元,增长24.3%。与此同时,科技、教育、文化、卫生、体育等各项社会事业得到全面发展,提高了城市文明程度和市民素质,为经济社会又好又快发展提供了良好的社会环境。从国家统计局公布的2006年度全国地级及以上城市综合实力百强名单来看,青岛由上年的第11位上升到第8位。

一、2007年青岛市社会发展的基本情况及特点

(一)基本情况

1. 社会保障工作取得新进展

(1)就业工作成效显著,人才培训工作得到进一步重视。2007年前三季度,青岛市坚持把扩大就业作为促进经济发展、维护社会稳定的大事来抓,作为率先实现小康社会奋斗目标的重要举措来抓,一手抓政府促进就业,一手抓市场调节就业,保持了城乡就业形势的稳定。前三季度全市实现城乡就业19.8万人,完成全年就业目标的98%。其中,城镇失业人员就业12.3万人,完成全年目标的102%;农村劳动力转移就业7.44万人,完成全年目标的93%。截止到9月末,全市城镇登记失业率为2.98%,与上年同期持平。

统筹城乡就业试点工作进展顺利。在黄岛区、崂山区试点的基础上,2007年青岛将试点范围扩大到城阳区和胶南市,将即墨、胶州、平度、莱西的失地农民也纳入了试点范围。对城乡劳动者统一发放《求职

证》,截止到6月末,进行试点的4区市共为21833名城乡失业人员发放了《求职证》。其中,农村失业人员9227人。为切实解决农村新成长劳动力技能就业问题,青岛市将城镇劳动预备制政策向农村延伸,建立了城乡一体的劳动预备制培训体系,将农村应届初中毕业生纳入劳动预备登记范围,由政府给予学费补助,并将培训专业与全市产业政策和经济结构紧密结合。目前这些农村新成长劳动力的就业渠道畅通,就业率达到98%以上。2007年1~6月,全市实现农村劳动力转移就业4.8万人,组织农村劳动力转移培训2.2万人,组织农民工培训3.2万人。

与此同时,高技能人才队伍建设得到进一步加强。青岛市委办公厅、市政府办公厅下发《关于进一步加强高技能人才工作的通知》,进一步完善了高技能人才政策扶持体系。积极推进"金蓝领"和紧缺工种培训工程,培训工种由29个扩大到45个。截止到6月末,全市共组织2200名企业在职职工参加金蓝领和紧缺工种培训。青岛市还注重加强公共实训基地建设,累计投入9000多万元,先后建成机电技术、服务业、焊接与汽车技术、服装设计与制作、智能化考务平台5个市级公共实训基地。

(2)社会保险工作实现较大突破。2007年前三季度,企业养老、医疗、失业、工伤、生育五项保险参保人数均突破100万,城乡社会救助体系进一步健全,社会福利事业快速发展,困难群体合法权益得到有效维护。截止到9月末,全市企业基本养老保险参保人数达132.7万,同比增长8.9%;全市基本医疗保险参保人员为206.6万,同比增长12.5%。全市基本养老保险参保者为148.7万人,比年初增加5.2万人。此外,还尝试开拓新的社会保障筹资渠道,建立了社会保险储备金制度,对集体土地征为国有后出让的,按出让收入10%的比例提取社会保险储备金,专项用于补充被征地农民基本养老保险基金。截至2007年6月,全市共提取社会保险储备金8232万元。

全面实施城镇居民医疗保险,保障人民群众的基本医疗需求,维护社会稳定。青岛市政府把居民医疗保险工作列为本年度十件为群众所办的实事之一。2007年上半年出台了《青岛市城镇居民基本医疗保险暂行办法》,已从7月1日起正式实施,全市财政拨款7000余万元,正式建立并实施城镇居民医疗保险制度,将全市七区以前不能参加基本医疗保险的少年儿童、重度残疾人、老年居民等五类人员纳入社会医疗保险范围,10月1日起可以享受医保待遇。

2. 城乡居民收入稳步提高

农村劳动力转移、就业水平提高及农产品价格上扬促进了农民增收。2007年上半年,农村居民人均现金收入3859元,同比增长

15.1%。全市社会消费品零售额567.1亿元,同比增长17.0%,是2000年以来同期最高发展速度。其中,城市市场实现消费品零售总额447.53亿元,同比增长18.1%;农村市场实现消费品零售总额119.57亿元,同比增长13%。城市居民人均消费性支出6788元,同比增长18.9%。农民人均生活消费支出2126元,同比增长13%。消费档次不断提高,支出增加,其中交通类支出的增长是一个很大的亮点,截至6月,全市城市居民家用汽车拥有量每百户已达8辆,而2004年底仅为2辆。

3. 社会秩序保持稳定,"平安青岛"建设不断推进

青岛市委、市政府将平安创建纳入总体工作部署,高起点、高标准地打出了"平安青岛"创建品牌,明确提出了把青岛建设成为全国最安全、最稳定、最和谐城市之一的目标任务。市社会治安综合治理委员会相继出台了"平安青岛"建设规范性文件50余个,进一步细化了基层、行业等平安创建标准。目前全市共有10000万多支群防群治队伍、6000余名保安和5000余名协警。通过深入推进"平安青岛"建设,强化社会治安防控体系建设,开展严打整治斗争,加强社区建设,改进社会管理,抓好安全生产,人民群众安全感不断增强。在"公众安全感"调查中,市民对社会治安的满意率连续四年超过95%。

2007年前三季度,全市刑事案件、交通事故、火灾事故等衡量社会治安的主要指标均呈下降态势。8月份举办的国际帆船比赛是青岛市规格最高的国际赛会,众多国家官员、运动员、教练员抵达青岛,全市以出色的保卫工作使这次重要赛会圆满成功。2007年举行的其他众多国际国内重大会议、赛事等活动,青岛市都很好地展示了创建"平安青岛"的成果。青岛市相继荣获"全国社会治安综合治理优秀市"、"首届(2007)中国最安全城市"称号。

4. 城乡基层民主政治建设稳步推进

2007年全市城乡基层民主政治建设取得新的进展,青岛市城乡加强基层政治文明建设,做好基层政权换届工作,有了新的民主气象。青岛市全面启动了居委会、村委会换届选举工作,保障改革的深入进行。

从2007年7月下旬开始,青岛市进行了第九届城市社区居委会的换届选举工作。目前,选举工作圆满结束,应依法换届选举的667个城市社区居委会全部完成换届选举,选举成功率达100%。全市按照整体部署、分段实施、严格程序、依法选举的工作思路,稳步推进社区居委会的换届选举工作,确保了选举成功率和社会稳定。从总体情况看,本次换届组织严密、依法推进、平稳有序、成效明显,为历届选举最好的一次,展现了全市社区建设的良好风貌。郊区6000多个村委会选举将在年底前全部完成。

(二)2007年青岛市社会发展的特点

1. 民生工作进一步得到加强

青岛市委、市政府以科学发展观为指导,一直把改善民生作为发展的最终目标,放到更加突出的地位,切实解决人民群众最关心、最直接、最现实的利益问题,真正让发展的成果惠及百姓。坚持以富民和谐为主线,在共建中共享、在共享中共建,努力在构建社会主义和谐社会方面走在全国前列。民生投入达到前所未有的水平。2006~2007年全市用于农村义务教育的投入达9.3亿元,是过去10年的总和。市本级财政用于低收入家庭住房保障的资金达到5.8亿元,超过"十五"期间的总和。2007年用于保障性住房建设的资金达到42.6亿元。在全国率先免除了城市义务教育阶段学生杂费。市财政出资600万元,对全市120万中小学生全面实施了校方责任险。全面完成除氟改水工程,实施农村镇镇有敬老院和养老服务业"双千"计划。公共财政惠及民生,解决群众最关心最直接最现实的民生问题。

此外,青岛市各级各部门按照国务院和省、市政府统一部署,积极开展产品质量和食品安全专项整治行动,全市产品质量和食品安全监管水平有了新的提高,为广大人民群众营造了规范、安全、放心的市场环境。从8月下旬开始,全市开展了产品质量和食品安全专项整治行动,制订了专项整治行动方案,成立了整治行动领导小组,市主要领导亲自挂帅,分管市领导分头落实督促,整治责任得到有效落实,专项整治行动取得阶段性成果。

2. 科技创新出现新突破

青岛市全面落实科学发展观,大力推进科技创新,注重突出国家海洋科研中心地位,建立具有青岛特色的科技创新体系,健全科技与经济社会发展紧密结合、相互促进的机制,在事关青岛长远发展的重点产业和领域形成一批拥有自主知识产权的技术、产品、标准和品牌。

2007年,在中共中央、国务院举行的国家科学技术奖励大会上,青岛市高校、科研院所和企业共捧回2006年度11项国家科学技术奖,其中国家技术发明奖1项、国家自然科学奖1项、国家科技进步奖9项,获奖总数及获奖项目所覆盖领域创历史新高。2001年以来的历届国家科技奖励中,青岛市年年有所斩获,充分体现出青岛科技自主创新工作取得的巨大成就。一次拿到11项大奖,是青岛市获得国家科学技术奖励的最好成绩。这些获奖项目技术水平高、原创性强,既有来自高校、科研院所的原创科研成果,也有来自大企业的集成创新和消化吸收再创新成果,标志着青岛市自主创新能力又有新的提升。2006年财政支出科技投入资金达到7.15亿元,同比增长90%以上,全社会科技投入达到74亿元,中国海洋石油总公司与中国石油大学合建的重质油工程技术中心、德国朗盛与青岛科技大学合建的橡塑新材料研究中心等一批大院大所相继落户,各级重点实验室总数达到94个,预计2007年全市高新技术产业产值将达到2900亿元。

青岛还完成了首个国家实验室——海洋科学与技术国家实验室建设方案,科技部批准海尔数字化家电实验室、海信数字多媒体技术实验室、中国石油化工股份有限公司安全工程研究院危险化学品安全控制实验室为首批"企业国家重点实验室",标志着全市科技创新体系有了实质性的跨越,对尽早建成国内一流创新型城市将产生重大而深远的影响。

3. 筹备奥帆赛对社会建设产生了积极影响

作为2008年北京奥运会的伙伴城市,青岛致力于搞好迎接奥运会的各项社会工作,促进了社会事业的发展。2007年,青岛市举办多种迎奥活动,如赴国内外广泛宣传青岛奥帆赛,产生较大反响,尤其是圆满地举办了2007年帆船测试赛,成功地预演了2008年奥帆赛,有声势地开展志愿者活动,极大地提升了青岛的城市形象。

在迎奥背景下,市政府确定为市民办好的实事进展顺利。不仅与奥运相关的体育事业受到广泛关注,科技、文化、交通、旅游等方面的建设工程项目也受到重视。举办帆船赛,迎接奥帆赛,打造"帆船之都",成为2007年青岛市民关切的问题。青岛市的迎奥赛事将这种注意力进一步聚焦,对青岛的社会建设产生了积极的影响。

二、2008年青岛市社会发展形势预测

胡锦涛同志在党的十七大报告中提出社会建设的任务要求是:加快发展社会事业,全面改善人民生活。现代国民教育体系更加完善,终身教育体系基本形成,全民受教育程度和创新人才培养水平明显提高。社会就业更加充分。覆盖城乡居民的社会保障体系基本建立,人人享有基本生活保障。合理有序的收入分配格局基本形成,中等收入者占多数,绝对贫困现象基本消除。人人享有基本医疗卫生服务,社会管理体系更加健全。因此,2008年将是社会建设得到空前重视的一年,将是社会工作获得空前发展的一年,将是社会进步取得空前成就的一年。

(一) 2008年青岛市社会发展的趋势

1. 社会事业发展将得到进一步重视

新形势下,在建设中国特色社会主义的总体格局中,社会事业面临更好的发展机遇。青岛市将加大财政投入,促进各项社会事业快速发

展。重点抓好民生工程，让人民群众得到更多实惠。如2008年度青岛市及各区（市）计划为群众要办的实事中，关于社会建设的内容占大部分，比如解决教育问题、劳动和社会保障问题、医疗卫生问题、住房问题等。在各方面共同努力下，会有新举措，实现新突破，各个领域有显著的进步。

2. 奥帆赛的举办将推进青岛社会事业的快速发展

迎办奥帆赛，涉及众多社会建设方面的工作，会促成青岛市完善一些薄弱领域，弥补一些缺失问题，使广大市民的生活得到实实在在的改善。通过深入践行"绿色奥运、科技奥运、人文奥运"的理念，将会突出地强化创建文明城市的长效机制，促使全市精神文明建设迈上新的台阶。

(二) 推进青岛市社会发展的措施

2008年青岛市应当紧紧围绕胡锦涛同志提出的加快推进以改善民生为重点的社会建设的任务，结合全市实际，全面推进社会建设事业。目前要结合十七大精神调整、修订和完善前期制定的社会发展目标、任务和工作指标，进一步做好新形势下的社会建设工作。

1. 举全市之力办好奥帆赛，创造新的社会气象

这是2008年全市的重点工作，对社会建设也提出新的要求。应当按北京奥运会要求，积极稳妥地保证奥帆赛顺利进行，带动城市全面发展进步，促进城市综合竞争力的提高。必须集中精力，突出"新青岛、新奥运"主题，实践"绿色奥运、科技奥运、人文奥运"理念，科技、教育、文化、卫生、体育等社会事业都应当有新的进步，高水平做好场馆建设、宣传推介、赛事组织、服务保障、队伍建设等各项工作，成功举办一届有特色、高水平的奥运会帆船比赛。

抓住奥运机遇，全面实施《奥运行动规划》，充分发挥奥运拉动作用，打造"帆船之都"，留下丰厚的奥运文化遗产。进一步结合举办帆船比赛，完善创建全国文明城市的长效机制，将举办帆船比赛与文明城市创建活动、与构建和谐社会紧密结合起来。学习先进城市，不断提升市民整体素质和城市文明程度，在争创5A级旅游景区和最佳旅游城市中实现突破。

2. 推进"平安青岛"建设，稳定社会秩序

这是新的一年中紧要而现实的任务。奥帆赛的举办对"平安青岛"建设提出了更高的要求，青岛应从迎接奥帆赛的高度，尽早启动自然防灾工程和社会治安工程，健全应急管理体制，下大气力健全维护城市稳定的工作机制。

进一步完善预案，强化应急保障措施，提高危机管理和处置突发公

共事件的能力,最大限度地增加和谐因素,最大限度地减少不和谐因素。

严厉打击境内外敌对势力的渗透、颠覆、破坏活动,坚持不懈地加强反邪教工作。完善社会治安防控体系,深入开展平安创建活动,严厉打击严重刑事犯罪活动,加大对经济犯罪案件的查处力度,加强对互联网的管理,扫除黄赌毒等社会丑恶现象,增强人民群众的安全感。

搞好矛盾纠纷排查调处,健全信访工作责任制,积极预防和妥善处理群体性事件。加强安全生产监管体制、机制和法制建设,加大隐患治理投入,坚决遏制重特大事故发生。以化解社会矛盾为主线,从更高起点、更高水平上推进平安创建工作。

3. 实施扩大就业的发展战略,以创业带动就业

坚持实施积极的就业政策,加强政府引导,完善市场就业机制,扩大就业规模,改善就业结构。完善支持自主创业、自谋职业政策,加强就业观念教育,使更多劳动者成为创业者。健全面向全体劳动者的职业教育培训制度,加强农村富余劳动力转移就业培训。建立统一规范的人力资源市场,形成城乡劳动者平等就业的制度。积极扩大就业,坚持在发展中解决就业问题,促进经济发展与扩大就业良性互动。强化全社会创业意识,引导群众创业致富,以创业促就业。

强化政府促进就业职能,加强职业技能培训,统筹做好城镇新增劳动力就业、农村富余劳动力转移就业、失业人员再就业工作,加强对大学毕业生、退役军人的就业指导和服务。发展和谐的劳动关系,维护劳动者特别是农民工的合法权益。适度发展劳动密集型产业,壮大服务业,发展非公有制经济,多渠道、多形式增加就业岗位。搞好人才市场和劳动力市场建设,规范发展就业服务机构。完善面向困难群众的就业援助制度,及时帮助零就业家庭解决就业困难。

4. 深化收入分配制度改革,增加群众收入

着眼于富民强市的目标,切实转变经济增长方式,提高发展的质量和水平,增加城市居民人均可支配收入和农民人均纯收入。调控物价,扩大内需,不断提高居民生活水平。

要坚持和完善按劳分配为主体、多种分配方式并存的分配制度,健全劳动、资本、技术、管理等生产要素按贡献参与分配的制度,初次分配和再分配都要处理好效率和公平的关系,再分配更加注重公平。逐步提高居民收入在国民收入分配中的比重,提高劳动报酬在初次分配中的比重。

完善收入分配政策,稳步提高城乡居民特别是低收入者收入水平,逐步提高扶贫标准和最低工资标准,建立企业职工工资正常增长机制和支付保障机制。创造条件让更多群众拥有财产性收入。保护合法收

入,调节过高收入,取缔非法收入。逐步扭转收入分配差距扩大趋势。

5. 增强社会保障能力,保障人民基本生活

要以社会保险、社会救助、社会福利为基础,以基本养老、基本医疗、最低生活保障制度为重点,以慈善事业、商业保险为补充,加快完善社会保障体系。

促进企业、机关、事业单位基本养老保险制度改革,探索建立农村养老保险制度。全面推进城镇职工基本医疗保险、城镇居民基本医疗保险、新型农村合作医疗制度建设。

完善城乡居民最低生活保障制度,逐步提高保障水平。发扬人道主义精神,发展残疾人事业。健全廉租住房制度,加快解决城市低收入家庭住房困难问题。健全多层次住房供应和保障体系,稳定住房价格。

要坚持公共医疗卫生的公益性质,坚持预防为主、以农村为重点、中西医并重,强化政府责任和投入,完善国民健康政策,鼓励社会参与,建设覆盖城乡居民的公共卫生服务体系、医疗服务体系、医疗保障体系、药品供应保障体系,为群众提供安全、有效、方便、价廉的医疗卫生服务。

提高重大疾病防控和突发公共卫生事件应急处置能力。加强农村三级卫生服务网络和城市社区卫生服务体系建设,深化公立医院改革。建立国家基本药物制度,保证群众基本用药。加强医德医风建设,提高医疗服务质量,确保食品药品安全。

6. 完善社会管理,维护社会安定团结

要健全党委领导、政府负责、社会协同、公众参与的社会管理格局,健全基层社会管理体制,切实提高社会管理水平。正确处理政府、市场与社会的关系,创新社会管理体制,整合社会管理资源,培育和引导各类社会组织健康发展,加强社会工作人才队伍建设。

(作者单位:青岛市社会科学院)

2007~2008 年青岛市城乡就业形势分析与预测

吴大立　宋　平

近年来,青岛市劳动就业事业紧紧围绕全市中心工作和经济社会发展目标,积极推进就业制度改革,不断加大人力资源开发力度,劳动者素质明显提高,就业环境逐步优化,劳动就业事业取得了显著进展,为促进全市经济社会发展、提高城乡居民收入和保持社会稳定发挥了积极的作用。

一、2007 年青岛市就业形势分析

2007 年 1~9 月份,青岛市实现城乡就业 197575 人,其中城镇失业人员就业 123169 人,占 62.3%,农村富余劳动力转移就业 74406 人,占 37.7%。全市累计登记失业人员 190476 人,其中上年结转 59716 人,本期新增 130760 人(由就业转失业 72716 人),新增失业比上年同期下降 0.03%。全市通过各种渠道实现就业 123169 人,其中正规就业 69827 人,占实现就业的 56.69%。其他原因减少 7325 人,9 月末全市实有失业人员 59982 人,期末登记失业率为 2.98%,比上年同期上升 0.01 个百分点。

1~9 月份,市内四区累计登记失业人员 127426 人,占全市失业总人数的 66.9%。其中上年结转 46205 人,本期新增 81221 人(由就业转失业 52606 人),实现就业 79635 人,其他原因减少 6332 人,9 月末实有失业人员 41459 人,期末登记失业率为 3.69%,比上年同期下降 0.31 个百分点。

2007 年以来,青岛市委、市政府把城乡统筹就业摆在了更加突出的位置,进一步完善就业责任、市场建设、就业服务、职业培训、政策扶持和社会保障六大体系,有效地推动了全市就业和再就业工作。

(一)促进就业责任目标体系进一步完善,大就业工作格局已基本建立

1. 促进就业组织领导体系进一步完善

青岛市委、市政府高度重视就业工作,继续把促进就业纳入社会发展和国民经济宏观调控的基本目标,将增加就业岗位、落实就业政策、加大资金投入和解决困难群体就业的目标计划与经济增长和社会投资紧密结合起来,统一规划,统筹考虑,确保就业增长与经济增长同步。市委、市政府把各级各部门的就业责任纳入年度绩效目标考核体系,通过与各区市签订责任状的方式,分解下达促进就业责任目标,建立了就业责任考核机制。同时,建立完善了促进就业联席会议、定期通报、督促检查和定期上报等工作制度,就业工作进入制度化、规范化阶段。

2. 城乡一体化的大就业格局基本建立

青岛市委、市政府把城乡统筹就业工作摆在更加突出的位置,将农村劳动力转移工作纳入全市促进就业责任目标考核体系,实行市、区(市)、镇(街道)三级责任目标考核,市政府专门成立了农村劳动力转移就业工作协调委员会,加强对农村劳动力转移就业的组织领导工作。组织实施了农村劳动力转移就业工程,积极搭建城乡一体的信息网络、就业服务、职业培训和社会保障"四大平台",有力地促进了农村劳动力转移就业。

3. 就业结构进一步优化

各产业中的劳动力分配比例进一步趋于合理,三次产业的就业人数比例由"九五"期末的 36.4∶33.9∶29.7 调整为"十五"期末的 22.2∶41.8∶36。不同所有制经济部门中的劳动力分配比例进一步趋于合理,城镇公有制经济单位从业人员逐年递减,由"九五"期末的 71.8 万人减至"十五"期末的 47.5 万人;而其他所有制经济单位的从业人员则快速增长,由"九五"期末的 36.6 万人增至"十五"期末的 77.4 万人。外地来青岛务工人员进一步增加,纳入就业管理的人员达到 47.3 万。

(二)劳动力市场体系日趋完善,吸纳就业的主渠道作用得以充分发挥

1. 人力资源市场布局更为合理

青岛市先后投资建设了 5 个市级、12 个区(市)级职业介绍机构,批准开办了 280 个社会职业介绍机构,形成以公共职业介绍机构为主体,社会职业介绍机构为补充,综合性与专业性相结合的劳动力市场体系。针对外来人员就业难的状况,建立了外来从业人员服务中心,为进城务工农村劳动者求职择业提供免费的就业服务。针对市场对人力资源需求不断升级的现实,建立了青岛市中高级人力资源开发中心,满足了企业对技能人才的需求。建立了面向各级各类劳动力的中国青岛人力资源市场,每年可提供就业岗位26万个,解决30万人的求职应聘问题。

2. 劳动力市场功能不断提升

在全市城乡劳动力市场信息联网的基础上,将劳动力资源信息系统与社会保障信息系统"二网合一",形成了就业与社会保险相结合的劳动保障信息网络平台。开发了劳动保障卡"一卡通"系统,劳动者通过使用劳动保障卡,实现了失业管理、就业服务、职业介绍、技能培训、资金拨付等"一卡式"管理和服务。

(三)公共就业服务体系更为完善,对困难群体就业帮扶力度不断加大

1. 城乡一体的公共就业服务体系更加完善

市内四区的44个街道全部建立了劳动保障服务中心,402个社区配备了1300多名劳动保障协理员;五市三区的128个乡镇全部建立了就业服务机构,50%的行政村(居)配备了专(兼)职的劳动保障信息员,为城乡劳动力提供就业服务。

2. 实施了就业岗位开发计划

通过鼓励开发公益性就业岗位、鼓励用人单位吸纳就业、鼓励劳动者自谋职业、鼓励参加职业培训等,进一步拓宽了就业渠道。强化就业服务,成立了专门的岗位信息员队伍,建立岗位开发协作机制,特别是对大项目和新建企业,实行提前介入,进行前置服务。

3. 困难群体就业帮扶体系日益完善

通过完善公益性岗位储备制度、推行"ABCD"工作法、创建充分就业社区等措施,建立完善了困难群体就业帮扶机制。按照岗位储备、就业托底的思路,进一步完善了公益性岗位储备制度,调整了公益性岗位认定标准,加强了公益性岗位管理,目前全市公益性岗位保有量1.2万个。按照制度化、亲情化、个性化就业服务的思路,积极推行"ABCD"工作法,全面做好"零就业家庭"就业援助工作。按照以点带面、逐步推进的思路,积极开展创建充分就业社区活动,力争2007年底全市45%以上的社区达到充分就业社区标准。其中,市内四区争取50%以上的社区达标;黄岛区、崂山区、城阳区争取40%以上社区达标;五市争取30%以上社区达标。

（四）职业培训体系日臻完善，劳动者技能素质逐步提高

1. 有利于技能劳动者成长和职业培训事业发展的政策体系已初步建立

青岛市委、市政府将技能人才队伍建设作为人才队伍建设的重要组成部分，制定了技能人才队伍建设五年发展规划，在失业人员再就业培训、企业在职职工提高层次培训、农村劳动力转移培训、劳动者创业培训以及培训基地建设等方面，出台了一系列的政策措施，并建立了政府购买培训成果机制，为技能人才成长和职业培训事业发展营造了良好的政策环境。

2. 培训基地建设进程加快，职业培训能力迅速提高

2007年9月末，全市技工学校22所，在校生由2001年的1.5万人增加到3万人，毕业生就业率达到98%以上。各类职业院校、民办职业培训机构、劳动就业训练中心、企业职工培训基地快速发展，在职业技能培训方面发挥了积极作用，年培训能力由2001年的9万人增加到目前的16.5万人。技术工人公共实训基地建设有了新的进展，建立了机电、焊接、服务业、IT信息等一批公共实训基地，年实训能力达到3万人。

3. 高技能人才队伍建设得到加强

市委办公厅、市政府办公厅制定下发了《关于进一步加强高技能人才工作的通知》，在高技能人才培养、激励等方面出台了一系列的政策措施，进一步完善了高技能人才政策扶持体系。建立完善了高技能人才表彰制度，对33名"青岛市有突出贡献技师"进行了通报表彰，首次对27名省、市首席技师进行了健康查体，进一步营造了高技能人才成长的社会环境。积极推进"金蓝领"和紧缺工种培训工程，进一步扩大了培训规模，全市"金蓝领"培训工种由29个扩大到45个。围绕发展先进制造业和现代服务业的需要，将43个紧缺职业（工种）纳入年政府补贴培训范围，鼓励职工参加培训。截止到2007年9月末，共组织3200名企业在职职工参加"金蓝领"培训和紧缺工种培训。

4. 职业技能鉴定评价体系不断完善

全面推行了职业资格证书制度，实行就业准入控制，国家准入控制工种全部实行了持证上岗。职业技能鉴定覆盖面不断扩大，由"十五"末的企事业单位在职职工扩大到大中专院校、各类职业技术学校毕业生，自由职业者和失业人员。初步建立了鉴定考核评价体系，技能鉴定能力和质量不断加强。充分发挥技能鉴定引领培训的作用，将企业内部培训与国家职业资格证书鉴定紧密结合，建立了符合企业实际需要的单项证书制度。截至2007年9月，全市职业技能鉴定机构发展到

34家,技能鉴定工种由90个增加到277个。

(五)政策扶持体系渐趋完善,就业渠道不断拓宽

1. 各项促进就业政策得以全面贯彻落实

对从事公益性岗位劳动的就业困难人员,每月继续给予100～150元的工资补贴和养老、失业和医疗三项社会保险补贴;对各类用人单位招用就业困难人员的,按公益性岗位的标准给予养老、失业和医疗保险补贴;对大龄失业人员灵活就业并缴纳社会保险的,给予100元的社会保险补贴;对社会职业介绍机构介绍就业困难人员就业,每介绍成功1人,给予150元的职业介绍补贴。

2. 促进就业资金保障机制更加完善

各级政府建立了由财政预算安排的促进就业资金,形成了资金预算安排和使用的不断增长机制,促进就业资金主要用于开发就业岗位、发放社会保险补贴和开展免费培训等。2007年,市财政安排促进就业资金3.1亿元,1～9月份,市财政支出促进就业资金16424万元。

3. 劳动者的创业环境不断改善

市劳动保障部门将实施"创业金桥"行动,年内培育万名创业"小老板"作为2007年要办好的十件实事之一。以就业服务网络为依托,将创业服务向区、街道、社区延伸,进一步完善了创业培训、项目开发、开业指导、贷款担保、税费减免、跟踪服务等"一条龙"运作的创业服务体系。进一步完善了劳动保障部门、总工会、团市委、妇联、工商联"五位一体"的创业联动机制,对创业工作统一协调、统一规划、统一服务,形成了促进创业工作的合力。积极落实创业扶持政策,完善小额担保贷款工作模式,简化办事程序,提高贷款效率。在全国百家小额贷款重点联系城市排名中由上年底的第13位提高到第9位。

(六)社会保障体系逐步完善,城乡劳动力实现就业渠道不断拓宽

1. 社会保障覆盖面不断扩大

适应各种灵活、弹性就业形式的要求,支持多头参保、灵活参保,社会保障政策已覆盖城镇各类企业及从业人员,并开始向农村延伸,使劳动者在一个公平的社会保障环境下参与市场的就业竞争。

2. 城镇职工社会保障制度不断完善

2007年,青岛市政府把居民医疗保险工作列为十件实事之一,出台了《暂行办法》,从7月1日起正式实施,10月1日起参保城镇居民可以享受医疗保险待遇。青岛市城镇居民基本医疗保险制度的突出特点是"覆盖范围广、财政补助大、保障水平高、与社区结合紧",将七区

85万城镇居民一次性全部纳入,预算总筹资中财政补助达60%,住院和门诊大病医疗费统筹支付待遇水平相当于城镇职工基本医疗保险的70%左右,特别是积极探索建立家庭医生联系人制度和社区首诊转诊制度,对充分发挥社区卫生服务机构作用、实现"小病在社区、大病上医院"将发挥重要作用。同时,青岛市以"失地不失业、失地不失保、失地不失靠"为目标,全力推行"统账结合、四方筹资"的被征地农民养老保险制度,被征地农民适龄人员参保率达95.5%,基本实现了即征即保。建立了社会保险储备金制度,对集体土地征为国有后出让的,按出让收入10%的比例提取社会保险储备金,专项用于补充被征地农民基本养老保险基金。

3. 城乡统筹就业取得明显成效

完善了城乡一体的公共就业服务体系,各级公共职业介绍机构都设立了农民工求职窗口,对进城务工人员求职择业提供全程免费服务,五市三区128个街道(乡镇)全部建立了就业服务机构,设立了劳动保障协管员,初步形成了农村劳动力转移就业的四级公共服务体系。完善了城乡一体的劳动资源信息网络,建立了农村劳动力资源信息库和企业用工信息库,完善了覆盖城乡的就业信息网络,实现了城乡劳动力市场信息资源共享。完善了城乡一体的职业培训体系,认定了33个促进就业培训基地和77个农村劳动力转移就业培训基地,建立了农村劳动力转移培训补贴制度,采取订单式培训、储备式培训、创业培训、劳动预备制培训等多种培训形式组织农村劳动力参加培训,提高了农村劳动力转移就业能力。完善了城乡一体的社会保障体系,着力优化转移环境,对限制和歧视进城务工人员的政策进行了认真清理,取消了不合理的收费项目。对有转移就业要求的农村劳动力免费进行就业指导,积极维护进城务工人员的合法权益。

二、2008年青岛市城乡就业形势预测

(一)青岛市就业事业面临的困难和挑战

2008年,青岛将进一步深化经济改革、加大产业结构调整步伐,同时,随着竞争形势的加剧,就业总量矛盾将更加突出,就业结构性矛盾和区域性问题将更加明显,就业压力将进一步加剧。具体表现为以下几个方面。

1. 就业总量矛盾更加突出

2008年,青岛市城乡就业压力将进一步加大:在城镇,全市将新增

失业人员17万人,加上结转的6万名失业人员,需要安排就业的达23万人;在农村,仍有17万富余劳动力需要转移,而且随着户籍制度改革,各地实行统一的户口登记管理制度之后,农村劳动力的流动将给就业工作带来不确定的影响。

2. 劳动者素质与市场就业需求不相适应的问题突出

随着青岛经济从劳动密集型逐步向资本、技术密集型的转变,就业需求对劳动者素质的要求将越来越高,体力型劳动者的就业空间越来越小,劳动者素质与就业岗位需求之间的不适应,会导致"就业难"和"招工难"同时并存。一方面,低素质劳动力过剩,顺利实现就业较难;另一方面,技能劳动者短缺,尤其是高技能人才严重短缺,企业招不到合适的技工。这种供求不适应的结构性矛盾,不仅加剧了劳动力就业在数量和质量方面的矛盾,也将直接影响经济和社会的协调发展。

3. 解决就业困难群体的任务十分艰巨

目前,全市仍有6000多名有就业要求的城镇大龄就业困难人员没有实现就业,预计2008年,将产生新的城镇大龄就业困难人员3万人左右,同时,还有1万多名有转移就业要求的农村大龄富余劳动力需要转移就业。对于这部分人员,用人单位一般很少招用,而要自主创业,其中不少人的自身能力又难以适应,实现就业特别困难。这些人员大多上有老、下有小,家庭负担沉重,生活十分困难,特别需要政府帮扶就业。

4. 就业帮扶的重点发生转变,就业工作难度加大

"十五"期间,青岛市促进就业工作的重点主要是城镇下岗失业人员。"十一五"期间,随着城镇新成长劳动力特别是大学毕业生等群体的就业问题进一步突出,农村富余劳动力转移就业和失地农民等就业矛盾逐步显现,青岛市就业工作的重点,由单纯的帮扶失业人员再就业,转变为促进农村富余劳动力转移就业、新成长劳动力初次就业和劳动力自主创业,就业帮扶的范围进一步扩大,工作难度加大。

5. 控制失业率的难度仍然很大

目前,由于就业与失业登记制度尚不健全,有相当一部分尚未就业的应届大中专毕业生、复员转业军人等人员和失地无业农民,没有办理失业登记手续,未被纳入城镇失业人员统计之中。此外,各类企业的下岗、待岗职工也未纳入城镇失业人员统计,"隐性失业"的现象普遍存在。随着城乡一体化和失业登记制度的完善,控制登记失业率的任务十分繁重。

(二)青岛市就业事业面临的有利条件和机遇

1. 青岛市经济将继续保持快速发展势头,为做好就业工作提供了根本保障

2008年,预计青岛市的GDP将保持13%以上的增长速度,虽然就业弹性系数有所下降,但对就业的拉动作用仍十分强劲,固定资产投资和社会消费品零售总额将有大幅度增长,有利于扩大就业的产业、行业布局及经济组织形式逐步形成。

2. 青岛市经济结构调整的不断推进,为做好就业工作增加了有利因素

有什么样的经济结构就有什么样的就业结构,经济结构的调整将带动就业结构调整,促进就业的各项政策落实将加快产业结构调整。社区服务业、物业管理业、现代物流业、旅游业以及新办服务型企业的强劲发展势头,将使第三产业占GDP的比重大幅度提高,第三产业特别是服务业的大力发展将成为新的就业增长点。民营经济和中小企业的大力发展将创造更多的就业岗位,成为增加就业的主渠道,成为解决就业问题的主要力量。青岛市农业产业化和农村城镇化的推进,以园区经济为重点的区域经济和小城镇建设,农村第二、三产业的发展,将引导农村劳动力就地就近转移,减缓城镇失业人员就业压力。

3. 各项促进就业政策的贯彻落实,为做好就业工作创造了有利条件

各级党委、政府高度重视促进就业工作,把就业和再就业工作摆到经济社会发展更加突出的位置,继续实施的税收减免、小额贷款、社保补贴、就业援助、主辅分离、就业服务、财政投入、社会保障、企业裁员、社区平台等一系列促进和扩大就业的政策,将会创造更好的就业和创业环境,对促进就业和再就业具有重要推动作用。

4. 市场就业机制的逐步完善,将进一步促进就业

随着劳动力市场体系的逐步完善,市场就业机制的激励作用得以更好的发挥,失业人员择业观念正发生变化,自主创业、自立自强的意识逐步加强,从依赖政府安置就业到自主创业、从等待就业到竞争就业、从单一渠道就业到多渠道就业、从挑剔就业岗位到适应性选择逐渐转变,这些都为市场就业提供了有利的条件。

5. 良好的工作基础和全社会各方面的关注,将进一步扩大就业和再就业

经过多年的实践,青岛市已形成了一套完善的就业工作管理机制,创造出丰富的经验,这为进一步做好就业和再就业工作打下了良好基础。同时，随着促进就业目标责任制的实施，特别是以净增就业岗位、解决困难群体就业、落实就业政策、加大再就业资金投入为主要内容的目标责任体系的建立，将调动各级政府、部门及社会各方面力量，有力地促进就业和再就业工作的开展。

(三)目标任务

1. 就业目标

在做好城镇就业困难人员和新增劳动力就业的同时，积极推动高校毕业生就业，加快推进农村劳动力转移就业，促进城乡统筹就业。2008年，全年实现城镇就业12万人，其中正规就业不少于55%，组织农村劳动力转移就业8万人。年末城镇登记失业率控制在4%以内。

2. 职业培训目标

在努力开发就业岗位的同时，加强职业能力体系建设，提升劳动者的职业技能和创业能力，推进素质就业，增强就业稳定性。2008年，全年组织劳动者职业培训12万人，其中技能培训11万人，创业培训5000人，劳动预备制培训5000人。年末高级工以上技能人才占技术工人的比重达到16%以上。

(四)主要措施

1. 实施扩大就业工程，建立完善市场导向的就业机制

(1)努力培育新的就业增长点，千方百计增加就业岗位。在加快经济发展的同时，注重优先扩大就业，形成经济与就业增长的良性互动机制。充分发挥大企业、大项目的带动作用，搞好用工需求预测，主动开展上门服务，提前介入，增强岗位开发的针对性、主动性和有效性。积极扶持中小企业，进一步落实推动中小企业发展的各项政策措施，在投融资、技术服务、市场开发、信息咨询和人员培训等方面加大扶持力度，鼓励和引导企业创造更多的就业岗位。大力发展商贸、餐饮、旅游等传统服务业和物流、咨询、连锁经营等新兴服务业，充分挖掘和发挥其吸纳劳动力的潜力。积极开拓国际劳务市场，有组织地开展各类专业人员的劳务输出，带动就业增长。

(2)实施积极的促进就业政策，充分发挥政策促就业的积极效应。全面贯彻落实《就业促进法》，鼓励劳动者自谋职业和自主创业，积极开发公益性岗位安置就业困难人员，鼓励各类用人单位吸纳就业，鼓励劳动者参加职业培训，建立具有长效性、普惠性、法制化的就业政策体系。进一步巩固和强化促进就业工作目标责任制，把新增就业人员和控制失业率纳入国民经济和社会发展宏观调控指标，把促进城镇新增劳动力就业、推动城乡统筹就业、加强失业调控作为主要目标任务，落实责任。加强对促进就业工作的督促检查,继续把各级各部门的就业责任纳入市委、市政府年度重点工作目标考核体系,并作为政绩考核的重要内容,定期进行督促检查。

(3)突出农村劳动力转移就业,统筹做好全社会就业工作。坚持统筹城乡经济社会发展的方向,以增加农民收入为目标,加快农业和农村经济结构调整,加快农业产业化进程,推进农村城镇化步伐,搞好园区建设,促进农村第二、三产业和民营经济发展,多渠道、多层次促进农村劳动力转移。改善农民进城就业环境,做好农民工就业服务工作,规范劳动合同,提高农民工待遇和保障水平。将高校毕业生就业纳入就业总体规划,发挥就业信息的作用,引导他们到农村基层、城市社区和中小企业就业,支持他们自主创业和灵活就业。

(4)加强失业调控,建立失业预警机制。以控制失业率为目标,紧密结合扩大就业的政策措施,综合运用各种手段对城镇失业的源头进行调控,进一步减少失业存量,缩短失业周期,确保将城镇登记失业率控制在4%以内,一年以上的长期失业者不超过失业人员总数的30%。指导各行业主管部门建立对本行业人力资源的需求预测机制。定期开展全市性或区域性劳动力状况抽样调查,在充分考虑失业率、长期失业者比例、不充分就业者比例及失业人员增长幅度、长期失业者增长幅度等因素的基础上,合理确定失业预警线,及时发布失业预警信息,制订预警应对方案。

2. 实施城乡统筹就业工程,建立完善城乡一体的就业促进体系

(1)完善城乡统一的资源管理平台,实现城乡劳动者一体化管理。转变重城轻乡的观念,在搞好城镇就业的同时,把农村就业摆在更加突出的位置,将城乡劳动力资源的开发利用作为一个整体,通盘考虑,统筹规划。进一步完善城镇和农村劳动力资源库,按照双轨运行、逐步并轨的原则,将在劳动年龄内有劳动能力和就业愿望的城乡劳动者纳入统计范围,逐步实现城乡一体的就业、失业登记制度。

(2)完善城乡统一的信息网络平台,建立城乡一体化的劳动力市场运行机制。按照城区有市场、镇(街道)有网点、村(居)有窗口的目标,加快建设区(市)、镇(街道)、村(居)三级劳动力资源市场体系,为用人单位招工和劳动者求职提供就地就近服务。提升人力资源市场信息化水平,将信息网络延伸到镇(街道),形成部、省、市数据中心互联,市、区(市)、镇市场网络互通,实现数据向上集中、服务向下延伸,做到"一键登陆,全市连通,资源共享"。加强镇(街道)基层劳动保障机构建设,配备人员,落实经费,健全工作机制,确保正常运转。加强村(居)劳动保障协理员队伍建设,形成覆盖城乡的就业管理服务体系。

(3) 完善城乡统一的就业服务平台,为城乡劳动者就业提供有效服务。大力改善公共职业介绍机构的设施和手段,完善就业服务的运行机制,实现就业服务的制度化、专业化和社会化。进一步完善公共就业服务业务流程和工作标准,实行职业介绍、职业指导、失业保险、劳动保障事务代理"一站式"、"一条龙"服务。提升服务队伍业务素质和服务水平,对公共就业服务从业人员普遍开展政策业务和操作技能培训。

(4) 完善城乡统一的就业政策平台,实现城乡劳动者平等就业。要进一步清理和取消针对农民工进城就业的歧视性规定和不合理限制,将城镇失业人员的有关促进就业和职业培训等政策向农村劳动者延伸。

(5) 建立城乡统一的劳动管理和社会保障平台,维护城乡劳动者合法权益。实行城乡统一的劳动用工管理制度,对在城乡各类企业就业的劳动者依法签订劳动合同,实行就业备案制度。建立健全有效的企业工资支付监控制度,完善劳动保障监察机制。及时受理劳动纠纷,依法纠正和查处用人单位侵害职工利益的事件,保障劳动者的合法权益。要进一步完善农民工参加社会保险政策,妥善解决被征地农民的社会保障问题。

3. 组织实施困难群体帮扶工程,实现劳动者比较充分就业

积极调整财政支出结构,加大对就业工作的资金投入,每年在财政预算中安排一定数量的促进就业资金,建立根据就业任务安排就业资金的稳定机制。进一步加大对困难对象的政策扶持力度,深入开展再就业援助行动,加大政策性扶持岗位开发力度,优先安排困难就业群体到由政府投资形成的公益性岗位工作。积极开发社区服务和城市治安、保洁保绿、物业管理等岗位,安排困难群体就业。强化就业服务,积极推进对大龄就业困难人员的精细化服务,通过开发就业岗位和提供就业服务,使有求职要求的大龄就业困难人员都能得到妥善安置。

4. 组织实施技能提升工程,推动劳动者素质就业

(1) 大力推进技工教育改革和发展,完善技能劳动者培养体系。坚持职业培训市场化、社会化的方向,加快建立政府扶助、社会参与的职业技能培训机制,形成以行业、企业为主体,技工学校、职业院校为骨干,社会职业培训机构为补充的职业技能培训体系。推动职业培训机构与企业联合,建立校企合作技能人才培养制度,发挥企业的主导作用和职业院校的基础作用,扩大技能劳动者培养规模。鼓励创建国家重点技工学校和高级技工学校,提高办学规模和办学层次,逐步扩大高级工培养规模,拓宽培养高级工的专业范围,加快形成政府指导、企业主导、行业配合、学校参与、社会支持、个人努力的职业培训工作新格局。

(2) 实施"人才强市"战略,全面推动技能劳动者培养。组织实施城镇失业人员再就业培训计划,提高其职业转换能力;实施进城务工人员

和被征地农民职业技能培训工程,增强进城务工人员的专项技能和城市生存发展能力;完善以劳动预备制度为框架的城乡新生劳动力培训,增强新生劳动力就业竞争能力;实施创业培训工程,提高劳动者的创业能力;实施"万名技师培养计划"、"金蓝领"培训等高技能人才振兴工程,带动各行各业尽快培养一批企业生产经营急需的技术技能型、复合技能型以及知识技能型高技能人才,进一步改善技能人才队伍的素质结构。

(3)加强职业培训基础师资建设,优化技能劳动者成长的社会环境。建立教师进修基地,组织实施职业培训机构师资素质提升工程,促进职业培训师资队伍上层次、上水平。结合就业岗位开发,加快新职业开发,定期向社会公布新职业。加快公共实训基地建设,搭建面向社会、集各类职业培训实习训练和职业技能鉴定于一体的技能培训与实践平台。2008年末,全市公共实训基地年实训能力达到4万人。全面推进人力资源职业能力开发体系建设,广泛宣传技能人才在经济建设中的重要作用,在全社会营造崇尚技能、尊重技能人才的良好氛围。

(4)进一步完善职业资格证书制度,加强技能人才的评价、选拔和激励。完善职业技能鉴定和职业资格证书政策体系和组织实施体系,逐步形成以社会化职业技能鉴定为主体,以企业业绩评定和学校课程考核为补充的职业技能鉴定工作格局,培育科学规范和公开、公正、公平的技能人才评价体系。全面推进技师考评社会化管理工作,构建高技能人才成长通道。发动行业、企业普遍开展各级各类职业技能竞赛和岗位练兵活动,加大对重视技能人才培养并作出突出贡献的企业和教育机构的表彰奖励力度。逐步完善高技能人才开发交流工作机制,组织优秀技能人才出国进修提高。引导国有大中型企业普遍建立完善使用与培训考核相结合、待遇与业绩贡献相联系的激励机制。

5. 组织实施全民创业工程,发挥创业带动就业的积极作用

培育壮大创业"小老板"群体,充分发挥私营经济创造就业岗位的带动作用,营造有利于"小老板"迅速成长的政策环境、法制环境、融资环境,建立完善创业促进机制。进一步完善创业培训、项目开发、推介、创业指导和政策扶持"一条龙"运作的创业服务体系,发挥各区、市就业服务机构的作用,实现创业、就业与失业人员的对接,将就业服务与创业服务融为一体。加强税务、工商、银行等部门之间的沟通和协调,拓展创业服务平台,调动社会各界参与创业工程。加大创业的政策扶持力度,建立失业人员诚信评价体系,推动小额贷款实现突破。加强与大专院校联系,收集创业项目,指导大学生创业。

(作者单位:青岛市劳动和社会保障局)

2007~2008年青岛市公用事业发展形势分析与预测

柳 宾

公用事业是指供电、供水、供气、供热、污水处理、垃圾处理、城市绿化、市政设施和公共交通等为公众提供产品、服务的行业。作为城市的重要基础设施,公用事业是城市经济和社会发展的主要载体,直接关系到社会公共利益,关系到人民群众的生活质量,关系到城市经济和社会的可持续发展。近年来,伴随青岛城市规模的扩大和城市现代化水平的提高,城市公用事业也得到了较快发展。

一、2006年青岛市公用事业发展状况

(一)供电

2006年,青岛发电装机容量达到2650兆瓦,全社会用电量215.35亿千瓦时,增长11.11%。其中,工业用电143.71亿千瓦时,城乡居民生活用电38.38亿千瓦时,分别增长12.41%和13.68%。

(二)供水

2006年,市区供水综合生产能力为136.6万立方米/日,年供水总量为31550万吨,人均日生活用水量为155.74升,用水普及率为100%。在由山东省名牌战略推进委员会、省质量技术监督局、省质量评价协会等部门联合举行的"2006年山东省服务名牌"评选中,青岛海润自来水集团公司的"润万家"服务品牌入选,这是山东省供水行业和青岛市市政公用系统唯一获此殊荣的品牌。

(三）燃气

2006年，市区液化气供气总量为97343吨，其中家庭用气量56460吨，用气人口112.51万人；煤制气生产能力为75万立方米/日，全年供气总量为9821万立方米，其中家庭用量4779万立方米，用气人口49.51万人；天然气储气能力为228万立方米，供气总量13876万立方米，其中家庭用量为4713万立方米，用气人口108.97万人。市区燃气普及率为100%。泰能集团被山东省质量奖评审工作委员会评选为"2006年山东省质量奖获奖企业"。

（四）供热

2006年市区集中供热面积为3448.1万平方米，增长26.77%，其中住宅2463.4万平方米，增长34.1%。

（五）污水处理

2006年，市区排水管道长度为3994千米，比2005年增加72.98%；污水处理厂8个，设计处理能力为50.5万立方米/日，污水处理厂年处理污水量为14924万立方米，污水处理厂集中处理率为63.07%；污水处理总量为18939万立方米，污水处理率为80.04%。

（六）园林环卫

2006年，市区绿化覆盖面积为14194公顷，其中建成区8918公顷，建成区绿化覆盖率为39.2%；园林绿地面积11756公顷，其中建成区6564公顷，建成区绿地率28.85%；公园绿地为3198公顷，人均公园绿地面积为11.8平方米；生活垃圾无害化处理率为100%，粪便处理率达到100%，拥有公厕414座。

（七）市政设施

2006年城市道路总长度为3160千米，道路面积达5218万平方米，人均道路面积为19.26平方米。

（八）公共交通

2006年底实有运营公交车辆4900标台，每万人拥有公交车辆18.08标台，运营线路网长度为1362千米，年客运量达73726万人次；出租车8146辆；轮渡运营船8艘，客运总量达849万人次，平均每日客运量为2.33万人次。

(九)生态环境

2006年,市区空气中可吸入颗粒物、二氧化硫和二氧化氮年日均值分别为0.097毫克/立方米、0.056毫克/立方米和0.024毫克/立方米,连续七年达到国家环境空气质量二级标准,处于良好状态。市区空气质量优良率为91.0%,同比上升0.3个百分点。其中空气质量Ⅰ级(优)天数为37天,同比增加4天,Ⅱ级(良)天数为295天,同比减少3天;市区降水pH年均值为5.63,高于酸雨限值,同比基本持平;饮用水源地、河流及近岸海域水质基本保持稳定,奥帆赛场水质整体状况良好;市区区域环境噪声平均等效声级为53.3分贝,同比降低0.1分贝,属于良好等级。道路交通噪声平均等效声级为68.2分贝,同比降低0.1分贝,符合评价标准(70.0分贝)。市区功能区噪声8个国控监测点位昼间和夜间噪声等效声级均达到相应标准要求,功能区达标率为100%;辐射环境质量维持在天然本底水平。

表1 2006年青岛市公用事业发展状况一览表

	指标名称	单位	2006年情况
供电	发电设备总容量	万千瓦	313
	全年发电量	万千瓦时	1037147
	全年实际用电量	亿千瓦时	215.35
	工业用电量	亿千瓦时	143.71
	农业用电量	亿千瓦时	3.2
	生活用电量	亿千瓦时	38.38
	平均每日用电量	万千瓦时	5982
供水和节约用水	供水综合生产能力	万立方米/日	136.6
	供水管道长度	千米	4716
	供水总量	万立方米	31550
	售水量	万立方米	25572
	新水取用量	万立方米	27281
	重复利用量	万立方米	59299
	节约用水量	万立方米	5030
	用水普及率	%	100
	人均日生活用水量	升	155.74

(续表)

	指 标 名 称	单 位	2006年情况
供气	液化石油气储气能力	吨	4447.5
	液化石油气供气总量	吨	97343
	家庭用量	吨	56460
	燃气损失量	万立方米	600
	管道长度	千米	17
	人工煤气生产能力	万立方米/日	75
	煤制气供气总量	万立方米	9821
	家庭用量	万立方米	4779
	燃气损失量	万立方米	679
	管道长度	千米	1491
	天然气储气能力	万立方米	228
	天然气供气总量	万立方米	13876
	家庭用量	万立方米	4713
	燃气损失量	万立方米	1031
	管道长度	千米	916
	燃气普及率	%	100
供热	供热面积	万平方米	3448.1
	住宅	万平方米	2463.4
污水处理	污水排放总量	万立方米	23663
	污水处理总量	万立方米	18939
	污水处理率	%	100
	污水集中处理率	%	63.07
	污水处理厂个数	座	8
	处理能力	万立方米/日	50.5
	处理量	万立方米	14924
	排水管道长度	千米	3994
	排水管道密度	千米/平方千米	2.85

(续表)

	指 标 名 称	单 位	2006年情况
市容环境卫生	道路保洁面积	万平方米	2369
	生活垃圾清运量	万吨	104.4
	垃圾无害化处理场个数	座	2
	处理能力	吨/日	2880
	年实际处理量	万吨	104.4
	生活垃圾无害化处理率	%	100
	粪便清运量	万吨	11
	无害化处理量	万吨	11
	公厕数	座	414
	三年以上	座	349
园林绿化	绿化覆盖面积	公顷	14194
	建成区	公顷	8918
	绿地面积	公顷	11756
	建成区	公顷	6564
	人均公共绿地面积	平方米	11.8
	公园绿地面积	公顷	3198
市政设施	道路长度	千米	3160
	道路面积	万平方米	5218
	人行道面积	万平方米	955
	人均道路面积	平方米	19.26
	桥梁数	座	220
	立交桥	座	25
	路灯盏数	盏	80000
公共交通	运营车数	辆	4167
	每万人拥有公交车辆	标台	18.08
	运营线路网长度	千米	1362
	标准运营车数	标台	4900
	客运总量	万人次	73726
	出租车数量	辆	8146
	轮渡运营船数	艘	8
	轮渡客运总量	万人次	849

(续表)

指标名称		单位	2006年情况
环境保护	二氧化硫排放总量	吨	146537.38
	烟尘排放总量	吨	42652.19
	工业粉尘排放总量	吨	4457.78
	工业固体废物排放总量	吨	510
	化学需氧量排放总量	吨	54657.78
	氨氮排放总量	吨	7484.10
	废水排放总量	万吨	31330.06
	市区空气质量优良率	%	91
	空气质量按功能区达标率	%	100
	近岸海域功能区达标率	%	79.3
	市区区域环境噪声平均等效声级	分贝(A)	53.3
	市区道路交通噪声平均等效声级	分贝(A)	68.2

注：①本表数据根据《2007青岛统计年鉴》和《2006·青岛市建设事业统计手册》整理；②表中数据除供电为全市数据外，其他皆为市区数据。

二、2007年青岛市公用事业发展情况分析

(一)2007年青岛市公用事业发展情况

1. 供电

2007年是供电公司有史以来电网建设和发展任务最为艰巨的一年。为了确保全市用电，一方面，供电公司以"电力彩虹、和谐山东"为载体，全面开展"优质服务年"活动，强化责任，落实措施，实施精细化管理，深化优质服务工作。截止到9月底，供电公司已成功地为第二届中韩日旅游部长会议、亚太国际旅游博览会、2007国际帆船赛等重大活动承担特殊保电任务30余次。尤其是在2007年夏天，青岛电网在最高负荷达到380.2万千瓦、刷新历史纪录的情况下，经受住了严峻考验，整体运行平稳。另一方面，供电公司不断加大电网建设与改造力度。全年计划新建和扩建220千伏输变电工程8个、110千伏至35千伏输变电工程14个；计划总投资15亿元，新增变电容量280万千伏安，新增加线路480千米。到9月底，青岛电网建设项目已正式投运110千伏古庙变电站、35千伏李沧东变电站，新增加变电容量18.9万

千伏安,新增加线路20千米。为奥帆中心直接配套供电的35千伏东海路变电站扩建工程已全部完工。计划中的午山、前湾、白埠、双桥、空港5个220千伏输变电工程和南庄等8个110千伏、35千伏输变电工程已基本完成前期工作。

2. 供水

2007年7月1日,国家新的《生活饮用水卫生标准》(GB5749—2006)(以下简称为"新标准")正式实施。该标准是参照世界卫生组织、欧共体以及美国、日本、俄罗斯等发达国家标准,并依据国情制定的。与1985年卫生部发布的《生活饮用水卫生标准》(GB5749—85)相比,新标准中水质指标数由原来的35项增加至106项,增加了71项,修订了8项;标准也提高了,如浑浊度由原来的不高于3 NTU降至不高于1NTU。新标准的实施,对进一步提高城市供水水质,保障城市安全供水和公众健康具有十分重要的意义。为此,青岛市市政公用局和各供水企业从检测人员、方法、所需药品、国家标准物质、仪器配件、耗材等方面进行了积极准备。如海润自来水集团,为满足国家新标准的检测需要,先后投资近300万元购进多台大型分析仪器,水质监测中心从6月份开始按照新标准开展模拟检测,7月份完成相关99个项目的检测(其余7项无关),很好地完成了贯彻新国标的水质监测任务;青岛市市政公用局对城市供水水质公报的抽检项目也进行了调整,管网水调整为浑浊度、色度、余氯、细菌总数、总大肠菌群、耗氧量、嗅和味7项,出厂水除上述7项指标外,还包括耐热大肠菌群、肉眼可见物2项。

此外,2007年以来,海润自来水集团采取有效措施节约水资源,降低供水管网漏失率。一是将降低供水产销差率列入重点工作目标,实行目标管理,做到奖惩兑现;二是全面实施《降漏增效工作实施意见》,内容包括管网管理、工程施工、检漏、管道抢修维修等;三是建立准确、齐全的管网档案,有针对性地开展检漏工作,有效控制管网漏损水量;四是实行区所联动制度,提高应急处理能力,突发性爆管1小时内止水,高于4小时国家标准,大大降低漏损;五是举办第五届"海润开放周"活动,邀请市民参观水厂,让百姓了解青岛供水发展史以及海润自来水集团在水厂管理、制水生产等方面所做的工作;六是强化表池和消火栓管理,保证供水设施的正常运行;七是继续开展打击盗水违法犯罪活动,对违章用水进行集中治理;八是加强与市政单位的协调、沟通,认真审核管线保护方案,及时纠正人为造成的设施破坏问题,施工期间巡线人员现场监护,有效降低管线损坏几率;九是积极应用新的计量器具,有效遏止偷水行为;十是开展"区域水平衡测试"。这十项措施使海润自来水集团漏失率同比下降约2个百分点,提高了企业的经营管理水平、经济效益和社会效益。

3. 供气

2007年,青岛市继续加大天然气转换工作力度,1~9月份成功实施了4个片区共11万管道煤气居民用户的天然气转换,使市区基本实现了天然气的"广覆盖",将岛城燃气供应推进到"天然气时代"。到2007年9月底,市区已有近39万居民用户由管道煤气改用了天然气,有2000户左右的工业企业、餐饮服务业等公服用户使用了天然气。2007年8月,在由中国企业联合会、中国企业家协会联合组织的"2007中国服务业企业500强"评选活动中,泰能集团排在第390位,名列电力、热力、燃气、给水等供应服务业第10位。

4. 供热

2007年4月召开的青岛市第十次党代会再次把加快城市集中供热发展列为今后重点要抓的大事之一,并提出了具体要求。2007年8月,市人大常委会第37次会议通过的《青岛市城市供热条例》经山东省第十届人大常委会第29次会议批准后,已于9月1日起正式实施。条例规定,采暖期供热温度由原来的16℃提高到18℃。为了将市第十次党代会和新修订的《青岛市城市供热条例》提出的各项目标落到实处,市委、市政府及供热主管部门加大了工作力度。

一是成立集中供热领导小组。青岛市委副书记、市长夏耕多次主持召开供热专题会议,研究加快供热事业发展,解决供热工作中遇到的困难和问题。市政府成立了集中供热领导小组,加强对供热规划、征地、热源建设及建立完善各项配套政策等问题的指导与落实。市供热领导小组办公室对供热专题会议确定的工作目标进行了详细分解,将20项重点工作层层落实到相关责任部门和责任人,并纳入年度工作考核的重要内容。2007年上半年,新增供热面积约90万平方米。

二是不断加快热源建设。2007年,青岛市加快推进以热电联产为主体,大型区域锅炉房为辅助,清洁能源为补充的城市供热体系;不断缩小城市南、北和新、老城区供热差距,提高老城区热化率,在城市西、北部建设大型热源,向市区东、南部和中心区供热;加快实施青岛发电厂大型热电联产等六项热源建设工程,缓解热源建设不足矛盾,形成辐射市内四区的"六大片"集中供热区域。

三是不断提升供热企业的服务质量。从2007年供热期开始,将对全市的供热服务质量进行综合考核评估。考核实行百分制,由社会监督、部门监管、用户评议三个部分构成,分别占40%、40%、20%权重。考核中如果供热单位出现下列三种情况之一就被直接确定为不合格:经核定供热单位集中供热区域内用户室温合格率低于98%的;运行事故率高于0.2%的;因供热单位原因导致用户大规模上访造成恶劣影响的。对考核结果为优秀的供热单位以及对供热工作作出突出贡献的个人,市政府将给予表彰、奖励;对考核结果为不合格的供热单位及其主要负责人、服务管理人员,将取消其参加本年度各级各类评选活动资格,对不合格的还将责令限期整改;对因供热服务质量问题造成恶劣影响的供热单位,将按规定取消其特许经营权。

四是进行预供热。从2007年开始,市内五区(市南、市北、四方、李沧、崂山)提前5天实行低温试供热,以确保正式供热后不再出现暖气不热问题。

5. 污水处理

2007年以来,青岛市加快了重点水污染减排工程的建设步伐。到9月底,麦岛污水处理厂已实现污水的正常处置,出水水质能够满足奥帆赛所在海域的排放要求;设计近期处理规模为10万吨/天的楼山河污水处理厂正在加快建设;9月17日,"十一五"重点建设的水污染处理设施和2008奥帆赛重点配套项目——李村河污水处理厂二期工程开工建设。

各级环保部门继续通过采取淘汰落后产能、调整产业结构、改善污水处理设施等多种措施积极推进企业减排化学需氧量(COD)。如四方环保分局通过多方协调,采取多项措施,将辖区内产业结构明显不合理、环境污染和环境纠纷较多、经济效益较差的几家企业迁移出市区,使辖区环境状况得到明显改善,化学需氧量年削减量约20余吨。同时,积极协调企业,通过改造、完善污水处理设施来减少化学需氧量的排放。如青岛凤凰美昊印染有限公司投资200多万元进行污水设施的改造,使排放废水的化学需氧量的浓度由年初的700毫克/升减少到300毫克/升,1~9月份已削减化学需氧量81.6吨;亨斯迈纺织染化有限公司和青岛汽巴颜料有限公司共同投资近600万元,采取活性炭吸附方法对污水处理设施进行改造。

6. 园林绿化

2007年,青岛市计划建成区新增绿地面积75.6万平方米,改建绿地面积2.5万平方米,实现绿化覆盖率达39.5%,全市人均公园绿地达11.9平方米。上半年,建成区实际新增绿地面积67万平方米,改建绿地面积近10万平方米,全市人均公园绿地达到12.04平方米(按2006年建成区人口计算),绿化覆盖率达39.5%(按2006年建成区面积计算)。其中,栽植行道树长度达25236米,完成全年计划的168.24%;以栽植攀缘植物为主实施的垂直绿化长度达134852米,完成全年计划的562%;市内四区山头绿化建设达95850平方米,完成全年计划的684.6%;以栽植观赏亚乔木为主的居住区、庭院绿化建设达209166平方米,完成全年计划的209.2%;春季义务植树12.6万棵,完成全年计划的57.3%。市区铁路沿线的大面积绿化整治也得以顺利进行。2007年6月,青岛被建设部列为创建"国家生态园林城市试点城市"。

此外,由市建委、城市园林局牵头,8月份全面启动了浮山综合整治攻坚战;市城市园林局还结合第18号议案的办理,组织完成了第一批、第二批"绿线"的划定工作;对青岛自2002年以来建设项目占用绿化用地的情况进行了清查;市城市园林局还进一步强化了园林职能,修订调整了《青岛市城市绿化补偿费缴纳办法》、《青岛市城市树木(花草)赔偿费及绿地占用费标准》,使园林绿化法规逐步完善。同时,组织执法人员业务培训,并加大了园林执法力度,有效遏制了毁绿占地行为的发生,推动了依法治绿工作的顺利开展。

7. 市政设施

2007年,青岛市全面加快交通基础设施建设,交通大项目快速推进,海陆空立体式"大交通"格局日趋明晰。

港口建设方面:《青岛港总体环境影响报告书》分别通过交通部和国家环保总局专家评审;《青岛港总体规划》已经完成并上报山东省政府和交通部审批。港口集群建设加快推进,青岛港招商局国际集装箱码头10万吨级2号泊位主体完工;3万吨级3号泊位主体沉箱安装完成,港池疏浚基本结束。青岛港原油码头三期工程、青岛港老港区七号码头改造工程已于4月份建成并投入试运营。青岛港前湾港区迪拜环球码头项目获国家发展和改革委员会核准。前湾港区青岛港集团四期工程项目已呈报国家发改委核准。董家口港区鲁能通用码头初步设计通过专家评审。港口公用基础设施建设全面加快,黄岛港区北部作业区航线局部清障工程已进场施工。

公路建设方面:到2007年6月份,即平高速公路路基基本拉通,总投资累计完成71%;青岛至莱芜高速公路青岛段路基土石方、桥涵已全部完成,基层、面层施工正在进行,总投资累计完成71%;威海至乌海高速公路青岛段路面、房建工程分别完成50%和40%;荣成至乌海高速公路青岛段路基、桥梁下部构造物基本完成;青岛海湾大桥主线工程第10合同段进展顺利,其他合同段陆续开工建设;胶州湾隧道工程已完成初步设计等工作。公交停车场建设全面展开,隆德路公交停车场正在进行基础施工;李山东路、舞阳路等7处公交停车场土地预审和规划预选址办理结束,并已招标确定了代建和设计单位。

空港改造建设方面:国际航站楼内部装饰工程基本完工;塔台幕墙工程完成80%;G区正在进行屋面和砌体施工;地面停车场、国际货库、货机坪、平行滑行道、快速脱离道道面沥青砼加铺和配套的助航灯光工程陆续竣工。

铁路方面:铁路改造建设步伐进一步加快。青岛新客站改造工程已累计完成投资2.51亿元,铁路机场段西移取直工程、董家口港区铁路工程均取得重要进展。

8. 公共交通

2007年,继续加大对公交车和出租车的改造力度。公交车方面,全年计划投资1亿元左右,更新车辆400辆。到9月份,公交集团已把新购进的266辆新型欧Ⅲ排放环保公交车分别投放到26、225、232、312、314、316、321、501路8条公交线上,并把从这8条线路替换下的195辆公交车,分别投放到318路、363路、302路和368路等4条热点公交线路上;出租车方面,市交通委继续推进天然气在出租车领域的应用,与泰能集团合作,在青岛市中青出租汽车公司进行了试点,改造天然气出租车5辆。同时,新版《青岛市出租汽车客运管理条例》5月1日起正式实施。从6月20日起,全市近14000名出租车驾驶员开始穿着统一制作的工装上岗营运,这是全市出租车驾驶员首次以统一的形象亮相岛城。

9. 环境保护

2007年是青岛推进主要污染物减排的关键之年,全市进一步加强了环境保护。

一是明确目标责任。2007年初,市委、市政府发布《关于落实科学发展观 加强环境保护的意见》(青发〔2007〕2号),明确了2007年的环保工作总体目标和工作重点:环境质量和生态环境状况明显改善,奥帆赛区及周边环境质量符合相关要求,全面完成《青岛市生态省建设市长目标责任书》和《青岛生态市建设规划》的阶段性目标任务。

二是加大行政处罚力度。2007年以来,尤其是从第二季度开始,环保部门以推进污染减排、打击环境违法行为为重点,进一步加大了行政处罚力度。4~9月份,全市共下达环境行政处罚决定1327起,其中警告208起,罚款1100起,罚款额830.57万元。责令停止生产或使用387起。

三是进行环保专项整治。如上半年市政府组织环保、发改、经贸、监察、工商、司法、安监等七部门进行了两次环保集中检查,查处了一批环境违法行为,对超标排污单位进行了严厉的处罚。在中高考期间,全市环保系统认真组织开展了"为考生送安静"活动。活动期间,加大了对建筑施工工地的检查频次,实行24小时值班备勤。仅6月份就有11个工地接到了处罚单,罚款额4.8万元。2007青岛国际帆船赛期间,环保部门加大了对机动车排气污染的监管力度,全市共出动环保执法人员近千人次上路检查,对401部排气超标车辆进行了处罚,罚款2.8万元。

(二)青岛市公用事业发展存在问题分析

1. 政府职能转变滞后,监管职能交叉甚至矛盾冲突

近年来,随着青岛市市政公用事业市场的陆续开放和改革向纵深发展,一些深层次矛盾不断暴露出来。但由于政府职能转变滞后,在对公用事业的监管过程中出现了一系列问题。一是各级政府部门的监管职能界定不清晰,分工不明确,职能重叠、多重监管现象比较普遍。这不但增加了监管部门之间的协调难度,降低了行政效率,而且增加了企业负担。同时,各部门条块之间监管分工不尽合理,纵向监管权力配置与横向权力配置之间缺乏协调机制,条块发生冲突时,又缺乏相应的裁决机制。二是政府角色转变不到位,公用事业国有资产管理职能与监管职能之间的关系处理不好。在新的公用事业管理体制下,国有资产的保值、增值是国有资产管理部门通过管人、管事、管资产来完成的。行业主管部门成为行业的独立监管者,代表的是社会公众利益,希望最大限度地利用市场竞争机制使消费者获得价廉物美的公共产品和服务,依法律、法规、经营合同对企业行为进行约束。这就产生了一对矛盾,即国有资产管理部门期望资产保值、增值与行业监管部门期望以最低的价格获得最好的产品和服务的矛盾。

2. 政府监管方式单一,监管水平落后,没有形成一个多方位、立体化的监管体系

目前的主要监管内容是经济性的价格监管和进入监管,而社会性监管还刚刚起步。对于价格监管,使用的是"企业成本+税费+合理利润"监管模式,无法产生足够的激励;对于进入监管,特许经营模式使行业竞争不足,难以显示市场真实成本;普遍服务的监管,还没有使用交叉补贴、设立普遍服务基金等手段来履行政府义务;在企业外部监管上,尽管采取了诸如"公开电话"、"举报电话"、"媒体曝光"等社会监督、行业监管的一些办法,但以政府主管部门为主,吸收社会专家、行业协会成员、群众利益代表参与的监管体系还没有真正形成,听证制度还不健全。

3. 政府监管的制度、法规尚不健全,监管队伍的素质还不够专业

尽管先后出台了《关于授予现有市政公用事业基础设施经营企业特许经营权办法》、《青岛市市政公用基础设施特许经营管理信息公告办法》、《城市再生水工程设施验收规范》、《城市供水水质监督管理办法》、《青岛市城市供热服务质量考核评估办法》,修订了《青岛市供用热合同》示范文本等法规文件,但在监管范围上覆盖面还不够广,在监管内容上还不够全,在监管标准上要求还不够具体,其规范性、操作性有待进一步完善。现在的行业监管人员基本上由原先的行政管理人员改任而来,懂市场、懂企业、懂法规、会监管的专门人才还不够多。

4. 公用事业领域市场化程度不高

近年来,青岛市公用事业行业不断开放市场,推行公共产品和公共服务质量的竞争,公用事业投资多元化结构初步形成。但从总体上看,公用事业领域的市场化程度仍然偏低,获得特许经营权的公用事业企业与公用事业主管部门的关系仍然没有完全理顺。"企业由政府建、主管由政府派、资金由政府拨、价格由政府定、企业盈亏由政府包揽"的现象仍然不同程度地存在。

5. 公用事业本身还存在一些问题

一方面,青岛市公用事业部门自身存在一些问题。比如在供热方面,有的供热单位供热面积不断扩大,但供热能力却没有相应提高,导致一些居民小区的供热质量下降;还有的由于房屋设计或施工时形成的供热管路设计缺陷,造成有的居民家中暖气从未热过,供热单位虽连续几年没有收取供热费,但问题却一直没有解决。再比如在环境保护方面,时段性、区域性污染依然存在,如2007年7月份第一海水浴场出现的粪大肠菌群严重超标问题。另一方面,与国内同类城市相比,青岛市有些公用设施水平仍然偏低。比如建成区绿地率、排水管道密度在15个副省级城市中分别排在第14位和第10位(见表2)。

表2 全国15个副省级城市2006年主要公用设施统计指标一览表

指标 城市	人均日生活用水量(升)	用水普及率%	燃气普及率%	每万人拥有公交车辆(标台)	人均城市道路面积(m²)	排水管道密度(km/km²)	污水处理率%	污水处理厂集中处理率%	人均公园绿地面积(m²)	建成区绿化覆盖率%	建成区绿地率%	生活垃圾处理率%	生活垃圾无害化处理率%
青岛	155.74	100	100	18.08	19.26	2.85	80.04	63.07	11.8	39.2	28.85	100	100
沈阳	173.07	95.71	95.99	12.21	9.45	3.41	70.88	70.88	9.41	41.07	36.84	100	100
大连	118.72	84.23	83.76	16.39	8.49	1.92	73.33	46.65	8	42.8	41.35	100	100
长春	169.03	96.08	96.23	14.83	12.3	8.16	56.43	49.53	11.47	41.48	33.99	90.97	90.97
哈尔滨	173.54	77.01	87.38	12.58	6.42	4.44	41.69	41.69	6.35	28.85	25.22	82.81	38.01
南京	239.96	100	100	14.36	17.14	1.38	83.2	50.12	13.2	45.49	41.3	100	94.58
杭州	373.71	91.65	91.65	21.16	15.51	3.11	77.78	77.78	10.76	38.14	34.54	100	100
宁波	325.61	55.2	55.2	12.65	7.28	3.3	71.16	24.23	6.4	37.5	33.96	100	93.27

(续表)

指标\城市	人均日生活用水量(升)	用水普及率%	燃气普及率%	每万人拥有公交车辆(标台)	人均城市道路面积(m²)	排水管道密度(km/km²)	污水处理率%	污水处理厂集中处理率%	人均公园绿地面积(m²)	建成区绿化覆盖率%	建成区绿地率%	生活垃圾处理率%	生活垃圾无害化处理率%
厦门	349.24	63.55	63.55	16.15	9.54	8.9	82.89	82.89	8.6	36.59	34.31	94.26	94.26
济南	171.86	99.82	97.64	12.54	12.69	3.28	51.15	33.92	9.59	36.54	30.1	100	81.24
武汉	310.03	91.89	91.89	15.48	8.78	0.67	65.79	34.49	8.55	37.78	32.24	67.98	21.71
广州	456.88	61.51	61.5	15.5	8.79	1.37	71.67	59.96	7.63	36.79	33.52	85.06	85.06
深圳	207.08	100	76.97		14.88	3.06	62.03	38.85	16.1	45	39.1	93.72	93.72
成都	267.95	92.38	89.81	15.12	12.24	3.88	78.147	77.31	10.42	38.02	34.23	98.21	90.43
西安	126.5	85.92	80.31	14	8.55	5.13	60.1	47.91	6.58	39.82	31.01	81.57	81.57
青岛排名	13	1	1	2	1	10	3	5	2	6	14	1	1

资料来源:青岛市建设委员会编《2006·青岛市建设事业统计手册》。

三、2008年青岛市公用事业发展趋势预测

温家宝总理在2007年政府工作报告中指出,要"稳步推进供水、供气、供热等市政公用事业改革……鼓励非公有制经济参与国有企业改革,进入公用事业、基础设施、金融服务以及社会事业等领域"。青岛市第十次党代会也提出了包括公用事业发展在内的青岛未来五年发展的宏伟目标。所有这些,为青岛市公用事业下一步发展指明了方向。从青岛市公用事业发展现状及西方发达国家城市公用事业发展经验看,今后一个时期青岛公用事业的发展将呈现以下几个趋势。

(一)公用事业将呈现快速发展态势

1. 供电

黄岛发电厂三期扩建工程的5号机组将于2007年底前投产发电,6号机组将于2008年上半年建成。这两台66万千瓦机组的投运,将进一步提高青岛的供电能力。预计到2007年底,青岛电网主变总容量将达到1713万千伏安,输电线路总长度将达到2814千米;到2008年,发电装机容量将在现有基础上翻一番,达到330万千瓦,能够较好地满足青岛经济又好又快发展和居民生活水平不断提高的电力需求。

2. 供热

青岛市已经明确提出了"到2010年,市内四区和崂山区的热化率将达到73%,比现在翻一番"的发展目标。为此,2007年第四季度及明年将重点加快热源和管网项目建设。预计到2007年底,市内四区将新增供热能力1100万平方米,实现至少新增400万平方米供热面积的目标,热化率将从现在的39.6%提高到52%。2008年,将在2007年各项热源建设的基础上,根据城市建设发展需要,进一步完善各项热源建设,加快管网建设进度,充分利用胶州湾铁路运输能力,形成环胶州湾的碱厂热电厂、后海热电厂、水清沟热电厂、浮山新区2号站热源、华电青岛发电公司热电联产项目、团岛供热站、市区东部的高科热力供热站、高新区热电厂、李沧东热电厂等大型供热站呈环状分布、向市区集中供热的整体供热格局,供热能力、供热面积、热化率等都将有所提高。

3. 污水处理

2007年开工兴建的近期处理规模10万吨/日、远期处理规模20万吨/日的娄山河污水处理厂,年内将完成土建主体工程,2008年8月通水运行。这座污水处理厂的建成投产,对于解决市区北部河道污染和工业、生活废水处理问题,减少对胶州湾的污染、改善周边环境等都将发挥巨大作用。李村河污水处理厂二期扩建工程和海泊河污水处理厂改扩建工程也将于2008年完成,从而大大提高青岛市污水处理率。

4. 园林环卫

2007年9月,青岛市制定了新的"绿色青岛"建设目标。按照这个目标,今后几年将以全面建设城市"绿肺工程"、"绿肾工程"、"绿廊工程"、"绿景工程"、"绿环工程"为主要抓手,积极创建国家生态园林城市,力争到2010年城市建成区绿化覆盖率大于45%,人均公共绿地大于12平方米,绿地率大于38%。2008年,这些工程将全面铺开。

5. 市政设施

一方面继续进行道路改造。2008年奥帆赛之前,将对江西路、福州路、台南路、云霄路、南通路等24条道路进行路面铣刨盖被,修补破损的车行道、人行道,美化道路沿线的景观环境等。另一方面加快城市路网建设。2008年奥帆赛前,将实施湾口隧道接线工程,并尽快启动东西快速路三期、海湾大桥市区接线工程,最终形成以快速路和主干路为骨架,次干路、支路为基础的城市干道网和"三纵四横"的主城区城市快速路系统。同时,还将积极推进城市交通建设系统中的无障碍设施建设。目前,机场、火车站无障碍设施建设正在抓紧施工,轮渡已完成无障碍设施的改造工作,东部汽车站正根据市政府的要求对无障碍设施进行改造。

6. 公共交通

随着"公交优先"战略的实施,公交线网将进一步优化整合,服务覆盖范围将进一步扩大。根据《青岛市公交站名规范工作方案》,2007年底前将完成公交站名规范后新站牌的更换任务。同时,对公交车和出租车的改造工作也将加快推进。公交集团已经明确提出了2008年奥帆赛前,将3000多辆公交车全部换成"环保型"公交车的发展目标。预计到2007年底,全市天然气出租车数量将达到200辆,并完成泰能集团2个和中石化7个加气站的建设。2008年,将继续改造天然气公交车120辆,改造天然气出租车500辆。在2008年6月份以前,公交车将全部达到欧Ⅱ标准。

7. 环境保护

2007年,市委、市政府出台了《关于落实科学发展观 加强环境保护的意见》,明确提出了到"十一五"末将青岛基本建成一个"生态之城"的发展目标。为实现这一目标,2008年及以后几年将加快推进《意见》中明确提出的各项工作,其中包括完成全市饮用水源地环境保护规划编制和保护区的划界立标;完成楼山河、李村河、墨水河等综合治理工程;实施李村河污水处理厂二期、楼山河污水处理厂一期、海泊河污水处理厂改扩建以及中水回用等工程;建设500万吨/年液化天然气接收工程、环胶州湾天然气高压管网、天然气置换工程;逐步改造、合并或撤销原有小规模供热站,代之以大型区域集中供热站;加快建设青岛市危险废物处置中心;加快建设城市污水处理厂污泥处置工程、餐厨垃圾处理厂、垃圾堆肥处理厂、可回收垃圾分拣中心和建筑垃圾综合处理场;以青岛高新区区北新产业园、胶南国际环保产业园、青岛出口加工区、青岛新天地生态工业园为重点,建设生态示范园区;开展城市老居民区和城乡结合部环境综合整治等。

(二)相对独立的监管机构逐步形成,公用事业监管体系逐步完善

1. 相对独立的监管机构逐步形成

对城市公用事业监管的程序化和公开化,以及监管机构的独立性是世界各国公用事业的发展趋势。独立性意味着监管机构与任何企业没有任何关系,也独立于其他政府机关之外。随着青岛市市政公用事业市场化程度的提高,作为职能部门的青岛市市政公用局将逐步从过去的"办市政公用事业"转变到"管市政公用事业"上来;从过去"企业由政府建、主管由政府派、资金由政府拨、价格由政府定、企业盈亏由政府包揽",转变到"政府主导、推向市场、打破垄断、引入竞争"上来;从过去既当"运动员"、又当"裁判员"的双重角色,转变到只当"裁判员"上来;从过去的"命令者"、"指挥者"转变为公众的"服务者"、市场的"监管

者"。政府部门之间的监管职能也将按照"谁最易获得信息,谁负责监管"的原则,集中到青岛市市政公用局手中。作为一个独立的公用事业监管机构,青岛市市政公用局的主要职能应包括:制定有关政府管制规章;颁发和修改企业经营许可证;制定并监督执行价格管制政策;对企业进入和退出市场实行管制。近期的主要发展方向是逐步理顺与供水、供热、供气等企业的政资关系、政企关系。

2. 公用事业监管体系逐步完善

一方面,供水、供气、供热、排水、环境卫生、垃圾处理等行业产品和服务质量标准及考核办法不断健全,对公用事业领域各类公共产品和公共服务质量的监督考核不断加强。另一方面,适应相对独立的监管机构的需要,一支"掌握政策、会用法规、坚持原则、善于指导"的监管队伍逐步形成,公用事业监管的相关法律法规逐步健全,舆论监督、公众参与等多种监管渠道将共同发挥监督作用,高科技的综合监管手段广泛应用,公用事业监管体系逐步完善,监管的公信度和执行力不断增强。

(三)公用事业市场化步伐加快

1. 特许经营范围不断扩大

在授予青岛市海润自来水集团有限公司和青岛泰能燃气集团有限公司特许经营权的基础上,对供热、排水、垃圾处理等企业将加快特许经营实施工作,对具备特许经营条件的企业逐步签订特许经营协议,授予特许经营权,实行特许经营监管。对已获得特许经营权的企业定期进行经营许可专项检查,发现问题限期整改。对违反有关规定,产品和服务质量不达标、整改后仍不符合规定的,将不予经营许可或取消特许经营权。

2. 公用事业企业转型步伐加快

随着公用事业领域市场环境的日益优化,通过承包或租赁经营、兼并和清算、整体出售等途径加快公用事业企业市场化步伐,进而将现有公用企业逐步改造成符合市场经济要求的现代企业,使之成为拥有独立生产经营决策权,以追求利润最大化为目标,承担经营风险的独立法人和具有活力、动力、压力的市场竞争主体。

3. 多元化投资体系逐步完善

优化国有经济布局和结构,促进混合所有制经济发展,是青岛"十一五"经济体制改革规划中提出的改革任务之一。在基础设施和公用事业领域引入竞争机制,进行国内外招标,引入内外资经营城市资源是大势所趋。公用事业多元化的投资体系将随之不断完善。

(作者单位:青岛市社会科学院)

2007～2008 年青岛市推进人文奥运与文明城市建设状况分析与预测

冷 静

2008 年奥帆赛的成功,离不开一个和谐的、开放的现代化城市。人文奥运理念的提出与实施,对文明青岛建设将产生深远的影响。人文奥运不仅仅是一种文化发展理念,它也是建设文明青岛的指导思想。青岛作为奥帆赛举办城市,离不开自然环境建设,更需要人文环境的塑造。人文奥运理念为青岛建设文明城市提供了高质量的城市人文软环境的标尺,同时它塑造着市民的开放心态、创新精神和包容胸怀等文明素养,为文明青岛建设提供了全面、协调、可持续发展的精神动力。因此,对人文奥运的相关问题进行深入研究,对实现 2008 年人文奥运有重要的现实意义。

一、"人文奥运"理念的内涵及其对建设文明青岛的作用

(一)人文奥运理念的内涵

"人文奥运"是一个开放的有着巨大生成力的创新理念,其内涵非常丰富,寓意深远。它是一个多维度、多层次的理念。

1. 从中国文化看"人文奥运"

中国文化的人文意蕴,源远流长,人文一词,已见成书于殷末周初的《周易·贲卦·彖传》:"观乎人文以化成天下","文明以止,人文也"。中国自古以来就认为"天地之性人为贵"。正由于人的创造,所以人可贵,人不可轻;正由于人"为天地立心,为生民立命",所以人可贵,人不可轻;也正由于人在奥运会上凸显的生命智慧,所以人可贵,人不可轻。中国人文精神的宗旨,是对于生命的关怀。宋明理学家把孔子所说的"仁"诠释为生命之源,"仁者,生生之德","生生"便是中国文化中人文精神的血脉。人文是"化成天下"的学问。在现代意义上,人文精神是

指对人的生命存在和人的尊严、价值、意义的理解和把握,以及对价值理想或终极理想的执著追求的总和。

2. 从奥林匹克主义看"人文奥运"

《奥林匹克宪章》指出:"奥林匹克主义是将身、心和精神方面的各种品质均衡地结合起来,并使之得到提高的一种人生哲学。它将体育运动与文化和教育融为一体。奥林匹克主义所要建立的生活方式是以奋斗中所体验到的乐趣,优秀榜样的教育价值和对一般伦理基本原则的推崇为基础的。"由此可见,奥林匹克主义给竞技运动设置了一个理想主义的目标和方向,对当代体育起着重要的导向作用。它强调体育的人文价值,强调体育的真、善、美,强调体育应为人的和谐发展服务,进而促进一个维护人的尊严的、和平的社会的建立。

3. 从组织制度层面上看"人文奥运"

奥林匹克竞技是以竞争为前提的,但竞争又不是无序和盲目的,所有的竞争都有严格的制度。无论种族、贵贱、性别、肤色、国籍,所有参加者都拥有平等的权利。每项竞赛有细致而严格的评判标准,而且场地、器材有统一的要求。这些方面均体现了对人的尊敬和人人拥有平等权利的人文精神。

4. 从活动内容层面上看"人文奥运"

奥运会的竞技运动项目为人类追求"更快、更高、更强"的目标提供了机会,使人类在不间断的过程中探求体育运动的真理,挖掘人的潜力。在奥林匹克运动中,人以现实条件为基础,勇于实践、敢于拼搏,为实现最高的理想而奋斗。

5. 从现实层面上看"人文奥运"

人文奥运是以文化为基础的创造性活动的战略实践,有着强烈的实践意义。"人文奥运"的展开适逢中国当代文化产业、创造性生产力高速发展的重要时期。奥运产业就是以创意为核心,以体验为基础的文化产业,是依托当代高科技和传播媒介的文化实践方式。因此,"人文奥运"不仅是一个文化理念,而且是一个具有实践特性的可开掘、可持续的发展战略,它将成为2008年奥运会的点睛之笔。本届奥运会品位如何,办得有无特色,能否在奥运历史上重重写下一笔,主要看"人文奥运"的实施情况。

(二)人文奥运对建设文明青岛的作用

人文奥运对建设文明青岛的影响主要体现在三个方面:对城市文明素质的整体提升,对城市文化建设的促进,对城市以人为本可持续发展的推动。

1. 人文奥运将从整体上提升青岛的城市文明素质和城市文明水平

2008年奥帆赛将为提升青岛城市文明素质,树立青岛良好的国际化城市形象提供广阔的发展平台,也对青岛城市精神文明建设提出了新的要求。城市文明水平的整体提升主要体现为市民文明素质、城市文明风貌等方面。2008年奥帆赛的举办,给青岛提升市民文明素质和加强城市文明建设提供了难得的机遇,将成为展示现代中国人精神风貌的窗口。成功举办奥运会不仅取决于赛事的准备,更多的取决于是否具有一流的市民素质、一流的城市人文环境、一流的奥运服务水平和一流的社会风气。人文奥运对市民文明素质的影响过程,是包括了礼仪教育、法制教育、诚信教育等内容在内的社会精神文明建设过程。人文奥运以其丰富的精神内涵,对青岛城市现代化的各个主要方面产生着积极的影响:一是以经济起飞、技术发展、体制完善等为主要内涵的社会层面的现代化;二是以素质提高、生存方式和文化模式转型为主要内涵的人自身的现代化。我国社会转型期的精神文明建设,在很大程度上有赖于社会的整体文化建构和以人的文化转型为核心的人自身现代化的发展。在经济全球化的影响下,传统文化与现代文化、中国文化与西方文化不断冲突和交融,构成了我国独具特色的社会主义精神文明建设的文化基础。人文奥运作为一种体育文化发展理念,其"以人为本,和谐发展"的观念对青岛和谐社会建设和城市发展已经产生并将继续产生积极的推动作用,影响到人的思想、道德观念、精神风貌、价值观念、社会公德、文明素养,为青岛构建和谐社会提供高质量的软环境平台。

2. 人文奥运将极大地促进青岛的各项文化建设

文化是奥林匹克的灵魂。人文奥运作为一种文化理念将对城市的文化建设产生积极的促进作用。随着我国现代化进程的深入,人文体育的思想作为一种文化观念形态对社会转型和人的现代化转型日益发挥着重要作用。体育文化在以人的文化转型为核心的人的现代化过程中起到了重要的中介转化作用。体育作为人类身体文化的组成部分,是促进人的发展的重要中介。在物化层面,体育通过各种运动形式、方法、手段满足人们对身体运动的需要;在精神层面,体育以其文化形态渗透在人们的价值体系中,影响和改变着人们的精神世界。奥林匹克运动的文化价值在以文化转型为核心的人自身的现代化过程中发挥着不可替代的作用,潜移默化地促进着"中国民众由凭借经验、传统、习俗、情感而生存的自在自发的传统主体,向凭借理性、规则、法制而生存的自由自觉的现代主体的文化转型"。这是我国现代化转型过程中体育发展的关键环节,对于建设文明青岛,提高市民素质和开发人才资源

3. 人文奥运将加快推动青岛以人为本的可持续发展

人文奥运不仅是一个文化理念,而且是一个具有实践特性的可持续发展的文化发展战略。其核心理念是和谐,旨在以奥运促发展,以城市的发展带动奥运的筹办。它把城市的可持续发展目标定位放在城市建设的硬件设施和软件的优化相结合上,经济增长与市民人文素质、生活质量提高的有机结合上。

人文奥运提出的以人为本、可持续发展理念,与党的十七大强调指出的"努力实现以人为本、全面协调可持续的科学发展观"的指导思想相契合。其中,人与自然的和谐发展,在构建社会主义和谐社会的进程中具有十分特殊的意义。统筹人与自然和谐发展,是保持青岛经济、社会持续健康发展的迫切要求,也是保证市民的良好生存环境、保证人的全面发展的迫切要求。在人文奥运的实施过程中,立足于人与自然的和谐发展,把人文奥运、绿色奥运作为青岛城市、社区建设的首要目标,立足于"以人为本"这一结合点,以奥林匹克运动为纽带,带动城市社区建设,建立健康、文明的体育生活方式,才能推动城市可持续发展。

二、2007年青岛市推进人文奥运、建设文明城市状况分析

(一)青岛市推进人文奥运、建设文明城市的行动规划

在2006年2月16日发布《关于推进人文奥运行动计划的意见》的基础上,2007年3月23日,青岛市委、市政府再一次发布《青岛市人文奥运总体运行纲要》,显示了市委、市政府对人文奥运的高度重视。《行动计划》和《运行纲要》对青岛市推进人文奥运,加快建设文明城市进行了总体部署,要求全市紧紧抓住2008年奥帆赛这一机遇,大力加强公民思想道德建设,推进社会主义核心价值体系建设,倡导人文奥运理念,按照"借鉴学习、展示弘扬、融合发展、积淀传承"的原则,坚持"赛事组织出色、奥运效应发挥充分、市民参与广泛"的宗旨,深入开展"迎奥运、讲文明、树新风"活动,以"同迎奥帆赛、共建文明城"为主题,动员全市人民"人人当好东道主,树立青岛新形象",全面提高市民文明素质和城市文化品位,提升城市整体文明程度,使2008年奥帆赛成为展现中华文化和青岛城市风采的文化盛会,为青岛留下宝贵的奥运文化遗产。

《行动计划》和《运行纲要》还为青岛市推进人文奥运,建设文明城市设定了总体目标。第一,坚持以人为本,动员广大市民积极参与,使之成为推进人文奥运行动的主体,促进人的全面发展以及人与自然、人

与社会的和谐发展；第二，大力弘扬民族精神和时代精神，培育和践行"诚信、和谐、博大、卓越"的城市精神，使奥帆赛成为展示中华民族悠久历史、灿烂文化和青岛城市精神的广阔舞台；第三，传播现代奥林匹克精神，加强对外文化交流合作，积极吸收世界优秀文明成果，使百年青岛和百年奥运焕发出新的生机和活力，使2008年奥帆赛成为创新推广奥林匹克运动新的标志；第四，深入挖掘历史文化资源，丰富城市文化内涵，积极发展现代文化产业，提高城市文化品位，展现历史文化名城的历史风韵和东西方文化交融的现代魅力，不断满足广大市民和海内外宾客的文化生活需求；第五，坚持将人文奥运与创建文明城市工作紧密结合，使市民的思想道德境界、科学文化素养、法律意识、身心健康水平和对外交往能力明显提高，城市管理水平、市容环境和行业服务质量全面改善。

(二) 青岛市推进人文奥运、建设文明城市的具体做法

2007年1～9月，青岛市的文明城市创建工作以"讲文明、促和谐"为主题，紧紧抓住举办2008年奥帆赛这一机遇，以开展"同迎奥帆赛，共建文明城"活动为载体，把推进人文奥运工作与掀起新一轮文明城市创建更加紧密地结合起来，市民群众积极参与，在全市形成了"企盼奥运、参与奥运、奉献奥运、共享奥运"的浓厚氛围，使人文奥运在更大范围、更广领域内不断推向深入。

1. 增强奥运意识，加大人文奥运的推进力度

青岛市委、市政府始终认为，在奥帆赛之前，需要做的工作很多，但最重要的是加快推进"人文奥运"。前一阶段，青岛奥帆赛的筹备重点是"硬件"建设，建起了世界一流的奥帆赛场馆。在北京奥组委的指导和全国人民的支持下，成功举办了2007青岛国际帆船赛。下一步，青岛的筹备工作重点是抓"软件"，主要是提升市民的文明素质和城市文明程度，通过开展一系列市民参与的活动，包括微笑服务、交通"三让"、文化氛围营造、城市环境改善等，把"人文奥运"的实践变成润物细无声的过程，使青岛的市民更文明、城市更优美。

2007年以来，青岛市推进人文奥运的领导体制和工作机制不断完善；群众性迎奥运活动扎实开展，营造了参与奥运、奉献奥运的浓厚氛围；不断深化市民文明素质的宣传教育，城市整体文明程度有了显著提高；新闻媒体加大宣传力度，支持奥运、参与奥运、共享奥运的良好舆论氛围日益浓厚。

2. 实施"五大行动"，全面推进人文奥运工作

2007年是青岛迎接奥帆赛的关键一年，市委、市政府继续在全市深入开展"同迎奥帆赛，共建文明城"主题活动，全面推进人文奥运工

作。主题活动以邓小平理论和"三个代表"重要思想为指导,全面贯彻落实科学发展观,以建设社会主义核心价值体系为根本,喊响"同迎奥帆赛、共建文明城——我参与、我奉献、我快乐"口号,实施"五大行动",提升市民文明素质,提升城市文明程度,努力营造全市人民企盼奥运、参与奥运、奉献奥运、共享奥运的浓厚氛围,为举办一届有特色、高水平的奥帆赛营造良好的人文环境,共同建设文明、和谐、繁荣的新青岛。

一是积极开展"优雅行动——文明礼仪教育活动"。在市民中普及文明礼仪知识,开展形式多样的活动,提高广大市民自身文明礼仪素养,展示全国文明城市的形象。大力倡导社会公德,从自己身边事做起,遵纪守法、举止文明、尊老爱幼、谦和礼让,向一切不文明的行为说"不",自觉做到"不随地吐痰、不打架骂人、不乱扔垃圾杂物、不酗酒滋事、不乱贴乱画、不在公共场所吸烟、不损坏公物、不违反交通规则",爱护公共环境,养成文明健康的生活方式和行为习惯,在全社会形成崇尚文明、弘扬正气的社会风尚。

二是积极开展"普及行动——奥运知识培训活动"。奥林匹克精神和文化是人类的宝贵遗产,广大市民应认真学习奥林匹克知识,了解奥林匹克的历史。为此,市委宣传部、市文明办编写了《奥运知识读本》一书,各级各单位利用这本书学习奥运知识,引导广大市民积极参与各种形式的群众性奥林匹克文化活动,广泛实施全民健身计划,开展丰富多彩、健康向上的体育活动,增强全民的"奥运意识"和"责任意识",陶冶情操,强健体魄,全面发展,把奥运迎到家门口,分享奥林匹克带来的快乐和幸福。

三是积极开展"微笑行动——迎奥文明示范窗口"创建活动。财贸、旅游、交通、工商等行业主管部门积极开展微笑服务活动。公交、出租车、商场、宾馆、饭店等服务窗口则增强服务意识,提高服务水平,做到用心、热心、耐心、诚心。全市还开展了迎奥文明示范窗口和服务明星的评选,进一步提升窗口行业的服务水平。

四是积极开展"志愿行动——社会志愿服务活动"。广大市民积极参与志愿公益事业,从我做起,从现在做起,从点滴做起,争当文明使者,在各自岗位上作出贡献;广泛参与公共文明志愿服务,争当国际帆船赛和奥帆赛志愿者,打造志愿服务品牌,为奥帆赛增光添彩。

五是积极开展"清洁行动——城市环境综合整治"。全市开展了"垃圾不落地、文明在手中"等宣传整治活动,主要解决"两乱"问题,使市民真正做到"不乱扔杂物、不乱倒垃圾"。各级党政机关、企事业单位以净化青岛、绿化青岛、美化青岛为己任,落实"门前三包"责任制,教育和动员全体员工自觉参与城市环境卫生整治,集中力量抓好垃圾清运和道路卫生保洁,重点搞好主要道路、街道社区、公共场所的环境卫生,整治环境污染,治理背街小巷和城乡结合部等薄弱环节的"脏、乱、差",让保护环境、爱护家园成为全体市民的自觉行动。

3. 坚持以人为本,广泛开展丰富多彩的群众性迎奥运活动

通过2007年的国际帆船赛以及对奥帆赛的宣传,并在城市各个场所设置标志和一些人文景观,帆船作为城市的新标志已经深入人心。浓厚的帆船文化氛围,也给青岛的城市文化注入了新的元素。2007年以来,青岛市按照中央文明委"迎奥运、讲文明、树新风"活动的总体部署,把推进人文奥运作为巩固全国文明城市创建成果、实现创建工作再上新水平的总抓手,把推进人文奥运与奥帆赛筹办工作、与创建文明城市、与城市文化建设紧密结合,充分调动全市人民参与精神文明建设的积极性,文明城市创建工作不断推向深入。群众性迎奥活动丰富多彩,广大市民支持奥运、参与奥运、奉献奥运的热情高涨。

青岛市还在全市范围内开展了以"同迎奥帆赛,共建文明城——我参与、我奉献、我快乐"为主题的集中宣传活动。其中,着眼于市民的广泛参与,组织开展了"同心共筑微笑墙"、"走进奥帆基地,感受帆都魅力"、"情系奥运,扬帆青岛——市民参与奥运成果展"、"我们微笑·我们承诺"、"我为奥帆赛添光彩"和4000多场次的"迎奥运——劳动者之歌"等20多项奥运主题宣传活动,将特制的"迎奥微笑圈"广泛发放到市民手中。在2007年春节、"两会"期间,组织了"和谐青岛·人文奥运"春联大赛、人文奥运民俗文化推介、摄影展、春联展等活动,在全市掀起一个又一个"企盼奥运、参与奥运、奉献奥运、共享奥运"的高潮。同时青岛市启动了"十百千万"教育培训工程,目标是培训100名文明礼仪和奥运知识志愿讲解员,全面提升市民文明礼仪素养。青岛市文明办与市公安局于4月下旬联合启动"扬起奥运风帆,倡导交通文明"文明行车活动,在私家车、公交车、出租车和行人中开展"和谐交通从我做起"活动。在"我做奥帆小主人"系列活动中,各中小学校把奥运知识普及教育与学生课外实践活动相结合,与学生日常行为规范相结合,开展了"奥运与我同行,科学伴我成长"活动。

广大职工以"我为奥帆赛添光彩"活动为主线,立足岗位,奉献奥运。青岛供电公司的"情系奥运·亮出精彩"承诺服务、市妇联的"争创巾帼文明岗、优质服务迎奥运"等活动充分展示了广大职工喜迎奥运、共创和谐的信心和决心。广大志愿者开展了"奥帆旗帜在传递"活动,成为全市宣传、普及人文奥运理念的重要平台。为了在基层社区推进人文奥运建设,2007年3月,青岛在全市启动了创建迎奥运文明示范社区活动,将在2008年前命名30个市级迎奥运文明示范社区,组织社区居民广泛参与到迎奥运活动中来。各区市还结合实际,组织开展了各具特色、群众喜闻乐见的迎奥运活动,如市南区开展了"做文明东道

主——我把奥运迎到家"主题活动;市北区组织了"人文奥运大家行"主题实践活动,组织了奥运格言、奥运知识、奥运礼仪、奥运才艺进家庭活动;四方区举办了"福娃迎奥运,文明传四方"大型活动,组织社区居民参加拔河等传统体育项目活动。

4. 突出重点难点,不断提高城市管理和窗口行业文明服务水平

为提高城市管理和社会服务水平,市城市管理执法部门和窗口服务行业落实责任,密切配合,发挥职能部门优势,整合各方面资源,各项工作按进度要求有序推进。全市开展了"诚信兴商,人文奥运"活动,以"诚信兴商"为主题,组织实施全市"诚信经营示范窗口"、"诚信经营示范单位"等系列活动。为加强窗口从业人员培训,提高行业服务水平,青岛市启动了"迎奥运文明示范窗口"创建活动,各行业纷纷制定创建标准,对从业人员开展道德规范、服务技能、奥运知识和外语等方面的教育培训。

全市结合"城市管理年",围绕"拆除违章建筑"、"美化城市环境"、"搞好城市亮化"、"整治户外广告"、"治理乱贴乱画"、"整顿交通秩序"、"打击取缔黑车"、"加强执法管理"等8个方面,加大城市综合整治的力度,搞好城乡环境绿化、美化、净化。在开展"垃圾不落地,文明在手中"宣传整治活动中,广大市民广泛参与环境卫生整治,组织卫生大扫除活动62次,参加人数达38万人次,形成了"人人参与、洁净岛城"的浓厚氛围。整修改造市区破旧楼院、小街小巷,达到楼净、路平、地绿、水清的效果。整治集贸市场及周边环境,取缔非法早市、夜市。加强道路巡查,整治各类占路亭体,查处非法占路占地经营行为。及时查处、制止乱倒建筑和生活垃圾行为。查处非法设置户外广告设施,整顿规范户外广告秩序。坚决治理违法建筑、乱贴乱画等行为,净化城市环境。

5. 强化宣传引导,积极营造"同迎奥帆赛,共建文明城"的浓厚氛围

加强对全市人文奥运宣传的统筹调度,建立了新闻发布会制度,每月向新闻单位发布人文奥运工作宣传重点,每周汇总各新闻单位宣传报道的情况并进行通报。新闻媒体都成立了人文奥运新闻宣传领导小组和新闻宣传队伍,将报道的视角对准基层和群众,先后开设了"同迎奥帆赛,共建文明城"、"人文奥运·文明青岛"、"青岛与奥运同行"、"喜迎奥运、牵手文明"、"奥帆旗帜在传递"等人文奥运专栏、专版和专题节目,大力推广人文奥运理念,宣传奥林匹克知识,拉近了市民与奥运的距离,激发了广大市民参与奥运、奉献奥运、共享奥运的激情。

三、2008年青岛市全面推进人文奥运、加快文明城市建设情况预测

2008年是第29届奥运会的举办年,也是青岛市全面实施人文奥运、大力推进文明城市建设的最关键时期,需要我们认真对待。青岛举办奥帆赛,离不开场馆等硬件设施的建设,但更需要人文环境的塑造。青岛需要在2008年通过举办奥帆赛大力倡导人文奥运精神,进一步提升市民的思想道德素质、科学文化素质和健康素质,倡导科学、文明、健康的生活方式,提高城市的文明程度,促进城市文化建设,从而带动城市经济建设的发展,这将对青岛的城市发展产生更为深远的影响。

(一)将继续弘扬民族精神和时代精神,培育和践行城市精神

2008年,青岛将大力弘扬以爱国主义为核心的团结统一、爱好和平、勤劳勇敢、自强不息的民族精神和以改革创新为核心的时代精神,努力形成开放性、包容性、创新性的城市文化氛围以及和谐相处、共建和谐青岛的良好社会风气。一是把宣传民族精神和时代精神作为思想道德教育的重点内容。以举办奥帆赛为契机,以重大节庆日、纪念日为载体,加强以爱国主义为核心的团结统一、爱好和平、勤劳勇敢、自强不息的民族精神和以改革创新为核心的时代精神教育,使之牢牢扎根于人民群众的心中,转化为具体的道德规范和道德要求,成为人民群众的自觉行动。二是将大力培育以"诚信、和谐、博大、卓越"为核心理念的城市精神。继续开展"让城市更美好、让生活更美好"市民践行城市精神活动,继续评选"感动青岛"十佳人物,不断推出先进典型,使城市精神深化到各行各业,融入每个市民的思想观念、道德情怀和行为规范之中,转化成为全社会的价值取向和精神动力,努力形成开放性、包容性、创新性的城市文化氛围,和谐相处、共建美好青岛的良好社会风气,超越自我、追求卓越、永不自满的创新精神,提高市民综合素质。

(二)将继续推进公民道德建设,关注民生,提高全社会文明程度

通过培育全体市民的"奥运意识"和"责任意识",把举办奥帆赛与城市发展及改善人民生活质量紧密结合起来,把奥林匹克运动与市民教育、公民素质提高、社会文明程度提升紧密联系起来,动员社会各界和广大市民积极参与奥运、热爱奥运,为奥运作贡献。

一是继续按照青岛奥运行动规划要求,深入开展"迎奥运、讲文明、树新风"活动。通过在广大市民中广泛开展各类教育、培训和实践活动,引导动员全体市民关注奥帆赛、学习奥运知识、提升个人素质、加强

文明修养,全面推广人文奥运理念,着力提升青岛市民的思想道德素质、科学文化素质和健康素质。二是大力加强公民道德建设,开展全民文明礼仪宣传培训,教育和引导广大市民"向一切不文明的行为说不",大力推进"迎奥外语会话"工作,深入开展群众性精神文明创建活动,塑造青岛人讲文明、重礼仪、团结友善、热情好客的良好形象。三是按照青岛奥运行动规划的要求,本着"立足奥运、惠及百姓"的原则,充分发挥奥运的人文效应,提高城市食品行业素质,让市民的日常生活在奥运筹备中获得实实在在的利益。四是通过宾馆饭店平台,向客人、市民提供温馨住宿餐饮服务,展示中华民族悠久历史和灿烂文化,体现中华民族传统美德,为奥帆赛提供后勤保障。五是借奥运契机,全面营造礼仪青岛、文明交通的良好城市形象。2008年将全面落实《青岛市城市综合交通规划(2002年~2020年)》,完善交通基础设施和公交网络建设,科学规划交通场站。大力规范市民的交通行为,倡导文明礼让、遵章守纪,充分体现人文关怀的精神内涵,创造一个安全、畅通、规范的公共交通出行环境。六是借助奥运机遇,以科学发展观为指导,坚持以人为本,全面加强社会保障,强化社会人文关怀,努力构建社会主义和谐社会,实现全面协调可持续发展,建设和谐青岛。

(三)将继续发展文化产业,进一步提升城市文化品位

2008年,青岛将深入挖掘中华文化和青岛地域文化的丰富资源,保护历史文化名城的特有风貌,建设重点文化园区和文化设施,发展文化产业,广泛开展以奥运为主题的各种文化活动。一是围绕举办奥帆赛,2008年将精心策划、积极组织文艺精品创作活动,继续举办丰富多彩的文化活动,加强奥运文化设施项目建设,深入挖掘历史文化资源,加强对外文化交流与合作,宣传普及奥运知识,弘扬奥林匹克精神,展示中华民族灿烂文明和青岛的独特魅力,提高市民文明素质和城市文化品位,营造和谐的人文环境,为奥帆赛营造良好的文化氛围,为青岛留下宝贵的奥运文化遗产。二是围绕打造"帆船之都",以奥帆赛为契机,在旅游产业发展中集中凸显奥帆题材,通过整体形象策划和大力推介,推出帆船特色旅游和品牌城市旅游形象;以帆船文化为主线,协调旅游资源,推出海、帆、城特色旅游产品;融合奥林匹克人文精神,全面提升旅游服务人性化和国际化水平,培育旅游经济新的增长点,促进整个城市形象的提升。

(四)将继续加强生态市建设,更加深入地开展城乡环境综合整治

2008年,青岛市将以体现自然人文景观特征和历史文化内涵为目标,根据城市广场、商业街、景区景点、标志性建筑等的区域特色、空间布局、使用功能及周边环境,科学规划和建设城市形象景观,大力加强生态市建设,深入开展城乡环境综合整治,规范和完善公共场所的语言文字和导向标识,展现青岛城市的独特魅力。一是按照青岛奥运行动规划的要求,将积极做好城市规划、建设与管理工作,加快城市基础设施建设,加大城市管理力度,形成规划合理、设施完备、管理有序的新局面,树立良好的城市形象,营造和谐的人文环境。二是按照"绿色奥运、科技奥运、人文奥运"的理念和青岛奥运行动规划要求,动员全社会力量参与绿色奥运、人文奥运建设。大力加强环境保护、基础设施的建设,不断建立健全相关法规,积极推动环保产业的发展,全面提升青岛市民的环境保护意识。三是深入开展城乡环境综合整治活动。加大对城乡结合部、区与区结合部、城市村庄、过城河道、铁路两侧等重点区域的环境整治力度,切实改变这些区域环境状况。统一规划整治沿街门头牌匾,实施美化亮化。加快停车场规划建设,整治乱停乱放车辆行为。

(五)将继续广泛开展奥林匹克文化宣传教育,普及奥林匹克知识与文化

2008年,青岛将积极传播奥林匹克精神,使人文奥运的理念走进社区、走进百姓心中,营造人文奥运良好的舆论氛围,促进市民身心和谐的全面发展。一是按照青岛奥运行动规划的要求,通过各种形式的宣传活动,传播奥林匹克知识,弘扬奥林匹克精神,形成人人关心、支持、参与和服务奥帆赛的良好氛围;借鉴国内外宣传工作的成功经验,加强品牌城市建设,提高城市的知名度和美誉度;提高城市文明程度和市民文明素质,营造和谐的人文环境。二是按照青岛奥运行动规划的要求,继续在全市广大市民尤其是青少年中开展奥林匹克教育,传播奥林匹克知识,弘扬奥林匹精神,把奥林匹克教育同培养青少年综合素质、推动学校体育运动结合起来,深入发展全民体育运动。

(六)将继续发展志愿者服务事业,建立奥帆赛志愿者服务基地

2008年将构建奥运会志愿者"公益实践计划"平台,开展形式多样的志愿服务活动,形成一批志愿者服务项目,打造一批具有青岛特色的志愿服务品牌。按照北京奥运会志愿者行动计划和青岛奥运行动规划的要求,通过组建一支规模大、参与广、代表性强、服务水平高的志愿者队伍,倡导志愿精神,创新服务形式,丰富服务内容,提升服务水平,为奥帆赛和残奥帆赛提供专业化、高水平的志愿服务,努力构建具有青岛特色、符合奥运规则、体现国际水准的志愿服务体系,为奥林匹克运动留下具有浓郁中国风韵和鲜明青岛风格的文化遗产。

(七)将严格遵守奥林匹克宪章,继续营造良好的法治环境

2008年将继续保护奥林匹克知识产权,贯彻执行奥林匹克标志保护条例,有效保护奥林匹克标志和与奥林匹克相关的权利人的合法权益,为实施人文奥运和成功举办奥帆赛提供完善的法制服务。按照青岛奥运行动规划的要求,严格遵守奥林匹克宪章,履行主办城市合同、原则关系协议,广泛宣传有关法律知识,提高全民法律意识,完善城市运行中与奥运承办相关的制度,按照举办奥运的有关要求,依法行政,为奥帆赛的成功举办营造良好的法治环境。

(八)将继续弘扬体育精神,大力开展群众性体育活动

根据青岛奥运行动规划总体部署,2008年将以举办奥帆赛为契机,以满足人民群众日益增长的体育文化需求为出发点,大力弘扬体育精神,展现体育魅力,形成竞技水平较高、群众体育普及、体育设施完善、体育产业兴旺的体育发展新局面,推动全市经济社会全面发展。借鉴发达国家先进经验,培育帆船文化,建设好帆船专业运动队伍,提高市民欣赏帆船比赛的水平,培育品牌帆船赛事在青岛的举办,使帆船运动能够在青岛广泛深入持久地进行下去。

(作者单位:青岛市社会科学院)

2007～2008年青岛市体育事业发展形势分析与预测

蒋 静

青岛作为2008年北京奥运会协办城市及2009年第十一届全国运动会12个比赛项目的承办城市，竞技体育、群众体育和体育场馆设施建设面临难得的发展机遇。青岛市以全面实施"奥运争光计划"和"全民健身计划纲要"统揽全局，努力实现各项体育工作跨越式发展。

一、2007年青岛市体育事业发展状况分析

（一）全面实施竞技体育发展战略，全力备战2008年奥运会和第十一届全国运动会

根据《2001～2010年奥运争光计划纲要》和《2008年奥运争光行动计划》要求，青岛市加大建立健全竞技体育发展长效机制的工作力度，树立国内练兵、公平竞赛的国内运动会参赛、办赛理念，完善竞技体育后备人才的选拔、训练、输送机制，确立竞技体育服务于、服从于国家奥运争光计划的发展战略，逐渐构成责、权、利统一和管理、服务、保障有力的制度体系，为优秀体育人才的成长创造了良好的条件。

1. 完善训练布局，强化训练举措

2007年2月，新建成的青岛市体育运动学校投入使用。市体校采取上挂知名高校、中联重点中学、下抓初中以下教学质量的提高等措施，在学校出口环节上狠下工夫，以出口的通畅促进入口的扩大。市体校第一期工程结束后，在过去设置7个训练项目的基础上，新增3个项目，运动员规模达到600余人，现已成为国家田径队和游泳队青岛训练基地。另外，根据各区（市）竞技体校的实际状况，在对其进行评估、扶持、奖励以调动其培养选拔优秀后备人才积极性的基础上，提出新规范，对其项目设置进行科学指导和合理布局，为全市竞技体育后备人才的培养奠定良好的基础。

目前,青岛市体育局所属训练单位有7个,其中,市体育运动学校、市军事体育运动学校、水上运动训练基地、城阳体育训练基地、第二体育场5个单位实行训练、教学、食宿"三集中"。在全市12所区市竞技体校中,黄岛区、城阳区和郊区5市共7所竞技体校实行"三集中",四方区、市北区、李沧区和崂山区4所竞技体校实行"二集中",市南区竞技体校实行"一集中",上述12所竞技体校在训运动员700余人。通过积极开展创建工作,一批省级以上的体育训练基地和俱乐部相继在青岛市成立。其中,国家级高水平体育后备人才基地1个(设于市体校),省级高水平体育后备人才基地4个(分别设于市体校、市军体校、水上运动训练基地、第二体育场),国家命名的青少年体育俱乐部10个(市体校设2个,军体校、第二体育场、弘诚体育场和5市竞技体校所属竞技体育俱乐部各设1个)。

鉴于训练体制的完善和训练举措的强化,业余训练规模得到扩大,竞技体育发展水平得以提高,培养了更多的竞技体育人才。截至2007年9月,国家队的青岛籍运动员达50余人,在山东省专业队、山东省体校、"八一"队、北京体育大学、上海体育大学的青岛籍运动员达500余人,其中包括有望参加2008年奥运会并取得好成绩的周雅菲、王群、黄潇潇、张娟娟、刘霞、陈楠、刘飞亮、仲敏维、马雪君等一批世界级优秀运动员。此外,为参加2008年奥帆赛而组建起来的青岛天泰英凌级帆船队,采取"请进来教、走出去练"的开放式训练方法,聘请国外著名教练来青岛市执教并派队赴欧洲帆船强国参加比赛,经过仅两年的备战训练便实现了运动技术水平的快速提高。在2006年以及2007年青岛国际帆船赛中,帆船队在与众多世界高水平运动队的激烈竞争中分别取得了第三名和第六名的优异成绩。

2. 为运动员创造竞技机会,带领年轻队员参加第六届城市运动会

2007年,在武汉举行的第六届全国城市运动会,是我国在2008年北京奥运会之前举办的一次大型综合性运动会。通过对2008年奥运会和2009年全运会的全力备战,青岛代表团派出178名运动员参加了14个大项的比赛,获得金牌8枚、银牌10枚、铜牌9枚,金牌数在74个参赛代表团中名列第六,列全国计划单列市第一、山东省第一,并荣获体育道德风尚奖。

参加此次城运会的青岛运动员整体年龄较轻(平均年龄为17岁),是最年轻的参赛队之一,相当一部分运动员可作为下一届城运会的适龄队员参赛。在田径、柔道、举重、射击、乒乓球等项目上,青岛获得金牌,显示出支柱项目优势。值得一提的是,女子举重夺得3枚金牌,实现了青岛女子举重队在城运会上金牌零的突破。在游泳、射箭等项目

上,部分青岛籍国家队运动员发挥失常,导致个别重点项目意外失金。究其原因,主要是从城市利益服从国家利益角度考虑,为使奥运重点运动员的训练周期不受影响,保证其备战奥运会训练的连续性,市体育局未针对城运会对参赛队员作过多调整,致使很多国家队选手不在最佳竞技状态。

(二)大力推进全民健身计划,加快实施"千帆竞发2008"工程

根据《奥林匹克宪章》精神,现代体育运动包括竞技体育和群众体育两方面,终极目的是促进全民的体育运动,提高全民的身体素质,构建完善的人生。为此,青岛市注重将社区体育建设与2008年奥帆赛相结合,提升社区体育综合实力。

1. 唱响"全民健身与奥运同行"主旋律,开展全民健身系列活动

青岛市全民健身活动以广泛的组织网络和服务体系为依托,以"六大板块"活动为切入点,努力打造青岛全民健身品牌,使青岛的全民健身工作不断发展,市民的健身意识和生活观念有了较大提高。

(1)举办"青岛市万人健康长跑"活动。2007年3月10日,青岛市全民健身万人健康跑暨群众体育精品项目展示活动在市政府广场和五四广场举行,来自全市市直机关、社会团体、企事业单位和市民组成的100多个方队1万余人参加该项活动。

(2)举行"青岛市全民健身登山日"活动。2007年4月21日,以"走向山野、拥抱自然,快乐登山、体味健康生活"为主题的2007年全国群众登山健身大会暨青岛市全民健身登山日活动举行。作为2007年国家体育总局确定的"全民健身与奥运同行"65项主要群体活动之一,全国20个群众登山健身大会承办城市代表以及青岛市社会各界干部群众、驻青部队官兵等1万余人参加。青岛12个区(市)的12个分会场与主会场同时举行开幕式,40余处山头、公园(景区)免费向市民开放,约有30万人参加了登山活动。

(3)举行"万人健步行"活动。2007年6月23日,以"弘扬奥运精神,走出健康——你我他!"为主题的"青岛市万人健步行"活动隆重举行,全市有10万多人参加此项活动。该活动在滨海大道、滨海步行道和各区(市)城市建设的景观大道举行,全市设立十处健步行分会场。主会场起点选在第一海水浴场,终点设在五四广场,全长近5000米。

(4)举行"万人横渡汇泉湾"活动。2007年8月8日,青岛市举办以"拥抱海洋,强身健体"为主题的万人横渡汇泉湾活动。该项活动依海而设,充分体现了青岛全民健身活动中海的特点。

(5)举办"沙滩健身节"活动。2007年10月3日,青岛市第三届海

滨沙滩健身节群众体育展示项目在第一海水浴场和汇泉广场进行。武术、民俗体育、抖空竹、锣鼓表演以及沙滩排球赛、沙滩橄榄球友谊赛、体育舞蹈、轮滑等传统项目一一亮相,使广大市民在节假日期间体验到参加沙滩体育活动的快乐。

(6)举行"青岛市社区健身节"活动。2007年11月10日,青岛市社区健身节开幕。健身节历时1个月,设有老年人健身秧歌比赛、毽球比赛、家庭趣味运动会以及健身路径比赛等内容丰富、形式多样的健身项目。来自全市各社区的健身爱好者积极参加社区健身节体育大展示活动。社区健身节既是各个社区全民健身成果的检验,也是健身爱好者自我展现的平台,每届健身节都有近万名体育爱好者参加,促进了社区体育的全面发展,扩大了全民健身活动在社区的影响力。

2. 实施"千帆竞发2008"工程,推进帆船进校园进程

帆船进校园活动是实现人文奥运进程和打造"帆船之都"战略目标的重要组成部分,也是全社会共同迎接奥运会的生动表现。按照《2006～2010年青岛市帆船运动进校园活动实施方案》的要求,2007年青岛市提出了"今日校园学子,明日奥帆之星"的人文奥运理念,计划重点在全市青少年中开展"千帆竞发2008"青少年帆船运动与奥运同行活动,在全社会广泛开展"捐赠一条帆船,奉献一片爱心,造就一代人才"的爱心奉献大型社会公益活动,实现"双千计划",即2007年在全市再增加20所帆船运动特色学校,建立100个中小学生帆船俱乐部,培养1000名青少年帆船运动人才,发动社会各界开展为帆船运动进校园活动捐赠1000条帆船的社会公益活动。为此,青岛市于2007上半年发动48家单位出资800余万元支持帆船进校园活动。5月13日,青岛市百万学生阳光体育运动启动仪式暨"千帆竞发2008"青岛市青少年帆船运动爱心奉献公益活动、"中国青少年帆船运动推广普及示范城市"揭牌、第二批帆船运动特色学校授牌仪式在奥帆中心举行。此次活动旨在进一步提高青少年参与奥运、热爱奥运、为奥运作贡献的责任感和荣誉感,动员全社会关心和支持青少年帆船运动人才的培养,为打造帆船之都贡献一份力量。截止到2007年9月底,青岛帆船特色学校达到40所、帆船数量超过1000条、青少年帆船俱乐部达到80个,培养了1000余名青少年帆船运动人才,为"千帆竞发2008"工程的顺利实施奠定了坚实的基础。2007年7月,"青岛—基尔"帆船训练营开营。与此同时,首届"市长杯"大中小学校帆船赛开赛,这项比赛将作为青岛市帆船运动的传统比赛项目每年举办一次。

3. 开展国民体质监测活动,指导群众科学健身

目前,青岛市已形成以青岛市国民体质监测中心为龙头,辐射各区(市)及社区、乡镇监测站(点)的三级监测网络。利用国民体质监测车

方便、快捷等特点,市国民体质监测中心深入社区、乡村、机关、企业、学校以及部队,全面开展国民监测"六进"活动,结合建设社会主义新农村工作,为社会各界、特别是广大农民免费提供体质检测服务,开具运动处方,指导科学健身。据统计,截止到2007年11月2日,国民体质监测车抵达政府机关、学校、工厂,共检测1642人次,全年计划检测总人数预计较上年增加400余人。从检测结果来看,青岛市市民骨密度较上年有所提高,男性市民的骨密度均优于女性,骨质正常率男、女均显示出随年龄增加而降低的趋势;男性在身体质量指数方面略好于女性;男性的脂肪含量高于女性,与上年相比,男性的肥胖程度明显较高;女性在身体年龄与生理年龄之比指数方面略好于男性。参照检测结果,国民体质监测中心的专家建议广大市民适当改变饮食及健身习惯,提高自身身体素质。

4. 重视社会体育指导员培训,提高社会体育指导员服务水平

社会体育指导员在全民健身工作中具有极其重要的作用。目前,青岛市有体育辅导站(点)3322个,社会体育指导员9597名(农村一、二级社会体育指导员410名),老年人体育活动站(点、室)10109个。为了提高开展全民健身活动的水平,青岛市通过组织经常性培训,努力提高体育指导员的工作能力,促使各体育指导员的知识、业务水平进一步提高,指导员比例结构更加合理。当前,青岛市每万人拥有13名体育指导员,人员数量在全国位于前列,经常参加体育锻炼的人口达到45%以上。

(三)实施"亚洲展望"计划,打牢城市足球发展基础

实施"亚洲展望"计划的根本目的,是要扩大城市足球人口,推动足球运动的进一步普及,带动青少年足球更好地发展。青岛市作为"亚洲展望"计划的首批试点城市,在市政府和社会各界人士的大力支持下,积极开展各项试点工作,各项活动取得了圆满成功,被亚足联誉为"亚洲展望,始于青岛"。2005年5月25日亚足联在青岛市举行启动典礼以来,青岛城市联赛竞赛体系已初步形成以城市联赛为龙头,下设城市联赛乙级联赛、城市联赛地区联赛的三级竞赛体系。通过两年的摸索与完善,青岛城市联赛已经逐步走上规范化发展轨道,足球运动得到了进一步的发展与普及,较好地带动了青少年足球的发展。目前,全市有职业俱乐部2个,半职业俱乐部1个,业余俱乐部16个,足球学校3所。注册运动员590人,其中青少年及成人业余运动员487人,中超、中甲、中乙运动员103人。注册教练员45人,其中A级10人、B级7人、C级28人。注册裁判员128人,其中国际级裁判1人、国际级助理1人、国家级9人、国家一级26人、国家二级91人。此外,还成功举办

了青岛城市联赛、足球杯赛、青岛城市联赛乙级联赛、亚洲展望青岛项目学校足球联赛、"可口可乐—市长杯"学校足球联赛。

2007年是"亚洲展望"青岛项目实施的第三年,为进一步普及学校足球运动,推进学校素质教育和"全国亿万学生阳光体育运动"的开展,青岛市足球运动管理中心在市内四区推行了"足球重返校园计划",将市内四区25所小学和9所中学作为亚洲展望青岛项目足球试点学校,并划拨近30万元专项经费。"足球重返校园计划"的实施,推动了青岛市足球运动的广泛开展,提高了学校足球水平,使更多的青少年学生参与到足球活动中来。

(四)以迎办奥帆赛和筹办第十一届全运会为契机,加快体育场馆设施建设进程

1. 群众体育健身设施建设

(1)当前,农村的体育健身设施相对匮乏,体育健身设施数量少与农民开展体育健身活动需求多的矛盾仍比较突出。2007年,青岛市总投资383万元,在419个行政村推行农民体育健身工程,完成一类工程(投资3.5万元的)9处,二类工程(投资1.5万元的)410处,建设数量较上年有了显著提高,农民健身条件得到明显改善。

(2)结合青岛市全民健身工程设施建设规划,继续完善城市社区"15分钟"健身圈的健身工程,维护已建成的1002条健身路径,扩大全民健身服务体系的范围,进一步满足广大市民的健身需求,使社区居民享受到就近进行体育健身的快乐。

(3)体现人文理念,成就"青岛体育街"。青岛市在开展全民健身活动中,注重改善老城区居民的健身条件及生存状况。青岛北仲河具有百年历史,在市区有1025米长,河道有垃圾多、蚊子多、脏水多"三多"现象,附近城市基础设施严重落后,周边居民生活环境比较恶劣。根据市北区街道改造情况,青岛市体育局决定建设青岛体育街以改善北仲河附近居民的生活、健身条件。体育街建设规划科学、场地布局合理,在覆盖420米的北仲河河道上,规划设置了七大活动场所,分别为1200平方米的极限运动场、400平方米的成人路径区、400平方米的青少年儿童路径区、350平方米的乒乓球区、1200平方米的篮球区、440平方米的笼式足球区、100平方米的快乐体育区,增设了太空球、跷跷板、平行梯、小轮车、儿童娱乐中心等48类体育运动设施。此外,紧靠活动区域东侧还铺设了320米长的塑胶跑道。北仲河广场和中心广场在设计上以惠民为先为原则,采取雕塑、街具合理搭配,以不同颜色大理石与鹅卵石的路径相结合,为居民休闲提供了良好的场所。建设体育街的同时,市北区也大力打造招商引资的基础条件,截止到体育街开街,已有大型体育用品商场1处,品牌专卖店18家,总经营面积14000余平方米,体育商业粗具规模,青岛体育街将体育健身、体育文化、奥运文化、商业形态融合在一起,这在山东省乃至全国都是少有的。

2. 体育场馆工程建设

青岛市将承办2009年第十一届全国运动会中的短道速度滑冰、OP帆船、击剑、乒乓球、花样滑冰、女子篮球、男子排球(小组赛)、男子足球(小组赛及第5～8名决赛)、沙滩排球、射箭、花样游泳、羽毛球等12个比赛项目,是除主会场济南外,承办项目最多的城市。为此,青岛市加大了体育场馆的建设力度。目前,具有12500个坐席的市体育馆工程已顺利封顶,根据开展冰上赛事活动的需要,馆内安装了主馆和副馆制冰系统功能设施;市游泳跳水馆方案设计工作正在进行之中;中国石油大学、中国海洋大学体育馆已开工建设。

二、2008年青岛市体育事业发展趋势预测

(一)发扬奥林匹克精神,竞技体育水平将显著提高

2008年,青岛将全面贯彻实施奥运争光计划,全力备战和参加2008年奥运会,协助国家队开展运动员训练工作,力争在2008年北京奥运会上实现青岛市奥运金牌零的突破;大力发展帆船运动,强化英凌级帆船队训练,优化帆船队组合,力争在奥帆赛中取得优异成绩。

积极备战第十一届全国运动会,不断提高重点夺金项目的技战术水平。积极调整状态,在保持青岛体育在山东省龙头地位和全国先进水平的同时,争取运动成绩有更大突破。

(二)全民健身活动蓬勃发展,全民健身工程将全面推进

广泛开展全民健身活动,继续唱响"全民健身与奥运同行"口号,组织开展"六大板块"及其他各项群体活动,为奥帆赛营造浓厚的群众体育氛围。

根据青岛市签订的《中华人民共和国第十一届运动会项目委托承办工作责任书》要求,按照"一点三线"全民健身工程部署,青岛市"黄金海岸体育健身休闲带"(全长280千米)将于2008奥运会前建设完成,以此连接青岛市区和崂山区、黄岛区、即墨市、胶南市,包含帆船运动基地、高尔夫球场、滑雪场、海水浴场等30余个体育健身和休闲场所。同时,国家级青少年户外活动基地(1处)、国家级社区俱乐部(1处)也将开工建设。此外,农民体育健身工程将进一步得到推进。

(三)迎奥氛围将更加浓厚

"全民健身与奥运同行"系列群众体育活动的开展,特别是"青岛—基尔"帆船训练营活动,第二届"市长杯"大中小学校帆船赛和第三届青岛市帆船赛的举办,弘扬奥林匹克文化,普及奥林匹克知识,将提高广大市民对帆船运动的认识度和参与度。全市迎奥氛围将更加浓厚。

(四)加快第十一届全运会筹备步伐,比赛场馆建设步伐进一步加快

青岛赛区组委会先期成立办公室、场馆建设部、竞赛部、市场开发部、新闻宣传部等部门,统筹组织第十一届全运会筹备工作。在提高参赛队员竞技水平的基础上,比赛场馆建设工程将全面推开。青岛市天泰体育场、弘诚体育场、青岛市体育馆、游泳跳水馆、青岛奥林匹克帆船中心、中国海洋大学体育馆、中国石油大学(华东)体育馆、青岛大学体育馆、黄岛区沙滩排球场、市体育运动学校射箭场等场馆将进一步修复、建设完善。

(五)体育产业发展将更加充满活力

随着体育经济功能的开发,体育产业的快速健康发展,以及有关政策法规逐步完善,体育竞赛市场将得到更好地开发。尤其随着社会力量办体育的兴起,体育社会化、市场化发展道路将进一步拓宽。

(作者单位:青岛市体育局)

青岛市文化发展状况分析

周海波

文化是国家和民族的灵魂,集中体现了国家和民族的品格。当今世界,文化在综合国力竞争中的地位和作用日益突出,被视为比经济更为持久、更为深刻的国家竞争力。

文化事业与文化产业作为文化建设的两个重要组成部分,相辅相成,缺一不可。文化事业主要靠政府扶持、社会赞助来为公众提供公共文化服务;文化产业是按照工业标准生产、再生产、储存以及分配文化产品和服务的一系列文化活动。文化产业和文化事业构成了文化建设的主要内容。

一、2007年青岛市文化发展状况分析

(一)2007年青岛市文化发展总体情况

1. 2007年青岛市文化事业发展情况

青岛市文化系统着力创作优秀文艺作品,推动文艺事业繁荣发展,着重做了以下几方面的工作:一是建立全市文化艺术政府奖评奖制度,开展青岛市文艺"海燕奖"评选活动。二是抓好重点作品儿童剧《二小放牛郎》、现代京剧《方志敏》和话剧《天堂向左,深渊向右》等参加国家"五个一工程"奖、文化部文华奖、山东省精品工程评选工作。三是积极参加国家重大历史题材美术创作工程等国家重点文艺建设项目和第八届中国艺术节等重大活动。四是集中力量创作一台反映青岛文化特色的大型节目,在文化与旅游结合上实现突破。五是全市各文化艺术单位和团体围绕迎接党的十七大召开,创作一批优秀文艺作品,组织策划喜迎十七大召开的文化艺术活动。六是开展市直专业院团走进希望小学、走进敬老院、走进乡村、走进社区、走进工地公益演出活动,加大在各种纪念日和节庆日为社会各界演出的力度。七是加强农村文艺创

作。郊区五市文艺院团围绕新农村建设创作一台剧(节)目。组织举办全市农村题材小戏展演活动,活跃农村群众的文化生活。

2007年青岛市宣传"音乐之岛、影视之城"文化品牌,组织举办青岛市建设"音乐之岛、影视之城"理论研讨会,以文化品牌提升城市形象,着重举办了以下活动:一是重点办好"国际音乐大师班"、国际钢琴大师巡演年、中国电影"金凤凰奖"颁奖典礼、2007青岛音乐节、全国小提琴考级优秀选手大赛等重大文化节庆活动;筹备举办第二届中国国际小提琴比赛,突出高雅艺术特色,全面提升城市文化活动的美誉度和知名度。二是继续办好"文化大拜年"、社区文化艺术节、农村文化艺术节及"五一"、"十一"期间的文化活动,举办农民庄户剧团调演和外来务工人员文化艺术节。重点办好"欢乐青岛"广场周周演等文化品牌活动。推动全市企业文化、校园文化、机关文化、军营文化、老年文化、少儿文化、家庭文化等基层群众文化蓬勃开展。各区(市)突出特色,精心策划,打造本区域的文化品牌。继续办好"市民剧场"、"青岛文化大讲堂"、"走近大师"、"儿童剧亲子场"等品牌活动。三是继续组织文化下乡活动,鼓励各级文艺表演团体、文化馆、图书馆送戏、送书、送文化科技知识到农村。举办农民电影节,发展农村数字电影,逐步解决农村看电影难、看书难、看戏难的问题,不断满足人民群众日益增长的精神文化需求。

2007年,全市文化系统为宣传奥运文化理念,弘扬人文奥运精神,为2007国际帆船赛和迎办2008奥帆赛营造浓厚的文化氛围。本届帆船赛期间,市、区两级文化部门安排了四大版块100余项文化活动,积极满足中外运动员、游客和市民多层次的文化需求。

一是举办青岛音乐节。由青岛市政府主办、市文化局承办的2007青岛音乐节于8月17～28日举行。期间举办第二届国际音乐大师班、首届全国小提琴考级优秀选手展演比赛、第二届周广仁钢琴夏季学院、青岛交响乐团音乐季、青岛市歌舞剧院海信交响乐团音乐季、陈钢作品音乐会、德国国际青年交响乐团专场演出等多个音乐项目,彰显城市音乐文化魅力,为国际帆船赛提供高雅的音乐文化环境。8月17～23日,"2007国际音乐大师班"在青岛大学音乐学院举办;8月23～28日,首届全国小提琴考级优秀选手展演比赛在青岛行政学院举行。两大音乐活动与8月在青岛举办的国际帆船赛、国际啤酒节并行,共同吸引全国乃至全世界的目光。

二是主办青岛动漫艺术节。由青岛市委宣传部、市文化局、市新闻出版局等部门共同主办的第五届青岛市动漫艺术将于8月18～31日举行,期间举办包括2007青岛市电子竞技大赛、动漫亲子剧场展演、动漫电影周、"海尔电脑杯"数字影视动漫作品大赛、动漫及新兴体育产业展、国际动漫产业高峰论坛等6项活动,以"动漫之岛,创意生活"为主题,进一步扩大动漫艺术的传播和影响,丰富市民文化生活和城市文化内涵。

三是推行广场文化活动。由青岛市委宣传部、市文化局主办的"迎奥运·啤酒飘香——欢乐青岛广场天天演"活动于8月11～31日的每晚6点在五四广场精彩亮相。整个活动充分体现"同一个世界、同一个梦想——我参与、我奉献、我快乐"的主题,在演出中穿插奥运历史、奥运人物等知识问答和竞猜活动,台上台下形成互动,宣传奥林匹克精神,营造浓厚的人文奥运氛围。

四是开展社区文化活动。以"奥运在我身边"为主题,各区文化部门在各街道社区文化活动中心组织开展丰富多彩的群众文化活动,充分展示市民积极期盼奥运、参与奥运、奉献奥运的热情,进一步营造全民迎奥的文化氛围。

此外,作为2007青岛国际帆船赛系列文化活动之一,8月16日,青岛市歌舞剧院在梦幻剧场演出《奥帆之歌》大型歌会;8月18日、19日,青岛市京剧院在浮山后广场和市人民会堂举办"福彩之夜——京剧在青岛"晚会,中央电视台11频道现场录像。

2007年青岛市以奥运文化为主题,以办一届最成功的奥帆赛为目标,将文化建设与承办奥帆赛相衔接,实施奥运文化"五个一批"建设。一是改造完善一批公共文化设施。对青岛市博物馆实施全面调整布展陈列和地下库房改造,对青岛市美术馆进行画库建设和环境整治,对栈桥回澜阁进行维修,对迎宾馆、康有为故居进行陈列调整,提升展示功能和服务水平,使其成为展示青岛人文发展的重要场所。二是策划举办一批以奥运为主题的品牌文化活动。重点办好奥林匹克文化艺术节和2007奥运帆船测试赛期间的文化活动。依托新建的青岛音乐厅举办"奥运之声"周末音乐会,将其打造成"音乐之岛"的一项重要品牌活动。举办"我心中的奥帆赛"全国少儿自绘文化衫大赛、"奥运歌曲大家唱"等形式多样的文化活动,激发市民参与奥帆赛的热情。三是精心推出一批体现奥运精神的精品特色展览。推出反映青岛历史文化及馆藏特色的精品陈列,举办"奥运青岛故乡情"等特色美术展览,营造和谐的人文环境。四是积极创作一批以奥运为题材的优秀文艺作品。组织"做好东道主,为奥运添彩"主题采风活动,开展奥运题材的文艺创作,以多种艺术形式体现"人文奥运"精神。五是集中组织一批对外文化交流活动项目。邀请世界优秀的演出团体和知名艺术家来青岛演出和举办展览,并组织青岛市文化产品和文化服务项目"走出去",通过文艺演出、艺术展览、学术交流等形式,不断扩大青岛在国际的影响。

2. 2007年青岛市文化产业发展情况

在着力壮大公益性文化事业的同时，青岛市积极推动文化产业发展，特别是经营性文化产业近年来在青岛焕发出生机与活力，并成为青岛市应对新技术革命浪潮和产业结构升级，转变经济增长方式，实现跨越式发展的战略选择。

据统计，青岛市文化产业增加值已突破百亿元大关。就从业人员规模而言，文化产业就业人数相当于全市住宿餐饮业的就业数量；就经济总量而言，文化产业增加值接近于批发与零售业。也就是说，经过几年的积累，青岛的文化产业已粗具规模，建立了比较齐全的文化产业体系，形成以文化艺术、新闻出版、广播电影电视为代表的核心文化产业群，以休闲娱乐、广告会展为代表的外围文化产业群，以文化用品、设备的生产制造和销售为代表的相关文化产业群。

随着市场经济体制的建立和经济社会的全面发展，文化产业越来越成为满足人民群众多样化、多层次需求的重要途径。2007年，青岛市抓住当前各级党委、政府高度重视文化产业，全社会都在关注和研究文化产业的有利时机，结合贯彻落实《国家"十一五"时期文化发展规划纲要》，大力推进文化产业快速发展。一是制定出台了青岛市有关文化产业发展的相关政策，鼓励非公有资本依法进入文化产业，为各种所有制的文化企业创造良好的政策环境。二是优化产业结构，加快推进"1668"（一个国家级文化产业研究中心，六大特色文化街、六大文化产业基地和八大文化产业集群）建设。以文化创意产业园区、影视传媒基地、国家文化产业示范基地和动漫基地等大项目带动文化产业的快速发展。三是加强对全市文化产业宏观管理和指导，重点培育和发展一批具有较强竞争力的文化龙头企业。命名第三批文化产业示范单位，评选一批优秀文化企业家和文化品牌产品，编辑《青岛市文化产业示范单位和品牌产品目录》。四是加强和改进服务，整合青岛市文化产业资源，建立青岛市文化产品和服务项目以及文化产业投融资项目库，举办2007青岛文化项目推介会，吸引国内外知名文化企业落户青岛。五是加强对文化企业"走出去"的指导，积极到国外开展文化产业项目推介招商，参加全国性文化产业博览交易会等重点展会，壮大青岛市文化产业实力。六是充分发挥中国海洋大学国家文化产业研究中心的作用，加大文化产业人才培养力度。

依照"1668"文化产业发展的思路，青岛将实施人才兴文、科技强文、品牌提升、龙头带动、项目拉动、国际对接六大文化发展战略。以市场为导向、文化创意为先导、文化内容为核心，建设一个全国性文化产业研究中心，六条特色文化街，六大文化产业基地和八大优势文化产业，形成以公有制为主体、多种所有制共同发展的文化产业格局。目前,一个全国性文化产业研究中心——中国海洋大学国家文化产业研究中心已经启动,中心初步拟定的研究方向将紧扣青岛文化产业的发展;六条特色文化街的建设已确定为市北区昌乐路青岛文化街、啤酒文化街、婚纱摄影一条街,四方区的海云庵民俗文化街,市南区闽江三路的1368古典文化街和以即墨古县衙为轴心的即墨古城文化街;重点建设的六大文化产业基地分别是影视产业基地、出版发行印刷基地、文化产品制造基地、文化创意产业基地、动漫基地和文化人才培养基地;八个重点扶持的优势文化产业分别为影视产业、演艺娱乐业、出版发行印刷业、文化产品制造业、艺术培训与艺术品经营业、动漫游戏业、文化节庆会展业和文化旅游业。此外,以"1668"产业发展布局为依托,2007年青岛还重点构建两个文化产业发展平台——文化产业项目推介招商平台和文化"走出去"平台,用以促进文化产业项目的交流与推介。以文化产业项目推介招商平台为载体,青岛实施项目拉动战略,建立青岛文化产业项目数据库,征集和推介招商文化产业项目,依靠和发动社会力量发展文化产业;以文化"走出去"平台为载体,青岛文化产业实施"走出去"战略,推出一批特色文化产品,引进一批适宜本土发展的外资文化产业项目,扩大对外文化交流与合作,推进文化产业的发展。

在文化艺术活动方面,2007年7月28日至8月7日,第十届中国·青岛凤凰岛(金沙滩)文化旅游节在青岛经济技术开发区举行。本届文化旅游节共策划了开幕式暨"相会凤凰岛"大型文艺晚会、中国电影表演艺术学会第十一届学会奖·金凤凰奖颁奖典礼、凤凰岛文化产业发展论坛、"凤凰岛之韵"旅游系列活动、"凤凰岛之约"全国名家书画邀请展、闭幕式专场文艺演出等六大主体板块活动以及"相约凤凰岛、同迎奥帆赛、共建文明城"等17项群众文体活动。8月18日,由市委宣传部、市文化局、市新闻出版局联合主办的2007第五届青岛动漫艺术节在青岛日报社阳光大厅拉开帷幕。青岛城市电子名片、虚拟奥运主题城、虚拟航海主题岛、文化产业实训基地等4个动漫产业项目在开幕式上签约。本届动漫艺术节以"动漫之岛,创意生活"为主题,通过精心打造数字影视动漫作品大赛、动漫真人秀大赛及动漫企业展、电子竞技大赛、动漫产业高峰论坛、动漫亲子剧场展演、动漫电影周等六大活动板块,充分展示了青岛市动漫产业的发展水平,扩大了青岛市动漫行业的社会影响力,为广大市民和中外游客搭建起接触动漫、了解动漫的平台。此外,起步于2005年的青岛海誓山盟文化节,经过两年多的发展,举办了丰富多彩的主题活动,影响日益广泛。

(二)2007年青岛市文化发展存在的问题

2007年青岛文化发展显示出一些历史性和现实性的问题,主要表现在以下几个方面。

1. 投入不足,公共文化服务需求增长与供给不足的矛盾仍然存在

公共文化机构免费向未成年人开放后,相应的财政支持多数未到位。从总体上看,近年来中央财政和地方财政对文化的投入有了较大幅度的提高,但是,投入的增长幅度仍不适应社会经济发展的速度、规模、水平和人民群众不断增长的精神文化需求。

2. 文化设施建设滞后,文化网络普及程度低,发挥作用不明显

街道文化活动中心和村(居)文化大院建成率低、规模小、档次低,社区文化的参与程度还不是很高。文化网络普及程度低,群众文化生活还有待于丰富和活跃。群众参加的文化活动较多地集中在春节文化系列活动和一些自发的健身活动上。经常参与文化活动的人数比例偏低,未达到山东省文化厅规定的比例。同时,群众文化活动还存在着内容单调、艺术水平不高的问题。

二、加快青岛市文化发展的对策

青岛是一座历史文化名城,是山东省经济发展的龙头城市。因此,青岛的文化发展对山东省的社会、经济、文化等各方面的发展具有重要的意义。目前,青岛适逢历史发展的大好机遇,2008年奥运会的举办以及青岛经济和城市建设的快速发展,都为青岛文化建设提供了可靠的保障。最近,山东省第九次党代会提出建设文化强省的战略目标,山东省政府又发布了半岛城市群的建设规划,青岛市应抓住机遇,使文化发展步入良性发展的轨道。

(一)2008年青岛市文化发展思路

1. 以文化建设促进城市建设,以文化发展提升城市的综合实力和竞争力

从我国文化发展比较先进的城市如上海、南京、北京、广州、深圳等城市来看,都把文化建设作为城市建设的重中之重,认识到建设具有竞争力的坚实的文化体系,是建设国际化城市的重要基础。新世纪的城市不仅是工业的城市、服务的城市、资讯的城市,更是文化的城市、知识的城市。因此,应将文化作为青岛城市发展的根本性问题来对待。

其主要理念是:以文化作为城市发展的核心理念之一,把文化创新与科技创新、体制创新作为建设创新型现代城市的重要内容,通过文化创新形成新的经济增长点,激活城市发展的内在动力;通过加强文化建设,提高城市文化艺术水平,丰富市民的文化生活,使青岛成为适宜于

创、居住的城市;把文化产业作为青岛未来城市发展的支柱产业之一,不断增强青岛的文化实力,打造新的城市品牌,提升城市的综合竞争力。

2. 学术文化与群众文化发展相辅相成,缺一不可

青岛文化的发展要以学术文化为依托,以人文奥运为契机,以文化产业为龙头,以市场为导向,以群众文化为基础。青岛曾是全国学术文化的中心之一,有过学术的辉煌。继承这一传统,发展学术文化,是带动青岛城市文化建设与发展的举措之一。一个城市只有学术文化发达、学术成果丰硕、学术影响力深远,才能称得上文化发展先进的城市。文化产业是朝阳产业,刚刚起步不久。青岛市应抓住机遇,确立文化产业在城市文化发展中的龙头地位。同时,青岛有良好的群众文化基础,引导好、组织好群众文化,使群众文化健康、平稳发展同样至关重要。

(二)推进青岛市文化发展的措施

1. 加强青岛文化和文化发展战略研究

以高校、科研院所的人才力量为依托,组建大型的青岛发展战略研究机构,专门研究事关青岛发展的战略性和全局性问题。整合全市社科资源,充实社科研究力量,加强对青岛文化的研究,创建市政府领导下的青岛文化研究中心。政府应每年拨付专项经费,支持研究中心的发展。同时,适当吸收社会捐助,成立青岛文化研究基金会。研究中心的主要功能是:研究青岛文化建设发展战略,包括文化事业体制改革与发展、文化产业结构和布局的规划、市场网络规划、统计评估系统的设置以及市场准入制度等内容。既要有对策研究,更要有基础理论研究,全面整理和收集青岛历史文化典籍,梳理青岛的文化资源。

2. 大力发展文化产业,创建国家级文化产业基地

构建完善的文化产业发展新格局,发展文化产业,使其尽快走在全国前列,占据文化产业的有利地位,形成全国文化产业的重要基地之一。

(1)倾力打造创意设计产业园区。未来经济的发展,将以文化产业为主体。应大力推进以广告市场为依托的创意设计业和以动漫设计为主的相关产业的发展。建议采取定期向社会发放文化产业投资指南等多种形式,引导社会各界投资新兴文化产业发展项目;积极争取在青岛市设立国家级动漫产业基地,吸引软件开发商、网络运营商等各类动漫、网游企业来青岛市投资创业。以文化集团建设改革为突破口,运用市场机制,以资本为纽带,进一步整合文化资源,加快文化产业内兼并、重组步伐,培育出一批具有较强竞争力的大型文化企业。

(2)着力构造四大文化产业基地。抓住机遇,快速发展,建设国家

级和具有国际影响的文化产业基地,走规模化、集约化、产业化发展路子,发展文化产业链和文化产业群,以基地建设带动文化产业的全面发展,构建以公有制为主体、多种所有制共同发展的文化产业格局。四大文化产业基地是影视传媒基地、文化产品制造基地、文化创意及动漫创作基地、文化人才培养基地。

(3)重点发展优势特色文化产业。青岛已经初步形成自己的优势产业,未来文化建设与发展应在此基础上进一步拓宽渠道,集中优势,强强联合,重点发展,全面提升文化产业在青岛城市发展中的作用。为此,青岛文化产业的发展应从实际出发,量力而行,加强优势产业建设。可以从两个层面上考虑文化产业的发展问题:一是目前已经具有优势的文化产业,诸如影视制作业、文化艺术培训业、文化产品与艺术品经营业、文化节庆会展业和旅游文化业等,对这一类型的文化产业政府要大力支持,力争将其发展成为具有国家级水平的文化产业;二是目前拥有一定优势并且具有一定发展潜力的文化产业,诸如传媒文化业、动漫与网游业、演艺娱乐业等,政府要加大支持力度,努力将其发展成为优势品牌文化产业。

第一,影视制作业。以"凤凰岛"影视传媒示范基地为龙头,逐步延伸产业链,带动影视会展、研究、娱乐、旅游等相关产业全面集聚,打造具有较强集聚力和辐射力的国家级影视制作产业基地;吸引和培养一批优秀的编剧、导演、策划人、制片人、发行人和经纪人,成为全国影视人才的创业乐园;支持广电影视城和规模民营制作公司的发展,提高影视生产能力。发展电影发行放映业,积极扶持影剧院,扩大并满足市民文化生活的需要。全面推行城市电影发行放映"院线制",组建各类电影院线。积极吸引社会资金,加快城市电影院建设,使影院朝着多样化、综合化、现代化方向发展。

第二,文化艺术教育培训业。规范并大力发展艺术教育和艺术培训行业,构建全日制教育和业余教育相互补充、中小学和高校相协调、公办与社会力量办学相结合的艺术教育培训体系。鼓励和支持社会力量以多种形式参与或独立兴办艺术教育培训机构。

第三,文化产品制造与艺术品经营业。以市场为基础、政策为导向,培植文化龙头企业,发展文化企业群。充分发挥青岛市家电电子行业在全国领先的优势,着重发展电影、电视、音像等为代表的视听设备制造业;制作出具有青岛特色、能够代表青岛形象的文化礼品,发展以帆船雕刻、贝雕、沙塑等为代表的海洋文化产品;发展传统艺术、民间艺术和工艺美术,形成富有青岛特色和优势的美术产品系列;积极发展广告装潢、服务设计、工业设计等新兴美术业,打造区域性文化产品制造中心。发展青岛文化街、青岛古玩城、莱西水沟头等文化市场,培育李沧同源文化市场,使其向规范化、高档化发展,扩大美术品的经营规模和销售渠道。

第四,文化节庆会展业。充分培育城市的文化特色,举办具有国际影响的文化节庆、赛事与会展,着重办好中国国际小提琴比赛、中国国际航海博览会、中国青岛海洋节、中国青岛艺术博览会、青岛国际啤酒节、青岛音乐节、青岛图书节、青岛动漫节。

第五,旅游文化业。深入发掘青岛旅游文化资源,将旅游与文化更加密切地结合在一起。既要突出旅游的文化特色,又要强化文化的旅游趋向,增加旅游文化内涵。大力开发海洋文化、崂山文化、建筑文化、企业文化等有代表性的地方文化特色旅游项目,突出抓好国家历史文化名城和帆船之都文化项目的旅游开发,将青岛打造成为我国最具影响力和竞争力的旅游文化名城。

第六,演艺娱乐业。整合资源,以大型演艺项目为平台,组建青岛演艺中心。积极推进演艺娱乐业的产业升级。要积极创作、打造精品,推出具有海洋特色的、为观众喜闻乐见的主题演出。挖掘传统娱乐形式的市场潜力,吸引民间资本和外资兴建新型健康娱乐场所,引进和开发新的娱乐形式和项目。加强对娱乐歌舞场所的引导和管理,提高演出和经营质量,培育娱乐业品牌。

第七,传媒文化业。青岛的传媒文化既要发展新兴传媒,也要重视发展传统媒体。一是新闻出版业。努力培育国有文化市场主体,打造拥有品牌和效益的传媒。鼓励传媒集团跨地区、跨媒体、跨行业发展,并创造条件实现跨国界发展。二是图书出版发行业。尽快成立青岛出版集团,组建以特色出版物为支撑的出版分社和出版中心,建立数字网络、电子音像等出版部门。

3. 创建科学的公共文化服务体系

青岛应优先大力发展公益性文化事业,构建覆盖全社会的公共文化服务体系。

一是建设一批国内一流的现代化文化设施。把文化基础设施建设纳入城市总体规划,以迎办奥帆赛为契机,在青岛市规划建设一批集标志性、艺术性、实用性于一体,独具特色、规模相当、装备先进、品位高雅、功能完善、参与性强、能够体现城市现代化水平和国际化水准的文化设施,不断完善城市功能,提升城市品位。

二是加强社区文化生活和社区文化设施建设,提高广场文化的层次和规模。参照深圳建设"一公里文化圈"的模式,将公共文化服务体系建设作为政府发展规划的一项重要内容。在经费上以财政投入为主,逐年增加投资额度,形成覆盖全市的文化服务网络。政府应每年投入不少于5000万元,用5年的时间,在原有城乡文化站点的基础上,逐步建成每个社区一个甚至多个集图书阅览、广播电视、宣传教育、文艺演出、科技推广、科普培训、休闲健身和青少年校外活动于一体的社区文化中心,以及少儿剧场、少儿图书馆、市民剧场等特色文化设施。同时,鼓励、支持社会力量以多种方式参与公共文化服务体系建设。广场文化是青岛的特色和优势,要进一步加强广场文化的建设,活跃群众文化生活和城市文化氛围。

三是进一步加强公共文化服务队伍建设。建立青岛市社会文化辅导团,将青岛市艺术团体中因年龄等原因不能参加舞台演出的优秀业务人员组织起来,在保证职级、工资待遇不变的情况下,把他们充实到社会文化辅导团,充分发挥文艺人才的专业特长,指导社区文艺活动队更好地开展文化娱乐活动。建立"社区讲坛",组织专家学者,围绕群众关心的科技知识、健康生活知识等内容,举办"周周讲"知识讲座,进一步满足群众的文化需求。

(作者单位:青岛大学)

八大峡街道和谐社区建设状况分析

张维克

和谐社区是和谐城市的重要基础。近年来,青岛市市南区八大峡街道党工委按照构建和谐社会的要求,结合辖区实际,以构建和谐社区为工作主线,以服务群众为重点,努力贯彻青岛市委、市政府《关于加强和谐社区建设的意见》,不断探索和改进和谐社区建设的路径,夯实了党组织在城市基层的执政基础,扩大了党组织在城市工作的覆盖面,增强了党组织的影响力、凝聚力和战斗力。

一、2007年八大峡街道和谐社区建设基本状况分析

八大峡街道办事处位于青岛市市南区西部,辖区两面环海,因内含的8条道路分别以我国的八大峡谷命名,故称"八大峡"。八大峡街道办事处于2004年5月由原八大峡街道办事处和台西街道办事处合并而成,辖区面积2.265平方千米,大部分是老城区,现有12个社区居委会,1093个居民小组,有居民2.5万余户,人口8万余人,机关、企事业单位260个。

(一)加大和谐社区建设投入,改善基础设施

八大峡街道按照建设和谐社会的要求,通过加大社区建设投入,改善社区公共产品的供给,改进居民对社会经济、政治、文化的参与条件,为和谐社区的发展奠定了良好的基础。

1. 加大对社区办公设施建设投入

根据辖区实际,八大峡街道办事处不断加大对社区建设的投入,相继实施了社区办公服务用房改建扩建工程、社区办公自动化工程、社区工作者专业化工程,使12个社区办公用房达到"示范"标准(300平方米)的有3个,平均达到320平方米;"精品"社区有5个,平均达到150平方米。办事处投入自有资金60余万元,为每个社区配备了计算机、

电视机、激光打印机、数码相机、投影仪等办公电教设备,基本实现了社区办公自动化。基础条件的改善,为建设和谐社区奠定了坚实的物质基础。

2. 建设社区居民应急避难场所

为深化"平安青岛"、"平安市南"活动,推进和谐社区建设的步伐,八大峡街道办事处居安思危,未雨绸缪,本着发展不忘避灾的工作思路,在八大峡广场现有景观、文化等功能的基础上,建立了山东省最大的社区级应急避难所。该避难场所占地面积63000平方米,用于应急避难的面积62000余平方米,可容纳3.1万余人,疏散3.5万余人。避难所设立了应急避难指挥中心,配备了通讯指挥系统、独立供电系统、应急消防设施、应急避难疏散区、应急物资储备用房、应急医疗救助室、应急码头等11种应急避险功能及配套设施。一旦发生地震及其他大的自然灾害,附近居民能够在政府的组织下,快速疏散到广场中,并得到医疗、物资、供电等方面的基本救助,大大提高社区应对灾害事件、处理灾害事件的能力。

3. 建设多样化社区文化广场

近年来,八大峡街道对社区现有的8个广场进行文化功能定位;以广场为阵地,开展"阳春之声"、"仲夏之夜"、"金秋之韵"、"冬雪之乐"四季系列广场文化活动,满足居民群众的文化需求。目前,已对八大峡广场冠名为"八大峡啤酒广场"、龙羊峡路2号广场冠名为"丹青长廊"、观音峡路1号广场冠名为"舞动夕阳广场"、明月峡路广场冠名为"清风明月广场"、挪庄大戏院冠名为"梨园广场"、瞿塘路72号小广场冠名为"韵律广场"、西陵峡路沿海一线冠名为"游钓广场"、团岛山公园冠名为"绿色健身公园",初步形成了广场文化特色。

(二)以服务群众为重点,全力维护和保障弱势群体利益

为社会弱势群体的生存与发展创造有利的制度空间,是建设和谐社区的重要内容与措施。在八大峡街道辖区内的8万多人口中,60岁以上的老年人达1.4万,占人口总数的17.9%;各类残疾人1500余人,占常住人口的1.9%;失业协保人员8000人,占常住人口的10%。八大峡街道党工委针对辖区实际,以服务群众为重点,全力维护和保障弱势群体利益,先后建立健全了为老、助残、解困、帮小等系列救济制度,注重从制度层面解决社区弱势群体面临的各种生活困难,化解社会矛盾,使弱势群体共享社会发展成果,让和谐社区建设深入人心。

1. 建立健全维护弱势群体救助运行机制

八大峡街道党工委建立健全了"政府领导、民政主管、部门配合、社会参与"的社会救助领导体制和社会救助运行机制,构建完善了以最低

生活保障制度为主体、临时救助政策为补充、社会互助活动为手段、各种优惠政策为辅助的社会救助保障体系,使辖区的弱势群体得到党和政府的关怀,实现"应保尽保,应保必保"。目前,529户特困家庭享受到低保、1100余户困难家庭得到临时救济,发放低保金1903538元,临时救济金47100元,每年节日走访慰问困难群众1200余户、慰问品价值30余万元。

2. 启动"银百合"关爱老人行动

老年人口已成为一个有特殊需求的庞大群体,八大峡街道党工委与《老年生活报》合作,启动了"银百合"关爱老年人行动。该行动以"社区代儿女尽孝,社区为政府分忧"作为工作理念,以"知恩、感恩、报恩,尊老、敬老、爱老"作为宗旨,以"爱心使者、健康载体、精神伴侣、沟通桥梁"作为主题,努力构建以居家养老为基础、社区照顾为依托、机构养老为补充的养老服务体系,努力打造社区老年人"温馨生活家园"。为此,他们创建了设有老人自助餐厅、洗衣房、健身房、休闲室、文化活动室等的"社区颐康会所",由社区老年志愿者自主管理、自我服务、自我发展;与市南区少年宫共同建设"社区老年学院",利用少年宫3000多平方米的场地及设施,开展文娱娱乐、素质教育、技能教育三大教学,满足老年人自我发展的需要;开展了感恩活动,通过楼组长向空巢家庭发放《老年生活报》等形式,保障对空巢家庭的老人"一周三探、80岁的老年人享受政府健康查体补助、90岁的老人享受水果费、百岁老人享受百寿宴"。目前,已为辖区的老年人免费提供《老年生活报》3000份,为1823名80岁以上老人提供了政府健康查体补助,为276名90岁以上老人提供了每人100元的水果费、为4名百岁老人提供了百寿宴;建立"八大峡街道老年人法律援助中心"。针对老年人这一特殊群体权益易受侵害的特点,通过法律手段,维护老年人的住房、人身、财产、婚姻等合法权益,协调解决社区困难群体中的老年人生活保障、卫生医疗和生活照料的突出问题,等等。通过以上措施,八大峡街道党工委初步建立起了对老人的关爱体系,为保障老人在社区安度晚年提供了防护网、安全墙。

3. 拓展社区就业渠道

八大峡街道办事处将社区作为解决困难群体再就业的突破口,将社区管理、社区服务、社区创业作为社区就业的着力点、增长点、依托点,采取"协调社区单位,腾岗吸纳一批;完善社区管理,设岗安置一批;开发社区服务,找岗消化一批;鼓励社区创业,增岗带动一批"等形式,共开发社区卫生、保洁、保安、托老、家政等岗位146个,全部安排下岗失业人员再上岗,开辟了社区就业的新天地。

4. 建立"小金助残服务热线"

残疾人由于身体或智力上的缺陷,其生存和发展有着更多的困难,迫切需要党和政府及社会各方面给予更多的重视、关心、关爱。为此,八大峡街道设立了残疾人热线,并以残疾人专职干事金鹏善的姓氏命名了"小金助残服务热线"。"小金助残服务热线"以"诚信"、"热心"、"耐心"、"爱心"作为为残疾人服务的宗旨,为辖区 1300 多名残疾人提供救助、康复、医疗、维权、就业、出行陪伴等服务。2006 年 12 月开通热线以来,短短几个月接热线电话 390 余个,为一名残疾人免费解决了轮椅,为 20 多名残疾人代办了相关证件,为 86 名残疾人发放教育补贴 3500 元,为 102 户残疾家庭发放生活补助 100100 元、临时救济金 35000 元,解决了残疾人群体最关心、最直接、最现实的利益问题。"小金助残服务热线"成立以来还得到了社会的广泛关注,市南区地税局、苏宁电器及社会知名人士纷纷对其捐款、捐物,已全部用于改善残疾人生活,产生了很好的社会影响。

5. 实施"儿童成长蓝天计划"

单身家庭、失业家庭、残疾人家庭、进城务工家庭的孩子因经济等多方面的原因,在求学、生活等方面面临更多的困难。为了给这部分弱势家庭的孩子创造良好的成长环境,八大峡街道党工委实施了"儿童成长蓝天计划",成立由街道、社区、学校三方组成的"少年儿童成长环境监督委员会",对困难家庭的儿童进行调查摸底,建立家庭档案,通过"温馨基金"、"温馨奖学金"、"温馨超市"、"温馨走访"、"温馨假期活动"、"温馨心理信箱"等,在经济上进行资助、精神上进行关怀、生活上给予关心、学习上给予帮教,努力改善贫穷孩子的学习条件、生活条件、成长条件,通过学校、家庭、社会的共同行动,使弱势家庭的孩子在人文关怀中享受到公平的教育,为困难家庭孩子的成长创造和谐的成长环境,保障他们健康成长。目前,已对 60 名困难家庭的孩子建立了家庭档案,社区结对帮扶 48 名,社会结对帮扶 12 名,办事处对 38 名品学兼优的困难学生进行了奖励,产生了良好的社会反响。

(三)塑造优良政风,健全工作机,制推进和谐社区建设

塑造优良的政风,建立健全工作机制,对构建和谐社区具有重要的推动作用。近年来,八大峡街道党工委围绕"创建高绩效机关、做人民满意公务员",先后投入 40 万元用于改善办公环境、服务环境、休息环境,努力建设"三高、三优、三满意"(工作质量高、工作效率高、人员素质高;服务质量优、思想作风优、工作环境优;群众满意、社区满意、上级满意)的高绩效机关。具体体现在以下方面。

1. 抓好主题教育,为建设和谐社区奠定思想基础

八大峡街道党工委以"三转变一增强"为主题,深入开展"立党为公、执政为民"的再教育;以"优化环境,促进发展"为主题,深入开展服务中心、把握大局的再教育;以"内强素质、外树形象"为主题,深化开展敬业爱岗、无私奉献的再教育;以"开拓创新、与时俱进"为主题,深入开展求真务实、勇于创新的再教育;通过开展主题教育,机关管理明显改善、办事效率明显提升、服务意识明显增强、干部素质明显提高、工作作风明显转变,努力争做勤奋学习、政治坚定的表率,勇于创新、求真务实的表率,坚持原则、公道正派的表率,严谨细致、高质高效的表率,各尽职守、无私奉献的表率和遵守纪律、清正廉洁的表率。

2. 再造服务流程,完善社区居民服务的工作机制

八大峡街道通过再造"首席服务"流程、"功能服务引导"流程、"外出公务跟踪服务"流程、"事项办结"流程,实行"限时服务、延时服务、预约服务",设置工作人员"工作状态注示牌",健全便民利民服务设施等,有力推进了机关工作的制度化、规范化建设。

3. 实现管理升级,创建高绩效机关的人文环境

八大峡街道党工委围绕打造"日、周"文化工程和"43356"情感管理工程(卫生保持"四个有"——痰水有道、纸屑有篓、烟蒂有位、茶渣有家;公共场所"设三牌"——导示牌、警示牌、告知牌;行风文化"三上面"——上墙面、上桌面、上屏面;热情服务"五个一"——一张笑脸相迎、一声热情问好、一把椅子让座等;日常工作"六个让"——让时间在我这里提速、让绩效在我这里提高、让服务对象在我这里感到宾至如归等),使人在耳濡目染的工作服务过程中,受到教育,养成良好的工作习惯,着力创建高绩效机关的人文环境,以较低的成本为公众提供高效优质服务。目前,机关41名工作人员人人都有工作理念、人人都有创新目标、人人都有服务标准,整个机关形成了想干事、会干事、干成事的良好氛围。

二、八大峡街道和谐社区建设过程中存在的问题

毋庸置疑,经过几年的努力,八大峡和谐社区建设已初见成效,但在肯定成绩的同时,我们也应当看到,和谐社区建设毕竟是一个全新的领域,缺少可资借鉴的系统的成熟经验,所以无论在理论上还是实践中都还面临许多问题,这些问题在某种程度上已经影响和制约了和谐社区建设的发展,值得关注。

(一)社区建设行政化色彩浓厚,社区自治功能发挥不够充分

我国《城市居民委员会组织法》规定:"居民委员会是居民自我管理、自我教育、自我服务的基层群众性自治组织,不设区的市、市辖区的人民政府或者它的派出机关对居民委员会的工作给予指导、支持和帮助。居民委员会协助不设区的市、市辖区的人民政府或者它的派出机关开展工作。"从上述规定可以看出,作为居民实行"自我管理、自我服务、自我教育"的主要载体,居委会的"基层群众性自治组织"的地位是明确的,是有法律保障的。与此相对照的是,不设区的市、市辖区的人民政府或它的派出机关(街道办事处)属于国家行政机关。依照法律规定,它们行使相应的政府职能。从法理上讲,作为政府机关的街道办事处与作为社区自治组织的社区居委会应当是指导和被指导、支持帮助和协助的关系,但在实际生活中,这种关系发生了变化,街道办事处往往错将居委会当成自己的派出机构,自觉不自觉地把"指导"变成了"领导","帮助"、"协助"变成了"包揽"、"代替"。社区居民委员会表现出对政府及其派出机关的依赖,与政府之间的关系不是相对独立的关系,而是一种变相的依附关系。政府事无巨细地全面主导了社区居委会的工作,使社区居委会与社区居民逐渐脱离,成为代表政府管理社会的力量,成为事实上的另类政府机关,因而它的自治性质日益模糊,行政色彩渐趋浓重,在民众与政府之间的缓冲作用大大减弱。

由于社区居委会的行政色彩日益加重,因而它承担了更多的职能部门的行政事务性工作,目前,居委会所承担的工作有十大类近百项,包括小区环境卫生、小区社会治安、物业管理、民政帮困、计划生育、民间纠纷调解、宣传教育、迎接考核评比、收款收费、人口普查等,其中多数工作是政府各职能部门或派出机构指派的行政任务。

(二)社区队伍建设较为薄弱,结构不尽合理

建设和谐社区是一项前无古人的伟大工程,工作难度很大,需要一大批既年富力强,又具备社区这种地域性特点经验的工作者。但是,现实的情况却不容乐观,社区建设队伍的结构还不尽合理,主要表现在两方面。

1. 与党政机关相比,社区工作队伍的总体文化水平、学历层次较低的问题依然存在

社区是一个国家的基础,直接关系到社会稳定,所以发达国家对社区工作者的文化知识要求历来很高。而在我国,因为和谐社区的建设起步较晚,与党政机关相比,社区工作队伍尤其是社区领导者的文化水平普遍明显偏低,未能达到较高的层次。社区居委会主任、副主任之

中,初中、小学的文化人数占的比例最大,其次是中专、高中文化的,大专以上文化程度的数量最少。

2. 社区工作队伍的年龄普遍偏大

目前,大部分社区居委会的领导者仍然以企事业单位的离退休人员为主,绝大多数的社区工作者年龄偏大,一般都在50岁以上,50岁以下的少之又少。实际上,青岛市各区都存在着这种现象,市南区、市北区、四方区、李沧区的社区居委会一正、两副主任的平均年龄基本都在50岁以上,社区其他工作人员的年龄大多数也是如此。

(三)社区建设工作量大面广,经费投入不足

建设和谐社区,必须有必要的投入。社区建设的内容大部分属于社会保障和社会福利的体系,属于政府的职责范围。从国际上看,发达国家的政府社区服务的投入一般占资金构成的50%以上。可见,政府的投入始终是社区服务的重要资金来源。就青岛市的情况看,尽管近年来在社区建设方面增加了投入,但与快速发展的社区建设相比,相对于和谐社区建设的高标准,政府的这种投入就显得远远不够,还没有完全承担起自己应负的责任,居民还没有完全享受到基本的社会保障和社会服务,无形中制约和影响了和谐社区建设的深入开展,导致了一系列问题的出现。

1. 社区居委会的办公经费偏少

按照青岛市的规定,从2006年起,社区居委会的办公经费标准调整为每年6000元。对于社区居委会来说,每月平均500元的办公经费,除去用于支付电话费、水电费、办公用品等之后则所剩无几,如果再组织开展其他的活动则力不从心。此外,随着驻辖区单位的破产买断和事业单位企业化的发展,来自驻辖区内单位的赞助也越来越少。而在社区管理的人员、所经手的事项越来越多的情况下,往往是离退休、破产企业的人员转到社区来了,相关单位就不闻不问了,一切事情都成了社区的事。

2. 社区居委会的工作人员待遇偏低

2006年,为进一步激发党建工作人员的积极性,提高社区党建工作者的待遇,青岛市颁发的《关于加强和谐社区建设的意见》明确规定,居委会主任的生活补贴标准由每月520元调整为1000元,副主任生活补贴标准由每月480元调整为800元;退养居委会主任的生活补助标准调整为每月510元,医疗补贴标准调整为每年570元;新增社区助理工资每月900元。但是,作为沿海发达地区,社区正职工作人员每月1000元、副职800元的生活补贴标准明显过低,无法满足他们正常生活的各种需要,也无法吸引年富力强的人参与到社区党建工作中来。

社区工作人员的工资相对比较低,也影响了他们工作的积极性。

3. 各个部门对社区工作归档的要求过细,标准过高

目前,各个部门对社区工作的归档要求过细、过多和过高。需要归档的工作主要有如下类别:①社区服务,包括开展面向老年人、儿童、残疾人、社会贫困户、优抚对象的社会求助和福利服务,面向社区居民的便民利民服务,面向社区单位的社会化服务,面向下岗职工再就业服务和社会保障社会化服务。②社区卫生、文化和宣传,包括利用社区医疗资源,开展疾病预防、医疗、保健、康复、健康教育和计划生育技术服务等社区卫生服务;组织开展丰富多彩、健康有益的文化、体育、科普、教育、娱乐等活动;加强思想文化阵地建设,宣传社会主义精神文明,倡导科学文明健康的生活方式。③社区环境,包括搞好社区环境卫生,提高社区居民环保意识,净化、绿化、美化社区。④社区治安,包括建立社会治安综合治理网络,实行群防群治;组织开展法制教育和法律咨询、民事调解工作;加强劳释人员的安置帮教工作和流动人口管理;搞好信访工作,等等。而实际情况是,各个社区居委会的工作人员数量都很少,在编人员一般只有4~5个,以他们现有的人力和物力,将这些工作一一归档难度很大,影响了社区正常的为民服务工作。

三、推进八大峡和谐社区建设的对策

2008年对八大峡街道的和谐社区建设来说,将是非常关键的一年。随着党的十六届六中全会和十七大精神的全面贯彻落实,构建社会主义和谐社会已成为各级党委和政府的工作重点。八大峡街道将在"培育人与人更加和谐相处的关系"、"培育人与社区更加和谐相处的社区规范"和"培育人与环境更加和谐相处的新型社区"这三方面的工作上有一个大的突破,使社区真正成为各尽其能、各得其所而又和谐相处的社区,成为干事创业、自我发展而又生养休憩的"桃源社区"。

(一)培育人与人更加和谐相处的关系

人与人之间的关系是社会生活中最为基本的社会关系。2008年,八大峡街道将通过创建和谐家庭与和谐楼院活动,带动社区居民道德素养、文明素质的提高,做到人与人相互尊重、和睦相处。

1. 推进和谐家庭建设

"家和万事兴,家齐国安宁。"家庭是社会的细胞。建设和谐社区是一个庞大的系统工程,和谐家庭建设是不可缺少的。没有千千万万稳定和谐的家庭,就不会有一个稳定和谐的社会。2008年,八大峡街道开展和谐家庭建设的主要目标有四:一是要大力提高女性的科学文化

素质和思想道德素质,充分发挥女性在建设和谐家庭中的作用。建设和谐家庭,女性是关键。女性作为母亲和妻子的双重角色,担负着哺育孩子、孝敬老人、管理家庭的重任,在"和谐家庭"建设中居于核心地位。二是要营造和谐的家庭关系。家庭成员之间的和谐是家庭和谐的重要基础,只有不断提高家庭成员的思想道德素质、文化素质和身心健康素质,才能在家庭生活中营造和谐的夫妻关系、婆媳关系、亲子关系。三是要大力推进家庭文化建设。构建和谐家庭与和谐社会,既需要雄厚的物质基础、可靠的政治保障,又需要有力的精神支撑、良好的文化条件。高尚的家庭文化是方向、是理想、是家庭为之努力的目标。为此,要以建设学习型社会、学习型城市为契机,大力开展学习型家庭创建活动、家庭读书活动、家庭健身活动,提升家庭成员的综合素质,满足现代家庭发展的需要。四是以"八荣八耻"荣辱观教育为主线,促进家庭美德建设。要通过开展丰富多彩的、群众喜闻乐见的特色活动,将家庭美德抽象概念具体化、形象化,让群众摸得着、看得见,提高家庭成员的自觉参与程度,使他们在参与中受到教育,为和谐社区建设出一份力、添一份彩,从而汇集起建设和谐社区的强大力量。

2. 推进和谐楼院建设

"远亲不如近邻,近邻不如对门。"融洽的邻里关系能够为大家提供一个愉快、顺心、舒适的生活环境,使大家生活在积极、健康、和谐的状态中。可曾几何时,物质丰盈了,城市化速度加快了,人与人、心与心的沟通却疏远了,大多数人忽视了邻里之间的沟通与交流,同住一楼,同居一巷,一年到头却不相往来。实践证明,构建和谐楼院,就是要"以德为邻,互帮互助",通过感情的沟通和交流,增强社区的归属感和安全感。因此,2008年和谐楼院建设的重点目标:一是从问候开始,见面给人一个微笑,一声问候;二是开展串门活动,动员居民主动到邻居家串串门,唠唠家常;三是开展邻居互助活动,发扬"一家有难八方支援"的传统;四是广泛深入地开展邻居节活动,为居民交流搭建平台,达到相互谅解、睦邻友好的目的。

(二)培育人与社区更加和谐相处的社区规范

人与社会如何和谐相处的问题,就是每一个人在自己的社区里如何更好生存和发展的问题。2008年,八大峡街道在和谐社区建设中,将通过兼顾"个人事、邻里事、公共事",建立起利益表达和利益诉求机制,并形成制度和规范,培育共同的社区价值观,形成社区和谐文化。

1. 在利益表达方面

建设和谐社区,是为了让社区里每个居民的声音都有人听,每个人的意愿都能充分表达,使居民的所思、所想、所盼、所怨有充分表达渠道和平台,为居民议事、上级决策提供依据。为此,2008年,在原有的基础上,一是在建立健全和谐社区议事章程的基础上,对分散的居民意见进行梳理,形成一段时期居民共同关心、共同关注的主题;二是设立社区论坛,并逐步建立和谐社区BBS论坛,让居民随时就生活中的困难进行反映,随时对社区不文明不道德的行为进行抨击,随时对社会热点问题进行讨论,使民意的表达更加开放、及时、真实。三是完善民情接待日、民情日记、党员联系居民户等制度,当面接受居民的问题反映和意见建议。

2. 在利益诉求方面

一是将《社区议事听证》制度在和谐社区建设中全面推行,对居民议事的主题、论坛反映的普遍问题等通过听证达成共识,对涉及公共事物、公共利益的,形成居民决定,并代表全体居民共同实施决定、共同维护遵守决定。二是健全和完善社区服务热线,为居民的日常生活排忧解难;三是建立街道老年人、残疾人维权中心,维护弱势群体的合法权益。

3. 在社区公约方面

和谐社区是全体居民的共同家园。2008年,在继续维护社区和谐的基础上,集中力量,充分概括包括凝聚和约束社区全体成员的理想信念、价值取向、法制意识和伦理道德的意见,形成和谐社区道德公约、和谐社区文明公约并倡导社会公德、职业道德、家庭美德,使全体社区居民共同维护和遵守。

(三)培育人与环境更加和谐相处的新型社区

2008年,八大峡街道和谐社区建设将更加注重培育人与环境的和谐相处,把社区建设成为一个资源节约型和环境友好型的社区。

1. 健康社区的培育

健康的身体人人需要,城市化给健康带来了空前的危机。噪音、水气污染等环境问题;城市暴力、犯罪、生活工作过度紧张等社会问题;居民吸烟、不合理膳食、缺乏运动、酗酒等不健康生活方式;艾滋病、禽流感等恶性传染病等都给居民的健康带来了越来越多的隐患。八大峡街道将通过制定保障居民健康计划,营造健康的环境和完善健康服务,减少或消除危害健康的因素,提高社区居民的健康素质和生活质量,推进健康社区建设。

2. 洁净社区的培育

2008年,继续深入开展"洁净楼院"创建工程,教育和引导社区成员做好环境保护、楼院保洁工作,爱护自己的家园。配合城市建设,积极开展拆违补绿、破墙透绿、荒地造绿、见缝插绿、户户植绿等活动,形成常年见绿、春色满园的优美环境。完善城市配套设施,整治"背街小巷",实施楼房"洗脸戴帽"工程,努力营造和谐优美的人居环境。

3. 安全社区的培育

继续结合普法活动,大力加强法律法规和治安防范知识的宣传教育,增强居民的防范意识。同时,大力加强社会治安综合治理网络建设,完善治保、调解、普法、帮教、巡逻、消防六位一体的群防群治组织,形成平安创建的整体合力。通过加强对出租房屋和暂住人口的管理,实行"以房管人",有效预防暂住人口违法犯罪。强化对重点人员的教育管控和重大隐患的排查、整治,做好突发事件和灾害事故的预防和处置工作。此外,建立和完善利益冲突协调机制、矛盾纠纷化解机制、预防青少年违法犯罪工作机制,增强社区做好群众工作、化解社会矛盾、协调社会关系、实施综合治理的能力,不断增强人民群众的社会安全感。

4. 节约社区的培育

大力开展科学发展观教育宣传活动,培养居民养成节约的良好习惯,倡导居民生活垃圾分类处理,在居民中开展节水节电节资源活动;提倡合理消费,避免铺张浪费;倡导绿色消费,减少或杜绝一次性生活用品。

5. 温馨社区的培育

围绕建立服务型社区,重点做好老弱病残、妇女、儿童的社会保障和社会救助工作,努力实现社区居民困有所助、需有所应。大力开展社区就业援助行动,把开发社区就业作为重点工程,纳入社区发展规划。大力兴办"一刻钟"卫生服务圈、"一刻钟"便民网点、"一刻钟"文化服务圈,满足社区居民日常生活需求。要大力培育社区义工服务队伍,扩大志愿服务参与面,不断丰富和发展义工服务内容和领域。

(作者单位:青岛市社会科学院)

崂山茶产业品牌化发展状况分析

胡苗苗

经过几十年的发展,崂山茶如今已成为崂山的一大特色品牌。作为崂山区最具有发展潜力的农业产业,崂山茶的持续发展不但为广大茶农提高收入提供了切实有效的途径,同时也给崂山区快速推进整个都市农业、现代农业的标准化、产业化提供了着力点和突破口。

一、崂山茶品牌化发展形势分析

(一)崂山茶产业发展基本情况

作为崂山的特色品牌,崂山茶是崂山区"南茶北引"成功的产物。崂山"南茶北引"始于1958年,经历了三次种源地改变、两次种植方式改革,最终以安徽楮叶群体种的成活宣告了崂山产茶的开始。因为崂山处于北纬36°线上,崂山茶的栽植成功,结束了"北纬30°以北没有茶树"的历史。

崂山特殊的地理位置具有生产精品茶得天独厚的条件,崂山水矿物质丰富,举世闻名;气候温和,常年海雾缭绕,有利于芳香物质的合成;土壤的理化特性好,土中微生物多,有机质丰富,有利于茶叶氨基酸、茶多酚、儿茶素、咖啡碱等有机质的合成与积累。

崂山区乡村从业人员有10.5万人,耕地面积2.5万亩,人多地少,山多地少,土地资源相对稀缺,农业产业化的发展受到极大的制约。因此,如何利用有限资源,最大限度地提高农民收入,是崂山区面临的严峻问题。近几年来,崂山区因地制宜,把发展崂山茶作为优化农业产业结构,促进农民增收的主要产业来抓,不断加大宏观调控和政策引导扶持的力度,促进了崂山茶健康、快速地发展。1994年崂山新区成立时,所辖四镇的茶叶种植总面积为4000亩,到2007年全区茶叶种植面积达到12985亩,年产茶叶508.74吨,产值达到1.0116亿元,已成为崂山区高效农业的支柱产业之一,为农业增效、农民增收发挥了重要作用。茶区农民人均纯收入达到7612元。

(二)崂山茶产业品牌化建设状况

1. 农业标准化技术的全面推广

在上个世纪 90 年代,崂山茶的种植已经粗具规模,但标准化水平低,种植较为松散,给标准种植加工技术的推广带来一定困难,难以整合其固有的资源品牌优势。部分茶园选址不当,立地条件差,没有按照茶树生产特性选择水浇条件好、背风向阳的地片种植,导致茶树受冻或低产。部分茶农缺乏质量意识,采制加工标准不统一,出现粗制滥造、以次充好现象。部分外地茶假冒崂山茶,导致崂山茶市场混乱,崂山茶的标准化引起了越来越多的人的重视。

崂山茶的标准化就是对崂山茶产业的整个生产过程以及与之相关的事物,逐项作出规定,并实行这些规定。把先进的科学成果不断地注入标准中,实行这些标准的规定,一方面可以使整个崂山茶生产和管理处于受控状态,引导和促进其向产业化方向发展,及时推广最新的科学技术,使崂山茶在更大范围内实现高产优质高效;另一方面,标准在一定程度上反映市场的需求,如茶叶的品质分等、包装规格、残留限量等,实行这些标准的规定可以更有效地与市场连接起来。

1999 年,青岛市质量技术监督局崂山分局的技术人员依据崂山地域特点,结合茶农多年的种植经验,经过茶叶专家、茶场业户、经验茶农的多次讨论研制,发布了崂山区首个农业地方标准《崂山茶优质高产栽培技术规程》。该标准规定了崂山茶生产技术、茶园规划及园地选择、深翻整地与基肥施用、新茶园种植、幼龄茶园管理、投产茶园管理、丰产园的土壤肥力和茶树病虫综合防治等内容,对于崂山茶的栽培管理具有积极的指导意义。2000 年,又发布了《崂山茶采制加工技术规程》,该标准规范了崂山茶的生产加工程序,规定崂山茶鲜叶的采摘分级、加工工艺流程、鲜叶摊放、杀青、揉捻、解块、整形等要求及贮藏和成品茶品质等。随后农业行业标准《NY/T5018—2001 无公害食品 茶叶生产技术规程》,青岛市地方标准《DB3702/T021—2002 无公害茶叶生产技术规程》相继出台。2003 年,根据茶叶市场发展总体趋势和崂山茶技术发展状况,对崂山茶地方标准进行了重新修订,引入无公害技术、绿色食品、有机农产品等概念,并发布成为青岛市地方标准,更加科学、有效地指导崂山茶的生产加工。崂山的茶场、茶农也越来越多地采用标准化种植、加工技术,截止到 2007 年 9 月末,崂山茶的栽培种植、采制加工、无公害生产等农业标准体系基本健全,崂山茶生产企业达到 70 余家,均采用标准化技术,备案的崂山茶企业产品标准达到 90 个。

2. 特色精品茶的品牌化发展加快

近年来,崂山区大力倡导生产高质量、高标准的崂山茶产品,提高崂山茶精深加工水平,建立健全质量管理体系认证,积极推动崂山茶的标准化、品牌化发展,提高崂山茶的竞争力。青岛市质量技术监督局崂山分局积极在崂山茶生产企业贯彻 ISO9001 质量管理体系、ISO14001 环境管理体系等国际先进管理标准,实施名牌发展战略,鼓励企业争创精品名牌,极大地促进了崂山茶生产加工企业的规范化管理和标准化生产。2004 年、2005 年,崂山区先后开展两届崂山十大特产及品牌单位评选活动,崂山茶被评为崂山十大特产之一,同时推介出 10 家崂山茶品牌单位,品牌知名度和美誉度大大提高。到 2007 年 9 月末,崂山区已经有 14 家崂山茶企业贯彻了 ISO9001、ISO14001、HACCP 国际体系认证。有 1 家企业获得山东省名牌称号,有 10 家企业获得有机食品(茶)认证,在近两年的"中茶杯"全国茶叶质量评比中,崂山区组织参评企业的茶叶有 10 支荣获"中茶杯"一等奖,品牌经营已经初见成效。

3. 龙头品牌企业不断壮大

近年来,崂山区积极争取国家农业综合开发产业化经营项目,将龙头品牌企业的培育与农业标准示范园区建设及农产品名牌发展战略结合起来。截止到 2007 年 9 月末,崂山区争取到的 5 个国家农业综合开发产业化项目有 3 个由茶叶加工龙头企业承担,注入农业综合开发资金 1500 多万元。有 1 家茶叶加工龙头企业被评为省级产业化龙头企业,4 家茶叶加工企业申报国家级标准化示范园,万里江、晓阳春等茶叶加工龙头企业按照标准化、无菌化建设的加工车间,水平居全国前列,万里江牌崂山绿茶被评为山东省名牌产品。在龙头品牌企业的培育过程中,崂山区积极引导企业发展"公司+农户+标准"的经营模式,龙头企业和农户通过合同约定规范双方的经营行为,使利益分配机制逐步规范化、制度化。如崂山区沙子口北崂茶场与 200 户茶农签订鲜茶购销合同,茶场在种植管理、施肥、用药等方面按标准给予指导,茶农严格按崂山茶技术标准的要求施肥、用药、采茶,茶场以高于市场价收购茶农鲜茶,不但壮大了企业的规模,也带动了农户种植技术、田间管理水平的提高,达到了"双赢"的目的。初步形成了"市场引导企业,企业连接基地,基地带动农户"的发展格局,有力促进了全区茶产业的产业化标准化发展。

4. 政策扶持力度不断加大

2003 年崂山区政府出台了《关于对 2003 年度农业示范园区示范点实行目标管理考核扶持的意见》,给予每个茶叶示范园、产业化加工龙头企业 20 万~50 万元专项资金扶持,给予每个茶叶种植示范点 5 万元奖励;2005 年以来,连续出台了《关于鼓励特色农业、精品农业发展,增加农民收入的意见》,安排专项财政资金,对茶叶种植户给予 500~1000 元补贴,对茶叶产业化龙头企业给予 20 万元资金扶持,对茶叶加工企业争创国家级、省级、市级著名商标或名牌产品的分别给予100万元、50万元、20万元一次性奖励。几年来,政府在促进崂山茶发展方面的投入达到5000万元。通过政府的大力引导和扶持,崂山茶呈现出健康快速发展的良好态势。崂山茶的种植加工水平、标准化程度和品牌建设都有了质的飞跃,种植面积以每年2000亩的速度递增,成为崂山区崂山茶种植近50年历史中发展最快的时期。

5. 实施崂山绿茶地理标志产品保护

随着崂山绿茶市场声誉的不断提高,在经济利益驱动下,一些以假充真、以次充好的崂山茶严重扰乱了崂山茶市场,也损坏了崂山绿茶品牌声誉。2006年,崂山区积极申报崂山绿茶国家地理标志产品保护,成立了申报委员会,按照国家质检总局《地理标准产品保护规定》,开展申报工作,向国家质检总局提交了《崂山绿茶地理标志产品证明材料》,对崂山绿茶产品生产地域的范围及地理特征、生产技术规范、产品质量特色、产品生产、销售情况及历史渊源等进行实证。经过全国知名茶叶专家现场技术审查,认为"崂山绿茶"产品质量具有较明显的地域特色和较高的知名度,符合国家质检总局《地理标志产品保护规定》,值得保护。2006年10月26日,国家质检总局发布第161号公告,公布自即日起各地质检部门开始对崂山绿茶实施地理标志产品保护,保护区域范围为崂山区王哥庄、沙子口、中韩、北宅等4个街道办事处现辖行政区域,保护的品种为卷曲茶和扁平茶两种。2007年,崂山区制定发布了《崂山绿茶地理标志产品保护管理办法》,明确了相关的规定和工作程序,严格崂山绿茶的管理,对申报使用专用标志的企业加强监督管理,从源头上确保崂山绿茶品质,并积极打假治乱,按照地理标志产品保护规定,查处假冒崂山绿茶,对崂山绿茶实施有效保护。目前,有4家崂山茶生产加工企业通过了国家质检总局的审核,准予第一批使用地理标志保护专用标志。

6. 品牌推介活动成功举办

近年来,崂山区将创办崂山茶节作为拉伸茶叶产业链条、全力打造崂山茶品牌、拓展农民增收渠道的新途径。2004年,崂山区在崂山茶主产地举办了首届崂山茶节。当年接待游客10万人,交易额700万元,鲜茶叶的收购价格每500克比上年同期提高了5~7元;2005年举办了第二届茶节,共接待游客30万人次,交易额实现1360万元,其中干茶销售32.5吨,直接收入720余万元,鲜茶叶的收购价格每500克比上年同期提高了7~9元。茶节期间,邀请国内知名的专家学者举办了崂山茶文化研讨会、优质茶评比、制茶大比武,还进行了茶园采风、"茶乡人家"休闲游、茶膳品尝、采茶比赛等活动,达到了农业与旅游业相互促进、共同发展的目的,也有力地提高了崂山茶的影响力和知名度。2006年5月,崂山区承办了第九届国际茶文化研讨会。2007年5月16日,崂山区又举办了崂山茶品牌发展战略研讨会,对崂山茶品牌整合提供有效的智力支持。这些品牌推介活动,大大提高了崂山茶的知名度和影响力,对于打造崂山茶品牌具有积极意义。

二、崂山茶产业品牌化发展存在的突出问题

随着崂山茶生产规模的不断壮大,逐渐暴露出一些问题和不足,制约了崂山茶的品牌建设和产业化进程。

(一)茶园标准化管理水平低

虽然崂山茶种植面积逐年扩大,茶厂数量也不断增多,但在茶园管理上仍然存在重产量轻质量的倾向,离标准化管理还有很大差距:一是对茶树的各项生理特性、管理要点了解不深入、知识不全面,常规管理上不去;二是一味追求全年产量,茶园扣棚逐渐增多,导致茶树抗霜冻能力和茶叶品质都有所下降;三是在具体的茶园施肥、采摘等诸多环节上缺乏严格要求,有的甚至对打药周期都不太注意,使茶叶在鲜叶环节上的质量不过关。

(二)茶叶加工质量参差不齐

崂山区的崂山茶加工企业虽然多达70余家,但年加工能力达到10吨的企业也不过10家,绝大部分为小规模零星生产,部分茶场、茶户生产短期行为严重,"家家生火、户户炒茶"的现象还没有从根本上改变。茶场技术水平不等、生产观念各异,以及龙头企业对签约茶户的信誉度、控制力不尽相同等诸多原因,使之在具体的生产操作上难以达到统一的要求,而鲜叶质量参差不齐,则给产业化的加工、销售带来一定的困难。即使是在鲜叶品质相近的情况下,加工炒制技术的差别也直接影响茶叶品质。从目前崂山茶行业的整体情况来看,普遍存在高档原料低档加工现象,制茶技术急需亟须提高。

(三)茶叶生产监管难度较大

从2005年起,国家质检总局对茶叶等加工食品实施质量安全市场准入制度,提高了茶叶生产的准入门槛。根据《茶叶生产许可证审查细则》的规定,对茶叶生产加工企业的基本生产流程及关键控制环节、必备的生产资源及生产设备、原辅材料的有关要求、必备的出厂检验设备、检验项目等都有详细规定。崂山区目前获得生产许可证的茶叶加工企业有31家,正在积极申办的有10余家,另外仍有一些企业距离生

产许可的要求还有一定的距离,虽然有关部门已经采取措施,积极扶持这些企业改进管理、提高质量,但对这些企业的质量监管仍是一个突出的问题。另外,对获证企业的监管也不是一劳永逸的,也受到监管网络、监管手段等的限制,往往不能达到全面有效的监管。

(四)崂山茶品牌亟待整合

截止到 2007 年 9 月末,全区有注册商标的加工企业 50 多家,众多的品牌使消费者难以辨别和区分,购买时难以取舍。虽然近几年来崂山区涌现出了几家规模较大的加工企业,在创名牌和产品营销方面取得了不俗的成绩,起到了一定的龙头带动作用,但崂山茶品牌整合的态势还没有形成,众多品牌混杂的局面仍然存在。崂山茶地理标志产品保护的实施对正规企业具有积极的保护和消费引导的作用,也在一定程度上促进了崂山茶品牌优势的整合,但目前宣传力度不够,许多消费者、茶场、茶户还没有认识到实施地理标志产品保护的积极作用,地理标准产品保护的后期管理与专有标志使用等工作还需完善。

(五)打假治劣力度仍需加大

一些小茶场和散户的质量法制意识淡薄,仍然销售达不到标准要求的崂山茶,甚至用掺杂掺假等办法生产假冒"崂山茶"在市场上销售,而一般消费者缺乏鉴别真假崂山茶的经验,往往图便宜,让低成本的作坊茶大有市场,打假力度不足,假冒伪劣屡禁不止,结果使恪守质量标准的正规茶场受到挤压,经营上承受了巨大的压力,经济效益受到了不同程度的损失,崂山茶的整体形象受到影响。

(六)品牌整体推介仍显不足

对崂山茶的整体推介与宣传力度不够,对名牌企业、龙头企业以及获得的质量等级认证及各类品牌标识宣传不够,使得消费者对优质的品牌崂山茶难以有足够的了解。对食品质量安全、地理标志产品保护等知识,宣传普及的不够,对崂山茶的真假辨别办法、质量等级差别分辨技术宣传的不够,没有起到很好地引导消费的作用。

三、崂山茶产业品牌化发展趋势

(一)崂山茶农业标准化进程将得到进一步推进

农业标准化水平的高低,体现了农业实现现代化和产业化的程度。2008 年将建立完善的崂山茶农业标准化体系,从崂山茶产前的选种、育苗,到产中的施肥、灌溉和产后的采收、包装、加工、运输,以及土壤、大气、水源在内的茶叶生产环境等各个环节都实现标准化,制定系统的标准,形成完善的农业标准体系,确保崂山茶产前、产中、产后的各个环节处于受控状态,将不确定的自然因素降到最低,最大限度地实现可控制、可测量,从而保证生产的稳定,实现质与量的统一。

崂山茶标准化示范体系建设将加快发展,通过以点带面,推动整个产业的标准化进程,把崂山茶标准化真正落到实处,既让茶农、茶场业主切实尝到实施标准化的甜头,又防止因操作不当挫伤其推行标准化的积极性。因地制宜地开展农业标准化示范工作,选择建立崂山茶优质高产标准化种植基地,崂山茶精品标准化加工示范点、示范户。崂山茶龙头企业的标准化示范工作将得到重点推进。可有选择地重点引导几家龙头企业建立标准化体系,按照标准化要求兴办基地、组织生产、指导农民,促进农业标准化的推广和普及,带动崂山茶行业整体标准化水平的提高。崂山茶生产加工企业参与技术标准战略的步伐将大大加快,参与行业性、区域性标准化研讨和交流活动的企业将逐渐增多,龙头崂山茶企业将参与制定国家标准、行业标准。生产企业参与标准的制定及技术法规的研讨,从某种程度上说就享有了参与市场竞争的主动权。

(二)崂山茶质量水平将进一步提高

崂山区将采取整合方式提高崂山茶产品质量。通过"公司+合作社+农户"、"农业龙头企业+基地+农户"和"公司+基地"三种模式,将小企业、小作坊、加工户进行有效的整合,由全区规模较大、基础条件较好、质量管理水平较高的企业带动散户、小企业、小作坊,逐渐将茶农自己炒制茶叶、小茶厂分散炒茶,转变为正规茶厂收购茶农茶叶,按标准要求严格控制加工质量和炒制技术,严格质量品质分等。规模茶厂将加快技术改造步伐,引进先进质量管理理念,改善生产环境,提高炒茶工人的技术水平,使产品质量有大幅度的上升。

在采制加工技术方面,将从茶叶的初级低档加工向精深加工转变,通过采栽芽叶、鲜叶摊放、杀青、揉碾、整形等严格加工工艺,确保加工出的茶叶外形、色泽、香气均达到标准的要求。出厂前的崂山茶产品要经过严格的出厂合格检验,上市的崂山茶要进行市场监督抽查,有关质量技术监督机构还要加强定期检验,确保生产流通的崂山茶质量合格。此外,按照质量品质分等标准,严格区分优等品、一级品、合格品,提高优等品的附加值,用高标准赢得高质量,用高质量创出精品名茶。

对茶叶生产加工企业将通过大力推行 ISO9001(质量管理体系)、ISO14001(环境管理体系)、HACCP(风险分析与关键点控制)、GMS

（良好操作规范）等质量保证体系，并借鉴先进产茶地区生产加工经验，严格质量控制，建立起涵盖产地环境、生产过程、产品质量、包装标签、加工贮运等各环节的监控体系，通过品质分级、对农药残留限量等的控制，实施"从农田到市场"全过程的质量控制，打造高质量、安全健康的崂山茶品牌。

（三）崂山茶地理标志产品保护将付诸实施

地理标志产品保护的实施在很大程度上保护和提升了崂山茶这一地方知名品牌。国际上地理标志产品大都是民族精品、特品、名品、优品，具有高知名度、高质量、高附加值的显著特征。浙江龙井茶是国家首次保护的地理标志绿茶，单论其产品价格，在保护前后就相差几倍。崂山茶地理标志产品保护工作的深入开展所带来的综合效应将是巨大的。质量技术监督部门将对崂山茶从产品加工工艺、安全卫生要求、加工设备的技术要求等方面制定反映崂山茶质量技术特性的强制性国家标准及技术法规，形成技术壁垒，对符合崂山茶强制性国家标准的企业所生产的崂山茶实施地理标志产品保护措施，打造精品名茶。崂山茶地理标志产品保护，只允许崂山行政区域内按标准组织生产的产品加贴崂山茶地理标志专用标志并使用崂山茶名称销售，保护范围以外的生产者不得使用、假冒崂山茶地理专用标志，也不得使用崂山绿茶等类似名称进行销售，从法律上保护、扶持崂山茶品牌企业、龙头企业发展，替"崂山绿茶"品牌企业维权。打假维权可直接通过对标志管理这种简单直接的手段进行。消费者也可以通过识别专用标志来识别真正受保护的崂山茶。申请使用专用标准的崂山茶生产加工企业将通过质量技术监督部门严格的技术审查，并确保严格按照强制性国家标准组织生产，方可获准使用专用标准。质量技术监督部门将加强对茶叶鲜叶的产、供、销管理，对每亩崂山茶进行定产定销，对加工炒制情况进行核查，给符合标准的合格崂山茶核发专用标志，从源头确保崂山茶的品质，从技术上、质量上实现崂山茶品牌的整合。

（四）监管机制将进一步强化

崂山茶生产加工企业的质量监管措施将更加严格，食品质量安全市场准入制度将有效实施，严格对新上崂山茶生产加工企业的准入审核，对达不到准入要求的崂山茶企业不予发放生产许可证，市场准入门槛将进一步提高。对现有获证崂山茶生产加工企业的监管力度将进一步加大，质量监管部门将对崂山茶生产企业实行动态监管，狠抓证后的日常监管，特别是关键环节监管的高压态势，实施生产许可证年审、定期检验、监督检查等方式，对鲜叶收购、农药残留、成品检验等关键环节实行"一票否决",对崂山茶企业的生产经营行为进行定性监控、定量考核、动态管理。推行"三位一体"的电子监管,将所有崂山茶生产加工企业纳入山东金质区域电子信息系统以及中国产品质量电子监管网,建立企业电子质量档案,运用PDA掌上电脑,实现远程监控,有条件的企业将采用视频监管系统,对关键环节实行视频监管,利用现代化的监管技术和手段,实现时时监控,确保对崂山茶生产加工的全方位监管到位,实现崂山茶生产状况的持续好转。将加大对生产、加工、销售假冒伪劣崂山茶的打击力度,建立崂山茶食品质量安全"黑名单"、"晴雨表"等不良行为记录制度、不合格率定期发布制度、造假案件曝光制度,一方面强化企业的自律意识、责任意识、品牌发展意识,另一方面,严厉打击以假充真、以次充好的行为,维护崂山茶品牌声誉,净化崂山茶市场。

(五)品牌推介与宣传力度将进一步加大

通过各种媒介,大力宣传、推介崂山茶品牌。崂山区将通过开办电视专栏,制作电视节目,开展送技术、送法律下乡等活动向广大茶农普及崂山茶栽培种植技术,向消费者推介名优崂山茶企业和品牌知识。此外,全区还将通过搞好崂山茶节会活动,扩大崂山茶的社会影响,提升崂山茶品牌的知名度和美誉度,让更多的人关心、重视崂山茶品牌的健康发展。

(作者单位:青岛市质量技术监督局崂山分局)

2008

区（市）篇

2007~2008年市南区金融业发展形势分析与预测

贾聪敏 李春善

近年来,市南区立足于优越的区位金融资源和良好的开放发展机遇,以建设山东半岛中央商务区、打造区域性金融中心为目标,围绕青岛市"十一五"规划关于"金融业在现代服务业中率先突破"的发展思路,按照"打造环境、完善体系、扩大规模、提升层次"的发展要求,着力开展金融机构、资金规模、创新产品"三个扩张"和金融环境、融资平台、发展机制"三个建设",进一步优化金融发展环境,不断增强金融业的辐射力和拉动力,逐步提高金融业的整体层次和核心竞争力,为加快推进区域性金融中心和中央商务区建设奠定了良好基础。

一、2007年市南区金融业发展形势分析

(一)2007年市南区金融业发展基本状况

市南区依托青岛及周边地区快速增强的经济实力和青岛金融街的建设,立足区域自然环境优美、生活条件便利、商务环境成熟、现代服务业发达、金融资源丰富、聚集辐射力较强等比较优势,突出"金融机构集中、市场发达、信息灵敏、设施先进、服务高效、资本集聚"等区域性金融中心基本特征,充分利用金融业扩大开放和产业结构调整的发展机遇,积极谋划金融产业发展战略和突破路径,不断加大金融机构引进与培育力度,金融发展环境进一步优化,金融组织体系逐步完善,金融改革不断深化,金融创新日益活跃,各项金融业务迅速发展,金融支持服务能力显著增强,金融业在促进市南区经济社会发展中发挥了积极作用。市南区金融企业营业税连续三年保持40%以上的增长速度。

2007年,金融业作为市南区特色主导产业的地位得到进一步提升和加强,成为代表青岛金融业发展水平和综合实力的核心象征,以香港中路为中心的金融聚集区成为区域性金融中心建设的基础性和主体性

框架,作为金融中心的融资、服务和拉动三大功能在全市乃至周边地区经济社会发展中得到初步显现。

1. 金融组织体系日趋完善

市南区按照青岛市金融业发展总体规划部署,充分发挥区域金融资源优势,积极优化金融发展环境,不断创新招商思路和举措,着力引进和培育国内外银行、保险、证券、融资担保机构和风险投资公司,先后有恒丰银行、国际银行、新韩银行、民生银行、金鼎担保、永安保险、恒安标准人寿、海尔纽约人寿、中海投资担保等金融企业入驻,2007年又成功引进了都邦保险、渤海保险、太平养老金保险、兴业银行等4家金融机构。截至9月末,市南区各类分行、分公司级金融机构已累计发展到65家,占全市金融机构总数的98%,各类金融营业机构达到200多家。其中,政策性银行3家,内资商业银行16家,外资银行机构10家;政策性保险公司1家,内资保险公司24家,外资保险机构5家;证券公司1家,信托公司1家,资产管理公司1家,邮政储蓄1家,财务公司2家。以香港中路为金融业走廊,青岛金融街及其辐射区域(延安三路、山东路、福州路、南京路,以及毗邻的东海路)聚集了54家分行、分公司级金融单位,营业网点93处,山东省所有10家外资银行全部聚集在这里,外资机构数量位居全国第七位,形成了国际金融中心、人保大厦、汇融广场、光大国际金融中心、丰合广场、数码港等十几座金融业聚集的特色楼宇,基本建立起业态较为完整、功能较为完善的金融组织体系,成为山东省金融机构最集中、对外开放度最高、金融服务最完善的金融区域之一。

2. 金融规模稳健扩张

资金流、物流、信息流是现代经济发展的三要素,加速扩大金融规模,让青岛成为资金流的"洼地",是市南区金融业发展的核心所在。2007年,在认真执行国家宏观货币政策中,区内金融企业围绕创新金融产品、优化信贷投向、推进信贷规模扩大、不断拓展金融服务领域、支持改善民生与新农村建设等方面开展工作,信贷投向结构得到进一步优化,金融信贷投放呈稳健发展态势。从全市金融运行形势看,2007年1~6月份,青岛市金融业实现增加值57.87亿元,同比增长33.5%,占生产总值和第三产业增加值两项指标的比重分别为3.23%和7.88%;金融业实现地方税收7.48亿元,同比增长34.6%,占地方财政一般预算收入5.5%;到9月末,全市存贷款规模分别达到3976亿元和3327亿元,比年初分别增加575亿元和526亿元,余额存贷比达到83.7%,比年初增加1.5个百分点;保险业步入快速发展轨道,全市上半年实现保费收入39.5亿元,同比增长23.7%,在15个副省级城市中规模列第6位;股票基金交易额3791

亿元,同比增长117%;期货交易额946.48亿元。作为青岛金融业核心区,市南区相关指标均占以上数字的80%以上,彰显了金融业作为市南区主导特色产业的生机和活力,有力促进了区域财源建设和财力增长。

3. 地方金融机构改革发展实现新突破

青岛城市商业银行、青岛城市农村信用社等5家法人金融机构全部聚驻市南区。前期青岛市商业银行通过置换不良资产15.7亿元、利用国家税收政策核销3.2亿元、增资扩股3.4亿元;不良贷款率为2.9%,比置换前降低14.3个百分点。2007年,该行与意大利联合银行正式签订战略投资者引进协议,初步实现了引资、引智和引机制的结合,下一步将继续推进更名、跨区域经营、上市等各项工作,力争用3~5年时间发展成为全国性商业银行。农村信用社产权制度改革在山东省率先取得阶段性成果,至2006年末,金融机构资本充足率达到12%,比2003年末提高7.5个百分点;按四级分类口径,不良贷款率为5.4%,比2003年末降低10.2个百分点;2007年,农村信用社改革发展进一步深入,为组建全市统一的农村合作银行,并逐步向农村商业银行过渡积极创造条件。

4. 金融政策环境进一步改善

近年来,青岛市先后出台了《关于加快银行业发展的意见》、《关于加快保险业发展的意见》、《关于加快金融业发展的意见》、《关于开展建设金融安全区工作的通知》、《关于加强金融生态环境建设的意见》、《银行卡发展实施规划纲要》、《青岛市"十一五"金融业发展规划》等一系列导向性政策意见,形成了政策上引导、思路上指导、环境建设上主导、工作上督导的金融发展新格局。市南区也制定出台了《关于加快市南区金融业发展的意见》、《市南区发展税源经济奖励办法》、《市南区关于楼宇经济发展的奖励措施》等具体政策措施,通过加大政策引导力度和政府服务力度,将金融业作为全区"一楼多业"服务经济的主导产业之一,不断壮大金融产业集群,逐步完善金融服务体系,努力打造以香港中路为中心的金融产业聚集区。在招商引资工作中,市南区成立招商投资促进中心,建立多层次、开放式、国际化的立体招商体系和金融招商档案管理体系,建立政府与金融机构和商务楼宇的信息交流平台,为入驻金融企业注册、选址、税收、资金、户口办理、出入境审批等提供强力支持,对驻区金融机构高管人员租房购房、家属随迁、子女入学等方面给予全面帮助,积极引进国内外知名的投资、理财金融专家,大力表彰奖励对金融业发展作出突出贡献的金融机构和人员。截至2007年9月底,已将花旗银行、渤海银行、北京银行、上海银行等金融机构列入重点引进计划,花旗银行有望在 2007 年正式落户市南区。

(二) 2007 年市南区金融业发展存在的突出问题

1. 金融规模偏小,在现代经济中的核心地位不明显

虽然市南区服务业增加值在生产总值中的比重早已超过 86%,但就全市产业结构看,目前青岛正处于工业化转型阶段,劳动密集型、技术密集型和资金密集型产业并存,高附加值产业比重偏小,第三产业特别是现代服务业发展不足,难以总体上产生较大的现金流量。金融机构层次较低、金融业务范围狭小、资金流量不厚重、中小企业不活跃、民营经济发展滞后、经济总量对欧美国家的吸引力较弱等是制约市南区经济金融互动发展的重要原因,表明金融业在青岛仍是一个相对弱势的产业,与建设区域性金融中心的要求差距较大。

2. 总部及区域性管辖机构偏少,区域优势较弱

受管理体制影响,全省性金融机构和总部企业大部分集中在济南,市南区除少数金融机构为省级管辖机构外,其余均为市级管理机构,辐射半径受限;区内金融机构与省内其他地区金融机构在政策、业务上相对独立、缺乏合作,导致信贷资金往来不畅通,影响了金融机构对外辐射扩张。由于历史原因,长期以来青岛以工业发展为重心,忽视金融业发展,资本市场、期货市场培育和发展乏力,金融聚集区建设规划滞后,各项配套也不完善,导致除金融中介机构外,目前区内仅有 5 家地方性总部金融机构,保险法人机构尚属空白;大多数金融机构业务范围局限于青岛市区域内,辐射力和吸引力明显不足;外资机构辐射力和带动力尚未形成,对经济支持力明显不足。

3. 资本市场发育不足,整体金融市场不够完善

资本市场发展不平衡,市场品种和融资渠道比较单一。证券市场规模较小,资产证券化率 13.6%,低于全国 27.1% 的平均水平;境内上市公司 12 家,境外上市公司 4 家,上市公司数量与融资规模都远低于深圳、宁波、大连、厦门 4 个城市,未能完全体现青岛经济发展的实力和优势;后备上市资源严重不足,拟上市公司目前只有 5 家,高新领域缺乏上市企业,呈现"点高面低"局面。从其他融资渠道看,唯一一家信托公司刚刚起步,作用发挥不明显;仅有的一家法人期货公司,由于股东实力不强,经营业绩平平;大型企业集团虽多,但仅有 2 家财务公司;目前尚无自己的产业投资基金,尚未建立统一的租赁市场。上述现象导致企业融资额中间接融资占 98% 左右,直接融资仅占 2% 强,直接融资比例在全社会投资比例中占比严重偏低。

4. 金融创新不足，金融市场竞争水平不高

目前，北京、深圳等城市对金融业发展都给予了非常优惠的政策支持，出台了对金融业落户、住房、金融平台建设等方面直接资金支持、购买办公楼补贴、高管人员生活补贴等优惠政策，推动本地金融业实现跨越式发展。市南区乃至青岛市扶持金融业发展的实质性政策尚未出台，政府对金融资产控制权非常有限，使得金融业结构、规模和水平与市场需求存在较大差距。金融机构业务同质化严重，不能充分满足大量中小企业合理资金需求和为个人提供差异化金融服务的需要，居民货币资产主要集中于储蓄等；银行业资产结构不合理，大量贷款沉淀在资金占用量大、回报率低、回收期长的产业中；几个投资公司实力薄弱、力量分散，难以对金融业产生大的影响。保险业、证券期货业发展迟缓，与人民群众生活密切相关的医疗健康险、重大疾病、企业年金、责任保险等发展远远不够，政府主导下的社会保障体系与商业保险市场化结合不够，保险深度和保险密度均低于全国平均水平。

二、2008年市南区金融业发展形势预测

2008年，市南区应在总结发展经验的基础上，明确定位，发挥优势，创造条件，全力推进，进一步夯实区域性金融中心的基础和框架，实现金融业持续稳健增长。

(一)市南区金融业发展的有利因素

1. 具有天然的区位发展优势

青岛是山东半岛城市群和半岛制造业基地的龙头城市，是沿黄流域走向世界的大通道，是连接内地和海外两个扇面的轴心，是日韩产业转移的桥头堡城市，在东北亚经济圈中居于重要战略位置；青岛位于山东半岛东部，远离以杭州、宁波、上海为中心的"长三角"经济区域，距以北京、天津、大连为中心的经济区域也有一定距离，在这一范围内尚无一个城市的经济影响力能与青岛相抗衡，因而具有整合区域金融资源、建立辐射山东半岛乃至周边区域的天然区位优势。市南区作为青岛市中心城区和中央商务区，拥有得天独厚的服务经济资源和现代商务环境，早已发展成为区域性金融中心的雏形。

2. 经济发展前景为建设金融中心注入动力

青岛经济总量持续快速发展，结构布局日趋合理，对外开放日益深化，大企业效应和品牌效应明显，特别是近年来总部经济建设力度的加大和大项目的持续启动，物资流带动资金流，为市南区建设区域性金融

中心带来强大的活力,为壮大区内金融规模、增强金融辐射力和渗透力带来难得的历史机遇。民营经济活力不断增强和规模层次的逐步提升,为金融业发展提供了巨大的业务拓展空间;经济规模的壮大和大项目的建设需求也对金融产品创新、金融服务水平提出更高要求,有利于增强金融的发展后劲与层次,这些都为区域性金融中心建设提供了广阔的前景。

3. 完备的政策引导体系基本形成

从外围环境看,青岛作为沿海开放城市和计划单列市,政策独立性强,政策优势明显;市场化和国际化是区域性金融中心的两个显著特征,青岛无疑是区域经济中市场化和国际化程度最高的城市,建设区域性金融中心又将大大推动这一进程。从内部环境看,近年来市南区围绕金融三业(银行、证券、保险)发展、金融层次提升、金融环境改善、城市货币电子化等方面,先后出台了一系列导向性政策意见,形成了规划科学、措施有力、环境良好、成效显著的金融发展格局,金融三业既分工又配合的协作机制、金融与经济互动共赢的局面初步建立。

4. 区域性金融中心雏形基本具备

一是金融组织体系日趋健全,外向型程度较高。"一行三局"金融监管体系全面形成,区域性总部机构达到65家,其中外资金融机构16家,初步形成了功能完备、运转协调的金融组织体系。二是金融规模持续扩大,地方金融机构核心竞争力明显提高。农联社率先在全省完成重组,综合评价指标处于全省前列;市商业银行与意大利联合银行正式签订的战略投资者引进协议,为发展成为实力强、质量高的区域性商业银行奠定了良好基础。三是辐射带动力逐步增强。管理总部在青的全省性机构加快扩张辐射,外资金融机构对外辐射迈出可喜步伐,发展空间和整体辐射力逐步扩大;金融辐射力、产品创新力和经济支持力明显增强,区域性金融中心的融资、服务和拉动三大功能初步显现。

5. 金融发展社会环境日趋完善

全区各部门对金融业地位的认识不断深化,实现金融与地方经济和谐发展的共识基本形成;社会诚信体系建设初见成效,金融安全区和生态金融环境建设稳步推进。市南区金融环境的持续优化,全区促进金融持续发展的合力基本形成,初步实现了金融与经济社会的和谐互动发展。

(二)2008年市南区金融业发展趋势预测

"十一五"是市南区全面加快金融业发展、推进区域性金融中心建设的重要起飞阶段,必须以科学发展观统领金融业发展,坚持高起点规划和高标准建设相统一,重点突破与全面推进相结合,金融业发展与经济社会发展相协调,金融的集聚效应与辐射功能相互促进,增强金融的经济支撑能力与着力防范金融风险相统一,实现金融业又好又快发展。

从较长时期看,市南区围绕区域性金融中心建设目标,以改革创新为动力,以扩大开放为重点,以金融生态环境建设为保障,壮大金融规模,提升金融层次,增强金融辐射力和拉动力,强化融资中心、清算中心和外汇交易中心功能,形成货币、资本和外汇市场并举,在岸市场和离岸市场相结合,商品市场和期货市场互为补充,组织功能完善的现代化、国际化金融体系,初步建成以青岛为中心,立足山东半岛,辐射省内外,金融机构聚集、金融市场辐射能力强、金融产业化程度高的区域性金融中心框架,金融业成为现代服务业的支柱产业和先导产业,金融业在经济发展和城市功能运作中的核心作用基本确立。

从近期发展态势看,2008年市南区金融机构将突破70家,到"十一五"末达到80家,其中法人金融机构达到15家;金融业增加值保持年均15%的增长速度,到"十一五"末占第三产业增加值比重达到15%左右,占生产总值比重达到6%以上。

银行业。以国外知名金融集团和特色金融机构引进为重点,2007年后每年引进培育银行机构1~2家,"十一五"末达到40家;银行存贷款保持15%的年增长率,"十一五"末存贷款余额分别达到5500亿元和4500亿元,不良贷款额度和不良贷款率保持"双下降"趋势,拨备覆盖率达到80%以上,资本充足率达到8%以上,资产利润率达到1.2%左右,银行卡刷卡消费保持30%的年增长率,达到300亿元以上。

证券期货业。2007年后每年引进或开业证券期货机构1~2家,"十一五"末达到55家;证券交易总量保持20%的年增长率,"十一五"末占全国的比重达到3%;每年增加上市公司1~2家,"十一五"末达到20家。

保险业。2007年后每年新增保险机构3~4家,"十一五"末达到40家;保费收入保持20%的年增长率,"十一五"末达到120亿元以上,保险深度和保险密度进入全国先进城市行列。

金融中介。每年新培育金融中介机构10家以上,"十一五"末达到120家。

(三)推动市南区金融业实现跨越式发展的几点建议

针对市南区金融业规模不大、创新不足、深度不够、辐射不强等问题,立足金融发展的阶段性特征,按照夯实基础、点面结合、重点突破、全面提升的发展思路,近期应着力从七个方面实现突破。

1. 强化金融主体建设,实现机构培育引进新突破

以区内青岛金融街为依托,着力打造金融机构和功能集聚区,重点引进和培育法人机构、区域管辖机构,加快发展各类非银行金融机构,进一步确立在省内金融机构种类最多、数量领先的地位。一是抓重点项目引进,加大对欧美、日韩、东南亚及台湾等国家和地区金融机构的引进力度,争取2007年引进3家以上。二是抓重点机构发展,做大做强现有地方金融机构。增大市商业银行资本实力,率先培育成为省内区域性商业银行,用3～5年时间向全国性商业银行方向发展;推进农村信用社改革,争取两年内组建农村合作银行,逐步向农村商业银行过渡;争取金融机构总部支持,努力将已具备规模和发展潜力的金融分支机构升格为区域管辖机构。三是抓重点领域培育,支持有能力的投资公司参与金融机构资产重组,实现多元化经营;引导和鼓励大企业参股金融企业或合资组建金融机构,对基本具备组建财务公司条件的大型企业集团搞好服务和政策引导,争取成立1～2家财务公司。四是抓重点体系完善,加快发展各类非银行金融机构及中介服务组织,争取中外资金融机构在青设立票据中心、研发中心,大力发展证券保险代理、经纪等中介服务组织。

2. 调整优化信贷结构,实现金融规模扩张新突破

应围绕大项目建设、中小企业金融服务、新农村建设、社会发展和民生问题,重点向"三农"和民营企业倾斜。完善中小企业贷款授信评级、审批程序、抵押担保、激励约束等方面的差异化管理政策,充分运用利率手段覆盖风险;加强对居民消费信贷的支持,着力开发以拉动消费为重点的信贷产品。完善小额贷款工作的长效机制,推动建立小额贷款、创业培训与信用社区建设的联动机制。大力发展银团贷款,提高银行融资能力。创新信贷产品,实现金融服务的专业化、特色化和多样化。围绕建设区域性保险机构聚集中心、人才交流培训中心、资金运营中心目标,做大传统保险品种,发展保障型保险品种,开发适应民营企业需要的保险品种。

3. 强化金融服务功能,实现金融辐射新突破

一是探索建立胶东半岛区域票据交换中心,推动商业承兑汇票业务发展,加快区域支付清算体系建设。二是完善金融支农政策体系,深化农村信用社改革,推动农业银行和农业发展银行业务转型,推进邮政储蓄银行化,探索建设农村小额信贷组织,在开发农村创业贷款、置业贷款、俱乐部贷款、社团贷款等金融产品方面积极探索,加大对农村"路水气电医学"和农村文化建设的信贷支持力度。三是深化保险服务功

能,拓宽保险服务领域,完善多层次社会保障体系,在改革完善基本养老保险制度同时,推进发展企业年金保险,拓展企业和个人补充养老保险;发展商业补充医疗保险业务,支持商业保险公司参与城镇职工大额医疗保险;加大"三农"保险发展力度,引导保险机构参与农民意外、医疗、养老等保险保障,推动"保险示范村镇"创建活动,探索开发保费低廉、保障适度的保险产品;发展各类责任保险,积极争取部分保险公司和资产管理公司参与基础设施、重点项目、产业集群建设投资和创新投资企业试点。

4. 加快企业上市步伐,实现融资结构优化新突破

一是大力发展证券市场,扶持证券法人机构做大做强,成为具有较强辐射功能的区域性综合型券商。二是重视期货市场发展,吸引更多的期货公司入驻,逐步解决期货机构少、实力弱等问题。三是加强对企业上市的统筹规划,加大推动企业进入资本市场的力度,切实解决目前上市公司数量偏少和特色行业空白的问题,增加上市公司数量,优化上市公司结构。

5. 持续优化金融环境,实现和谐金融建设新突破

加强以"诚实守信、资金畅通、经济金融和谐发展"为标志的金融生态环境建设,实现经济金融协调发展。以保持金融市场安全稳健运行、防范和化解金融风险为前提,逐步建立起诚实守信、资金流动畅通、经济金融和谐良性互动发展的环境。一是推进社会信用体系建设,完善企业和个人征信系统。二是加强金融街培育发展,改善街内周边硬软环境,提升金融街的影响力。三是保持良好的金融生态环境,完善金融生态环境评价体系,形成金融生态环境建设的长效机制,有效化解金融风险。四是完善有关支持政策,加强与各金融机构总部的沟通,形成发展合力。

6. 实施金融人才战略,实现金融人才引进和培养新突破

根据金融各业人才特点,制定引进和培养计划,推动户籍制度改革,简化落户手续,创造宽松环境,提供便利条件,让市南区成为吸引各类金融人才的高地。进一步重视金融高级人才培养和发展,与金融院校联合建立金融人才培训中心,通过开展学历教育、组织专业讲座、举办业务培训等形式,为金融人才及金融从业人员提供继续深造机会,提高金融从业人员专业素质,造就一支适应现代金融管理与发展需要的金融家队伍。

(作者单位:中共市南区委党校)

2007～2008年市北区特色文化产业发展形势分析与预测

潘德华

近年来,市北区落实科学发展观,文化引领,挖掘特色,以特色街区文化打造特色城区,提出、实施了"文化兴区"战略,特色文化产业得到了长足发展。相继建设了登州路啤酒街、昌乐路青岛文化街、台东三路商业步行街、辽宁路青岛科技街、延安二路青岛婚纱摄影街和镇江北路青岛家具街6条特色商业街,具备了发展特色文化产业的基础和条件。截至2006年底,市北区的文化产业经营单位1000余家。其中,音像直销店74家、连锁店27家;演出场所5家、演艺场所3家;书店79家,工艺品书画店104家,图书店349家;复印店123家,娱乐场所81家,书画店、古玩店、印刷企业101家。

一、2007年市北区特色文化产业发展情况分析

(一)2007年1～9月份市北区特色文化产业发展基本情况

1. 加强规划,完善管理

市北区重视文化产业发展,制定、出台了《关于加快文化事业和文化产业发展的意见》,明确了发展思路、重点和方向、目标。从市北区的实际出发,以创意、演艺、节庆、婚庆作为年度发展文化产业的切入点,调整了特色街的管理体制,在科技街已有专门管委会的基础上,青岛文化街、青岛啤酒街、婚纱摄影街三条街由市北区特色街管委会管理,其余六条街分别就近由所在的街道办事处管理。

2. 打造"青岛文化街"品牌,构筑辐射平台

昌乐路文化市场原有的设施、道路、管理已远远不能适应经济的持续发展和市民对文化产品需求日益提高的要求,为此,市北区投巨资将其打造成具有欧式风格的,集文化娱乐、购物休闲、文化商品交易、文化创作、文艺演出、文化展示等于一体的文化特色一条街,以充分发挥文

化街的行业聚集与辐射带动效应,进一步带动区域经济的发展。作为全国唯一获得"国家级文化产业示范基地"的青岛文化街,截止到 2007 年 9 月底,经营面积为 6 万多平方米,集聚商家 430 多家,加上文化市场地摊共 600 余家,年营业额约 6 亿元左右,2007 年组织了中韩书画笔会、青岛文化街鉴赏拍卖专场暨 2007 青岛夏季艺术品拍卖会、"百姓才艺大比拼"文艺活动、"2007 青岛(首届)全国奇石古玩工艺品文化艺术交易展览会"、中国青岛(首届)连藏文化交流会等活动,成为青岛市乃至山东省颇有影响并在全国也占有重要地位的文化市场和字画、文物、古玩等交易的重要场所。

3. 发挥"青岛啤酒"品牌效应,发展啤酒文化、美食文化

以登州路驰名中外的青岛啤酒一厂、国家 AAAA 级景区青啤博物馆为依托建设的登州路青岛啤酒街,突出啤酒特色,突出发展了啤酒文化和建筑文化。从实际的经营业态,到文化氛围的营造,都体现了啤酒文化、饮食文化、民族文化和时尚文化的统一,使得青岛啤酒街独具特色的文化内涵愈加彰显。2007 年,在啤酒街周边的延安一路、广饶路等培育形成一批啤酒特色店;引进国内特色名吃,建成寿光路美食街;重视扶持引导提高酒店档次和服务质量,积极向周边拓展,培育了一批特色酒店、酒吧。

4. 开展丰富多彩特色文化活动,扩大特色文化影响

(1)萝卜会。最早起源于台东附近的清溪庵庙会,是青岛最早的大型民间庙会,至今已有 600 多年的历史。2007 年青岛(市北)元宵山会、萝卜会,有百余项文化活动。萝卜会上商家云集,人流如潮,各类商品琳琅满目,与会人员达百万人次。结合 2008 年奥帆赛开展万人健身舞蹈表演、武术大赛,以及评出质量最优的"萝卜王"和"元宵王",都是 2007 届萝卜会·元宵山会的亮点。艺术的萝卜雕刻增加了许多表现奥运的主题。五福娃娃、奥运五环、奥帆标志等填充了整个会场。其他手工表演如现场萝卜雕刻、拉面、七仙女送萝卜等也吸引了不少市民的眼球。歌舞、秧歌、旱船等表演为萝卜会增添了不少喜庆气氛。

(2)啤酒街、家具街文化活动。组织了赏酒节、啤酒节、"美食节啤酒美厨娘大赛"、"家居设计大赛"、"2007 交通银行杯全国三十省市函寄谜会猜"、"喜迎奥运盛世情·欢乐祥和在市北"、"第三届汽车与生活展览会"、"奥运风、海尔情——海尔集团新品展示"等活动。

(3)婚庆文化活动。拓展延伸婚纱街,在榉林公园建设婚纱外拍基地,并开展多项婚庆文化活动,打造婚庆品牌。2007 年"市北都市经济促进月"期间,举办了青岛婚纱摄影街婚庆主持人大赛、"2007 结婚万岁·婚庆文化博览会"、"第三届婚纱摄影推介会"等。"五洲婚礼",展现了传统汉代婚礼、探戈风情阿根廷婚礼、斗牛之歌西班牙婚礼、土著

迷彩非洲婚礼、太极相亲韩国婚礼等世界有关国家婚礼习俗。

5. 新建扩建一批特色街，扩展特色文化

2007年，对利津路、北仲路、沈阳支路进行统一规划和综合整治，实施亮化美化，进行业态引导，新建成利津路文化用品一条街、北仲路体育用品商业街和沈阳支路电子元器件一条街，进一步促进市北区特色经济发展。台东三路步行街、北仲体育街等特色街周边，有针对性地加强环境、设施的改造、美化，如体育街周边的房屋都以体育项目、人物装饰，街内、附近建设了许多体育雕塑等，体现文化特色。

6. 特色文化旅游方兴未艾

市北区在市内四区率先成立专业的旅游局，研究制定旅游业发展政策，策划实施旅游市场开拓、旅游产品开发策略。截止到2007年9月底，已相继打造了包括青岛山炮台、电视观光塔在内的国家AAA级景区、青啤博物馆国家AAAA级景区及青岛港国家工业旅游示范点等一批独具特色的旅游产品。"市北区特色商贸旅游区"正式通过青岛市旅游局颁发的国家AAA级旅游景区评定，此次获批的特色商贸旅游区包括台东三路商业步行街、昌乐路文化街、登州路啤酒街、延安二路婚纱摄影一条街等特色街道组成的旅游区域。2007年市北区旅游产业呈现前所未有的发展活力，仅啤酒街日均接待游客就达4000人次，台东三路商业步行街节假日客流量达50万人次，巨大的人气、商气、财气的涌动、集聚，使市北台东特色商贸区成为全市最繁华、最有吸引力的商贸旅游区之一。

7. 启动创意产业，提升特色文化水平

2007年，市北区制定了创意产业发展总体规划，确定优先发展的产业门类，在已建成和在建的都市工业园，充分利用闲置厂房等资源，大力引进软件业、服装设计、研发设计、建筑设计、艺术传媒、咨询策划等创意产业，开发建设驼峰路等2处创意园，以创意产业推动都市工业园的升级换代，进一步提升特色文化水平和档次。

(二) 2007年市北区特色文化产业发展存在的问题、不足

一是文化资源深层次开发和利用不足，文化产业市场竞争力不强。市北区文化资源相对丰富，现有的文化资源呈现出"多"与"散"并存的特征。由于长期受到传统产业理念的影响，相当大一部分文化资源没有转化为文化产业。而现有的文化产业，由于大部分起步较晚，加之资本、管理、科技等方面因素的制约，也普遍存在着规模小、经营分散、粗放经营占主导地位、文化产业的附加值低、缺乏市场竞争力的问题。

二是文化产业结构不尽合理。核心文化产业成长不够，没有发挥核心作用；新兴文化产业规模较小，动漫、广告、创意等新经济增长点发展滞后,科技含量高、附加值大的文化产业比重较低。

三是区位环境的劣势。市北区是传统的居民区、老城区,建筑设施、道路设施等相对陈旧,尽管经过几年的建设改造,总体环境大大好转,但一些问题仍然存在。如青岛文化街附近存在一个果品批发市场,其产生的噪音、腐烂气味等,与文化街的文化氛围极不协调。

四是高层次的文化产业人才相对不足。市北区文化原创、文化研究、文化经营、文化管理等人才普遍短缺,成为制约文化产业快速发展的瓶颈。严重缺乏对文化产业懂行、内行、会经营管理的人才;缺乏专业的经营、策划、中介人才;缺乏文化产业生产如书画创作、广告制作等在国内、省内真正有一定影响和实力的大家、名家。

二、2008年市北区特色文化产业发展预测

(一)影响市北区特色文化产业发展的因素分析

1. 有利因素

面临良好的宏观大环境。21世纪,世界经济正面临一场深刻变革,文化与经济的相互融合已使文化产业成为经济社会发展的重要增长点。联合国教科文组织指出:发展可以最终以文化概念来定义,文化的繁荣是发展的最高目标。国家、省、市颁布的一系列关于文化产业发展政策,将强力推进市北区文化产业的发展;我国服务贸易领域的逐步开放也吸引了更多的文化产业资本和人才进入。青岛市在山东的龙头地位、经济社会的发展、旅游环境的改善、2008年奥帆赛的举办,将吸引更多的国内外客人到青岛,其中的一部分必然会到市北区消费、购物,市北区文化产业发展的机遇不言而喻。随着经济社会的发展,文化消费的不断增长,在国民经济中所占比重也将稳步上升。这种利好的发展大趋势给文化产业提供了良好的外部发展环境。

具有特色的区位优势。市北区历来是商贸、服务业繁华地区,近年来又引进10多家世界500强和其他国内外商贸企业巨头如沃尔玛、家乐福、易初莲花、利群、大连万达等,打造了青岛科技街、啤酒街、台东三路步行街等多条在全市、全省都有一定名气的特色街,更增加了市北区的超旺人气,这对市北区文化产业的发展无疑具有一定辐射作用。便捷的交通条件和大流量的消费群体,也对市北区文化产业的发展具有一定的拉动作用。

独有的品牌优势。市北区有被确立为"国家级文化产业示范基地"的青岛文化街,是全国唯一荣获此殊荣的文化街,这是一块无价的金字招牌。还有多条在青岛乃至全省都已有一定影响的青岛特色街,为文

化产业的发展奠定了良好的基础、氛围。

具备有利的基础和条件。科技街孵化功能日益完善，文化街硬件设施一流，啤酒街的啤酒文化、婚纱街的婚庆文化也有一定影响力，为文化产业发展提供了平台；文化街的图书批发、电话磁卡等在全市乃至全省都有较大影响，已成为提升文化街品质的重要基础；数量众多的都市工业园区为文化创意产业的发展提供了空间；辖区内的大专院校、文艺团体、专业演出场所，青岛山炮台、青岛港、青岛啤酒厂等历史人文资源，都是市北区文化产业发展的重要源泉。

2. 不利因素

思想观念的制约。一是在许多问题上还在"姓社姓资"上兜圈子。二是没有把文化产业作为经济社会发展的独立形态来看待，往往把文化产业当作文化事业和公益性文化事业，没有确立起文化产业化的战略地位。三是普遍存在对文化产业本质、概念、对象、范围的片面认识，在整个文化建设中缺乏明确的发展目标和规范标准，导致对文化产业的观念模糊，使得实践运作困难重重。四是把文化产业只归于第三产业，而没有科学地确立文化产业是精神生产的现代形态的时代观念。五是在文化产业发展方面，政府的行政性较强。六是过分强调文化产业的社会效益而忽视了文化产业的经济效益。

文化体制不合理，文化产业市场拓展能力差，资金"瓶颈"难以突破。缺乏科学管理，内部结构僵化，市场意识薄弱，带来了产业发展障碍。大部分文化产业经营单位，缺少文化产业发展的专项资金，投入规模有限，不能有效提高文化产业的软件、硬件水平，提升市场拓展能力，因此很难有突破性的发展。

青岛文化街房屋产权分散，影响文化街的管理、发展。文化街的房屋产权分别归属中意达、交运、市北区等7家，产权比较分散，在当前市场经济条件下，企业注重的往往是经济效益，其所属产权的房屋租金价格不断上涨，政府则考虑文化产业的长远发展、社会效益，对房屋租金上涨等市场行为，政府无权、无力控制、限制，只能协商、协调、引导，这在一定程度上影响了文化街的统一规划、设计、管理和发展。

另外，兄弟区（市）的竞争，以及文化产业要素市场培育不足等，都将制约市北区文化产业发展的速度和质量。

(二)2008年市北区特色文化产业发展预测

2007年第四季度和2008年，市北区的特色文化产业将有较大发展。预计2008年，市北区特色文化产业营业收入将达到11亿左右，上缴利税3000万元左右，产业增加值比上年增长10%左右。

1. 将进一步加强文化市场建设，创建良好的市场环境

2008年,市北区将逐步放宽投资领域和文化市场准入条件。积极吸引外资参与文化产业经营及文化设施建设,探索与外资合作发展文化产业的经验。按照《国务院关于非公有资本进入文化产业的若干决定》等对文化产业各个门类降低门槛,向民营资本开放。搞好市场基础建设,支持鼓励流通企业向集团化、系统化、网络化、品牌化方向发展。将运用现代市场组织形式和连锁经营、物流配送、电子商务和电影院线等现代营销方式,拓宽流通渠道,有效整合市场,促进文化产品流转顺畅,提高企业经营质量。将加快文化产品市场和生产要素市场建设,发展市场中介组织,培育文化消费市场,提倡健康文明的文化消费方式。将进一步完善文化市场管理机制,加大文化市场执法力度,强化文化市场监管,依法规范文化市场秩序,健全文化市场体系,为文化企业提供全方位的优质服务。

2. 将积极整合文化资源

2008年,市北区将鼓励、依托有实力的文化企业,以市场为导向,以资本为纽带,以精品品牌为龙头,打破地区、部门、行业、所有制界限,运用联合、兼并、重组、上市等方式,整合文化优势资源,形成若干个有自主知识产权和文化创新能力、主业突出、核心竞争力强的文化产业集团和基地。

3. 用高新技术提升文化产业竞争力

2008年,市北区将推进高新技术与文化产业紧密结合,提高文化产业科技含量。用高新技术和适用技术改造传统文化产业,培植开发文化产业各门类特别是动漫、创意、网络文化业等与高新技术密切结合的新兴产业,以高新技术来提升自身实力和国际竞争力。将积极引导和支持软件开发商、网络运营商、内容供应商等各类企业开发具有先进技术水平、自主知识产权、民族特色和地方特色的高科技文化产品,达到国内先进水平。

4. 加大管理、引导力度,提高文化产业经营者综合素质

一是针对一些经营业户经营管理中存在的问题,将加强其市场营销、法律法规等知识的培训,提高其依法经营管理的能力、素质,改变落后的经营理念,引导其办成有一定特色、个性的店面,形成错位经营,达到既有共性,又有个性;二是由文化街管理办公室牵头,组建文化街经营业户商会或协会,制定章程、公约,加强业户的自我约束、自我管理、自我监督,促进交流、往来关系的协调,加强自律,维护市场秩序,提高经营信誉,形成有序的竞争机制,促进文化街和各业户的健康发展。

5. 将加大各种文化艺术活动的设计运作,营造氛围、扩大影响

一是2008年区内各种重大活动如萝卜会·元宵山会、都市经济促进月、夏季文化活动月等尽量在文化街或附近举行。二是设计安排丰富的文化活动。如周末文物大集,组织书画比赛、艺术节,举办青岛图书文化节、景德镇瓷器展览等,做到月月有活动、周周有人气。三是重要节假日,由政府主导、市场运作,更多地邀请国内外有一定影响的书画大家、演艺名家等,在文化街举办大型的、高档次的书画展示、文艺演出活动等。

(三)加快市北区文化产业发展的对策建议

1. 进一步加强全区、文化街文化产业的规划管理

建议成立市北区文化产业发展领导小组或文化产业发展指导委员会,由分管区长为组长或主任,成员由宣传部、文化局、发改局、特色街管委会、组织人事部门等组成,统一领导、组织、协调、管理全区文化产业的发展,制定文化产业发展规划,明确市北区、文化街文化产业的发展定位,解决多头管理的问题。

2. 优化环境,壮大实力

文化产业是一个新兴产业,需要依靠法律、行政、经济等综合手段支持和促进其发展和壮大。因此,要结合市北区特别是青岛文化街的实际情况,在国家法律法规的框架内,建立和完善有关的文化管理体制和文化产品的生产经营机制,打造统一开放、竞争有序的文化市场体系,并尽快出台一批鼓励文化产业发展和壮大的产业政策,包括财政税收、分配激励、投资融资、文化资源保护与开发利用等政策,为文化产业的发展提供良好的政策环境。重点扶持、积极引导和鼓励民间资本投入艺术品业,努力扩大艺术品生产规模,致力于艺术品生产多样化、个性化,全力打造文化艺术精品和自主品牌。

3. 吸引培养人才,激发文化产业发展的动力

一是进一步优化人才成长环境,以优惠的政策、优厚的待遇、优良的环境吸引和集聚优秀文化创作人才和文化经营管理人才;二是以创新能力、创作成果和经营管理实绩为主要标准,去发现人才,重用人才,留住人才;三是构建人才信息库,积极发现和保护民间文化艺人,发挥他们在传承民间文化艺术领域中的作用。培养和引进文化研发人员,鼓励他们多出原创性作品,提高文化产品的市场竞争力,通过多种途径,容纳一批既有开拓能力又有经营能力、既懂文化又懂市场的文化经营者,为文化产业的发展提供不竭动力。

4. 建立多元化的文化产业发展投融资机制

坚持政府引导、金融支持、社会参与的投资原则,落实国家、省、市

支持文化产业发展的各项财税政策，放宽文化产业准入领域和条件，坚持谁投资、谁所有、谁受益的原则，积极鼓励、引导民间资本以股份制、股份合作制、合伙制及个体私营等多种形式参与兴办文化企业，逐步形成政府投入和社会投入相结合，多渠道、多元化的文化投入机制。还可成立"市北区文化发展基金会"或"市北区文化发展中心"，作为区政府委托的非营利中介机构，负责对全区文化项目或重大文化活动进行遴选、评估和资助、策划运作等，通过对项目的权威评审、资金的使用监督、效益的综合评价，为投资文化产业的单位、个人提供有公信力的平台和中介。

（作者单位：中共市北区委党校）

2007~2008年四方区物流园区发展形势分析与预测

修丰东　于雪红

发展物流业是四方区落实科学发展观、实现又好又快发展的途径之一。加快物流园区建设是四方港区发展的需要，也将为青岛市提升经济辐射能力和服务功能，实现可持续发展提供新的动力。

一、2007年四方区物流园区发展情况分析

（一）2007年四方区物流园区发展基本特点

四方区物流园区的建设与发展，以四方港口物流节点为依托，以龙头企业拉动为载体，以政府的政策支持为主导。

1. 依托政府支持，规划物流园区

现代物流业是青岛市为充分利用开放型口岸城市的优势，培植经济新增长源、实现经济新一轮腾飞而构筑的重要载体。正在建设的四方港物流园区得到青岛市政府的高度重视，截止到2007年9月底，已列入《青岛市现代物流发展规划》、《青岛港总体规划》、《青岛市环胶州湾工业走廊发展规划》，这给四方老工业区发展现代物流园区带来新的发展机遇。根据城市发展规划和《青岛市四方区西部片区控制性详细规划》，四方港物流园区的规划范围约为5平方千米，是一个集物流核心区、生产加工区、专业配套区于一体的综合性功能区，占地约250公顷（包括铁路占地12公顷）。物流园区主要分为两大片，沿胶济铁路东西两侧分布：①铁路以西的临港物流区域。位于环胶州湾高速公路以东、胶济铁路以西、开封路以南、宜昌路以北，总面积148.62公顷，部分工业用地兼容为物流仓储用地。②铁路以东的仓储物流区域。仓储物流区又分为四个片区，包括开封路片区、大沙路片区、宜昌路片区、孤山西侧的美清工业园片区，总面积约90公顷。

2. 依托完善的政府职能定位，建设物流园区

政府的正确定位在很大程度上决定物流园区的形成和发展。截止到2007年9月底，四方区具体抓了以下三个方面工作：一是加强对园区内土地供应的控制，留有足够的仓储用地和港口支持用地，保持物流园区的完整性。在概念性规划出台之前，四方区政府协调市规划部门严格执行西部片区控制性规划，加强与市国土部门对园区初定范围内土地的变性与出让的工作协调；概念性规划出台后，四方区政府结合物流园区发展需要，对规划区域内土地性质作适当调整，由园区开发主体企业取得土地使用权。二是加强园区基础设施配套建设。积极协调市政府有关部门将该园区红线外基础设施配套，对园区内开封路、兴隆路等主次干道的改造，优先列入全市基础设施配套计划。同时，实施市场化运作，交由企业进行配套建设，政府分期偿付配套资金。增加园区范围内小街小巷的整治资金。三是制定一系列优惠政策。园区红线外所有配套由政府负责，开发商享受红线内配套费用的适当减免；入园企业享受国家、省、市物流产业的相关发展政策；自企业注册入园日起，区政府连续2年全额返还其上缴税收的区级所得部分，自第三年起连续三年分别返还其上缴区级所得的50%、40%和20%。

3. 依托港口物流节点，打造物流园区平台

依托港口发展物流园区可以达到事半功倍的效果，国际物流量90%以上是由海运完成。四方港区建设分为南、北两个片区，北区建设项目从2002年开始，由专业公司组织实施，建港前期工作2006年11月全部完工，总投资约5.5亿元。截止到2007年9月底，港区建设正在进一步加快实施中，为四方物流园区的建设注入了广阔的发展空间。

4. 依托龙头企业拉动，促进物流企业集聚

四方区物流园区的主导开发模式是通过大力引进产业关联度高、辐射力大、带动性强的龙头型企业，形成"落户一家、带来一片"的良好局面，加速物流产业链的形成。2002年，四方区与山东胜利股份有限公司签订了总投资5.36亿元的联合开发合同，成立了青岛胜通海岸置业发展有限公司，组织实施四方港区北区建设。截止到2007年9月底，美国联邦快递等物流项目已落户四方，中国外运山东有限公司仓储物流项目投入运营。继而四方区将与国内某著名大型港航物流上市公司签约，并由其主导整个物流园区的开发与建设，该公司是著名的大型港航企业，主要经营港口物流、驳船网络和海铁联运等业务。由其主导四方港物流园区建设，将带动一批物流服务业聚居四方，包括进出口货物的存储、集运、分拆、报关、报检和运输企业，以及提供分拣和包装、贴标签、挂价格标牌、品质检查、条形码、打托盘、打薄膜、搬运纸垫、熏蒸、打包及库存管理的增值服务型企业的进驻，最终形成物流园区多层次

的服务产业融合体系。

(二)四方区物流园区发展需要解决的困难与问题

1. 市场推广难度较大

首先,在宣传投入上,四方区是青岛的老工业区,为了在新的历史条件下实现新发展,需要在方方面面都进行必要的资金投入,这就使政府不能拿出更多的资金来进行物流园区的市场推广宣传。其次,在宣传形式上,园区目前的宣传方式主要有两种,一是借助市政府的总体发展规划进行的宣传,主要表现在《青岛市四方区西部片区控制性详细规划》和《青岛港总体规划》两个规划当中;二是向有意入驻物流园区的企业发放与展示的彩页和电子资料。相对于当前形式多样的宣传方式,如报纸、电视、路边大型广告标牌、网络、商业会展等,物流园区的宣传方式明显较少。再次,在宣传范围上,由于受到宣传投入与形式的限制,目前四方物流园区的宣传主要面向的是有意进驻园区的企业和政府有意引进的企业。虽然这样可以增强宣传的针对性,提高宣传效率,但同样会产生宣传范围窄、较难形成关注热点、忽视潜在商家等不足。

2. 物流服务平台建设有待加快

信息化是发展现代物流的灵魂,对加快现代物流产业发展,真正实现由传统物流向现代物流转变具有重大意义。物流园区服务平台应包括公共信息服务、商务服务及辅助生产、生活服务等系统。四方物流园区的基础硬件设施已经开工建设,并有了初步成果,目前也已经有部分企业入驻或正在入驻,但是与园区建设与发展相配套的物流信息服务平台建设滞后。到目前为止,围绕四方物流园区尚未形成专业化信息服务平台,园区内物流企业发布及查询物流信息只能通过青岛市其他物流信息平台,如青岛港物流信息网等。在服务管理系统方面,工商、税务、海关、商检、银行、保险等与物流有关的服务管理工作还有待启动。

3. 物流人才短缺

据资料显示:2006年末,四方区从事交通运输、仓储和邮政业的全部职工人数为2203人,其中专业技术人员为392人,仅占总人数的18%;具备一级职业资格的人员5人,所占比例不到2%。造成四方物流园区建设过程中,物流人才短缺的原因主要有三点:一是物流行业是新兴行业,是现代服务业中的朝阳产业,高校学科建设相对滞后,物流专业教育刚刚起步,尚未培养出足以满足整个行业需要的人才队伍;二是青岛市相对物流行业较为发达的区(市),其物流业的建设与发展将原本就有限的高级专业物流人才中的绝大多数吸引了过去;三是四方区物流行业相对薄弱,还不能为高级专业物流人才提供施展才能的发展空间。

4. 物流园区内辅助基础设施配套不完善

优秀的物流园区必须具备较为完善的辅助基础设施,这些设施主要是指园区内的道路和水、电、气、光纤等地下管网设施。目前,四方物流园区所在的位置是四方区内自然村庄较为集中的区域,该区域内的道路规划建设水平起点较低,该区域内的水、电、气、光纤等地下管网配套设施基本没有,相关市政基础设施也不完善。这些辅助基础设施的不完善将制约四方物流园区的建设与发展。虽然近年来已经进行过综合治理,但仍远远不能满足物流园区建设与发展的需要。物流园区内的主要道路兴隆路、唐河路、傍海路和镇平路早已超过大修翻建周期,损坏老化严重,道路补丁特别是雨后坑洼众多。目前正在建设的园区启动项目因路况不好影响工程建设。

二、2008年四方区物流园区发展趋势预测

(一)影响2008年四方区物流园区发展的有利因素分析

1. 四方区物流园区发展的环境和政策

当前国民经济快速发展,商品与服务买方市场出现,企业群体的发展对专业化物流服务需求大增,城镇居民商品消费对商品特色、商品质量功能和商品服务的要求也日渐提高,这一大环境对发展物流园区极为有利。在政策环境方面,国家对加快现代物流业发展非常重视,商务部、铁道部、交通部、信息产业部、中国民用航空总局曾联合下发《关于加快我国现代物流发展的若干意见》,山东省和青岛市政府先后制定《山东省加快物流产业发展的意见》、《青岛市加快流通企业发展的意见》,对加快物流业发展提出了新的目标和具体政策措施,这些政策环境必将促进四方物流园区的大发展。

2. 四方区物流园区发展的经济条件

青岛的临港工业和外向型经济发展已粗具规模,在临港工业发展中,家电电子、石油化工、汽车、机车、造船以及新材料等产业加速扩张,增加了青岛物流产业的内聚力和辐射范围,而且青岛市对外贸易步伐不断加快、增速明显提高。外贸出口大户如青岛海尔、青啤等国际化经营企业,大都将2/3的产品在国内生产,2/3的产品在海外销售。这种生产结构,形成青岛市城区发展物流产业的辐射能力和服务功能,产生了大量的供需关系和物流渠道。专家预计,青岛市1/3进出口的集装箱量从市区产生,这将为四方物流园区发展创造条件。

2006年,四方区第二、三次产业结构以第二产业为主体、第三产业

为辅,其结构比为51.8∶48.2。第二产业以机械装备制造、能源化工、纺织加工等为支柱产业,第三产业以商业贸易为主导。与产业发展相呼应,四方区在企业结构方面,规模以上的工业企业、批发零售商业贸易企业在资产规模、产销量以及收入等方面在全部工商企业中都占较大的比重,高达75%以上。另有300多家外商投资企业集聚在四方。

机械装备、能源化工、纺织加工等是四方区目前及今后重点发展的支柱行业,大部分生产企业都是围绕这三大行业展开的,这种产业结构,导致了四方区在青岛市区域内有别于其他区市的经济发展空间差异,产生了存在于青岛市区市之间、山东省内、全国以及与国外许多地区的原材料、半成品、产成品等的进出,形成了彼此的供需关系和物流渠道,存在着大量的煤炭、石油、钢铁、建材、粮食、化工以及零担、集装箱等物资商品的运输和配送。这些生产企业出于原材料外采和产品外销的需要,较为注重跨区域范围的批量物资送达与分拨等物流服务能力。

3. 四方区物流园区发展的腹地和市场

广阔的港口腹地为四方发展物流园区提供了货源保证。青岛港传统的经济腹地为青岛市、山东省及河南、河北和山西省的部分地区。但随着市场经济体制的建立,港口经济腹地开始打破单纯以地域来划分的模式。依托后方综合交通网络与市场的拓展,青岛港经济腹地以远达华北、西北以及华东、华中和西南的部分省区,其中环渤海地区"三省二市"、沿黄河流域和亚欧大陆桥沿线各省区,已成为青岛港主要经济腹地。市场需求的大小也直接决定了四方物流园区的规模,根据资料统计与实地调查,目前青岛市及四方区生产与商业企业出于其各自的经营需要,对于物流服务的专业性要求越来越强烈,相当数量的工商企业开始直接在市场上寻找仓储、运输企业,原有运输系统的企业逐步向寻求第三方物流供应转变;特别是原来的储运企业由过去对单纯仓储、运输的需求开始逐步发展为对仓储运输在内的综合物流的需求。因此,在四方区公共性物流服务需求中,工商企业物流服务需求拥有较大的市场空间,这种局面将对四方区现代物流园区的建设与发展在业态构成上产生重要影响。

4. 四方区物流园区发展的区位优势与土地优势

四方物流园区首先可以依托区位优势,打造多式联运发展模式。四方区公路网络四通八达,城区内拥有主次干道近200条,进出青岛的环胶州湾高速、308国道贯穿全区;铁路运输:四方火车站和沙岭庄火车站两处客货混运站是青岛市的铁路运输主要接点,分担着青岛市铁路运输相当的运量;水上运输:四方港区是青岛市"十一五"新建港口之中进展最快的港区;航空运输:四方港区北至流亭国际机场不到10千米,是空港联运综合成本最低的区位所在。交通枢纽地带使得运输方式相对集中,为低成本、高效率的多式联运发展提供了保障。

四方区的土地优势主要表现在园区可开发、利用的土地资源丰富。随着青岛市城市化水平的不断提高,四方从以前的城市边缘工业区变成现代的城市中心区,工业地段的发展更新,要求老工业向郊区工业园转移,城区中土地资源丰富,目前四方区总体共有土地53宗,面积总计226.9公顷。规划工业用地19宗,面积合计72.4公顷,其中可兼容为三类仓储用地7宗,面积合计29.15公顷。规划仓储用地17宗,面积合计83.31公顷。可供启用地:胶州湾高速公路东侧、开封二支路南侧、沙岭庄火车站西北部闲置土地2宗,瑞昌路高速入口南侧闲置土地1宗,面积合计29.52公顷。四方区丰富的土地资源是发展物流园区的保障。

5. 四方区物流园区发展的基础条件

四方区发展现代物流已具备一定基础和优势,综合运输网络已基本形成。当前,四方区在物流领域已集聚了一批从事与物流相关服务的企业,从物流相关企业的经营现状分析,这些企业已拥有一支具有从事物流相关服务、具备了相当的服务经验的经营者队伍,并不断发展壮大。部分企业已开始依托现代物流服务理念进行服务尝试并制定发展现代物流的规划,出现了青岛天人物流有限责任公司等现代物流服务业态,目前四方区共有物流法人单位94家,其中交通运输68家,仓储业单位26家,从业人员达3506人。四方区已具备了发展现代物流的企业组织条件。

(二)2008年四方区物流园区发展趋势分析

1. 物流园区内战略联盟合作机制将逐步形成,并提升其赢利模式

2007年第四季度和2008年,四方港引入的大型港航上市公司主导物流园区建设,其发展必将拓展港口物流业国内外战略联盟,扩大港口服务的范畴;不仅会加强与其相关的终端物流和干线物流的联系,扩大服务范围,开拓服务,而且会与国际物流业结合,有重点地发展国际物流,促进四方港物流园区的国际化发展。

2. 物流园区的基本功能将得到进一步发展

物流园区是物流组织活动相对集中的区域,在外在形态上不同园区有相似之处,但是,物流的基本功能、核心功能与延伸功能因园区的地理位置、服务地区的经济和产业结构及企业的物流组织内容和形式、区位交通运输地位及条件等将得到发展。

2008年,初创期的四方物流园区将发挥四方地理交通优势,提供

仓储、多式联运等与货物转运有关的基本物流服务功能,使四方区物流服务设施与物流服务企业在园区建设与运行过程中得到有机结合,从而有力地加强现有铁路、公路、水运、航运的设施衔接以及交通运输设施与库、场设施的衔接,使现有物流资源得以合理整合,基础设施及其技术装备的运作水平得以提高。

3. 物流园区将带动四方区产业结构优化

现代物流业已经成为国民经济的重要产业和新的增长点,物流服务业与制造业融合发展也已成为老城区又好又快科学发展的途径之一,四方区作为老工业城区,现代服务业相对落后,离"产业经济型"与"服务型经济"的对接与转化存在距离。优化第二产业结构,提高第三产业特别是发展现代物流业拉动经济发展水平,将大大改善区域产业体系内容,而且可以形成以服务生产者和促进分工深化为主要内容、具有知识和技术密集的现代物流产业,从而有助于改变四方区传统工业技术和产业升级所需的知识和技术信息,为区域产业结构优化提供优质的平台,为四方区经济的可持续发展提供新的产业成长支持,推动区域经济结构调整和经济发展方式转变。

4. 以信息化为依托的物流园区发展将出现飞跃

四方物流园区将通过信息化建设,发挥物流信息平台系统管理的功能,使物流中心通过该系统获得商务信息,以适应市场的变化,实现对物流中心各供应链的全程管理,建立通畅的指挥及信息反馈系统等。同时,四方物流园区将会形成按照各自的功能、主导企业的物流管理要求、园区范围内基础的信息服务环境的建设需要等方面的因素和特点,形成依托物流园区的多样化、信息化发展局面。

(作者单位:中共四方区委党校)

2007~2008年崂山区休闲度假旅游产业发展形势分析与预测

姜 伟

社会发展到一定阶段,随着社会生产力的提高,物质财富相对富裕,人们逐步转向文化的消费与精神的追求,人们过节度假的方式亦由"休假时代"进入"休闲度假时代"。"靠山吃山"是过去崂山区农民生存方式的真实写照,如今,这种传统的单一型经济模式被多元化、产业化模式所取代,从而形成崂山区经济发展新产业链,使崂山区的资源得到更广泛更深层次的挖掘。在巨大的旅游需求刺激下,休闲度假旅游得到迅速发展。

一、2007年崂山区休闲度假旅游产业发展形势分析

(一)2007年崂山区休闲度假旅游产业发展基本情况和特点

2007年,崂山区以发展大旅游、开拓大市场、建设大产业为要求,按照政府主导、社会参与、市场运作的原则,深度整合开发旅游资源,大力推进项目精品化、产品多元化、产业体系化和形象品牌化,加快实现旅游业从观光型向休闲度假型、从数量型向质量型、从国内标准向国际标准的转变,推动旅游经济持续快速健康发展。2007年前三季度,崂山区共接待海内外游客375万人次,同比增长9%,实现旅游收入20亿元。截至9月底,崂山风景区共接待游客190万人次,实现非贸易收入1.13亿元,同比增长22%。第十七届青岛国际啤酒节啤酒城接待的海内外游客达到360万人次,比上届增长30.9%;消费啤酒量达1006吨,比上届增长18.3%。在旅游业发展上,着力打造沿海一线、滨海大道两条旅游产业带,以及海洋、生态、节会、民俗等旅游产品,极地海洋世界、石老人观光园等项目成为新的旅游亮点。第四届崂山旅游文化节成功举办,共吸引游客180万人次,总收入1.6亿元,带动相关产业收入1.2亿元,同比分别增长15.4%、33.3%和25%。

第四届崂山旅游文化节的举办进一步提高了崂山农村居民对于

"生态富民"的认识和参与的积极性,也让他们普遍得到了发展旅游业所带来的经济实惠。中韩枯桃花会、沙子口山海休闲游、王哥庄茶乡风情游等主要板块活动的游客吸纳量和经济收入均比上届有了大幅增长,农民收入增幅尤为明显。其中,第四届枯桃花会历时8天,有30多万人次参与,直接收入达到1200余万元。枯桃社区人均收入达到了9000多元;沙子口山海休闲游共接待游客41870人,实现旅游收入124万元,部分景点的旅游收入与上一届相比增长了一倍,沙子口鲅鱼、金钩海米、流清银鱼、崂山茶等山海珍品实现了800余万元的销售业绩;第四届崂山茶节期间,到王哥庄街道的游客达到22万余人,实现旅游收入1600余万元,比上年同期增长35%;通过提高樱桃节的办节水平,北宅街道在樱桃产量比上年减少61%的情况下,果农户均收入达到了3500元,与上年基本持平。

1. 立足特色做品牌

崂山区坚持特色化、精品化和都市化的发展方向,出台了《关于进一步加强特色农业和精品农业发展的意见》,从政策、资金和目标责任考核上进一步加大力度,着力做优做强花卉、杂果、茶、海珍品四大特色产业。截止到2007年9月底,崂山区茶园面积累计发展到12501亩,优质果园21345亩,花卉种植园2172亩。中韩花卉、北宅果品、王哥庄崂山茶、沙子口海产品等一批特色农产品初步形成品牌效应,崂山区被授予"中国江北名茶之乡"称号,北宅街道被评为"中国樱桃之乡",枯桃花卉交易中心被评为"全省十佳花卉市场"。

一是策划特色节会。按照"整体推介,错位经营"的原则,依托北宅街道的生态资源、沙子口街道的山海资源、王哥庄街道的崂山茶资源、中韩街道的花卉资源,策划组织了"北宅樱桃节"、"沙子口山海休闲游"、"崂山茶节"、"枯桃花会"等节会活动,努力将整个崂山区打造成集"赏花卉、吃樱桃、品香茗、休闲游"于一体的新型生态观光旅游区。目前,崂山区共有区级以上节会活动6个,街道级3个。这些节会活动年吸引游客达200多万人次,聚集了人气,带来了商机。当地农民在为游客提供采摘、餐饮、住宿等服务的同时增加了收入,得到了实惠。

二是培育特色品牌。近年来,随着节会活动的举办和发展,农家采摘、农家宴、农家旅馆等乡村旅游配套产品应运而生,崂山区结合各街道实际情况,着手品牌的培育,先后推出以渔家旅馆为载体的"山海人家"、以农家宴为主打服务项目的"山里人家"、以体验茶园风情为主要内容的"茶乡人家"三个乡村旅游品牌。这些品牌以"价位低、服务好、质量优"的特点吸引了大批游客,知名度、美誉度不断提高。截止到2007年9月底,三个品牌累计共吸引约400户农户参与投资、经营,农民人均年收入可达2万~3万元。

三是推出特色线路。崂山区聘请专家根据现有资源规划、设计了10余条乡村旅游特色线路，先后共投资25.5亿元沿线建设了百雀林观光园、崂山茶苑、大崂樱桃园、雨林谷、金鱼湾等20余个旅游项目。特色线路的推出带动了沿线农村的发展，涌现出了石老人、金家岭、曲家庄等一批不同类型、不同特色的新农村建设典型。其中，石老人、金家岭等3个社区依托乡村旅游，被确定为市级小康示范社区，中韩、西韩等25个社区均已建成区级小康示范社区。

四是开发特色商品。崂山区积极引导和规范有市场、有效益、能带动当地农业增效、农民增收的合作经济组织，培育壮大了万里江茶场、晓望工贸公司、北崂茶场等4个农业产业化龙头企业和6个重点农业示范园以及10个农业示范点的建设。通过组织"崂山十大特色产品"、"群众喜爱的地方品牌"评选等活动，向社会推出崂山矿泉水、崂山绿茶、北宅樱桃、金钩海米、沙子口鲅鱼、流清河银鱼、王哥庄豆腐、崂山刺参、崂山仙胎鱼、崂山灵芝等30多种特色旅游商品。

2. 创新模式增收益

2007年，崂山区在推进乡村旅游发展进程中，以进一步建立"归属清晰、权责明确、流转顺畅"的运营机制为目标，本着"各唱各的拿手戏，各打各的优势仗"的原则，发展出形态各异又卓有成效的四种模式，实现了农民增收、集体资产增值的双赢局面。

一是街道、社区、农户混合发展模式。北宅生态旅游区采取了街道办事处牵头组织、社区积极配合，农户提供服务的混合发展模式。每年由街道办事处在旅游部门的指导下，策划组织"赏花会"、"樱桃节"和"金秋采摘乐"等节庆活动，大力发展和整合农家宴、农家旅馆、农家采摘、生态观光等特色乡村旅游产品，由社区和农户提供旅游服务，实行统一结算，按比例分配收益。北宅"樱桃节"采用混合发展模式，做到宣传统一、销售统一、结算统一，规范了市场运作，受到了游客好评，实现了街道、社区、农户共赢。

二是社区集体投资经营发展模式。石老人观光园、崂山茶苑、北头神清农趣园、张村花卉大世界等属于社区集体投资经营发展模式。这些旅游项目分别隶属于不同的社区，由社区集体投资，引进专业管理公司或管理人才负责日常经营管理，截止到2007年9月底，已推出以"住农家屋、吃农家饭、干农家活、享农家乐"为主题的"农家乐"旅游项目，深受广大游客的欢迎和喜爱，并取得良好的经济效益，成为乡村旅游的亮点。

三是"公司+农户"发展模式。西麦窑、流清河社区投资经营的"山海人家"品牌采用了"公司+农户"发展模式。由社区出资成立旅游公司，对外承揽旅游业务，对内实行统一管理，农户则提供闲置住房和餐饮服务。社区负责对农户进行上岗培训,并制定统一服务标准,定期检验卫生环境,评定星级旅店,对不达标的家庭旅店进行整改。农户投资购置硬件设施,按社区要求美化住宿环境,社区实施软件管理,统一收费,统一分配客源,与农户当天结算费用。"山海人家"的红火,还带动了村庄远海捕捞、海上旅游观光、餐饮娱乐、山珍养殖等产业的发展。

四是公司独立运作发展模式。华东葡萄酒庄园、百雀林观光园、华皇海洋乐园、万里江茶园、茗香风情园等20多个生态园区都属于公司独立运作发展模式。其中,华东葡萄酒庄园作为中国第一座欧式葡萄酒庄园,吸引了大批游客参观、游览。该葡萄园坐落在崂山九龙坡,占地1000余亩,共引进13种数万株欧洲名贵葡萄品种栽培种植,截止到2007年9月底,已建成独具特色的葡萄文化长廊、华东酒窖、花果山、农家院等旅游景点。淡季,游客看酒窖、听讲解,了解葡萄酒的历史文化;旺季,游客采摘葡萄、品尝美酒,尽享乡村旅游的乐趣。

(二)2007年崂山区休闲度假旅游产业发展中存在的问题

1. 旅游产业在国民经济中的比重仍然偏低

从产业化的角度讲,与发达的旅游城市相比,崂山区的旅游业尚处于发展初期。一方面没有形成完整的产业链条,另一方面,旅游业的整体优势和带动作用还没有完全发挥出来,也没有构成当地的主导产业。2006年崂山区高新技术产业、旅游产业增加值占国内生产总值的比重仅为37%,低于青岛市平均水平5.3个百分点,与崂山所处的位置和在大青岛发展中的地位极不相称。崂山"山、海、城、文、商"皆备,拥有国家级风景旅游区、度假区,但从目前状况看,作为青岛市名副其实的旅游资源大区,大量得天独厚的旅游资源却不能转化成旅游产品,无法发挥出应有的效益,即使是像北宅樱桃、崂山茶、枯桃花卉这样成熟的产品,品牌形象也没有真正树立起来。

2. 崂山风景区管理体制等困扰发展的体制机制问题得到初步理顺,但一些制约性因素未得到根本消除

尽管拥有青岛最优质的自然资源——崂山风景区,拥有青岛东部最美的海岸线——石老人旅游度假区,但这些旅游资源却没有得到整合,旅游项目分散布局、无序发展的状况比较突出,景区保护与发展、农民利益保障等问题依然存在。在设施配套上,道路交通不完善,宾馆酒店、娱乐场所不配套,还远远不能适应旅游业大发展、快发展的需要;尽管拥有6000多个崂山民间故事,但没有一台集中反映崂山文化的主题演出;拥有闻名遐迩的崂山道教圣地,但没有把道教文化品牌做足;拥有"海上名山第一"的称号,但没有让中外游客一看便知道的崂山标志,等等。

3. 旅游产业链断点过多，尚未形成完整的产业体系

旅游产业综合性强、涵盖面广，围绕着满足旅游者的出行、入住、餐饮、购物、娱乐等多种需求，需要依赖多种直接相关行业和间接相关行业支撑。产业部门之间的配套与合作决定了旅游产业发展的质量和水平。留不住游客，游客消费少，在崂山区表现得更为突出。崂山旅游业的发展虽然起步较早，但作为一个新区，与市内其他几个区相比，城市建设相对滞后，城市基础设施较差，旅游接待能力较弱，旅游配套服务不足，尚未形成完整的旅游产业体系。区内缺乏适应不同消费层次的宾馆饭店，旅游商品的开发严重不足，缺乏特色购物场所、商贸中心，缺少为崂山、青岛旅游的配套服务，难以满足休闲度假旅游、会展旅游等高端市场对旅游基础设施和配套服务的要求。同时，在旅游旺季也不能有效满足大众消费市场对住宿、餐饮、交通等方面的基本需求。由于旅游产业各部门之间缺乏配合、协调，无法构成完善的旅游产业链，使得配套产业部门对旅游业的贡献极低，也造成崂山区旅游业对景点收入的过分依赖，导致旅游业的联动效应难以发挥，整个产业发展水平难以提升。

4. 产品结构较为单一，缺乏现代旅游项目

目前真正构成崂山旅游竞争力的，主要集中在面向短程游览旅游者开发的观光产品，如崂山一日游、青岛海滨观光、青岛啤酒节等国内知名品牌。产品结构较为单一，以传统的海滨避暑和低水平观光为主，缺乏集休闲、度假、娱乐、购物于一体的复合型旅游产品。以观光为主的旅游收益率低，而且不能满足旅游者活动性和体验性需求，限制了游客的活动范围，减少了游客的停留时间，不能有效地刺激旅游消费。门票经济、客房经济明显，在一定程度上加剧了当地旅游业的季节差异性，成为困扰崂山旅游业发展的一大难题。

5. 旅游资源开发不足，大量优质资源闲置

崂山具有丰富的人文资源和自然资源，是自然与文化的完美结合，是发展休闲度假旅游、文化旅游、宗教旅游的绝佳旅游地。大量自然景观、民俗景观、道教文化景观以及周边区域的农业景观无不具有极高的开发利用价值。目前由于受资金、体制等诸多因素的制约，大量高品位的旅游资源长期闲置，崂山的旅游资源优势还远未得到有效挖掘。同时，崂山目前三条主要的登山线路互不相通，不利于延长游客的停留时间，使游客领略崂山全貌。至今也没有开通海上旅游线路，使游客无法领略海上崂山的壮观。

石老人度假区凭借优美、宜人的海滨环境，早在1992年就被评为国家级度假区，也是目前山东省唯一的国家级度假区。经过十几年的发展，已经建设了一大批人工景观和旅游设施，但是其度假功能一直没

有发挥出来。其原因在于没有及时根据旅游市场的变化，挖掘具有市场吸引力的新型休闲度假产品，开发深受游客喜爱的参与性、娱乐性旅游项目。另外，崂山区还拥有青岛国际会展中心、颐中体育中心、十八洞国际高尔夫球场、青岛啤酒城等一流的场馆设施，青岛海尔工业园、可口可乐工业园、华东葡萄酒庄园等著名品牌的生产基地……资源优势没有及时地转化为产品，体育旅游、会展旅游、工业旅游尚未形成规模。一方面是优质资源的闲置，另一方面是旅游产品面临老化，如何深度挖掘资源潜力，是关系到提升旅游目的地形象、进一步开拓旅游市场的关键。受房地产以及其他建设用地之影响，过度的城市化导致旅游休闲度假功能相对弱化。

6. 旅游核心企业发育不足、竞争力弱

旅游产业的竞争力直接来源于核心旅游企业，包括旅行社、旅游饭店、旅游交通等旅游企业部门和实施了公司化经营的旅游景点的绩效。截止到2006年底，崂山区拥有酒店10家，床位总数2325张，其中，星级饭店5家，而同期市南区有星级饭店37家，占全市总数的45.1%，青岛市5家五星级饭店全部位于市南区。崂山区目前旅游核心企业，无论在数量、规模上还是经营状况，根本无法和市南区抗衡。由于投资来源单一，旅游企业总体上处于"小、散、弱、差"的发展阶段，已经无法适应现代旅游业的发展。

二、2008年崂山区休闲度假旅游产业发展预测

(一)崂山区发展休闲度假旅游产业的因素分析

1. 有利因素

(1)2008年的奥运盛会带来新机遇。2008年夏季奥运会将在北京举办，青岛作为北京奥运会的伙伴城市，浮山湾将成为帆船决赛的分会场，青岛市正借"2008奥运"东风大力发展旅游业，青岛海滨和崂山风景名胜区面临产品升级换代、深层次开发，这将是崂山区旅游发展难得的机遇。

(2)区位条件优越。崂山区紧靠市区，是青岛至崂山旅游的旅游主通道。基础设施条件、社会经济条件优势突出。资源优势非常明显，大量资源属国内一流。品牌多，亮点多，规模大，知名度高。青岛市民旅游消费市场大，市场便于开发。休闲、度假型资源数量多，类型全，品位高，便于开发。度假型、生态型产品符合旅游市场发展趋势和青岛市旅游发展方向。交通条件极大改善。海滨大道建设贯通将实现崂山区旅游资源联点成线。"十一五"期间，青岛市还将投资约770亿元，打造对

内对外大交通网络体系,促进青岛市融入环渤海经济圈,其中,胶济客运专线、半岛城际铁路的开工建设,会加快山东半岛城市群一体化的步伐;青岛国际机场空港建设及国际航线的增多将给青岛旅游国际化带来良好的发展机遇。

(3)崂山区发展旅游业的政策环境优良。山东省已把旅游业确定为主导产业,正在打造旅游强省。青岛市、崂山区也十分重视崂山区旅游业发展,对此给予大量的政策和资金支持,农民旅游开发热情高涨,这将使崂山区旅游业的进一步发展具备良好的外部环境。

(4)青岛新东部的发展给崂山区旅游业带来的机遇。崂山区是青岛市的重点发展区域,崂山区有条件成为青岛市、山东省、国家大型旅游工程项目的优选地区。国际水准、国内一流的商务会议中心、旅游集散中心、度假中心、康体娱乐中心都将带动崂山区旅游业加速发展。

2. 不利因素

(1)缺乏独立而明晰的区域旅游形象。在青岛市和崂山风景区的影响下,较长一段时间内崂山区本身的旅游发展得不到重视,没有树立独立明晰的旅游形象。

(2)旅游产业链条不完整,旅游产业素质不高。从崂山区旅游发展的格局和趋势来看,散客服务系统、旅游交通网络和旅游信息化建设滞后,成为发展中的短板。乡村旅游业及其相关产业的发展组织化程度低,产业规模偏小,没有形成系统。

(3)旅游产品开发层次低,产品内涵不够丰富,缺乏品牌性、复合型产品。崂山区目前的旅游产品存在档次低、组织整合宣传包装差等问题,没有形成高档次的品牌产品,不能带动旅游产业升级。从产品功能上看,旅游产品仍以单纯观光为主,缺乏融合多种公共功能的复合型产品,不适应旅游市场的多样化需要。

(4)旅游人力资源不足,旅游开发管理水平较低。崂山区现有的各个层次的旅游人力资源从数量和质量上都不能满足旅游业发展的现实和长远需要。

(二)2008年崂山区休闲度假旅游产业发展预测

2007年第四季度和2008年,崂山区将以风景区管理体制调整为突破口,构建崂山大旅游格局。以崂山风景区为龙头,以沙子口旅游集散中心、王哥庄高端休闲度假游、北宅生态观光游和石老人旅游度假区海洋主题游为重点,以奥帆赛、啤酒节、崂山旅游文化节等一批知名文化旅游节会为平台,把风景区、沿海一线旅游景点、重大节会以及民俗风情游等旅游资源有机整合起来,统一规划开发和市场推介,做大做强"崂山大旅游"品牌,推进崂山旅游由观光旅游向主题旅游、文化旅游转变,由季节性旅游向四季旅游转变,由旅游过境地向旅游目的地转变。深入研究旅游业投入和开发问题,进一步推动高端旅游项目建设,提高旅游产品附加值,培育新的经济增长点。特别要抓好沙子口旅游目的地、石老人旅游度假区等一批主题旅游项目建设。沙子口是青岛胶州湾以东重要的海湾城镇,以沙子口湾为中心,以面向风景区旅游配套服务为重点,坚持统一规划,有序建设,健全完善陆路客运、城市交通、信息网络平台、旅游安全保障、餐饮商贸等基础设施,建设国内外知名的山海旅游名镇。石老人旅游度假区,将强化对东起黄金海岸、西至极地海洋世界沿海一线建筑物的控制、旅游景点的布局和环境改造,把重点放在海洋科普、观光、健身、度假、娱乐等项目配套上,形成青岛东部新的海洋主题旅游中心。力争到2008年,崂山区接待国内外游客突破600万人次,增长10%;旅游总收入突破20亿元,增长20%,使旅游业成为崂山区经济的主导产业,努力把崂山区建设成为山海特色突出、旅游产品丰富、旅游服务优良、旅游产业发达的青岛休闲度假旅游中心。

(三)加快崂山区休闲度假旅游产业发展的建议

1. 加大旅游宣传促销力度

旅游经济实际上就是知名度经济,没有知名度就没有市场,也就没有效益。崂山区应坚持一手抓建设、一手抓市场的方针,加大资金投入,通过现场推介、媒体炒作、形象展示、业务洽谈、区域协作等多种营销手段,进行全方位宣传推介。特别要搞好创意促销。这是提升旅游品质、吸引游客眼球的最有效手段,从旅游先进地区发展的经验看,创意往往会起到点睛妙笔的作用。崂山旅游宣传促销一定要在创意上狠下工夫,聘请高水平的策划公司对旅游形象、旅游主题、旅游产品进行设计、策划和包装,提高景点知名度。

2. 加快编制崂山旅游业发展规划

规划是旅游业健康发展的前提和基础。要按照有序开发、合理布局、突出特色、综合配套的要求,聘请国内外一流的机构、一流的专家,运用先进的设计理念和技术方法精心设计,抓紧编制完成崂山区旅游业发展总体规划、详细规划和重点项目规划。同时,要把旅游理念融入城市建设、社会事业发展及交通、林业等相关产业的规划建设当中,坚持景区景点规划与城镇建设规划并举,旅游产业规划与关联产业规划结合,资源开发规划与资源保护规划兼顾,近期目标规划与长远目标规划同步,实现统筹协调发展。应建立严格的规划执行机制,一切旅游景点的开发建设都要按规划招标,按规划建设,按规划实施,确保旅游资源科学、合理、有序开发。

3. 充分挖掘、整合和开发崂山旅游资源

崂山旅游资源存量大、组合优、类型多、品位高,自然生态与历史文化有机融合,蕴涵着巨大的经济价值、生态价值和美学价值,是发展旅游业的"天然宝藏"。崂山拥有漫长的黄金海岸线,素有"海上名山第一"之美誉,沙子口竹窝的"弹月听泉"、陡阡口"登瀛梨雪"、王哥庄晓望的"文笔书天"等景观都久负盛名;赤岛、兔子岛、老公岛等9个海岛和棒石沟、燕石沟、慕武石沟等10余条山谷,有着众多的飞瀑清泉、地质奇观、奇石资源和珍花异木,都是具备开发条件的天然生态公园。崂山的物产十分丰富,是有名的水产水果之乡;崂山蘑菇、矿泉水、仙胎鱼等"十大特产",具有相当大的旅游开发价值。崂山还是一个植物王国,有中药材1140多种,素有"天然药库"之称。加上冬暖夏凉、春秋花果飘香、四季满山围绿的适宜气候,都为崂山发展观光、生态、度假休闲旅游创造了得天独厚的条件。特别是崂山的文化底蕴深厚,集儒、释、道三教文化于一体,自秦汉以来就是道教发祥地之一,享有"道教全真天下第二丛林"之称;崂山佛教也有1700多年的历史,东晋高僧法显去印度取经回国时就在崂山登陆。汉代大经学家郑玄、唐代李白、元代邱处机、松雪道人赵孟頫、明代江南才子文真岱、清代文豪蒲松龄等名人都曾在此留下游踪墨宝。崂山还拥有一批品位极高、开发价值极大的人文资源,比如北宅毕家村5000多年前的龙山文化遗址,石老人村最古老的晋代石刻书法作品,以及历代留传下来的2000余首诗歌和上万个民间故事、神话传说,都是崂山颇具地方特色、亟待开发利用的文化资产和旅游财富。但是目前这些资源还没有得到有效开发,没有转化成有吸引力、有竞争力的旅游产品,没有转化成产业优势、经济优势和发展优势。加快旅游业发展,可以更有力地推进旅游资源的深度挖掘、合理开发和优化配置,使之同项目嫁接起来,同产业对接起来,同经济发展衔接起来,最大限度地体现其价值、发挥其效益。随着中国在国际旅游界影响的逐渐增强和国内大众旅游时代的到来,旅游业必将呈现广阔的发展前景。特别是旅游含吃、住、行、游、购、娱六要素,每一种要素都会对经济产生巨大的拉动作用。

4. 加快推进重点旅游景点项目建设

一是要突出海洋旅游特色。就是要依托海岛、沙滩、渔港、渔村等优势海洋资源,加快推进极地海洋世界、青岛海洋中心、石老人海水浴场等大项目建设,特别要抓紧规划建设以高档国际会议中心、度假酒店、游艇帆船俱乐部等高端旅游产品为重点的仰口旅游度假区,做足做大海洋文章,加快把崂山打造成为体现海上娱乐、海滨度假、海洋文化主题的旅游度假胜地。二是要突出生态旅游特色。要在充分考虑生态环境承载能力的前提下,着力抓好枯桃百花园、崂山茶公园、百雀林等一批生态观光项目,大河东森林公园、石门山植物园、雨林谷等一批山谷大项目,二龙山生态景区、石老人生态景区、五龙涧生态景区等一批综合性大型景区,真正把生态旅游的优势挖掘出来、品牌树立起来。三是要突出节庆会展旅游特色。要创新运作机制,搞好策划和包装,把青岛国际啤酒节、崂山旅游文化节、沙子口山海休闲游、北宅樱桃节、王哥庄茶节、枯桃花会等重大节庆活动,进一步做大规模、做大影响、做亮品牌;同时,加快推进国际会展中心第二期、三期建设,积极引进并承办一批全国性、区域性的大型展销会、博览会,使节庆、会展与旅游相互促进、相得益彰,形成崂山旅游的名片。四是要突出商贸旅游特色。要以上海实业、南华国际、啤酒城三大商业中心和商务一区、商务二区的商贸总部项目为支撑,抓紧规划建设沙子口旅游产品集散地,配合发展一批旅游购物商场、网点,以旅促商、以商兴旅,拉长旅游经济的产业链。五是要突出人文旅游特色。重点要结合历史文化资源的深度挖掘,结合浮山庙、荒草庵、海神庙等人文古迹的开发利用,结合青岛大剧院、现代艺术中心、青岛金石馆等现代文化设施的建设,对崂山区历史的、现代的文化进一步提升和创造,使崂山旅游更富文化内涵、更具人文底蕴。六是要突出民俗旅游特色。在搞好崂山渔村、山村传统民俗风情挖掘、整合的基础上,重点通过抓好凉泉村等一批乡村民俗旅游村的培育发展,抓好"山海人家"农家旅馆、北宅农家宴等一批民俗旅游点的规模建设,抓好石老人民俗旅游村等大项目的规划建设,使崂山旅游独具地方魅力和发展个性。

5. 加快形成多元化的投资机制

要在统一规划的前提下,本着国家所有、政府监管、企业经营、社会获利的原则,广开筹资渠道,积极引进外资、民资参与旅游项目开发建设,加快建立政府主导、社会参与、渠道多元、市场运作的投资机制。政府要按照市场经济规律的要求,加强对旅游经济发展的宏观调控、行业指导和市场监管,在统筹规划、整合资源、基础设施配套、宣传促销、产业扶持政策等方面发挥好导向作用,营造良好的发展环境。要探索建立旅游资源所有权、管理权、经营权相分离的市场化运作模式,通过租赁、承包、资源入股、拍卖经营权等形式,将一批有实力、有文化、有责任的大企业引进崂山旅游市场,兴办特色旅游项目。这方面国内有许多可以学习和借鉴的例子。以"雅安模式"著称的四川碧峰峡景区就是一个很成功的典范,该景区由成都万贯集团开发建设,既找到了地方发展、企业创利、百姓致富的结合点,也使景区的经济、社会、生态效益达到了有机统一。实行企业经营后,旅游者由1998年以前的每年3万人次增加到现在的百万人次以上。崂山要下大力气在这方面实现突破。

6. 加快建立完善的旅游服务配套体系

要按照服务规范化、设施标准化、管理科学化的要求，抓紧建立完善旅游服务配套体系。要把吃、住、行、游、购、娱"六要素"建设作为完善服务配套的首要环节，挖掘开发好北宅农家宴、沙子口渔家宴、王哥庄海鲜等一批崂山特色美食资源，加快建设索菲亚、希尔顿、泛美酒店等一批高档星级宾馆、度假式酒店和青年旅馆，打通一批连结各个旅游景区景点的旅游交通网络，推出一批多样化的精品旅游线路，开发一批附加值高、品种丰富的旅游纪念品和小商品，组织举办一批富有崂山文化韵味的歌舞活动、体验活动和节庆活动，进一步增强崂山旅游的吸引力。要强化旅游从业队伍建设，采取教育培训、调整选派、引进人才等措施，建立一支政治坚定、业务精通、善经营、会管理的旅游管理人才队伍，一支有知识有修养、热情周到、诚实守信、优质高效的旅游服务人才队伍，为旅游业发展提供坚强的人才保证。要高度重视旅游安全生产，狠抓旅游安全责任制的落实，严把食品安全、交通安全和旅游设施安全关，为游客创造安全的出游环境。

（作者单位：中共崂山区委党校）

2007～2008年青岛经济技术开发区物流业发展形势分析与预测

燕亚超　张延华　任根运

凭借着便利的交通和大型港口的综合优势,青岛经济技术开发区(以下简称青岛开发区)一直把发展物流业作为调整开发区产业结构的重要手段,并提出了建设中国北方国际物流中心的远大目标。青岛市港口西移战略实施之后,世界500强企业和国内外著名物流公司顺势跟进,开始纷纷在西海岸建设专业化的物流园区。青岛开发区物流业已完成初步集聚,蓄势待发。

一、2007年青岛开发区物流业发展状况

(一)2007年青岛开发区物流业发展情况

1. 外资企业、大型国有物流企业纷纷抢滩开发区,促进该区物流业迅速发展

截至2007年6月,在青岛开发区注册登记并正常经营的物流企业有582家,根据国家标准分类,仓储型159家、运输型224家、综合型199家。

以丹麦马士基、香港招商局、沙特迪拜港、台湾长荣等跨国公司共同投资200多亿元兴建的11个深水集装箱泊位以及迪拜、泛亚、海丰三个集装箱码头项目取得突破性进展为契机,外资物流业快速登陆开发区并迅速发展。

中远集团、中海海运等国内著名物流公司在开发区建设了专业化的物流园区。国内一些大集团也在开发区致力于发展物流业,以海尔、海信、澳柯玛、国风、颐中等工业园区为代表的企业物流迅速发展,有的已经发展成相对独立的第三方物流企业。开发区物流业第一梯队蔚为壮观。同时,西海岸出口加工区已经成立,物流业发展的舞台进一步扩大,在原有物流产业的基础上,一批物流新贵不断涌入。先是青岛远洋

大亚物流有限公司与青岛远大国际物流有限公司合并,总投资增至1亿元;紧接着总投资1.2亿元的青岛港前湾港区保税物流中心有限公司落户开发区;而后总投资3000万美元、由香港嘉华集团有限公司与山东省东方国际贸易股份有限公司合资设立的青岛宏桥市场经营有限责任公司项目入驻开发区;红星物流、华海国际物流等一批物流项目也紧随而至。西海岸物流业第二梯队正在形成。

2. 港航物流业对青岛开发区的税收贡献大

2007年一季度,青岛开发区港航物流业实现税收9071万元,同比增长26.8%,拉动青岛开发区税收增长1.7个百分点,支柱税源产业地位日益突出。截至第三季度,青岛开发区港航物流业共实现税收2.48亿元,青岛开发区实现税收总额达15.4亿元,港航物流业税收占青岛开发区税收总额的比例达16.1%。

3. 名牌物流企业涌现

如海尔在供应链管理阶段创造了"一流三网"的物流发展模式,被称为"中国物流管理觉醒第一人","一流"是以订单信息流为中心;"三网"分别是全球供应链资源网络、全球用户资源网络和计算机信息网络。海尔国际物流中心拥有18056个标准托盘位,其中原材料9768个,成品8288个,每月平均接到6000多个销售订单,定制产品品种达7000多个,需要采购的物料品种达15万种,供应商2000多家。采用世界上先进的激光导引技术开发的激光导引无人运输车系统、巷道堆垛机、机器人、穿梭机等,全部实行现代物流的自动化和职能化。海尔物流发展经历了物流重组、供应链管理和物流产业化三个阶段,以骄人的成绩被授予首家"中国物流示范基地"的美誉。

4. 物流基础设施和装备发展有了长足发展

目前青岛开发区已经在交通运输、仓储设施、信息通讯、货物包装与搬运等物流基础设施和装备方面取得了长足的发展,为物流产业的发展奠定了必要的物质基础。截止到2007年6月底,青岛开发区共完成公路建设投资19.18亿元,相继建成同三线疏港连接线、疏港高架桥、前湾港疏港南通道,开工建设了青黄跨海大桥、青莱高速公路、胶黄铁路电气化改造等一大批省市重点工程。预计到2007年底,青岛开发区公路通车里程达309千米,公路网密度112.8千米/百平方千米,达到发达国家水平。

5. 物流园区粗具规模

开发区物流产业的发展主要依托前湾港的建设,按照用地的分布,物流(仓储)用地形成比较集中的五个片区:

(1)前湾港路以北、江山路以东、淮河路以南、澎湖岛街以西片区,分布着青岛前湾国际物流工业园有限公司、大亚货运、中胶粮油等大型物流、仓储企业,占地177.7公顷,随着众多货运物流公司的入驻,这个区域已经粗具规模。

(2)液体化工码头周边片区,分布着黄岛油库、中油燃料油有限公司、中国船舶燃料油供应公司、青岛港务局油港公司等的油料仓储用地,占地约120公顷。

(3)前湾港西大门附近,分布着香港招商局保税物流园区、安吉物流、朗开物流、恒丰物流等仓储企业,占地约149公顷。

(4)保税区片区,在保税区内也分布着一定规模的仓储企业,占地22.15公顷。

黄岛区内的仓储用地大部分以集装箱物流为主,少部分为粮食储备库用地,还有部分厂企仓库。

(5)红石崖片区,分布着海尔仓库、方圆宏运物流、惠海物流、天润惠仓储、海山仓储、蓝天物流、安信物流等。

(二)青岛开发区物流业发展存在的问题及原因分析

1. 物流企业的经营规模小,市场占有率低,物流成本高,致使现代物流技术在这些企业中难以得到有效发挥

青岛开发区各类物流公司数量多,规模小,发展水平参差不齐,资金、营运能力先天不足,妨碍了信息技术在物流领域的广泛应用,制约了电子商务的发展,物流成本高,资金周转慢,运输效率低,影响了大型专业物流服务的进一步拓展。这些我国物流业发展中的通病,在开发区表现十分明显,这也是物流企业降低物流成本、提高服务质量迫切需要解决的问题。

2. 第三方物流发展不够,物流业服务质量和管理水平存在缺陷

青岛开发区相当多企业仍然保留着传统的经营组织方式,物流活动主要依靠企业内部组织的自我服务完成。这种以自我服务为主的物流活动模式在很大程度上限制和延迟了高效率专业化物流服务需求的产生和发展。尽管开发区已出现了一些专业化物流企业,但物流服务水平和效率还比较低。多数从事物流服务的企业只能简单地提供运输和仓储服务,而在流通加工、物流信息服务、库存管理、物流成本控制等增值服务方面,尤其在物流方案设计以及全程物流服务等更高层次的服务方面还没有全面展开。

3. 物流业标准还不够健全完善

青岛开发区在大力推进物流标准化建设、出台政策鼓励和扶持物流企业积极参与国际国内标准化活动等方面取得了很好的成绩。但是,物流行业标准化还存在一些问题:一是低标准造成社会资源浪费。

我国有关部门出台的物流行业标准,是在较低的物流水平下形成的,许多标准存在多方面的差异与缺陷,制约了现代物流的协调运作。二是产业间标准难统一。现代物流要求建立一套完善的、通行的标准体系。但现有标准体系由各行业部门分头制定,缺乏统一性。三是有效需求不足阻碍标准化。从国民经济发展前景来看,青岛开发区物流市场的潜在需求是巨大的。但目前第三方物流实际营业额所占比重很小。物流市场实际需求的不足,直接影响到物流标准化的实际应用。国家标准储运单元条码颁布后,实际应用率不到15%,而在开发区低于5%。

4. 物流管理体制不顺,物流资源"整合"不够

青岛开发区物流业与全国物流业的状况一样,仍然是分散的或者称多元的管理方式,涉及铁道部门、交通部门、贸易部门等专业部门和发改局等综合部门。部门之间分工又有交叉,造成了物流行业管理中条块分割、部门分割等问题时有出现,多数物流建设项目是属于供应能力的扩张,而不是整合和提升原有供应能力,低水平的重复较多,个别项目贪大求全能力过剩,造成物流资源的浪费。从网络平台看,信息平台未能实现共建共享,制约了物流业的发展,处于各自为政的状态,社会信息流不够畅通。这无疑给以信息流为灵魂的现代物流业造成障碍。

二、2008年青岛开发区物流业发展预测

(一)青岛开发区物流业发展的因素分析

1. 有利因素分析

(1)青岛作为山东半岛制造业基地的龙头,对物流业发展形成巨大的市场商机。山东是全国三个GDP过万亿的经济大省之一,经济总量在全国仅次于广东,在环渤海经济整体格局中占有举足轻重的地位。青岛是山东开放度最高、经济活力最强、最具竞争力的地区。随着山东省全面启动半岛城市群和制造业基地建设,进一步发挥青岛龙头带动作用,构筑面向日、韩的"跨国城市走廊"战略的实施,青岛将在环渤海区域经济合作中发挥主导作用。雄厚的经济基础和良好的发展前景,为青岛开发区物流业的发展提供了有力的物质支撑。

(2)青岛港集装箱业务95%移至前湾港,青岛开发区的港航服务业将迅速壮大。青岛港前湾第四期工程已经开工。5年后,这里将可以停靠载箱量15000标准箱的超级巨轮。至此,加上已经建成投产的前湾北岸集装箱码头,"三国四方"合资成立的青岛前湾集装箱码头有限责任公司(简称QQCT)共拥有长达6080米的集装箱码头岸线,码

头的最大通过能力可达1600万标准箱。这样大规模的集装箱码头在世界范围内也十分罕见,必将带来开发区物流业的大发展。

(3)保税区"港区联动",拓展了物流业发展的空间。在青岛西海岸274平方千米的土地上聚集着20.02平方千米的国家级经济技术开发区、2.5平方千米的保税区、1平方千米的保税物流园区、2平方千米的西海岸出口加工区,各种特殊经济区的功能优势突出。以前湾港区港联动封关运行为契机,将促进港口集装箱中转、仓储和货运分拨中心建设。

2. 制约因素分析

(1)东北亚港口竞争激烈,山东省内港港联动不足。目前东北亚地区的港口纷纷展开国际枢纽港争夺战:继青岛港提出"十一五"期间将投资270亿元打造六大港区,力争2010年实现吞吐量3.2亿吨、集装箱1200万TEU后,天津港确定"十一五"期间将投资273亿元进行30个重大项目的建设,使天津港的集装箱吞吐量达到1000万TEU、货物吞吐量达到3亿吨。大连港提出"十一五"期间亦将投资270亿元加大港口基础设施建设,力争2010年大连港年吞吐量将达1.6亿吨、集装箱运量将达750万TEU。从规划目标看,三港均在伯仲之间,环渤海圈港口三雄博弈、胜出者对抗釜山港的局面悄然形成。面对如此强劲的竞争,山东省内各港口围绕支持青岛冲击国际性枢纽港,在优化配置港口资源以及错位分工方面不甚明显,难以发挥出区域整体优势。

(2)青岛港开拓腹地空间的任务相对艰巨,货源市场争夺异常激烈。青岛港90%的货源来自山东省,陆向空间较短。虽然青岛开通了通往上海、郑州、西安、成都、阿拉山口的5条集装箱"五定班列",河南、陕西、山西、甘肃和新疆可作为青岛港的铁路腹地,但这些省区要么进出口贸易不够发达,要么是上海、天津等国内港口的交叉腹地,货源市场竞争激烈。

(3)通关模式有待改进,效率有待进一步提高。为提高通关效率,青岛海关自2005年5月8日起实行了H2000通关模式改革,货物出口的通关程序由以前的"有纸放行"——货主在装箱完毕后报关,海关审验有关单证并实地抽样查验货物后签具通关意见,货物在进港时出示海关审结后的单证后闸口直接放行,改革为"无货放行"——货主提取空箱有了箱号后就可提前申请报关,海关提前审结单证,待货物准备进港时到闸口现场校验货证是否相符后放行。这一通关模式改革的本意是将审单时间分散化,校验货物电子化,以提高通关效率。但在具体操作中,多数货主为避免预计装箱量与实际装箱量不符,仍是在装货后有了准确的装箱清单后报关,而且货主为了避免货物积压往往是根据船期来组织生产和装货,这样就决定了申请报关时间和入港多集中在临近船期之前,造成海关审单时间仍比较集中,一定程度上影响了通关效率。

(4)港航物流业管理体制分散,物流行业协会发展不够健全。港航物流业的发展涉及港务、交通、铁路、质监、海关、检验检疫等相关部门,但目前青岛开发区尚未建立相关部门联动的日常协调机制,对港航物流业的发展缺乏统一规划、指导、协调和服务,对行业协会工作拓展缺乏必要的扶持和指导,影响了该产业的长足发展。

(二)2007年第四季度和2008年青岛开发区物流业发展预测

2007年第四季度,青岛开发区将围绕建设中国北方国际航运中心和物流中心的发展目标,紧紧抓住"区港联动"的大好机遇,大力发展包装、流通加工、储运、配送、免税自由贸易、信息、管理等现代综合物流服务业。将不断完善国际中转、国际配送、国际采购、国际转口贸易四大功能,提升国际竞争力。一方面,将推动传统运输、流通企业加快存量资产重组,延伸服务功能,向新型、高效的现代物流企业转型。鼓励、引导物流企业向以"社会化、专业化、规模化、集约化"为特征的第三方物流发展,使其成为社会物流资源的组织者和高质量物流服务的提供者。另一方面,将培育和引导具有一定规模、核心能力较强的现代物流主体,鼓励引进国际化程度高的物流公司进驻开发区。

2008年,规划面积为1.5平方千米前湾国际物流工业园二期工程将有较大进展,定位于汽车国际中转物流的规划面积为2平方千米前湾招商码头物流园,定位于保税仓储区的规划面积为3平方千米前湾保税国际物流园以及定位于国际物流中转服务的规划面积为3平方千米前湾国际物流企业集群等都将得到迅猛发展。

随着几大物流工业园区建设的推进,预计2007年第四季度青岛开发区港航物流业实现税收将过亿元,2008年开发区港航物流业实现税收同比增长约15%,港航物流业税收占青岛开发区税收总额的比例达20%左右。

(三)青岛开发区物流业进一步发展的建议

1. 政府应在促进物流资源整合过程中发挥主导作用

一要在物流资源整合方面开创新路,利用政府对国有资产管理的影响力,通过划拨或参股方式促成物流企业的资源整合。同时,鼓励和促成大型生产或流通企业将物流业务委托给物流龙头企业,推动物流龙头企业尽快做大做强。二要肩负起统筹规划、协调发展的责任。建议开发区政府设立一个综合协调机构,统筹调整物流产业发展政策。三要尽快协调组建物流联盟。实施供应链管理,以优化的供应链参与国内、国际竞争,提高青岛开发区物流产业在国内、国际市场的竞争能力和市场份额,应成为区内绝大多数物流企业的发展战略。

2. 加大港口基础设施投入,营造良好的港口配套环境

一是坚持投资主体多元化,全力推进万国码头建设。二是加强铁路疏运能力建设。继续推进胶黄单线铁路实施复线电气化改造,让铁路直接进入港区码头。同时,积极向铁道部提出申请,尽快将胶黄铁路由临管运营转为正式运营,并将胶黄铁路线纳入全国铁路运行图。争取山东省支持和铁道部立项,统一规划建设黄岛—诸城—沂水—蒙阴—兖州—济宁—菏泽—兰考铁路,把陇海货运专用线直接变成青岛充足货源的铁路线,并直接进入前湾作业港区,使青岛真正成为欧亚大陆桥的桥头堡。三是加强公路疏运体系建设,解决好港区与对外疏港通道的衔接问题,尽快改变进出开发区北部城区的道路仅有一条黄张路的现状。超前考虑尽快解决同三高速、环胶州湾高速、疏港高架桥、黄张路等主要疏港道路在黄岛北城区各节点上实现全方位、立体化衔接问题,科学合理分散疏港交通、城区交通的双重压力。

3. 提高港港联动水平,积极拓展腹地货源

一是充分发挥青岛港的区位优势,以资产为纽带,以项目为切入点,以合资、合作为主要形式,加强与周边的日照、连云港、烟台、威海、龙口等港口的联系与合作,推动组建组合港,建立战略联盟,进行跨行政区、跨行业的松散型资源整合。以青岛外代为龙头,联合上述港口的外代公司共同参与,发挥揽货网络经营的优势,把各外代公司的出口拼箱货物运抵青岛,及时分拨装配集运出口。二是加强揽货网络建设,进一步吸引国际航运公司在青岛开设航线,拉动经济腹地的货源流向青岛,同时激励船公司再增加航线和航班,形成货源和船公司互动吸引的良性循环。大力发展多式联运和沿海支线运输来拓展港口对内、对外腹地范围,吸引更多的货源。在青岛港传统的铁路腹地之外,注重在国内大港不经意的地域培育青岛港的铁路腹地,稳定腹地并展开交叉腹地的争夺。

4. 搭建物流公共信息平台,提高口岸整体效能

一是加快电子口岸建设。坚持"统一认证、统一标准、统一品牌"原则,依托中国电子口岸数据中心青岛中心,优化、整合现有的海关、港口和山东省的各种网络资源,实现与商检、外汇管理、国税、地税以及各类航运公司的联网,建成港航及空港电子数据交换业务、海关申报和进出口业务流程电子化的口岸物流信息公共平台,实现跨部门、跨行业的数据交换、数据共享与信息联网查询及对物流环节的全过程管理,使现代物流与口岸信息有机结合,提高信息处理和信息流转效率。力争2008年实现所有大通关应用及数据交换项目均在地方电子口岸完成。大力发展电子商务,积极推动网上交易,使电子商务成为物流发展的重要内容和载体。二是全力推进"大通关"工程。广泛推行海关"多点报关、口岸验放"和物流"顺势监管"运作模式、检验检疫"属地报检、口岸验放"的管理模式以及国际航行船舶边防检查"网上报检",在前湾港区具备资质的国际集装箱船舶中全面推行"国际航行船舶在港零待时"。加快青岛口岸(黄岛)通关中心建设,争取及早投入运营,更好地完善查验单位联合办公和"一站式"服务。三是完善港航服务。立足于以价格和服务优势吸引国际班轮挂靠,整顿和规范港航后勤服务秩序,加强对前湾港区国际海员的落地管理,完善相关服务设施。严格执行国家有关口岸收费规定,清理取缔违规收费项目。制定青岛口岸与国际接轨的通关工作流程,简化手续,规范服务。

5. 大力发展现代物流业,加快现代物流中心建设

一是培育和扶持第三方物流企业。大力引进国外著名第三方物流企业,打造青岛旗舰物流企业。鼓励工商企业逐步将原材料采购、运输、仓储等物流服务业务分离出来,由专业物流企业承担。支持交通运输、仓储配送、货运代理、多式联运企业通过兼并、联合等形式进行资产重组,发展具有一定规模的物流企业。二是建立和完善物流技术标准化体系。加快制定和推进物流基础设施、技术装备、管理流程、信息网络的技术标准,形成协调统一的现代物流技术标准化体系,提高青岛开发区物流业标准化作业水平和与国际接轨的能力。三是加快物流人才的引进和培养。大力引进高层次的物流经营管理人才,引导企业、行业组织参与多层次的人才培训和教育工作,积极探索物流职业资格认证,培养和造就一大批熟悉物流业务管理和掌握先进技术的专业人才。

(作者单位:中共青岛经济技术开发区工委党校)

2007～2008年城阳区农村城市化形势分析与预测

王彩杰　黄伟丽

城阳区位于青岛北部近郊,是青岛市新一轮规划定位中的北部城市中心和商贸中心,全区总面积553.2平方千米,辖8个街道办事处,户籍人口47万,其中农村社区(村庄)230个,居(村)民13.3万户。为顺应全区经济社会和城市化发展的需要,城阳区积极引导农民实施旧村改造,有序推进农村城市化。截至目前,全区有44个社区经规划委员会批准实施旧村改造,预计至2007年底,将有37个社区完成旧村改造,拆迁总面积约390万平方米,建设安置房445万平方米,腾出土地6700亩。

一、城阳区农村城市化情况回顾

(一)坚持以集约用地为前提,统筹城乡发展空间布局

城阳区原有230个农村社区居民点,占地约8.73万亩,大部分集中在城区规划区、街道办事处驻地、工业聚集区及其周边,农村社区与城市建成区、工业区相互交织,城中有村,村中有城,产业发展缺乏空间,偏远地区的农村社区基础设施不配套,经济条件较差。为转变经济发展模式,有序推进农村城市化,城阳区立足集约用地,对农民居住区重新布局。以街道办事处为单位,打破社区界限,集中规划46个居住组团,按照"组团式开发、多元化整合"的理念,高水平编制了城乡发展规划。按照规划,旧村改造全部完成后可腾出土地3.8万亩,这些土地将全部用于发展第二、三产业。

(二)坚持以群众满意为出发点,严格旧村改造程序

严格审定三个基础,开好三个会。对计划实施旧村改造的社区审查班子基础、群众基础和经济基础,开好"两委"会、党员大会、居民代表大会。凡社区三个基础不牢固,"两委"班子思想不统一,党员大会未通

过,群众赞成率达不到95%的,一律不列入旧村改造计划。

严格落实审批程序,层层把关审查。第一步,社区必须将旧村改造的基本条件上报街道办事处和区政府审查。第二步,旧村改造方案必须经过广泛征求意见,分别经"两委"班子、党员大会、居民代表大会表决通过。第三步,必须具备各街道办事处统一组织编制的修建性详细规划,并报区政府审查批准。第四步,社区、街道办事处、区三级必须层层签订目标责任书。第五步,必须依法履行建设报建程序。

坚持"六个清楚",做到公开公正透明。城阳区把宣传、发动、教育和依靠群众贯穿于农村城市化全过程,确保广大群众对旧村改造做到六个清楚:对操作程序清楚。将旧村改造实施步骤和程序印制成册,发放到群众手中。对安置面积清楚。将安置办法予以公示,群众根据旧房面积、家庭收入等条件自主选取户型。对拆迁补偿标准清楚。坚持同一套评估标准、同一支专业评估队伍,公开透明。对居住环境清楚。充分考虑户型、窗型、环境设计等细节,制订多套方案,广泛听取群众意见;对发展前景清楚。结合旧村改造制定产业发展规划,让群众看到美好的发展前景。对实施方案清楚。主动向群众征求实施方案意见,多次完善,并提交三会通过和街道办事处批准。

坚持因地制宜,多模式推进。在农村城市化过程中,城阳区对集体财力雄厚的社区采用自主改造模式,利用集体收入和部分银行信贷资金进行旧村改造;对集体财力一般、但产业发展前景好的采用贷款改造的模式,将旧村址土地纳入储备,利用银行信贷资金启动旧村改造;对集体实力相对较弱的采用联合改造模式,引入企业或房地产公司建设,由合作公司垫资,腾出的土地合理确定招拍挂条件,所得资金用于兑付合作公司前期建设费用;对区位优势突出的社区采用政府主导推动改造模式,根据城市建设和产业发展需要,结合市、区重点工程建设,由区、街道办事处成立领导班子,制订拆迁方案和融资办法,进行一次性建设、一次性搬迁。

(三)坚持以区域经济社会发展为依托,因地制宜分步实施

城阳区在农村城市化过程中,不搞一刀切,而是根据实际情况和群众的自觉程度,因地制宜、因势利导、分步实施、逐步推进。位于城市中心区、青岛出口加工区、空港产业区周边社区,根据产业发展和重点建设项目推进的需要,积极稳妥地依法实施拆迁改造。特别是城区中的城中村及其周边的社区,第二、三产业发达,农民已经不再从事农业生产。对这部分社区,在城市规划的指导下,加快实施旧村改造。位于街道办事处驻地、工业聚集区及其周边,以及重点路域两侧的社区,第二产业集中,集体经济发达,农民的经济收入基本来源于非农业生产。对这部分社区,稳妥推进,坚持成熟一个、改造一个,计划在5~7年内完成旧村改造。位于山区和偏远地带的社区,集体经济相对薄弱,土地价值偏低。对于这部分社区,首先进行功能性、网络化基础设施建设,改善居住条件,为实施旧村改造积聚后劲。同时,实施以垃圾清理、空地绿化等为主要内容的环境综合整治,为农民创造良好的生产、生活环境。

二、2007年城阳区农村城市化的基本情况

(一)2007年1~9月份城阳区农村城市化的状况与特点

2007年,城阳区以旧村改造为重点的农村城市化,取得了新进展。其有4个特点。

1. 旧村改造的质量和品位明显提高

稳妥有序推进。城阳区对原审批流程重新进行了梳理、明确,并下发了新规程,操作、把关更加严格,推广城阳街道办事处无障碍拆迁模式,2007年新启动的西田、江家庄、西郭庄、北曲东、南城阳5个社区拆迁安置协议签订率均达到98%以上,全部按计划拆迁完毕。在改造过程中,积极探索旧村改造新路子。引进实力较强的开发企业实施连片改造、综合开发。如西田、江家庄引进鑫源置业公司,北曲东、西郭庄引进青岛城市发展中心和中联盈地置业公司,按照商品房标准进行开发建设,有效解决了社区自主开发资金不足、技术力量薄弱、社区干部不超脱等问题。

严把质量监控关。2007年,城阳区围绕构建精品工程和名牌建筑,健全监督机制,强化现场监控,在行业管理上取得了一定突破。进一步完善了招投标管理机制,城建规划局与区检察院、监察局、财政局、审计局联合把关,组织了两次拉网检查;狠抓了区和街道财政投融资工程的招投标管理,2007年开工重点工程和街道投资工程均做到了应招必招;狠抓施工现场标准化管理,全区32处工地被评为青岛市标准化示范工地,名列全市第一。5处工地和1处施工小区分别申报了省优工地和省示范小区。标准化示范工地通过数量和省优申报数量均为上年同期的4倍多。预计年底前仍将有10项工程创建标准化示范工地。狠抓了施工现场事故危险源的整治,未发生任何重大事故;实行了住宅工程竣工分户验收制度,确保了工程质量;狠抓全区监理市场专项整顿,对违规者予以警告和扣分等处理。共对15个监理企业和17位项目总监进行了扣分,对8家监理企业分别给予警告,将5个项目总监清出了城阳区建筑市场;新型墙体材料应用和建筑节能实现了跨越式发

展，全区新开工住宅新型墙材应用率达到100%，新建住宅工程外墙均使用保温材料，窗户使用双层中空保温窗，提升了建筑品质。青岛市建筑节能现场会在城阳区召开。截止到2007年9月底，已有10个工程通过了"青岛杯"，10个工程通过了"青岛优质结构奖"初审，3项工程申报了"泰山杯"，1项工程申报了"装饰泰山杯"，名列青岛市第一。

高起点实施环境配套。针对前期旧村改造社区环境配套档次不高的问题，在强化指导服务的基础上，2007年，城阳区政府重点推广了北曲组团、后田社区和北后楼社区的成功做法，对进一步创新环境配套理念、提升全区农村城市化环境配套水平起到了强有力的推动作用。

2. 规划管理向深层次、细节处延伸，城市品位得到提升

规划编制、深化取得了较好成效，规划审批更加严格规范。2007年，城阳区重点开展了现代化特色城区的研究。集中开展了城市发展方向、城市发展大框架及布局的优化、城市特色的定位等六项课题的研究，聘请中国规划设计院深圳分院、青岛规划设计院等专家组织了专题研讨，形成了构建现代化特色城区新的理念、构想和基本框架，为详细规划的编制提供了依据。

注重在规划设计上提升城市品位。2007年，在宏观层面上，城阳区注重把握城市空间布局、城市特色，对后桃林、仲村、东田、前田等旧村改造安置区的规划进行了调整，增加了部分小高层，努力解决城区空间轮廓线太平及旧村改造"排排房"等问题，实现了旧村改造安置规划理念上的突破；在微观层面上，注重学习深圳等先进城市的经验，向建筑立面、建筑色彩、装饰材料等细微之处延伸，重点对空调室外机、落水管、太阳能、物业管理用房、停车位等配套设施设置进行了研究。

规划审批后管理更加规范、有效。城阳区强化城市规划与城市执法管理有效联动机制，加大对违规单位的处罚力度，在加强日常巡查的同时，2007年，对近年来已批房地产开发、旧村改造等规划项目进行了拉网式检查，对个别私改设计、降低标准、弄虚作假的责任单位按规定实施了处罚，违规问题较往年大幅减少。

"数字化"系统建设取得了初步成效。2007年，城阳区建立了全区规划管理信息系统、城区三维仿真平台系统、城区地下管网地理信息系统及覆盖全区各单位、部门的OA行政办公系统，工作效率大幅度提高。"数字城阳"建设项目已通过建设部城市数字化工程示范项目和中国地理信息系统协会优秀工程的初选，2008年拟参加"华夏奖"评选。

3. 以完善的社会保障体系作为农村城市化的支撑

采取区、街道两级财政扶持，社区集体补助，个人投入相结合的方式，全面推行农村新型社会基本养老保险。2007年，城阳区、街道两级财政投入8000多万元，使适龄群众全部参保，实现了农民群众"老有所

养"的梦想，截止到9月底，全区230个社区（村）中，累计已有224个参加了保险，参保人员达到23万，其中已有近7万人领取了养老金，养老金发放率达100%。采取区政府、街道办事处、个人三方出资的方式，大力实施农村新型合作医疗保险，按照每人每年60元的标准投保，参保率达到97.9%，防止了"因病致贫、返贫"；实施城乡统一的就业政策，促进劳动力充分就业，每年培训转移农村劳动力7000余人，全区从事第二、三产业的农村劳动力达到15.8万人，占总数的83%，加快了农民向市民转变。

4. 以城市社区模式为标准，打造优美的居住环境

在农村城市化过程中，城阳区坚持以城区居民小区的标准进行规划设计和配套建设，使旧村改造居住组团达到甚至高于当地城市一般社区的水平。

严把居住区规划和基础设施配套关。城阳区始终坚持规划先行，综合考虑现有社区地理位置、人口规模、人文习惯、历史沿革等因素，立足发展基础和优化资源配置，以街道办事处为单位，打破社区界限，对居住点实施高起点、组团式规划布局。建筑密度、绿化率等指标与城市居民小区实行相同标准；居民小区必须达到路、电、水、热、气、污、电话、宽带、有线电视等九通。同时，居住组团普遍规划设置了休闲健身场所、物业管理用房、菜市场等生活设施。所有规划、设计方案必须向群众公示，必须经专家论证评审，必须经街道办事处、区政府两级批准。2007年，城阳区街道办事处投资2000多万元聘请国内一流设计单位，将34个社区划分为8个居住组团，高标准编制修建性详细规划，社区全部规划建设公共绿地、休闲健身场所、市场等生活设施，天然气管道入户率100%，绿化率40%以上。

严把工程质量关。在城阳区，凡旧村改造项目，100%取得规划许可、施工许可手续，100%进行公开招投标。加大对建材产品及主体结构的抽检力度，工程施工全程监管。竣工后，区政府组织街道办事处、社区以及规划、城建、国土、环保、消防等职能部门，按照规范标准严格验收。

严把后期物业管理关。新建农村居住组团均按规范标准同步建设了物业管理用房、公共生活和文化娱乐等设施。提前确定物业管理模式，工程竣工验收时，物业管理部门与其他职能部门共同参与，确保新建农村居住组团具备完善的商贸、幼儿园等配套设施，让入住群众感到舒适安全。

(二)城阳区农村城市化进程中存在的主要问题

房屋拆迁的法律适用问题。对于房屋拆迁，目前只有国务院颁布

的《城市房屋拆迁管理条例》,该条例适用于城市国有土地上的房屋拆迁。而对农民集体所有土地上的房屋拆迁目前还没有具体的政策规定。如果土地保持集体所有性质不变,旧村改造的整个拆迁工作缺乏法律保障。另外,如果在拆迁过程中遇到个别"钉子户",强制拆除缺乏法律依据。有的村干部为了使改造工程得以顺利实施,就会对"钉子户"提出的过分要求予以妥协,这又会引起先行拆迁户的不满,造成政策不公正。

部分社区未严格执行招标投标等有关规定。城阳区虽已研究制定了《城阳区建设工程项目招标投标管理暂行管理办法》及《实施细则》、《关于进一步规范全区旧村改造工程招标投标工作的通知》,但在具体操作中,仍有不少工程和建设项目存在应招标而未招标、化整为零肢解工程规避招标和不按法定程序招标即开工建设的问题。

另外,部分社区因资金问题而直接将旧村改造或解困房项目委托给房地产开发公司进行开发建设,社区旧村改造资金支出由房地产开发公司支付,工程预算、结算审计由房地产开发公司委托。存在未通过竞标选择确定房地产公司的情况。

三、2008年城阳区农村城市化展望

(一)影响城阳区农村城市化的因素分析

1. 有利因素分析

(1)中央关于统筹城乡经济社会发展、落实科学发展观的方略及一系列方针、政策,对城阳区推进以旧村改造为重点的农村城市化具有重要的指导意义。统筹城乡经济社会发展,是党的十六大、十七大都关注的解决"三农"问题的重大举措。城乡统筹发展首先是要破除"二元"结构。通过旧村改造,把农村基础设施搞上去,改善农民生活环境,提高农民生活质量;通过农村土地集约利用,促进第二、三产业的发展,提高农民收入水平,进一步推进郊区城市化,缩小城乡差别,达到实现城乡一体化发展的目标。据测算,改造一个600人左右的村庄,安置房占地仅是村庄原占地的1/10,通过旧村改造,能够节约大量的土地。城阳区立足于统筹城乡经济社会发展,全面落实科学发展观,根据全区经济社会又好又快发展的客观要求,制定下发了《关于加快推进以旧村改造为重点的农村城市化的意见》(城发〔2004〕11号),提出了以区域经济社会发展为依托,以群众满意为目标的原则,对70%以上的村庄实施旧村改造,建成功能完善、环境优美、特色鲜明、布局合理、适合人居、和谐统一的现代化新型居住社区,使农民群众的生活方式由传统型向现

代型转变,村级集体经济得到持续快速发展,综合环境得到全面优化;居民生活质量明显提升;农村劳动力转移步伐不断加快,群众就业领域不断拓宽;社会保障体系进一步完善,群众养老保险、福利、卫生、医疗、教育、居住水平明显提高。

(2)全区综合实力实现新提升,财政具有一定的转移支付能力。城阳区坚持以科学发展观统领经济社会发展全局,认真贯彻落实山东省委"一二三四五六"的工作思路,以建设全面小康社会为目标,以建设社会主义新农村为重点,凝心聚力、统筹城乡,全力构建和谐社会,全区经济社会又好又快发展,总体经济实力在全省县市区的排名由建区时第50名以后跃居前列。2006年全区本地生产总值完成400.8亿元,财税总收入(不含海关税)完成34.3亿元。其中地方财政收入9.43亿元;实际利用外资5.4亿美元,实际利用内资93亿元。城镇居民人均可支配收入16200元。所有这些,为城阳区实现城市支持农村奠定了雄厚的经济基础。

(3)农村经济社会发展基础较好,具备一定的自我发展和提升能力,具有实施旧村改造的资金基础。近年来,城阳区依托城市化,引导社区优化发展环境,通过招商引资、发展民营经济、兴办第三产业,多元化发展集体经济。2006年,全区农村社区可支配财力达到14.9亿元,过百万元的农村社区达110个,其中过500万元的48个,过1000万元的34个。2006年实施旧村改造的28个社区集体可支配财力超过500万元的达到70%。坚持分类指导,对偏僻社区从2003年开始实施"三帮一"工程,即每一个经济薄弱社区,均由一个经济实力强的社区、企业和区直单位进行三方联合帮扶。2007年确定了26个被帮扶社区,计划利用三年时间,使这些经济薄弱社区的集体年可支配财力均达到50万元以上,其中9个达到80万元以上,促进农村社区集体经济的共同发展,提高"有钱办事"的能力。

(4)伴随着广大农民群众就业结构改变、收入水平提高,他们要求改善居住条件,加快旧村改造的愿望十分迫切。城阳区很多村庄,特别是城区、出口加工区、空港产业区、流亭立交桥周边等重点区域内的村庄,群众的就业结构由以务农为主,转变为进厂务工、从事城市公用事业、运输业、商贸服务业等为主,农民收入水平大幅提高。2006年,全区农民年人均纯收入6806元,全区从事第二、三产业的农村劳动力占总数的83%。目前,全区群众思想观念新,现代意识强,为城阳区旧村改造的顺利推进奠定了良好的群众基础。

(5)构建和谐城阳,为农村城市化提供了良好的外部环境。近年来,城阳区大力加强社会管理,努力建设平安文明和谐城阳,为全区实施旧村改造提供了良好的外部环境。一是民主法制进程进一步加快。

全面普及法律知识,群众学法、守法、用法意识明显增强,全民普法知晓率达到85%,全区民主法治示范社区创建率达到75%;在民主法制指标中,农民对居务政务公开满意度达到98%,农民对社会安全的满意度达到95%。二是各项社会事业全面进步。城阳区先后荣获国家可持续发展实验区、全国科技进步示范区、中国人居环境范例奖、省级精神文明建设先进区、省级文化先进区、"平安山东"建设先进区、山东省职业教育工作先进区等40多项省级以上荣誉称号。在社会发展指标中,新型农村合作医疗保险覆盖率达到97.9%;农村养老保险参保率达到93%,农村居民基尼系数为0.3。三是有一个坚强的社区"两委"班子,为推进以旧村改造为重点的农村城市化奠定了组织基础。

2. 不利因素分析

(1)部分社区集体经济比较薄弱且发展不平衡。城阳区是一个建区仅有14年的新区,建区之初,城阳区基础差、底子薄、设施落后,与城市相比,农村经济社会发展和基础设施建设更为落后;与市民相比,农民收入水平更低,增收的办法更少、难度更大。农村人口占全区人口的95%以上,是一个典型的农业区。位于山区和偏远地带的村庄,第一产业还占较大比重,集体经济比较薄弱。全区有230个农村社区,自然条件和经济社会状况差别很大。2006年,全区可支配财力低于50万元的社区有26个,大多地理位置偏僻,居民就业路子不宽。例如,红岛街道办事处受政策影响,建设用地严重缺乏,对社区引进项目、建设厂房带来了较大制约。

(2)思想观念障碍。农民对土地的依赖,有着成百上千年的历史延续。他们最关心的不是改造后城市环境如何优美、街道如何整齐,而是更多地担心改造后失去赖以生存的房产和土地,害怕既不能保住自己原有的资产,又失去谋生的手段。因此,他们拒绝变化而更趋向于安于现状,这种思想成为旧村改造初期的巨大障碍。

(二)2007年第四季度和2008年城阳区农村城市化趋势预测

2007年第四季度,城阳区将按照"三个基础"稳固、"六个清楚"到位的要求和"积极稳妥、成片改造开发、高标准规划建设配套"的原则推进农村城市化,继续完成年内新启动的5个社区的旧村改造,完成10个社区整体改造任务,拆迁民房30万平方米,新建安置房45万平方米。针对当前旧村改造日益成为全区农村城市化主要实现形式的实际,将探讨以大开发商参与、连片整体开发、统一配套公共服务设施、统一配套室外环境的新模式。严格控制审批和规范管理好社区新建住宅楼(解困房)建设,逐步与旧村改造监管体系接轨。全年城市化水平预计达到63%以上。

2008年，城阳区农村城市化将围绕城市未来形态、城市产业布局、城市功能配套、城市人居环境等方面进行规划、建设和管理。在规划方面，把握居住功能优先的原则，提高户型的经济适用水平，建设功能实用、配套齐全、环境宜居的居住示范小区；在建设方面，坚持高标准、高质量实施住房建设，优化配置文化教育、卫生体育、社区服务、市政等各项公共配套设施，提升居住区综合服务功能，营造公共开放邻里交往空间，形成宜人的街区尺度，强化文化、健身、休闲的人文活动空间，切实推进"和谐社区"建设；在管理方面，全面实行精细化管理，努力把城阳区打造成现代化特色城区。2008年将新启动东郭庄、仲村、东流亭等3个社区改造，拆迁民房2700户，新建安置房43万平方米；完善西田、江家庄、西郭庄、北曲东、南城阳、于家、庙头、刘家小水等8个社区安置楼建设和小区环境配套；继续引进高水平的开发企业参与旧村改造，实施连片改造、综合开发，提高全区旧村改造品质，并按照"面上严控、突出西部、街道集中建设统一分配"的原则，重点实施西部街道办事处解困房建设，预计2008年建设解困房13.6万平方米，解决1500户居民住房问题。城市化水平预计达到66%以上。

(作者单位：中共城阳区委党校)

2007~2008年胶州市名牌农业发展形势分析与预测

刘骏骎

胶州市农业凭借独特的资源和经济优势,以市场为导向,突出重点,大力实施名牌战略,以产业育名牌,以名牌拓市场,名牌农业呈现出了良好的发展势头。由这些名牌农产品构成的"农业新生代"创造了广阔的市场空间和巨大的市场价值。

目前,胶州市拥有老巴子熏鸡、艾山牌粉条、北梁蜜桃、宝荣海鲜等30多个名牌农产品,其中6个被认定为无公害产品、绿色食品,包括"朝阳坡"桃、"北梁蜜桃"、"鑫利来"牌马铃薯、"和睦"牌西瓜、"艾山"牌的大相家粉条、花生、山鸡蛋等等,以"胶州大白菜"牌胶州大白菜最为著名。2006年4月7日,胶州大白菜原产地证明商标正式通过了国家工商总局原产地证明商标注册,结束了青岛市农产品没有证明商标的历史。实施的"胶州大白菜标准化生产技术研究与开发"项目在国家、山东省、青岛市有关专家组成的评审会上通过鉴定,达到同类项目的国内领先水平。品牌农业已成为胶州农业中的一大亮点。据不完全统计,目前胶州市农民生产的90%以上的奶类、75%以上的花生、33%以上的水产品、30%以上的蔬菜、35%以上的禽畜产品,都被加工成名牌农产品后畅销国内外市场。名牌农业的发展,不仅促进了胶州农村经济进步,也加快了社会主义新农村建设的进程。

一、2007年前三季度胶州市名牌农业发展状况分析

(一)通过培育农业名牌,推进了农业产业的层次提升

2007年,胶州市通过加快培育农业名牌,充分发挥丰富的资源优势,集中资金、技术、人力等生产要素,以农业标准化为依托,以农业龙头企业为载体,逐步形成并拉长农业产业链,快速推进了农业主导产业的规模扩张和层次提升。前三季度,胶州市利用名牌载体,加速引进富民项目资金,争取农业综合开发产业化扶持资金2719万元,扶持产业

化项目15个,提升了农业产业化经营水平,使规模以上加工企业达到466家。

(二)通过培育农业名牌,快速提高了农业产业的经营效益

2007年,胶州市通过发展名牌农业,整合各种优势资源,不断扩大生产规模,减少了要素资源浪费,提高了农业名牌的创造速度和市场竞争力,确保农业名牌效益的最大化,有效提高了农业经营效益。前三季度,胶州市完成农业总产值59.4亿元,同比增长9.8%。其中名牌农业完成15亿多元,超过农业总产值的1/4。

(三)通过培育农业名牌,有效增加了农民收入

从2004年开始,胶州市像培植工业名牌一样培植农业名牌,倾力推出一批市场竞争力强的农产品。在农业知名品牌培育的品牌定位、品牌设计、品牌推广、品牌营销等多个重要环节上,胶州市针对当时农业"小农经济"占主导地位的基本状况,整合农业资源,发挥区域优势,实行统一开发管理,避免无序竞争,通过培育知名品牌促进农产品市场流通,有效增加了农民收入。

2007年前三季度,胶州市在知名农业品牌的培育中坚持"规模、特色、效益"并重原则,积极培育特色产业。重点抓了以蔬菜为主的4个15万亩工程建设,制订了《青岛市百万亩优质蔬菜示范区胶州市2007~2009年规划方案》,明确了示范区建设标准。争取中央和青岛财政扶持资金1100万元,重点加强道路、桥涵、水利、节水灌溉、设施栽培等基础设施建设,新建蔬菜大棚1200多个,完成蔬菜种植面积13.6万亩。2007上半年,青岛市蔬菜示范区建设现场会肯定并推广了胶州市的经验和做法。另外,胶州市还新建标准化养殖小区2个,完善标准化养殖小区5个,新建及改建标准化养殖场80个,胶州市畜牧养殖规模化程度达到了85%以上。前三季度,胶州市农民人均现金收入达到3208.5元,同比增长14.9%。

(四)通过培育农业名牌,促进了城乡和谐发展

培育农业知名品牌,能够有效带动农产品的生产、加工、销售、服务等相关产业的发展,实现农工贸一体化、产加销一条龙;延伸产业链,促进农村第二、三产业快速发展;就地消化、转移农村富余劳动力,推动城乡经济协调发展、社会共同进步。

培育农业名牌,品质是关键。为此,胶州市先后制定了大白菜、辣椒、玫瑰花等29个标准化生产技术规程,建立了以农业检测中心为主体,企业和基地自测自检相配套,覆盖产前、产中、产后全过程的检测网

络。截止到2007年第三季度,胶州市无公害基地面积累计已达51万多亩,申报农产品认证累计达20多个,被农业部命名为首批无公害蔬菜基地市。在胶州市所有的农业名牌中,最负盛名的是胶州大白菜。它具有帮薄、叶嫩、汁白、味鲜的特点,深受人们喜爱。鲁迅先生曾经在《藤野先生》中描述:"便用红头绳系住菜根,倒挂在水果店头,尊为'胶菜'。"1949年毛主席出访苏联,胶州大白菜还被作为国礼。但由于受人们对地理标志商标名牌作用意义认识不足、重视程度不够以及对农产品名牌运作缺乏经验等因素影响,致使这一古老的农产品知名品牌一直徘徊不前,混同于市场上的普通大白菜,常常卖几分钱一斤,甚至出现烂在地头的现象。为深入开发"胶州大白菜"这个历史名产,胶州市在原产地南三里河村建立了"胶州大白菜"种植基地,成立了集教学、科研、生产经营、社会服务于一体的大白菜研究所。为做大做强这一农业名牌,在获得了国家原产地证明商标的基础上,胶州市组织有关部门、企业、农户联动,在促进大白菜产业提档升级上下工夫,成立了胶州市大白菜协会,负责大白菜基地的选定,在大白菜生产、包装、销售等各个环节,都有农业技术人员上门指导。现在,在市场销售的每棵正宗胶州大白菜都有自己的"身份证"——原产地证明商标。通过商标上的唯一编码,可以查询每棵白菜的生产单位、生产基地、基地概况、栽培过程、产品质量检测结果等。目前,一箱真正的胶州大白菜能卖到120元。

里岔黑猪是我国优良的地方猪种,素有"南太湖,北里岔"之称,因其产地和毛色而得名。里岔黑猪主要分布在胶州西南部的里岔、洋河、张应和与之相邻的胶南、高密、诸城等地交界的丘陵地带,是当地群众长期择优纯繁、继代选育形成的具有一定特色的地方品种。1976年,经专家组定名为"里岔黑猪",并被中国农科院专家评价为"国宝"。里岔黑原种猪自组群至今已进行了13个世代的继代选育,现在胶州市洋河境内已建立起专门的养猪基地。经过多次测定,里岔黑猪育肥猪平均日增重达650克以上。为做大这一农业知名品牌,胶州市与大专院校、科研单位建立了长期技术合作关系,聘请有关专家为技术顾问,获得了良好的科研成果。2007年前三季度,本着保种选育、科研与生产相结合的原则,胶州市先后向辽宁、天津、江苏、浙江等十几个省市及山东各地提供里岔黑猪及里岔黑猪瘦肉型新品系2万余头,促进了全国商品瘦肉猪生产的发展,也产生了显著的社会经济效益。

胶州湾杂色蛤,是世人公认的极具青岛特色的美味佳肴之一,已成为胶州湾的"老字号"品牌。杂色蛤以含沙量低、营养丰富、味道鲜美、肉质肥嫩而闻名海内外。2007年前三季度,胶州市充分挖掘浅海滩涂资源的潜力,依靠科技发展水产养殖,开发贝类养殖滩涂面积达30000

亩,另有淡养水面 3.8 万亩、海养水面 4 万亩、虾池 2 万亩。经过多年发展,1997 年底注册了"胶州湾杂色蛤"商标,并荣获胶州市第二届著名商标。胶州市对杂色蛤养殖示范基地实施全方位水质、杂色蛤肉质监测,对杂色蛤苗种进行筛选、去杂、提纯,使其达到了生态环保型绿色产品标准。现在,胶州市亩产杂色蛤 2000 余千克,亩产值达 1.2 万元,每亩纯利润达 1 万元。

农业名牌的"集束效应",实现了胶州市农业集聚区建设,使该市形成了"企业+协会+农户"的农业产业化经营格局,实现了商标、信息等资源的共享,使该市农牧产品名牌创造了广阔的市场空间和巨大的市场价值,在国内保持了安全、健康、绿色的社会声誉。名牌农业把一大批农民汇聚在名牌旗下,成为收益相对稳定的名牌农产品实际生产者,有效解决了小农生产与大市场难以对接的问题,给农民带来广阔的市场和巨大的经济效益。名牌农业使胶州农产品跳出了"贵了多、多了贱、贱了扔"的怪圈,大力促进了城乡经济的和谐发展。

二、2008 年胶州市名牌农业发展预测

(一)将搞好发展规划,夯实名牌农业的发展基础

胶州市地处胶州湾畔,特殊的地理环境和自然条件,造就了独特的生物品种,使当地拥有丰富的农产品资源,其中以胶州大白菜、土豆、羊角椒、大花生等最为有名。目前胶州市具备了发展名牌农业的良好基础,2007 年第四季度和 2008 年,胶州市将督促各有关部门,彻底摸清胶州市农业名牌状况,结合"十一五"规划抓紧制定科学的农业名牌发展战略规划及具体实施计划,进一步夯实名牌农业的发展基础,使这项工作有章可循,为胶州市农业名牌战略的整体推进提供保证。

(二)将整合优势资源,突出名牌农业的工作重点

农业名牌的培育,首先要从具有区域特色优势的农产品入手。胶州大白菜等全国知名农业品牌,仍会是近期胶州市名牌农业的依托。2007 年第四季度和 2008 年,胶州市将加强茶叶、蔬菜、水产畜牧养殖、林果等优势特色产业的区域布局规划,以基地建设为载体,把培育农业特色主导产业与区域经济发展结合起来,在产品质量、产品功能和产品内涵上下工夫,初步构建起优势农业产业群,推进全市农业产业升级。

此外,胶州名牌农业还将在抓好区域农业资源的整合下工夫。即把有限的名牌资源盘活,显示胶州地方特色,形成群体优势,提升农业名牌的效益。2007 年第四季度和 2008 年,胶州市将通过加快要素整

合步伐,促进农业生产的各类要素向名牌农业的特色基地、强势产业集聚;将加强品牌整合,防止名牌之间恶性竞争;将促进区域农产品生产与农业名牌建设的有机融合。2007年第四季度和2008年,胶州市将对其他富有地方特色并形成一定规模优势或有较高知名度等符合商标注册条件的农副产品,抓住机遇进行保护性注册,促进区域农产品生产与农业品牌建设的有机融合,使特色农产品的资源优势和产品优势转化为市场优势和竞争优势。

(三)将强化主体培植,构建名牌农业载体

目前,胶州市按照"选好一个项目,建立一个体系,形成一个龙头,创立一个名牌,致富一方百姓"的目标,充分利用地方名、优、特农产品丰富的优势,围绕主导产业,大力发展龙头企业。胶州市成立了30多个专业协会,全市农产品加工企业有547家,其中规模以上达到320多家。销售收入500万元以上的农产品龙头企业达到了270家。胶州市95%以上的名牌农产品是那些市场触角灵敏、资金力量雄厚的经济合作组织或龙头企业生产的。大洋公司、福生公司被认定为国家级龙头企业,顺通公司、品品好粮油公司被认定为省级龙头企业。全市农副产品年加工能力达到152万吨,占农副产品常年产量的近60%,出口创汇达3.2亿美元。

2007年第四季度和2008年,胶州市将充分发挥外向型企业多、经济外向度比较高的优势,积极引进、培育辐射型龙头企业和中介组织。这是发展名牌农业的载体。胶州市营海镇引进的韩国企业"农心",每年出口的"农心"牌辛拉面及调料达6400多吨,主要原料来源于胶州的生产基地。胶州将大力挖掘这个企业的潜在优势,把名牌农业向国际化的方向拓展。位于胶州市南部丘岭地区的洋河镇山清水秀,没有工业污染,最适合生产绿色农产品。洋河镇无公害农牧产品研究开发协会牵头注册了"艾山"牌商标,包括粉条、山鸡蛋、猪肉等26种农产品。2007年前三季度,从这里走出去的"艾山"牌粉条达到了20万千克,山鸡蛋100多万枚,远销到上海、北京等地,有的还辗转卖到了美国、日本等国家。其中一枚山鸡蛋从养殖户的收购价平均在1.5元左右,效益非常可观,带动示范作用十分明显。预计2007年第四季度和2008年,"艾山"牌商标的产品将更加多样,规模将有更大拓展,品质将有更大提高,名牌效益将更加显现。"艾山"牌商标在未来不仅将对洋河镇起到带动作用,而且将对整个胶州市丘陵地区农业的发展具有强大的示范和拉动作用。另外,胶州市鑫昌永存花卉生产基地注册的"庸生"花卉在青岛地区受到了赏花人的追捧。"庸生"花卉不仅是一个花卉品牌,而且具有独特的地域文化价值。庸生,即庸谭,胶州人,系西汉初年大

学问家,秦始皇焚书坑儒,庸谭以其特殊的记忆力,将《尚书》、《论语》、《孟子》等文献整理再现,为古文化典籍传世作出了重要贡献。为此,汉宣帝曾下诏为其建祠。清乾隆帝慕名前来,竟流连忘返。胶州市政府正筹划修复这一重要历史遗迹。2007年第四季度和2008年,随着人民生活水平的普遍提高,人们对于花卉的需求会越来越大。胶州市规划以北关办事处"庸生"花卉为龙头,整合各乡镇分散的花卉养殖基地,把"庸生"花卉做成胶州市花卉企业的龙头。

(四)将依托现代科技,增强名牌农业发展后劲

只有依托科技进步,才能保持品牌优势,增强名牌农业的发展后劲。借助现代农业这一主线,结合新农村建设,2007年第四季度和2008年,胶州市将不断完善农业产业化格局,调整优化种植业结构,逐步形成产业化经营、标准化生产、规模化发展、科技化支撑"四大体系",推动农业农村经济健康快速发展。

产业化经营将会使名牌农业的发展优势进一步提高。为加快农业产业化进程,2007年第四季度和2008年,胶州市将大力推行"公司+基地+协会+农户"的生产经营模式,与农户建立平等稳定的产销协作关系和利益联结方式,与专业合作组织建立互惠互利和相辅相成的合作关系。通过依托技术能人办协会、"两委"组织办协会、种养大户办协会、营销大户办协会、科研项目办协会等模式和多样化的利益连接机制,鼓励企业、基地、农户发展农村专业合作组织,推动全市名牌农业健康快速发展。从目前来看,胶州市已经拥有各类农民专业合作组织125多个,涉及全市18个镇(办事处)157个村,会员2.6万个,发展订单农业面积达20多万亩,带动农户近7万户,占全市农村总户数的36%。胶州市已有近70%的农产品加工企业通过"公司+协会+基地+农户"的模式,与农户建立了稳定的产销合同;有30%的农副产品通过"公司+协会+基地+农户"的方式进入了市场。2007年第四季度和2008年,胶州市将不断扩大产业优势,利用名牌的优势,把农业产业做大做强。

标准化生产体系建设将使农业品牌的品质进一步提升。近年来,胶州市围绕农业结构调整,加快建立以农产品质量标准体系、监管体系和质量认证体系为核心的农业标准化生产体系,把农业生产的产前、产中、产后全过程纳入标准生产和标准管理的轨道,先后制定发布了40项无公害农产品生产技术规程,为农民标准化生产提供了依据。截至目前,胶州市无公害种植基地达到61个,规划总面积达到51.89万亩。被青岛市以上认定无公害农产品基地18处,绿色基地1处,有机基地2处。有18个产品通过国家无公害农产品认证,14个产品通过国家绿

色、有机食品认证。2007第四季度和2008年,胶州市名牌农业发展将依托标准化示范区、无公害基地、龙头企业、中介组织等,推广农业标准化生产技术,实现农产品生产、加工和销售各环节全过程质量安全控制。除对胶州大白菜、北梁蜜桃等30多个农产品名牌加以保护外,还将对其他产品通过标准化生产同国家、山东省和青岛市有关专家和部门进行技术研究与开发,使产品达到同类项目的国内领先水平。胶州市将大力推行产地标识管理、产品条形码制度,做到质量有标准、生产有规程、产品有标志、市场有监测,构筑农产品质量安全屏障,规范质量标准,保持品牌信誉。

规模化发展将使名牌农业步伐进一步加快。为加快名牌农业的整合和相互促进,胶州市规划建设了"四个15万亩"工程,提高产业基地档次,使农业产业基地成为集农田设施建设、生态保护、科技推广、产后服务体系于一身的集约生产代表,为全市农业规模化发展奠定了坚实的基础。

目前,胶州市全面完成了15万亩高产优质高效粮食示范区建设,建成了"田成方、路成网、旱能浇、涝能排"的稳产、高产、标准化示范区,达到了"作物良种化、灌溉节水化、农田林网化、农机全程化、道路沙石化、生态良性化"的"六化标准"。胶州市还扎实推进了15万亩优质高效蔬菜示范区建设,示范区内蔬菜平均增产15%,农民增收9000万元。2007年前三季度,胶州市结合青岛市百万亩优质蔬菜示范区建设,规划建设了5处优质蔬菜示范区,使胶州市蔬菜生产水平进一步提高。另外,胶州市还着手建设15万亩出口花生种植示范区和15万亩优质果品花卉示范区,为培育出口型、加工型、榨油型的专用花生生产基地和打造一批优质果品示范园打下了良好基础。

胶州市重点建设了青岛鑫昌永存花卉苗木示范园区、胶西镇万亩无公害蔬菜加工区等现代农业园区,使农业园区成为现代农业的示范园、老百姓增收致富的实验田、农业科技成果转化的样板田。畜牧、水产养殖基地建设也在加快,截至目前,全市标准化养殖小区已达到130个,标准化饲养户达到840个。

科技化将对名牌农业的发展产生支撑。近年来,胶州市大力实施科技兴农战略,引进应用新品种、新技术260多项;建设了蔬菜育苗基地、花卉苗木基地等七大良种繁育基地,胶州市主要农作物优良品种率达到100%,专用率达到40%以上。2007年前三季度,胶州市通过深入开展"科技联户"、送科技下乡等活动,实现了科技人员直接到户、良种良法直接到田、技术要领直接到人。胶州市还全面开展了新型农民科技培训、先进实用技术培训、农村劳动力转移培训等农民科技培训,全面提高了农民的科技文化素质;通过多种形式,与农业科研单位、高等院校、技术推广部门等开展科技联姻活动,共同开发和推广新产品、新技术,走产、学、研结合的道路,为提高农产品的科技含量注入了新的血液。胶州市承担实施的"胶州大白菜标准化生产技术研究与开发"、"出口型羊角椒三系杂交种技术研究与开发"等14个项目已经通过省级以上专家鉴定,达到国内领先水平。

2007年第四季度和2008年,胶州市将优化和整合科技力量布局,运用高新技术提升名牌农业档次,提高名牌农产品的生产管理水平;鼓励和支持农产品加工、销售企业创新农技推广机制和方式,促进农业科技推广组织的多元化,为名牌农业的发展提供技术支持;强化农民科技培训,提高农民整体素质;突出产品更新,使产品的技术、包装、风味、品质始终符合消费者的消费心态,保持现有农业名牌的旺盛活力;实施良种工程,从生产源头上保持名牌农产品的种质资源优势。

(五)将突出营销宣传,营造名牌农业发展的良好环境

从"胶州大白菜"的营销策略看,政府将在今后的品牌推广中发挥主导作用。

为品牌建设专用网站。胶州市为胶州大白菜建设了专用网站,介绍胶州大白菜的历史、特点、营养、生产基地、加工产品、食用方法、营销联系等,并搞好网站的日常维护,使胶州大白菜借助于现代化信息技术不断发扬光大。2007第四季度和2008年,胶州市将加大对其他农业品牌的网上推介力度。

通过展会推介品牌。继组织大白菜的相关单位参加各类农产品展销会成功之后,胶州市其他农业品牌也会通过参加各种展会宣传产品,联系客户。

通过媒体广告进行宣传。胶州市其他品牌也将效法胶州大白菜,在报纸、电视等媒体上进行广告宣传;印制专门的宣传画册,在领导视察、展会推介、生产培训等环节上加以推介。

通过名牌保护加以宣传。胶州大白菜的成功,得益于它成功的品牌保护。名牌保护就是一种强有力的宣传。胶州市尝到了大白菜的甜头,下步将会与工商部门合作,严格按照国家工商总局商标局的规定,搞好其他品牌的商标管理,维护商标的严肃性和权威性,确保消费者的利益。

除此之外,2007年第四季度和2008年,胶州市还将在以下几个方面加大名牌的宣传力度:一是建立完善的市场销售网络,大力培育现代物流新业态,广泛运用现代配送体系、电子商务等方式,增强信息沟通,搞好产需对接。要采取"走出去"和"请进来"相结合的办法,针对目标市场和主要客户,开展名牌产品的促销节、文化节、展示品尝会、新闻发布会等,推动区域名牌农产品走向全国、走向世界。二是充分发挥行业协会、合作社、专业协会及中介组织的作用,加强行业的协调和服务,积极组织名优农产品展销、订货、招商等活动,搞好市场流通,建立和完善销售渠道和网络,促进名牌农产品的销售,有效提高农业经营效益。三是精心策划在电视、广播、报纸、网络等媒体进行农业品牌的公益性宣传,提高全社会的品牌和质量意识,提高公众对全市品牌农产品的认知度,努力营造争创名牌、保护名牌产品的社会氛围。

(六)将加强目标考核,强化名牌农业的组织推动

胶州市已成立市培育农业品牌工作领导小组,加强目标考核。2007年第四季度和2008年,该领导小组将在以下几个方面对名牌农业进行指导:一是督促各镇、办事处和有关部门、单位积极参与,密切配合,分工协作,形成合力;二是督促各镇、办事处建立相应机构,明确工作责任,积极开展农业名牌的培育工作;三是督促农业行政主管部门把培育农业名牌作为市场经济条件下农业与农村经济工作的一项重要职能,明确工作任务,着力抓好落实;四是强化对全市农业产业结构调整优化的指导,进一步加强农业标准化工作,提高农产品质量,对拟申报认证的农产品,将实行统一登记造册,根据实际情况逐个制定具体帮扶措施,将农产品创优质名牌和质量认证申报工作落到实处;五是加强对获得名牌产品称号和国家级有机食品、绿色食品、无公害农产品认证工作的管理、检查和监督,推动企业健康发展。

三、胶州市名牌农业发展对策

(一)切实加强对农业名牌创建主体的政策扶持

一是兴办国家、山东省名牌产品生产基地,减收或免收地方各种规费。有效期内的国家、山东省和青岛市农业名牌产品,优先获得市场准入资格;对列入山东省和青岛市名牌产品(农业类)名录的产品在商标注册、原产地域产品保护等方面简化程序、减免费用并优先办理。

二是切实加强对企业知识产权的保护。鼓励企业自主进行商标设计、产品标识以及农产品原产地域名称、互联网域名等注册工作,切实加强对企业知识产权的保护。

三是鼓励推进技术创新。鼓励和支持企业建立研发中心,推进技术创新;鼓励企业加大技术研究开发的投入,加快产品的优化升级,增强企业技术竞争能力。

(二)加大财政支持力度

凡在胶州市行政区域内从事农产品生产、加工、经营的企事业单位、农村集体经济组织和其他经济组织(以下简称申报单位),当年新获得国家级无公害农产品、绿色食品及有机食品认证的,当年新获得原产地域产品保护(认证)的,当年被认定为中国名牌产品(驰名商标)、山东省名牌产品(著名商标)及青岛市名牌产品(著名商标)的,当年被认定为国家、山东省及青岛市级农业产业化示范(龙头)企业的,均可以申报胶州市政府一次性奖励。

(三)抓住2008奥运会的历史机遇,把胶州市农业名牌推向世界

2008年奥运会在北京召开,其中帆船比赛在青岛举行,届时全世界几乎所有国家都会有人来到中国,来到青岛。这是发展名牌农业,把胶州市农业名牌推向世界的重大历史机遇。胶州市应该抓住胶州大白菜等几个知名品牌,全力实施标准化生产,确保其品质,以此在奥运会上加以推介,把古老胶州的物产和文化推向世界。

(作者单位:中共胶州市委党校)

2007～2008 年胶南市农民专业合作经济组织发展形势分析与预测

张志刚　肖永凤　阚卫华　周春华

农民专业合作经济组织是农民自愿参加的，以农户经营为基础，以某一产业或产品为纽带，以增加成员收入为目的，实行资金、技术、生产、购销、加工等互助合作的经济组织。

农民专业合作经济组织具有不改变成员的财产所有权关系、退社自由、专业性强、民办民营民受益和可以突破社区界限，在更大的范围内实行专业合作等特点。目前，我国农村农民专业合作经济组织广泛分布于种植业、畜牧业、水产业、林业、运输业、加工业以及销售服务行业等各领域，成为实施农业产业化经营的一支新生的组织资源。农民专业合作经济组织的组织形式和活动方式多种多样，按照农民合作的紧密程度，可归纳为专业合作社、股份合作社和专业协会。

2007 年，胶南市坚持以科学发展观把发展农民专业合作经济组织作为发展现代农业、促进农民增收、推进社会主义新农村建设的重要工作，农民专业合作经济组织迅速发展壮大。

一、2007 年胶南市农民专业合作经济组织发展分析

(一) 2007 年胶南市农民专业经济合作组织发展特点

1. 各业并举，提高了农业生产的组织化程度

胶南市高度重视发展农民专业合作经济组织，不断加大财政扶持力度，并把农民专业合作经济组织的发展纳入对各镇（街道办事处）年度工作考核目标，促进了农民专业合作经济组织的快速发展。截止到 2007 年 9 月底，全市登记注册的各类农民专业合作经济组织累计为 272 个，比 2004 年增加了 226 个，其中运作较好的约占 30%，成员达到 4 万余人，辐射带动农户 5 万余户，占全市农户总数的 25.11%；生产基地面积 20 万余亩，占总耕地面积的 26.32%。272 个合作组织中，从办

理主体看,村两委主办的141家,农业技术服务部门领办的32家,依托龙头企业兴办的15家,政府主导兴办的20家,能人发起的57家,其他形式的7家。从登记管理情况看,在民政部门登记的协会有248家,在工商部门登记的农民专业合作社有24家。从涉及内容和范围看,种植业103家,畜牧业67家,渔业28家,农机10家,林业18家,其他46家。通过兴办农民专业合作经济组织,全市农民生产的合作化程度有了大幅度提高。

2. 改革创新,积极探索合作组织的有效形式

(1)"专业大户+农户"。这种模式约占29%,主要以种养运销和农业服务大户为主体,发挥能人带动效应。如宝山镇养殖大户周永成立的养猪协会,与正大集团合作进行祖代猪育种,2007年产猪仔1.2万头,年收入可达500余万元,能带动周边12个存养量为1000头的育肥基地发展。

(2)"村两委+协会+农户"。这种模式约占52%。如张家楼丁家寨村两委成立的青岛古寨天然食品专业合作社,主要从事无公害产品的种植、加工和销售,以及技术推广和农民培训。2007年辐射带动农户300多户,建有500亩花生基地和740亩蓝莓基地,年可实现销售收入150余万元。

(3)"公司+基地+农户"。这种模式约占5.6%。尽管所占比例较低,但却代表了农民专业合作经济组织发展的方向。因为这一模式既可让农民从土地获得高收益,又可让农民变成产业工人,实现了农民无风险增收。如胶河经济区立足农业资源优势,招商引资,引进了有实力的企业反哺农业。创建了计划总投资300万元、一期规划面积为600亩的青岛博洋农业生态园。在保证农户土地使用权不变的前提下,企业以每亩600元的价格转包农民的土地进行生产经营,并与农户签订用工合同,每个农村劳力每年可从每亩转包的土地上取得近2000元的劳务收入。大村果蔬协会依托青岛龙马经济专业合作社,主要从事"龙马"牌山鸡蛋、板栗、苹果等系列产品的生产、加工、销售和信息服务。截止到2007年9月底,该合作社已建立500亩板栗园和2000亩苹果园基地,带动235户农民,年户均增收2000多元。

3. 名牌带动,产业支撑,保证了合作组织的有效运行

近年来,胶南市加大对农业名牌的扶持力度,制定实施了农民名牌分级分类扶持政策,取得较好效果。据不完全统计,截止到2007年9月底,全市通过无公害认证的产品40个,通过绿色认证的22个,通过有机认证的14个。

在品牌注册、质量认证方面,各镇(街道办事处)都做了积极的努

力。如胶河经济区出资 5000 元帮助农民注册了"塔桥全羊"商标。2007 年,大场镇出资近 20 万元,为"岭南春"牌绿茶、"大营牌"马铃薯等 5 个品牌的产品拿到了农业部有机产品认证证书。此外,有的镇(街道办事处)还注意挖掘传统产业优势,重树历史品牌。泊里镇设立 20 万元奖励基金用于扶持发展"泊里红席",再次打造远近闻名的"席乡"。

4. 加强指导,强化服务,加快了农民增收步伐

胶南市对农民专业合作经济组织的发展、运作,加强了领导、指导和服务。各镇(街道办事处)强化了对农民专业合作经济组织的监管,各专业经济合作组织抓住良好的发展机遇,积极完善内部服务管理机制,利用多方面的服务优势,积极发挥作用,涌现出许多发挥作用较好的农民专业合作经济组织。从经营效果看,合作销售的产品总量逐年上升。2007 年,瓜菜、果品、畜禽、水产品销售总量可达 1200 多万吨,合作购买农用资料总额 37869 万元,实现销售收入 44392 万元,成员因参加农民专业合作经济组织增收 4500 万元。合作社按照标准化生产技术指导成员发展生产,使该村苹果连续多年达到国家级绿色食品标准。每年通过合作社销售果品收入 500 多万元,农户年均增收 1000 元以上。

(二)2007 年胶南市农民专业合作经济组织发展中存在的问题和不足

1. 农民参与率不高

由于受传统习惯和观念的影响,农民对专业合作经济组织这一新生事物的性质、功能等不够了解,存在着怕"入社"、不愿"合作"的思想。另外,某些农民专业合作经济组织本身也存在问题。胶南市农民专业合作经济组织中有 1/3 有名无实。有些组织当初成立就是为了应付考核,没有严格遵循"民办、民管、民受益"的原则,行政色彩比较浓厚。仅仅是"起一个名字,挂一个牌子",完全是无资金、无组织机构、无经营场所、无产品的"四无组织",根本就没有相应的产业支撑。这样的专业合作经济组织,虽然数量不多,但其负面影响却很大。农民是最现实的市场主体,信奉"无利不起早",合作组织没让他们得到实惠,他们参加的热情就会大打折扣,只能重新单枪匹马去闯市场。

2. 运作规范化不够

按照市场经济的要求,农民专业合作经济组织要作为一个独立的市场主体参与到市场经济的竞争中来,其成立方式、机构设置、运行模式、分配制度等都必须严格按照市场经济的游戏规则规范化运作。从胶南市的情况来看,个别专业合作经济组织存在着流于形式、合作关系

不紧密的现象。尤其是某些协会形式的农民专业合作经济组织,大部分未成立规范化运作组织机构,没有建立规范的章程和财务、分配制度,因而导致宗旨模糊、责任不清、产权不明、机构设置不合理,管理制度不完善,社员与协会之间的关系松散,没有真正形成"风险共担、利益共享"的合作伙伴关系。在已有的农民专业合作经济组织中,运行比较规范的仅占1/3。在经营管理、制度建设等方面的规范不完善,与成员的利益关系不明确,内部管理机制和自我约束机制不强,致使农民对专业合作经济组织的依存度、信赖度降低,与组织共盈亏、与成员同甘苦的组织观念与合作理念不牢固。

3. 产业带动力不强

作为新生事物,不少人对农民专业合作经济组织的性质、地位与作用认识不到位。因而指导力度不够,方法措施简单,致使有的农民专业合作经济组织成立以后没有得到很好发展,规模一直处于注册登记阶段。再加上农民专业合作经济组织融资渠道不畅,在信贷支持上也没有建立联合担保机制和开展信用等级评定工作。专业合作经济组织向银行和信用社申请贷款只能以农户个人的名义得到小额抵押贷款,且利率很高、期限很短。据统计,全市200多家农民专业合作经济组织,在信用社贷款的不到10家。农民专业合作组织在设施、苗种、产品统购统销上,受资金"瓶颈"制约,运转困难。因此不少专业合作经济组织规模偏小,实力较弱,带动力不强,基本限于本乡、村的服务。从胶南现已成立的24家农民专业合作社来看,人数超过100人的只有青岛王台蔬菜专业合作社(406人)、青岛泊里红席专业合作社(433人)、青岛龙马农产品专业合作社(185人)三家,而24家农民专业合作社的总人数也不到1300人。由于规模小,经济实力弱,服务范围窄,远未形成规模优势。

4. 产品知名度不高

胶南市现有的农民专业合作经济组织,虽然在市政府的大力推动下,在品牌塑造方面做了一些工作,但真正叫得响的"农"字号品牌并不多,这在一定程度上影响和制约了胶南特色农业的发展。另外,对已有品牌利用和保护不够。黄山的"徐村芋头"品牌,虽然远近有名,但芋头协会没有把商标注册提上日程,以至于"徐村芋头"这一名称被滥用,给这一品牌和专业合作经济组织都带来一定损失。痛定思痛,新成立的青岛徐村芋头专业合作社已向国家商标局申请注册这一品牌。

5. 发展均衡性不足

从总体上看,胶南市农民专业合作经济组织无论是数量还是规范程度,都在青岛五市中名列前茅。但各镇(街道办事处)发展不均衡。主要表现在两个方面:从空间分布看,农民专业合作社主要分布在大村、大场、王台、张家楼、黄山等镇区。而其他镇（街道办事处）的农民专业合作社数量则很少，有9处镇（街道办事处）甚至没有一家依法登记的农民专业合作社；从产业分布看，现有的农民专业合作社主要经营种植业、养殖业以及农产品的简单加工，没有形成农林牧副渔各业齐头并进的势头。农产品的深加工、海洋渔业等方面严重不足。作为胶南渔业重头戏的渔业捕捞，至今没有成立一家农民专业合作社，这与胶南市渔业大市的地位极不相称。

二、2008年胶南市农民专业合作经济组织发展预测

（一）影响胶南市农民专业合作经济组织发展的因素分析

1. 有利因素分析

（1）相关法律的出台为农民专业经济组织发展发展提供了法律保障。2007年7月1日，《中华人民共和国农民专业合作社法》（以下简称《农业专业合作社法》）正式实施，为农民专业合作社的生存和发展提供了重要的法律保障，也极大地激发了农民创办和参加农民专业合作社的热情。截止到2007年9月底，胶南市已有24家农民专业合作社登记成立。这与法律实施前仅有2家经济合作组织以股份合作制形式取得工商登记的局面形成巨大的反差。

（2）政府支持体系的日益完善为农民专业合作经济组织发展提供了政策支持。一是出台奖励扶持政策。2005年，胶南市出台了《胶南市人民政府关于加快农业经济发展若干政策的意见》，提出："市财政设立专项资金，对胶南市镇村级从事农产品产加销经营及社会化服务、依法进行登记注册、有固定场所和专职人员、团体或个人会员50个以上、制度完善、管理规范、辐射带动作用强、经济和社会效益好的农村中介服务组织（专业合作社、协会及联合体等），择优给予1万~5万元的资金扶持。"在《社会主义新农村建设工作的实施意见》中，提出："要大力发展农村新型经济合作组织，围绕特色主导产业，鼓励和扶持社会力量兴办各类中介组织和行业协会，为农民提供产前、产中、产后社会化服务。（胶南）市财政安排专项资金，重点扶持一批辐射带动能力强的专业合作社等中介组织，带动农民增收。有条件的镇也要拿出一定资金，培植发展各类专业合作组织。"二是将规范发展合作经济组织列入镇（街道办事处）年终考核。这为胶南市农民专业合作经济组织的发展提供了政治保证。三是加大财政投入。2007年胶南市财政安排专项资金，对20多个具有示范带动效应的农民专业合作经济组织进行了奖励。在社会主义新农村建设中，各给予10万元的专项扶持资金扶持农

民专业合作经济组织的发展。各镇(街道办事处)也大力支持农民专业合作经济组织的发展,海青镇政府支持鼓励茶农进行商标注册,张家楼镇财政拿出1万元来扶持青岛古寨天然食品专业合作社的发展。另外,还积极争取农业部和山东省、青岛市的财政扶持资金。各级、各部门的政策及资金扶持,极大地促进了胶南市农民专业合作经济组织的发展。

(3)农民专业经济组织发展的"利好"效应对其发展产生了良好的示范作用。农民是否参加经济合作组织,就是看经济合作组织能否给他们带来实惠。组织运行的实际效果就成为农民参与专业合作经济组织信心的"晴雨表"。而前期农民专业经济组织的发展让农村广大干部群众感受到了实实在在的好处:一是发展农民专业合作经济组织是实现"生产发展,生活富裕"的有效途径。农民专业合作经济组织不仅自身能从资金、技术、信息、销售渠道等方面给予成员以帮助,带领他们发展生产,还与农业产业化相联系,带动农村第二、三产业的发展,拓宽农民的就业门路,提高农民的整体收入。据测算,加入农民专业合作经济组织的成员年均增收950元。二是农民专业合作经济组织能够促进农村社会和谐和精神文明建设。农民专业合作经济组织作为互助组织倡导"我为人人、人人为我"的互助精神,在追求良好经营效益的同时,必然教育其成员遵守经营道德、遵守法律法规和社会公德,树立良好信誉,这对促进农村社会和谐和精神文明建设都具有非常重要的意义。从胶南市来看,凡是农民专业合作经济组织发展较好的地方,精神文明建设都走在了前列。像青岛龙马经济专业合作社所在的大村西南庄村、青岛古寨天然食品专业合作社所在地张家楼丁家寨村,都是胶南市精神文明建设先进村庄。三是农村合作组织培养了成员的民主意识,丰富了农民的民主管理经验。农民专业合作经济组织内部实行民主管理,成员在经济上、政治上平等,必然潜移默化提高农民的民主意识。同时在有序行使民主权利过程中,农民可以得到民主管理的锻炼。总之,农民参加专业合作经济组织,学到了技术,增长了见识,增加了收入,提高了民主意识。而未来一个时期,国家陆续出台的各类鼓励政策和相配套的法律措施会给农民专业合作经济组织的发展创造出更加宽松的空间与环境。面对这些现实的和可预期的"利好",广大农民不再"袖手旁观",积极地创办和参与农民专业合作经济组织。

2. 不利因素分析

(1)部分干部群众对农民专业合作经济组织的误解和疑虑。对现代农民专业合作经济组织发展的模式、程序、运作机制不了解,对其发展的必然性、重要性和紧迫性缺乏足够的认识,分不清新型农民专业合作经济组织与过去那种大而全的统一经营模式的根本区别。还有的基层干部担心农民组织发展起来会成为农村稳定的威胁,甚至会成为与政府对抗的力量,而对发展农民专业合作经济组织持消极态度。另外,前些年某些失败案例的负面影响等,也阻碍了农民专业合作经济组织的发展。

(2)相关配套政策的滞后与缺失。《农民专业合作社法》是一部宏观法律制度,不可能就所有的东西作出详细的规定,要靠配套法规和政策来完善。但配套法规和政策的相对滞后,在很大程度上影响农民专业合作经济组织的发展。

(3)农民专业合作经济组织发展缺乏带头人。一方面是农村特别是西部乡镇有点文化的农民大量外出,留在村里的基本上都是"老弱病残"。另一方面是有些"能人"缺乏"共富"的想法和觉悟。

(二)2007年第四季度和2008年胶南市农民专业合作经济组织发展预测

2007年第四季度,胶南市农民专业合作经济组织将保持良好的发展态势,其规模将进一步扩大,层次将进一步提高,对农村发展、农民增收的带动力将进一步增强。预计到年底,胶南市农民专业合作组织将达到300家,其中运作较好的将达到45%左右,入会人员将达到5万余人,将辐射带动农户6万余户,占全市农户总数的30%以上;成员因参加专业合作组织增收5000多万元,人均年增收将达千元。将打造有分量的品牌10多个。按照《中华人民共和国农民专业合作社法》到工商部门登记为农民合作社的经济组织将达到50多家,100人以上的合作社将达到10家以上,入社会员将超过3000人。

2008年,胶南市农民专业合作经济组织将达到350家。其中运作较好的将达到80%,入会人员将达到7万余人,将辐射带动农户7.5万余户,占全市农户总数的37.67%。生产基地面积将达到30万余亩,占总耕地面积的39.48%。成员因参加农民专业合作经济组织增收7000万元,人均年增收将达千元。将打造有分量的品牌30多个。按照《农民专业合作社法》到工商部门登记为农民合作社的农民专业合作经济组织将达到80多家,100人以上的农民专业合作社将达到30家以上,入社会员将超过5000人。农民专业合作社运行将更加规范,合作社分布将更加均衡。各镇(街道办事处)将依托当地资源优势,创办各具特色的农民专业合作社,"一镇一品"的格局基本形成。

(三)加快农民专业合作经济组织发展的对策建议

1. 提高认识,强化宣传

要通过工作会、研讨会、培训班和新闻媒体等多种渠道和形式,加大宣传力度,使各镇(街道办事处)和有关部门,提高对发展农民专业合作组织的认识。当前,更要把《农民专业合作社法》的宣讲摆在重要位置,要通过多种形式,广泛进行宣传,使法律的宣传普及工作深入到基层农户,落实到干部、群众之中,增强广大干部依法支持和促进农民专业合作社发展的自觉性和主动性,营造支持农民专业合作社健康发展的良好社会环境和工作氛围。

2. 示范引导,典型带动

一是培养带头人。农民专业合作经济组织要发展起来,需要能人组织和指导。要充分发挥基层党组织的作用,鼓励广大党员干部成为合作社的带头人。学习借鉴大村镇新乡村先进经验,引导党员干部带头创办专业合作社,带领群众共同富裕。二是培育典型。要在现有的农民专业合作组织中,选择基础好、发展快、运作规范、知名度高、影响大的专业合作社,作为典型予以重点扶持,促使其规范化发展,进而发挥其示范带动作用。要充分利用各种媒体和手段,对发展比较好的农民专业合作经济组织进行宣传和报道,扩大其社会影响,使其成为农民专业合作经济组织发展的"催化剂"。

3. 完善机制,规范发展

要依据《农民专业合作社法》,规范现有的272家农民专业合作经济组织。对那些符合条件、运行效果好的协会要进行重新登记,使其成为自主经营、自负盈亏的法人实体。在此基础上,在全市各个层面上和各个行业内,组建制度健全、管理规范、运行高效、设施先进的行业协会。负责全市各农民专业合作社的指导、服务和协调,使其形成上有行业大协会、下有农民专业合作社的网络服务体系,进一步提升农民专业合作经济组织为农服务的档次和水平。在专业合作经济组织内部,要建立和完善三个方面的机制:一是建立科学的管理机制。要帮助指导各专业合作经济组织制定完善的章程,民主选举产生理事会、监事会,明确各自的责任和权利。要强化民主管理,在内部决策上,严格执行一人一票制。要建立健全劳动、财务、营销等各项管理制度,并严格地执行。二是建立有效的利益分配机制。对组织成员,其利润采取按交易额分配或按交易额与按股分配结合,以更好地保护成员利益。三是健全内部监督与外部监督相结合的监督机制。充分发挥监事会和农民会员监督作用,实行社务公开、财务公开。通过建章立制,确保农民专业合作经济组织健康发展。

4. 打造品牌,整体推介

一是要加强对《商标法》和品牌建设重要性的宣传,增强基层干部群众的品牌意识。加快品牌的注册工作,积极实施品牌战略,增强农产品的市场竞争力,进一步扩大市场份额。二是加大对现有农产品品牌的整合力度,共创代表胶南发展水平的农业品牌,形成齐心协力闯市场的工作格局。胶南市是山东省最大的北方茶生产基地,共有茶园 6.4 万亩,每年盛产 1500 吨优质绿茶,其中不乏精品和极品。但由于镇、村、户各自为战,注册的品牌多而杂,目前,这些品牌受到了"崂山绿"、"日照青"等品牌的强势冲击,整合并打造胶南市的知名品牌已刻不容缓。要借鉴日本发展农业合作社的成功经验,在合适的时机,使用统一的合作组织标志,注册统一的商标,形成具有鲜明胶南特色的经济合作"航空母舰"。三是加大对胶南农产品知名品牌宣传推介力度。建议在胶南市区规划并建设胶南农业名优产品一条街或者设立名优产品展销店,要采取严格准入制度、免费、"以奖代补"等办法,鼓励优良品牌入驻,以此扩大胶南名优农产品的知名度。

5. 加大扶持,强化服务

一是要把农民专业合作经济组织作为"良种"工程、无公害农产品生产基地、农业技术开发和推广、扶贫攻坚等农业项目的申报实施主体,予以立项支持。把扶持农民专业合作经济组织发展作为农业产业化经营和扶贫开发的重点之一,将符合财政支农资金使用条件的农民专业合作经济组织纳入支持范围。二是进一步加大专项资金的投入,择优扶持发展前景好、辐射带动作用强的合作组织,增强其"造血"功能。大力扶持涉农龙头企业的发展,充分发挥其在信息引导、市场开拓、产品开发、科技创新、服务农户等方面的重要作用。重点扶持康大集团等几个发展比较好的涉农企业,使其进一步做大做强,成为带动农民专业合作经济组织发展的"龙头"。要突出无公害农产品生产基地、生态农业精品园的建设。要把农民创业扶持基金的重点放在支持农民专业合作社的发展上,并考虑农民生产收益周期的实际,适当延长财政贴息贷款年限,确保好事办好。新农村建设资金的使用政策要向农民专业合作社适当倾斜,促进其又好又快发展。三是在支持农民专业合作经济组织的发展过程中,尊重农民在生产经营中的自主权利,把工作的重心放到为农民专业合作经济组织提供服务上。要加强技术服务、信息服务和销售服务,帮助合作经济组织提高生产技术,扩大产品的知名度,使农产品的销售延伸到省内外,甚至走出国门,迈向国际市场。

(作者单位:中共胶南市委党校)

2008

专题篇

青岛市工业产业结构调整研究

刘俐娜

为较全面地反映青岛市近几年来工业产业结构调整的状况与成效,在广泛调研的基础上,查阅和比较了全国及部分城市在工业结构调整方面的相关数据,参考了国家和省、市"十一五"发展规划和工业结构调整意见,结合青岛市目前工业经济调整发展的状况,对全市规模以上工业(下同)结构调整进程及影响因素和发展方向等方面进行了初步研究。

一、青岛市工业产业结构现状

近年来,青岛市工业产业结构得到了一定程度的优化,轻、重工业比例得到较大调整,高新技术产业比重平稳上升,企业自主发展、自我创新的能力在逐步增强,工业规模不断扩大,企业的经济运行质量逐年提高。

(一)在规模以上工业企业单位数量逐年发展壮大的同时,企业经济类型构成发生明显变化,表现在国有企业改革改制成效显著,外商及港澳台商投资企业增长迅速

近几年来,随着青岛市对外开放步伐的加快,一大批内外资工业项目相继落户,规模以上工业企业群体得以不断发展壮大。截止到2007年6月底,全市规模以上工业企业发展到4620家,企业经济类型发生明显变化。随着企业改革力度加大,国有企业改制步伐加快,到2007年6月底,青岛市有国有企业74家,与2006年户数持平,完成产值199.3亿元,仅占工业总产值的6.2%;外商及港澳台商投资企业达到1959家,完成产值1120.13亿元,占规模以上工业总产值的34.8%,同比增长32.9%。外商及港澳台投资企业的迅速增多并发展壮大,为青岛市工业经济的快速发展增添了活力。

(二)从企业规模看,大中型企业成长步伐加快

2007年,作为青岛市工业经济骨干的大中型企业成长步伐逐步加快。据统计,2007年上半年,规模以上工业中的大中型企业有520家,拥有资产2538.3亿元,占规模以上工业企业总资产的71%;完成工业总产值1949.73亿元,占规模以上工业总产值的60.6%;实现利税113.97亿元,占规模以上企业利税的47%。

随着青岛市大企业集团资本运营能力的增强,其产业结构得以优化,经营规模得以壮大,形成了一批经济总量大、实力强、贡献多、产权清晰、信息化水平高、多元化经营的工业企业集团。到2006年底,主营业务收入(集团口径)在100亿元以上的企业有5家,分别是海尔集团公司、海信集团有限公司、青岛钢铁控股集团有限责任公司、青岛啤酒集团有限公司、山东六和集团有限公司;销售收入在50亿~100亿元的企业有4家;销售收入在10亿~50亿元的企业有54家。大企业集团对全市工业经济的快速发展起到了稳定促进作用,为全市经济发展作出了突出贡献。

(三)轻重工业内部结构得到较大调整

随着一批重化工项目的相继开工投产及原有企业生产规模的不断扩大,青岛市工业轻、重产业的比例关系发生明显变化。到2006年底,青岛市轻、重工业的比例为47.5∶52.5。

2007年上半年,在大中型企业中,轻工业246家,重工业274家,重工业企业单位数居多,占全部大中型工业企业单位数的52.7%。从大中型企业集中的前十个重工业行业产值与上年同期比较看,电气机械及器材制造业增长20.6%,交通运输设备制造业增长49.5%,通用设备制造业增长41.3%,通信设备、计算机及其他电子设备制造业增长3.4%,化学原料及化学制品制造业增长75.3%,黑色金属冶炼及压延加工业增长24.2%,金属制品业增长40.1%,电力、热力的生产和供应业增长15.4%,橡胶制品业增长25.3%,专用设备制造业增长40.4%。从产品产量情况看,重工业产品增长较快的有汽车、铁路客车、轮胎、橡胶、铸造机械等。重工业的经济效益也有较大幅度的提高。据统计,2007年上半年,规模以上重工业企业实现产品销售收入1650.05亿元,实现利润总额75.34亿元,占规模以上工业的比重分别为53.9%、54.4%,同比分别提高36.5%、53.9%。

(四)行业结构变化较大,优势产业得到较快发展

制造业作为青岛工业发展的主体,其资产总值占整个工业的95%

以上,共涉及30个行业大类、4530家工业企业,青岛已形成独具特色的制造业产业体系,大企业、大项目和大品牌成为制造业发展的主导力量。制造业对青岛经济的支撑和带动作用非常显著。2007年上半年,制造业实现工业总产值3075.14亿元,占全市总产出的比重为95.5%,实现产品销售收入2923.24亿元,占95.5%。"十五"期间,青岛市装备制造业发展平稳,产业规模、技术水平、产业集成度和成套率有较大幅度的提高。到2007年6月底,青岛市共有规模以上装备制造业企业1308家,完成产值892.07亿元,占制造业的29%,同比增长34.8%。

2006年,在制造业的30个行业中,工业总产值超过100亿元的达到15个,占规模以上工业总产值的比重为80.3%。在15个产值超100亿元行业中,黑色金属冶炼及压延加工业、化学原料及化学制品制造业、非金属矿物制品业、交通运输设备制造业发展迅速,2007年上半年行业产值分别比上年同期增长24.2%、75.3%、17.9%和49.5%;电气机械及器材制造业、通信设备、计算机及其他电子设备制造业、农副食品加工业、通用设备制造业依然在整个行业中占据重要的位置,其工业总产值占规模以上工业总产值的38.5%。

2007年上半年制造业主要经济指标(行业分组) 单位:万元

行 业	工业总产值	产品销售收入	利润总额	利税
电气机械及器材制造业	4584232	4398947	175665	297450
农副食品加工业	2518626	2286062	110373	163499
交通运输设备制造业	2276564	2081218	76384	127676
通用设备制造业	2174365	1854466	112542	181376
通信设备、计算机及其他电子设备制造业	2166156	2514461	60147	129912
化学原料及化学制品制造业	2093802	1931590	80148	135488
黑色金属冶炼及压延加工业	1626506	1692271	40325	81399
纺织业	1599478	1445156	59385	107337
纺织服装、鞋、帽制造业	1126987	1032160	61441	96371
皮革、毛皮、羽毛(绒)及其制品业	1100504	1033343	48467	81990
金属制品业	1052084	1089983	54842	92240
橡胶制品业	976295	1053559	79411	114385

(续表)

行业	工业总产值	产品销售收入	利润总额	利税
专用设备制造业	895105	838289	82199	115393
非金属矿物制品业	865768	826785	33873	71537
食品制造业	839170	780444	50336	89350
工艺品及其他制造业	644271	578619	31733	62296
石油加工、炼焦及核燃料加工业	579001	577142	－2908	16462
塑料制品业	558197	520195	28068	46680
造纸及纸制品业	528286	504215	25705	48486
有色金属冶炼及压延加工业	466776	431757	27832	36089
烟草制品业	339641	2560	2623	3005
饮料制造业	339436	442394	46458	92870
文教体育用品制造业	334769	321035	14528	23292
家具制造业	323735	293915	14683	28585
医药制造业	215353	203236	15809	27489
印刷业和记录媒介的复制	176277	167398	15386	22332
木材加工及木、竹、藤、棕、草制品	146023	135545	8611	16354
仪器仪表及文化、办公用机械制造业	145614	138196	12013	17590
化学纤维制造业	46178	45368	－109	832
废弃资源和废旧材料回收加工业	12182	12128	1229	2189

（五）产业集群的培植促进了全市工业产业的战略转型

"十五"以来，青岛市积极调整工业产业、产品结构，以加快构建大工业体系为目标，制造业基地的龙头地位日渐彰显，产业集聚与功能区建设和布局调整步伐加快，全市工业产业的战略转型初见成效。2007年上半年，家电、石化、机械、电子等八大产业集群共有规模以上工业企业2326家，占全市规模以上工业企业的50.3％，完成总产值1763.05亿元，占规模以上工业总产值的54.8％，资产总计达到2043.36亿元，产品销售收入1708.81亿元，实现利税总额128.89亿元。经过多年的积累与发展，产业集群形成了鲜明的特点和自身优势，集群项目已遍布七区五市，无论规模还是效益都已接近占据全市工业的"半壁江山"，对青岛市国民经济发展起着越来越重要的作用,成为支撑青岛市经济发展的重要力量。

(六)民营工业规模膨胀,对经济增长贡献份额逐渐增强

民营经济是我国社会主义市场经济的主体,是我国经济的活力源。民营经济作为国民经济的组成部分,为促进全市经济发展作出了贡献,而且在推动社会发展和稳定上发挥了重要作用。"十五"以来,青岛市民营经济实现跨越式发展,其在发展经济、扩大就业、活跃市场和增加出口等方面发挥了重要作用,成为经济发展和保持社会稳定的重要支撑力量。

"十五"以来,随着全市经济尤其是工业经济的加速发展,民营工业顺势而上。截至2006年底,全市规模以上工业民营企业已发展到2300家,占规模以上工业企业的50.4%,工业民营经济增加值836.9亿元,占全部民营经济的50.6%。民营企业实现利润83.7亿元,占利润总额的45.6%。由此可见民营工业已成为全市民营经济发展的动力源泉。民营工业的加速发展,带动全市民营经济实现大跨越。

(七)县域工业经济呈现强劲增长态势

近年来,随着青岛市工业产业布局的调整转移和产业结构的优化升级,县域工业化进程不断加快,制造业产业链逐渐向郊区延伸,一批较大产出规模的工业项目相继在县域落户投产,培育和扶持了一批有实力、有市场、有产业带动作用的工业龙头企业,加大了区域辐射,发挥了聚集效应,整合了乡镇工业资源,提升了市场竞争力,工业企业发展重心已逐步由市区向县域转移,极大地增强了县域经济的发展规模和活力。

据统计,2007年上半年,青岛市县域规模以上工业企业达到3710家,完成工业总产值1884.8亿元,占全市总产值的比重为58.6%,比2006年底提高2.2个百分点;实现产品销售收入为1709.28亿元,占全市销售收入的71.7%,比2006年底提高了16.7个百分点。从县域工业的产业构成看,金属制品业、通用设备制造业、交通运输设备制造业等行业占县域总产值的比重较2006年有小幅度提高,通信设备、计算机及其他电子设备、电气机械及器材制造业、农副食品加工业所占比重分别比2006年下降2.1个、0.27个和0.24个百分点。

二、影响工业经济发展与产业结构调整的制约因素

青岛是中国主要工业品生产基地之一,长期以来工业结构以轻纺

为主,素有"上、青、天"的美誉。但随着整个国家经济形势的发展和产业结构的调整,青岛的工业结构过轻、层次过低,项目不大、竞争力不强的问题日渐突出,成为青岛赶超先进城市的一大障碍。对此,针对青岛工业自身发展中存在的问题,市委、市政府从"七五"时期开始实施了一系列战略性调整,从技术引进战略到支柱产业的培植,从着力扶持大企业的发展到名牌产品的打造,从发展园区产业到工业梯度的转移,从构建大工业产业框架到集群产业的发展,全市工业经济发展整体上已经进入蓬勃发展期。但由于发展阶段不可避免的因素以及体制和政策等影响,工业经济的粗放型增长模式仍比较明显,工业向集约型增长方式转变、走新型工业化道路尚有较大差距。

(一)产业结构整体不够协调,层次偏低

作为主导产业的制造业低端化特征明显,产业竞争力不足。长期以来,青岛轻工业比重一直高于重工业,工业结构的"轻型化"特征突出。

2002年以来,青岛市通过实施产业集群战略,重化工业迅速壮大,工业结构趋向优化,初步奠定了大工业体系的布局框架。但总体来看,青岛制造业大多数还处在OEM(Original Equipment Manufacture,一般加工制造阶段)阶段,离ODM(Original Design Manufacturer,产品的研发设计、生产能力扩张阶段)、OBM(Orignal Brand Manufactuce,独有品牌、独有技术的产品制造阶段)仍有较大差距。青岛出口产品结构是以加工贸易产品和轻纺低档产品为主,出口增长主要靠低价竞销、数量扩张。2006年,机电产品实现出口82.94亿美元,占全市出口的比重为38.3%,而同期全国机电产品出口占出口总值的56.7%,青岛市比全国平均水平低18.4个百分点,差距较大。这种出口结构和出口增长方式,不仅效益低下,而且受贸易环境的影响,使出口的继续增长面临较大困难。

由于上海市规模工业制造业在一定程度上代表了中国制造业发展的先导方向,从我国制造业发展的主导方向和行业发展变化及成长性角度,对"十五"期间青岛市与上海市规模工业制造业行业发展进行比较分析,从中可见青岛市规模工业制造业行业的差距和存在的不足。

1. 中端制造业所占比重大,高端制造业发展滞后

为便于比较区域产业的成长性,我们对工业产业领域进行了大致的界定:以农产品为原料的加工业为低端产业,以矿产品为原料的加工业为中端产业,以深精加工高端制造业为高端产业。从比较情况看,由于青岛市产业技术水平较低,高端制造业产值占全市规模工业产值比重低。上海市高端制造业产值占全市规模工业产值比重由2000年的

44.99%上升到2005年52.80%,而同期青岛市却由47.05%下降到42.49%;全国由2000年30.81%上升到2005年36.94%。这表明青岛市"十五"期间规模工业的高端制造业发展滞后于全国和上海市,产业层次低的问题在加剧。另外,上海市中端与低端制造业产值占全市规模工业产值比重均呈下降态势,低端制造业由2000年15.86%下降到2005年11.64%,中端制造业由2000年34.02%下降到30.91%,青岛市低端制造业维持在26%的水平,中端制造业由2000年19.14%上升到2005年24.17%。这表明青岛市"十五"期间规模工业中端制造业增长最快,快于上海市和全国水平。

造成上述现象的主要原因是青岛"十五"期间家电行业(电气机械及器材制造业)占规模工业比重由2000年22.67%下降到2005年16.85%,以及青岛引进的韩国外资企业大量集中在农产品加工行业。

青岛市与上海市规模工业制造业产业层次比较

指　　标	2000年按当年价产值(亿元)	占规模工业比重(%)	2005年按当年价产值(亿元)	占规模工业比重(%)	2000~2005年增长率成长性(%)
青岛市规模工业产业层次比重及成长性					
以农产品为原料加工业(低端)	377.62	26.96	1140.88	26.43	24.75
以矿产品为原料加工业(中端)	268.12	19.14	1043.45	24.17	31.23
以深精加工高端制造业(高端)	658.87	47.05	1834.34	42.49	22.73
上海市规模工业产业层次比重及成长性					
以农产品为原料加工业(低端)	984.05	15.86	1835.81	11.64	13.28
以矿产品为原料加工业(中端)	2110.66	34.02	4873.55	30.91	18.22
以深精加工高端制造业(高端)	2791.39	44.99	8325.05	52.80	24.43
全国规模工业产业层次比重及成长性					
以农产品为原料加工业(低端)	19771.8	23.08	45095.43	20.33	17.93
以矿产品为原料加工业(中端)	27755.7	32.40	77723.29	35.04	22.87
以深精加工高端制造业(高端)	26396.3	30.81	81937.01	36.94	25.43

2. 规模经济效益相对不足

一是在规模工业产值利润率方面，2005年上海为5.96%，而青岛为4.48%；利润最大的十大行业平均产值利润率，2005年上海为6.60%，青岛为4.86%；利润最大的十大行业利润占规模工业利润比重，2005年上海为78.67%，青岛为55.61%。二是在规模工业产值税金率方面，2005年上海为3.84%，而青岛为3.22%；税金最大的十大行业平均产值税金率，2005年上海为4.17%，青岛为3.22%；税金最大的十大行业税金占规模工业税金比重，2005年上海为77.5%，青岛为54.75%。

3. 规模工业就业在低端产业上居多

一是就业集中度上，2005年就业人数最多的十大行业就业人数占规模工业就业总人数的比重，上海为69.35%，青岛为59.82%。二是就业集中产业上，2005年青岛市制造业就业主要集中在低端和中端制造业，而上海市则集中在高端制造业。2005年就业人数最多的十大行业中，上海高端制造业占6个行业，且占规模工业就业比重高达45%，而青岛市高端制造业占4个行业，且占规模工业就业比重仅为24%。

(二)自主创新能力相对薄弱，产业发展的内在支撑不足

1. 高新技术产业规模较先进城市有不少差距

2006年青岛全年完成高新技术产业产值2329.2亿元，占规模以上工业产值的比重达到44.24%。但从新兴的高新技术产业发展情况看还比较落后，如新材料、软件、海洋科技、生物工程等新兴产业产值占全部高新技术产业产值的比重不到1/3。高新技术产品出口占全市外贸出口总值比重为11.7%，远低于广州、深圳、上海、苏州的比重。截止到2007年8月末，青岛市拥有高新技术企业707家，而深圳2004年底高新技术企业就达到943家(截止到2007年8月末已达1500家)，西安2005年达到1163家。

2. 企业的技术创新能力较薄弱

目前，青岛市虽然拥有一批大品牌、大企业，但工业整体上对核心技术的开发还不够，高端产品在技术和档次方面竞争力不强，缺乏自主创新和更多的自主品牌。2005年上半年，国内企业专利申请前十强企业中，青岛海尔集团和金王应用化学两家企业入选，分别列第六位和第九位，但从申请专利总量看，两家加起来还不到排名第一的华为公司的一半。2005年，青岛国内授权专利数为2341件，仅为深圳的26.1%，列15个副省级城市第八位。另据统计，2006年全市能经常开展科研活动的企业只占规模以上工业企业的6.8%。

3. 产业发展缺乏自主品牌与核心技术

多年来,青岛市在积极承接国外产业转移的同时,比较重视引进国外先进技术和装备,但如何培育自主创新能力包括对引进技术再创新,一直是薄弱环节。在技术引进过程中,主要资金和精力用于硬件设备和生产线的进口,而忽视技术专利和专有技术的引进和消化吸收,缺乏对引进技术的系统集成、综合创新。目前,多数行业和企业的核心技术和关键设备,基本上依赖国外,缺乏具有自主知识产权的关键性技术和骨干主导产业的核心技术。

4. 城市的自主创新能力欠缺

青岛市科研院所数量偏少且学科发展不均衡。目前,市属以上科研院所56家,其中中央、省属科研院所24家,均落后于武汉、西安、南京、大连等城市。虽然青岛海洋科技特色突出,集中了大批海洋科研机构和人才,但在急需重点推进的电子家电、石油化工、造船、新材料等领域,相关创新资源和研发人才却相对薄弱。创新人才的匮乏与不足,已经成为青岛市自主创新的瓶颈。

(三)产业发展集聚效应仍不够明显,产业间内在关联机制存在缺陷

虽然近几年青岛在产业集群方面取得了长足进展,一批产业带动力强的大项目相继落地,但总体而言集群化水平仍非常低,产业集群和零部件产业发展滞后,特别是产业配套能力明显不足。例如,"八五"期间,青岛电子元器件的本地配套率一度达到60%,目前家电产品配套率已降至20%以下。从IT产业看,在苏州工业园区,IT终端产品在区内的产业配套率达到80%以上,与周边的IT企业配套率高达98%;而青岛市IT产品本地的配套率不足5%。

在强化制造业主导地位的同时,服务业发展滞缓,难以适应制造业快速发展的需求。青岛市服务业主要以交通运输、商贸、餐饮等传统服务业为主,金融、信息、咨询、研发等现代服务业发展明显滞后。目前,广州、深圳的金融、保险、物流、信息和法律服务等新兴行业所占比重达到50%以上,青岛市还不到40%。服务业的现代化程度不高,就无法为工农业提供便捷、高效的物流服务、优质价廉的信息服务,以及高效的融资、市场中介等服务,就难以促进工业的专业化分工和技术创新,降低运营成本,提高经济效益。

(四)能源消耗高,环境压力大

随着经济全球化,一些高耗能、高消耗资源性产品转移到中国,相应加大了我们的资源消耗总量,但不容忽视的是,资源消耗高、环境压

力大,表明高投入、高能耗、高排放、难循环、低效率的粗放型增长方式还没有根本改变。

据统计,2006年青岛市万元GDP能耗为0.92吨标准煤,其中规模以上工业万元增加值能耗1.18吨标准煤,规模以上工业万元增加值水耗为23.79立方米,规模以上工业用水重复利用率为72.22%,上升2.86个百分点。万元GDP电耗为691千瓦时。

其中六个高耗能工业行业为电力、热力的生产和供应业、化学原料及化学制品制造业、黑色金属冶炼及压延加工业、非金属矿物制品业、纺织业、燃气生产和供应业。六个高耗能工业行业综合能源消费量1027.35万吨标准煤,占规模以上工业能源消费的68.5%,工业总产值1105.52亿元,只占规模以上工业总产值的21.32%。

由于工业是青岛市能源消耗的主体(全市工业产业能源消费量占全市能源总消费量的70%以上),青岛市工业领域的节能已成为重中之重。目前青岛市工业已进入重化工业发展阶段,拉动经济增长的高耗能、高污染、高耗材的生产制造和引进项目仍占有相当大的比重。

三、加快工业产业结构调整的对策及建议

(一)积极推动制造业向高端发展,提升产业核心竞争力

突出产业政策的作用,以市场为导向,通过优化资源配置,提高中高端产业的比重,推进传统产业优化升级,逐步淘汰落后生产能力,优化产业布局,从整体上提升工业产业的技术层次。

1. 大力发展现代装备制造工业

装备制造业是一个城市整体工业水平的集中表现。针对青岛市制造业发展层次低、对国外核心技术和关键部件高度依赖的现状,应把发展装备制造业作为产业结构调整的一项重要内容。要重点围绕装备制造、装备零部件和装备测试仪器等行业,积极推动发展港口机械、医疗器械、运输机械、挖掘机械、曲轴机械、数字化机械、三维测量仪等装备制造业。提高装备制造业标准化、系列化、成套化水平。积极采用数字化、网络化技术,提高设计、制造和装配水平,争取在一批重点技术装备,重点行业专用设备和环保、节能及资源综合利用设备上有所突破。重点发展新能源装备、地热发电设备、输变电设备、环保设备和微波加工设备,壮大纺织机械、橡塑机械等优势成套设备产业,推进发展势头良好的工程机械、新材料制造业等产业。

2. 以信息化带动工业化,走新型工业化道路

无论从提升制造业发展层次出发,还是从缓解资源能源约束角度,

新型工业化道路都是未来的必然选择。应加快以信息技术为代表的先进适用技术的推广,综合应用三维计算机辅助设计(CAD)、计算机辅助制造(CAM)、产品数据管理(PDM)、计算机辅助工艺设计(CAPP)等信息技术,全面提高工业生产效率和产品质量。注重发挥青岛市家电、纺织服装、食品饮料、橡胶、钢铁等传统产业优势,突出抓好现代信息技术与先进制造技术在传统产业中的渗透和推广,带动产业结构升级。

3. 推动传统产业升级

着重利用高新技术改造提升传统产业,围绕制约传统产业产品结构升级的技术瓶颈,开展技术创新;增加产品品种,提高产品附加值。放大时装周、食博会等专业会展的溢出效应,进一步提升纺织服装、农产品加工等产业的知名度和美誉度。以市郊园区工业为载体,制定特色产业基地发展战略和建设标准,促进全市民营程度较高的传统产业健康发展。引导全市27个民营经济板块进一步明确发展方向,并逐步整合提升为特色产业基地。

4. 推进产能过剩行业结构调整,加快淘汰落后生产能力

贯彻落实国务院《关于加快推进产能过剩行业结构调整的通知》精神,严格执行已公布的铅锌、平板玻璃、钢铁、水泥等行业市场准入和淘汰标准,进一步提高产业准入标准对产业发展的导向作用。修订完善工业产业结构调整指南、工业用地和工业能效指南,指导社会投资方向,引导市场投资行为。贯彻落实山东省关于淘汰落后产品生产能力有关文件精神,探索建立淘汰劣势企业的长效机制。通过市场、法律、经济和行政手段,有计划地逐步转移或关闭资源消耗高、技术能级低、市场萎缩、竞争力下降的企业。

5. 严格控制高能耗高物耗行业发展

石化、钢铁、汽车等集群支柱产业,也是能耗物耗大户,要从追求总量扩张和速度增长为主,转到降低能耗物耗、提高产品附加值和质量为主的轨道上来。合理调整产品结构,设立能效指标,对新建项目提高准入门槛,对现有企业加快技术改造,淘汰高能耗重污染的小化工、小冶炼等企业。按照产业布局的梯度发展原则,对技术含量低、污染大、能耗高的产业,逐步在产业结构调整中弱化。

(二)着力推动产业集群化发展

1. 加快推进制造业产业集群重点项目发展

一是船舶产业集群,重点推进海西湾造修船基地及配套工程,开工建设30万吨、50万吨两座造船坞,船用大型曲轴、FPSO及上部模块、近海钻井平台年内投产,中低速柴油机、深海钻井平台、甲板机械等项

目争取开工。二是汽车产业集群,重点推进上汽通用五菱乘用车研发和产业化进程,争取发动机等关键配套项目落地,加强与国际知名汽车制造企业的技术合作,建设专用车制造研发基地,发展大型汽车精密模具。三是家电产业集群,以海尔、海信等为主体,重点抓好U-home等网络家电系列产品研发,推进家庭网络框架结构及系列产品开发,加快"信芯一代"产业化,推进系统级(SOC)视频处理芯片设计研发,加快电视机用大尺寸液晶LED背光模组研究,配套发展高档镜面模具等项目。四是电子产业集群,重点推进通讯电子、船舶电子、汽车电子、物流电子、航空电子等五大类电子产品的研发。五是石化产业集群,重点推进中石化1000万吨大炼油项目建设,丽东化工63万吨芳烃项目如期达产。

在产业集群布局初步形成的基础上,进一步拓展产业集群领域,集中培育发展一批特色鲜明、辐射力大、竞争力强的产业集群,积聚产业集群和产业链优势。力争到2010年,青岛市产业集群产值突破7000亿元,占工业总产值的比重由目前的50%左右提高到70%以上。其中石化、家电电子、汽车三个集群产值均超1000亿元,具备国际产业竞争力;产业集群增加值占全市GDP比重由2005年的20%提高到27%。同时,着力完善产业群集群支撑体系,加强土地、水资源、能源规划建设,培育产业集群园区载体。产业集群建设要强化技术创新,要引入循环经济理念,推动产业集群建设走高技术、低污染、低耗节能的循环经济模式。

2. 加快建设新兴产业布局体系

以产业集群为基础,以工业园区为依托,建立国家级的电子信息产业基地、新材料产业基地和海洋生物制造业基地,逐步形成支柱产业带、骨干工业园区和特色产业聚集区的和谐发展工业格局。整合提升现有工业园区,重点规划建设汽车零部件、造修船、钢铁、家电电子等产业功能区。促进企业间的生产协作,提升公共服务设施共享度,提高产业集聚度和产业内企业的自主创新能力,实现产业的集群化发展和核心竞争力的提高。

(三)加快工业经济增长方式的转型

1. 大力推进自主创新

推进自主创新关键是建立自主创新体制和机制,建立并落实自主创新的社会公共平台和创新的激励政策体系,鼓励产学研有机结合,建立研究机构的科研成果产业化运行机制。

"十一五"期间是青岛市调整结构、加快发展的重要时期。实现经济发展的战略目标,必须坚持以改革和技术创新为动力,优化增量,提升存量,发展高新技术,改造传统产业,推进经济增长方式的根本转变。企业技术中心是企业技术创新体系的核心内容,是推进企业技术进步的有效载体。只有加强企业技术中心建设,加快开发拥有自主知识产权的技术和产品,加快产品和技术的升级换代,才能增强企业发展后劲和适应市场的能力,实现持续快速健康发展。

2. 加快壮大内生经济

一是建立全民创业投资环境,让全社会成员参与经济投资建设,参与分享经济发展的成果,培育发展资本产权市场;二是培育区域性批发市场,培育更多的个体小老板;三是拆分发展不利的企业集团,打破现有某些行业的垄断,鼓励同一产业的公平竞争,推动产业集群式发展。

3. 大力发展循环经济

继续推进资源综合利用,推进和扩大循环经济试点。①产品层面:发展资源节约环境友好型的绿色产品;②企业层面:开展清洁生产和绿色制造;③园区层面:建设生态工业园区;④产业层面:积极发展节约能源环境保护产业;⑤消费层面:积极倡导绿色消费、节约消费、环保消费;⑥再利用层面:积极发展废旧物资回收产业。

(四)进一步促进品牌经济发展,推动青岛市向知名品牌城市跨越

青岛市应加大品牌经济的发展力度,利用 5 年的时间,形成覆盖全市工业、农业、服务业完善的品牌体系,品牌意识贯穿于城市经济社会发展的全部,品牌经济结构更趋合理,使其成为青岛市的主体经济特征。家电电子、汽车造船、石油化工、纺织服装、食品饮料、轻工制造、现代服务、区域特色等八大品牌集群对青岛市经济社会的支撑作用日益增强。力争使青岛市成为品牌产品研发、孵化、培育中心,国内外著名品牌的集聚、辐射中心,品牌策划、品牌价值评估中心。

力争用 3~5 年的时间在青岛市形成 20 个左右体现城市综合竞争力和城市形象的大品牌,其中,在世界上有影响力的品牌 3~5 个。力争中国名牌产品达到 80 个,中国驰名商标达到 30 件;山东省名牌产品达到 300 个,山东省著名商标达到 200 件;向社会推荐的青岛名牌达到 400 个,青岛市著名商标达到 350 件;市级以上名牌企业的数量达到 400 家。工业品牌经济总量占全市规模以上工业的 50%,品牌经济发展水平保持全国领先。

(五)强化节能降耗导向,构筑产业生态体系,建设节约型社会

青岛市需按照能源、资源和环境的承载力来谋划制造业的发展,大力发展低消耗、低污染的产业,适度发展高能耗产业,坚决淘汰严重浪费资源和污染环境的落后技术、工艺、设备和产品。同时,青岛市还将进一步集中布局重化工等环境影响较大的产业,重点推进冶金、化工、纺织、建材、电子、电力等资源消耗和污染排放较大行业的结构调整。

1. 大力推动企业资源集约利用

随着工业化和城镇化的推进,必须加快缓解能源、水资源和环境保护对经济社会发展的瓶颈制约。重视在制造业发展中融入循环经济理念,推动产业循环式组合、企业循环式生产、资源循环式利用。促进资源回收利用,构筑完善城市资源循环体系。

2. 重视环境保护和生态城市建设

在工业快速发展的同时,要随时警惕、避免给城市环境带来的影响。按照规划、产业政策和环保要求,制订并严格实施产业发展目录,严格抑制高耗能、高耗水、高污染的行业或项目,尤其要防止不顾环境资源承载能力、盲目追求上项目的倾向。推动用市场化的办法促进污染防治,强化企业和全社会自觉防污治污的利益驱动。立足全市产业布局和废物污染态势,加快构筑废弃资源和再生资源回收利用系统,力争2010年城市生活垃圾无害化处理率达到100%,城市污水处理厂污水集中处理率达到75%。进一步加大环保投入力度,力争到2010年,环境保护和生态建设投资额占GDP的比重由2005年的2.33%提高到4%。

(六)大力发展县域工业,提升经济综合实力

县域经济是推动富强、提高文明、促进和谐发展的重要方面,近年来,市委、市政府高度重视发展县域经济,全市县域经济发展态势良好,发展水平比较高,发展质量比较好,对全市的贡献越来越大。但与国内先进地区相比,青岛市县域经济发展还存在整体实力不强、工业化水平不高、发展活力不足等问题。因此,要从加快县域经济发展的机制体制、政策支持和发展氛围上加大力度,把全市县域经济推向新台阶。

1. 做好发展县域经济的整体规划

坚持规划先行原则,突出各市发展特色,着重做好产业发展布局、以交通为主的基础设施建设、城镇发展等为主要内容的县域经济发展规划。

2. 积极推进县域工业化发展

青岛市县域经济的发展关键在一段时间内仍在于工业化的突破,这也是发展县域经济的主要任务。对此,应紧紧抓住国内外产业转移的有利时机,突出特色,大力培植主导产业,发展壮大一批骨干产业、支柱产业,培育一批产业集群和产业配套,拉长、拓宽产业链,形成产业竞争优势。应学习借鉴昆山等城市发展县域经济的经验,充分发挥自身优势,超前、敏锐地把握产业转移、招商引资等机遇,为大企业配套,向

国际化发展,加快县域的工业化进程。着力提高园区产业承载能力,促进工业企业向园区集中、优势产业向园区集聚,按照科学发展观的要求,更好地实现集约节约利用土地,加强环境保护,提高竞争力,取得更大的规模效益。

3. 做大做强民营经济

采取更加有力的扶持措施,营造更加宽松的发展环境,鼓励和扶持民营企业提高自主创业能力,积极为大企业配套,培育更多的创业小老板,加快膨胀民营经济规模。

4. 加快推进市区传统工业向县域转移

做好产业转移的总体规划,加大政策扶持和引导的力度,根据企业的情况和各市产业发展的方向、特色,有计划、有步骤地推进市区传统制造业向县域经济园区转移,提高县域工业化的比重和水平。

(作者单位:青岛市统计局)

青岛市民营中小企业自主创新研究

毕监武

中小企业自主创新是指企业通过自身的努力产生技术或管理领域的突破,攻克相应的难关,并在此基础上依靠自身的能力推动创新的后续环节,从而完成技术的商品化,获得相应的商业利润,达到预期目标的创新活动。伴随着青岛市市场经济体制改革的深化和经济增长方式转变,民营中小企业得到了蓬勃发展,其速度、规模和水平已受到了高度重视。目前,着眼于富民强市的目标,要从根本上转变经济增长方式,提高发展的质量和水平,必须继续大力发展民营经济,不断提高中小企业的自主创新能力。

一、青岛市民营中小企业自主创新的现状分析

(一)青岛市民营中小企业技术创新的进展情况

近年来,青岛市以企业为主体,不断加强自主创新能力建设,围绕增强城市核心竞争力,采取切实措施,推进高新技术企业加快发展,取得显著成效。2006年,全市研究开发经费占GDP比重达到2.35%,高新技术产业产值实现2329.2亿元,占规模以上工业总产值比重达到44.2%;获得国家科技奖11项,全市专利申请7831件,授权3124件,同比分别增长32%、34%;发明专利1400件,授权244件,同比分别增长26.8%、19%,万人专利授权量22件。其中,民营中小企业在提高青岛市自主创新能力方面发挥着重要作用。据统计,青岛市60%的发明专利、70%以上的技术创新和80%的新产品是由中小企业完成的。民营中小企业在信息技术、工业设计、生物技术等高新技术产业和现代物流、社区服务等新兴服务业的发展中,在提升产业技术水平、加快传统产业技术进步等方面,都发挥了积极作用。

中小企业技术创新的显著特点:一是反应快。由于中小企业规模小、管理层次少,更有利于根据市场变化和需求做出快速的创新决策。

二是动力强。民营中小企业在市场竞争中处于弱势地位,生存危机与竞争压力迫使中小企业更加关注市场机会,重视创新。三是机制活。宽松的管理环境、灵活的用人机制等,使创新活动更容易在民营中小企业中获得成功。

1. 民营经济整体实力不断增强

2006年,民营经济实现增加值首次占到全市经济总量的"半壁江山",吸纳从业人员达到123万,切实担当起"富民强市"的重要角色。全市民营企业注册户数和注册资本金分别由2003年的26.1万家和981亿元发展到2006年底的30.9万家和1982亿元,分别增长28.4%和102%。2007年1~9月,全市新增个体私营企业4.6万家(其中私营企业1.2万家),注册资本金2097亿元,增长12.3%。民营经济实现增加值由2003年的748亿元增长到2006年的1652.8亿元,年均增长30.2%,占全市GDP的比重由2003年的42%增长到2006年的51.5%。2007年1~9月,全市民营经济增加值实现1434亿元,同比增长17.9%,占全市GDP比重为52.1%。民营经济增加值三次产业比重为3∶55.4∶41.6;完成税收由2003年的87亿元增长到2006年的180.5亿元,年均增长27.6%,占全市总税收的比重由2003年的25.9%增长到2006年的28.3%。2007年1~9月,全市民营经济实现税收163.9亿元,同比增长25.3%,占全市税收总量的29.9%,地税收入中民营经济税收占63.7%,成为地方税收收入的主力军。

青岛市认定的民营科技企业数量呈稳步增长态势,2001年为391家,2002年为458家,2003年为610家,2004年为697家,2007年9月发展到750多家。

截止到2007年3月底,青岛市以民营中小企业为主体的机械制造、橡胶化工、纺织服装和农产品加工等区域经济板块达到27个,聚集了6900多家企业,产值占到全部民营工业的70%。同时,青岛市民营中小企业科技研究主要集中在信息家电、新兴海洋科技产业、生物技术与医药、现代农业技术等领域,这几个领域都是关系国民经济命脉的重要行业和关键领域、是具有竞争优势的行业和未来可能形成主导产业的领域、是新兴产业的骨干力量。据悉,科技部将长期支持科技型中小企业,今后将主要支持产业方向与我国科研方向一致的科技型中小企业,如IT、生物技术、能源环境、资源探索、环境保护、纳米技术等符合国家发展战略的领域。

2. 民营企业技术中心建设步伐加快

截止到2007年9月末,青岛市民营企业已创建国家级技术中心2个、省级技术中心16个、市级技术中心79个,各级技术中心占全市总数的55%以上,名副其实地成为全市创新的"急先锋"。尤其值得称道的是聚大洋(明月海藻)在青岛市率先建立了国家级重点实验室,成为民营中小企业技术创新的榜样。

技术中心和重点实验室已成为占领科技竞争制高点的核心技术研发力量和带动产业升级的集成力量,覆盖全市重点发展领域,成为原始性创新的基地、产学研结合的亮点、凝聚高层次人才的平台和国际科技合作的前沿,不仅扩大了青岛的科技影响力,而且大大增强了城市经济发展的后劲,提升了青岛科技发展的原创力,促进了科技、经济的有机结合,搭建了科技人才的创新平台,吸引了社会多元化投资。

部分市级重点实验室已经开始走与市场、企业结合的路子。在这方面,青岛大学现代纺织纤维与工程重点实验室与喜盈门集团的合作是成功的例子。2006年双方签署紧密战略合作协议后,企业把科研课题交给实验室研发,同时派遣研发人员到实验室学习。2007年上半年,新型海洋纤维研究项目取得成功,市场前景广阔。

3. 民营高新技术企业蓬勃发展

高新技术企业的认定办法按照《青岛市高新技术企业认定办法》(2001年青岛市人民政府第130号令)执行,优惠政策按照国家《关于高新技术企业如何适用税收优惠政策问题的通知》(国税发〔1994〕151号)规定的优惠待遇实行。

1999年创新基金实施以来,青岛市共推荐上报创新基金项目372项,获得国家创新基金资助117项,争取资金7190万元,市、区(市)两级地方财政支持资金3582万元。2006年,正在实施的创新基金项目有42项,已完成并通过国家创新基金验收的项目有9项,完成项目累计实现销售收入5.5亿元,利润5100万元,上缴税金4400万元,出口创汇3000万美元,新增就业200余人。通过创新基金项目的实施,使一批科技型中小企业快速成长。

4. 部分民营中小企业重视引进和培养科技人才

"十五"期间,全市民营科技企业科技人员由15349人增加到81507人,增长了4.31倍,年均增长51.81%,其中,具有研究生以上学历的科技人员已接近1000人,具有高级职称的科技人员超过2500人,科技人员比例由29.18%上升至38.98%。科技人才队伍规模的扩大和素质的提高极大地增强了青岛市民营科技企业科技创新能力,尤其是增强了原创性的自主研发能力。

5. 结合提高自主创新能力促进培育品牌

2007年青岛市民营企业已创建中国驰名商标9个,中国名牌产品19个,山东省名牌产品74个。另外,康大外贸、高校软控和金王化学3家企业分别成功实现了境内外上市,开辟了直接融资的新渠道。在山东省率先启动了"中小企业成长工程",在财政、金融、培训、信息等方面给予支持,使其成为高成长性中小企业。列入"中小企业成长工程"重点扶持的200家企业,2006年完成销售收入210亿元,同比增长37%,其中63家企业增长50%以上,60家企业销售收入超过亿元。2007年1～9月全市十大重点民营企业完成销售收入449.3亿元,同比增长28%,完成总产值461.7亿元,同比增长27.1%,实现出口交货值5.5亿美元,同比增长5.8%,实缴税金7.7亿元,同比增长0.2%,利润16.8亿元,同比增长82.2%。其中,六和集团、利群集团、青特集团和汉缆集团2007年1～9月的销售收入、上缴税收及实现利润等主要经济指标均实现同步增长,企业生产经营状况呈现良好的运行状态。

6. 促进民营中小企业发展的政策法规体系不断完善

"十五"期间,青岛市制定出台了促进民营中小企业发展的28项政策措施,各区市和市直有关部门分别制定了近20个具体实施细则和配套文件,形成了促进民营中小企业发展的政策法规体系。2006年以来,青岛市又出台了《关于增强自主创新能力 推进创新型城市建设的意见》、《青岛市中长期科学和技术发展规划纲要》、《青岛市创新型企业试点实施方案》、《关于鼓励青岛市级重点实验室与中小企业合作的办法》、《关于发挥税收扶持作用促进科技自主创新的意见》等政策文件,进一步加大了对民营科技企业的政策扶持力度。其中,市科技三项经费用于扶持民营企业的项目占全市科技发展计划项目总数的50%以上,科技经费投入超过40%。2007年以来,青岛市各级金融部门加大了对民营经济的资金支持力度,民营企业、中小企业信贷规模有了较大提高。截至9月末,全市民营企业贷款余额1677亿元,同比增长25%,占全市企事业单位贷款比重为62%。

(二)青岛市民营中小企业在技术创新方面存在的主要问题

青岛市民营中小企业虽然发展步伐不断加快,但是在技术创新方面还存在科技投入不足、高层次的科研人才相对紧缺、创新服务体系不够完善、创新能力较弱、重点产业和重点领域的攻关能力还不够强、经济发展对资源和能源的依赖程度还比较高等问题。

1. 技术创新能力薄弱

部分民营中小企业创新意识弱,只重视短期效应,在利益的驱动下,钻法律法规的空子,忽视长期发展,这就使得这些民营中小企业难以形成自己长期的竞争优势,生命周期较短。据调查,青岛市仅有三成左右的民营中小企业具有一定成长潜能,而七成左右的企业的发展能力是很弱的。多数行业、企业的关键和核心技术基本依赖从国外引进。研发投入的严重不足,直接导致青岛市民营中小企业缺乏成长潜力。

2. 缺乏技术创新人才

青岛市从事科研开发的科技人员虽然 60% 在企业,但绝大多数集中在海尔、海信等大企业,在民营中小企业从事技术创新的人员很少;企业人员素质较低,民营中小企业中具有大专以上学历的职工占职工总数不足 30%,初中以下的职工占 50% 左右,企业科技人员不足且流失严重,直接影响了民营中小企业的自主创新。

3. 创新资金来源不足

民营中小企业资本的社会化程度低且总量小,难以应对技术创新成本高、回收期长等风险。融资难,使很多企业因资金缺乏而无力搞技术创新,整体技术装备水平也较低。在高新技术产业,存在资本与技术的矛盾,如动漫产业非常有前景,但青岛市有影响的 3 家中,两家由于眼前利益的驱使已经改变方向。

4. 创新服务能力弱

青岛市已有的各类科技中介机构服务产品少,服务面窄且缺乏深度,部分机构可持续发展的能力较弱。民营中小企业获取信息途径少、不及时,也直接影响着民营中小企业的创新发展。

5. 高新技术产业问题突出

青岛市电子信息行业技术创新体系良莠不齐,大企业如海尔、海信、澳柯玛都建立了较完善的技术创新体系,有国家级的技术中心,有较强的技术开发能力,但民营中小企业的技术创新体系的建设差距较大,技术开发人员匮乏、开发手段落后、开发能力不强,严重制约了企业的发展。

二、提高青岛市民营中小企业自主创新能力的对策建议

(一)借鉴国内外先进经验

1. 美国鼓励中小企业自主创新的政策措施

美国认为,国家竞争力一定程度上取决于科技实力和自主创新能力,而创新速度则决定国家经济的长期增长速度。中小企业由于面临的竞争压力大,因此创新求存的动力也大,同时其组织结构安排灵活富有弹性,在创新效率和周期上明显优于大企业。因此,在美国,中小企业是国家自主创新的主体。美国企业创新产品中 82% 来自中小企业。美国学者曾对某阶段进入市场的 635 项创新项目进行研究,发现就企业规模而言,中小企业创新数量比大企业多 2.5 倍,创新产品市场化速度快 27%,大量高新技术项目也多出自中小企业。

1982年,美国通过了《小企业创新发展法》,并依此制定了中小企业创新科研计划,鼓励中小企业挖掘自身技术潜力,为创新技术、产品和服务的起步与研发阶段提供资金支持,并鼓励其创新市场化。2000年,美国对《小企业创新发展法》进行了补充修改,并将中小企业创新科研计划的法律时效延续至2008年9月30日。中小企业创新科研计划面向由美国人创办并独立经营、有营利性质、雇有研究人员且规模在500人以内的公司企业。由于联邦预算中的研发资金多先分配到相关政府部门,因此计划要求农业部、宇航局和全国科学基金会等部门,每年从预算中抽出一定比例资金用于支持中小企业的技术产品创新,并由这些部门确定每年的研发主题以及接受处理中小企业提出的资金申请。

一般来说,中小企业技术产品创新的起步阶段为6个月,最多可得到10万美元的资助,重点是确定创新技术的价值和可行性;起步阶段经有关部门审核通过后进入第二阶段,时间最长为两年,资助金额最高可达75万美元,重点是研发并对新技术的市场化潜力进行评估。

美国政府后来又制定了由能源部、卫生部、宇航局和全国科学基金会等参与的小企业技术引进计划,以帮助那些没有独立研究机构的中小企业。该计划主要是促进中小企业同高校、科研机构及政府资助的研发中心等非营利性科研机构建立合作伙伴关系,并鼓励两者组建合资企业。同时,技术转让也为高校和其他公共科研机构带来可观收益。《小企业创新发展法》及两项计划实施以来,已帮助数千家美国中小企业争取联邦研究开发资金,这些企业的创新技术和产品在环境保护、公众卫生保健以及信息和数据管理等方面都作出了贡献。

2. 深圳市的经验与做法

目前,深圳将建设自主创新城市作为战略目标,已初步形成政府支持引导,以技术创新为核心,以企业创新为主体,以市场为导向,以制度和机制革新为动力的区域性自主创新体系。这个体系的特点可以归纳为"4个90%",即90%以上的研发机构设立在企业;90%以上的研发人员集中在企业;90%以上的研发资金来源于企业;90%以上的专利由企业申请。自主创新企业群体已具有较大规模,如通讯领域的华为和中兴,软件领域的金蝶、金证,计算机及相关技术领域的朗科、腾讯,医药领域的科兴、海普瑞,新材料领域的比亚迪、长园,医疗器械领域的迈瑞、安科等。

针对中小科技企业普遍存在的研发力量弱、产品技术含量低、管理水平差、核心竞争能力缺乏的问题,深圳市政府加大支持力度,完善自主创新相关制度和机制的各项配套政策,建立和完善自主创新体系。如实行政府主导作用和市场资源配置基础作用的有机结合,提高政府资源综合效用。市政府每年投入科技事业的财政资金10多亿元,各区每年也有数千万元。同时,市政府出资设立民营中小企业专项资金,用于中小科技企业贷款担保机构补贴。市政府一号文件决定"十一五"期间市、区两级政府对科技的投入要达到100亿元,每年增加到20亿元。

政府科技资金的投入在确保原始创新和消化吸收引进的先进技术与再创新的同时,进一步加大科技产业化支持力度。科技"三项费用"管理体制在深圳已有很大突破和创新,但仍存在某些计划经济的痕迹。为此,市政府在加大科技资金投入的同时,进一步改革创新科技资金管理体制和运作机制。在严格的目标责任制基础上,建立高水平的公共研发平台;对于技术成果已商品化的中小科技创业企业,有选择地重点支持其加快产业化和规模化;加大力度支持深圳证券交易所建立新兴资本市场,加快实施科技路线图计划。

设立政府创业投资政策引导基金,实行"政府指导、专家管理、市场化运作"方针,引导境内外各类社会资金投资深圳高科技产业。

(二)提高青岛市民营中小企业自主创新能力的思路与发展目标

1. 总体思路

落实《中小企业促进法》和《国务院关于鼓励支持和引导个体私营等非公有制经济发展的若干意见》,以企业为主体,以市场为导向,以提高中小企业自主创新能力为目标,以建立健全产学研相结合的民营中小企业创新支持体系,引导民营中小企业向"专、精、特、新"方向发展为重点,推动民营中小企业自主创新、联合创新、引进消化吸收再创新和信息化,增强企业竞争力,促进民营中小企业健康快速发展。

2. 发展目标

在落实和完善创新政策措施、营造创新发展环境的基础上,健全民营中小企业技术创新支持服务体系;建立百家民营中小企业公共技术支持服务平台;形成一批具有自主知识产权、专有技术或知名品牌,市场竞争力较强的优势中小企业;形成千家民营中小企业信息化示范企业。

3. 具体目标

研发投入占增加值的比重达到2.6%左右,企业科技投入增幅高于利润收入增幅。人才结构更趋合理,创新型人才大量涌现,形成一批实力雄厚、影响力大的研发团队;创新服务体系全面建立,各类科技园区、专业孵化器达到40家以上,孵化场地面积100万平方米,在孵科技企业3000家左右,科技进步对经济增长的贡献率达到60%以上;自主创新能力显著增强。发明专利授权量大幅度增加,2010年年发明专利授权量达到600件;中国名牌产品达到60个;对外技术依存度逐步降低;人口与健康、生态与环境、资源综合利用、公共安全等领域的科技进步水平位居全国前列;高新技术产业持续快速发展,高新技术产品产值占工业总产值比重达到45%以上,高新技术产品出口额占外贸出口总额比重达到15%以上。

(三) 提高青岛市民营中小企业自主创新能力的对策建议

1. 完善创新政策,优化民营中小企业的创新环境

营造有利于民营中小企业技术创新的公平政策环境。落实国家激励企业自主创新的各项政策,制定促进民营中小企业技术创新的政策措施,鼓励企业加大科研开发的资金投入;完善人才流动政策,鼓励企业自主创新及与大学、科研机构联合创新;加强知识产权保护,维护企业的合法权益。

完善投融资政策。建立健全创业投资机制,制定《中小企业投资公司管理办法》,组织中小企业投资公司试点,促进风险投资机构发展,解决制约民营中小企业自主创新的资金瓶颈问题;继续做好符合条件的民营中小企业到境外上市工作,建立民营中小企业上市融资的新体系,拓宽直接融资渠道;完善技术交易市场、产权交易市场,促进技术与资本的有机结合;加强与金融机构合作,开展对民营中小企业的金融产品创新,完善金融服务,对符合条件的企业可开展知识产权和非专利技术等无形资产的质押贷款试点,加大对民营中小企业技术创新的金融支持;积极推进多层次的信用担保体系建设,鼓励开展针对民营中小企业技术创新的多层次信用担保。

支持民营中小企业技术创新。发挥公共财政资金的导向作用,引导民营中小企业向"专、精、特、新"方向发展,推动形成以特色产业或优势企业的产品品牌为龙头,以民营中小企业专业化合作和协同创新为特色的产业、产品配套链;鼓励民营中小企业运用新技术、新工艺、新产品、新科技成果,提高技术水平,降低消耗,减少对环境影响,提高资源利用率;鼓励企业自主创新、合作创新和引进消化吸收再创新;鼓励发明创造和专利技术申报,支持民营中小企业培育品牌,为特色产业或优势企业的产品提供配套。

2. 建立健全创新支持服务体系,提高民营中小企业的创新能力

建立公共技术支持平台。采取政府引导、市场化运作、开放服务方式,在民营中小企业比较集中和具有产业集聚优势的地区,重点支持建立一批公共技术支持平台,为民营中小企业技术创新提供设计、信息、研发、试验、检测、新技术推广、技术培训等全方位服务,为民营中小企业自主创新提供场地、仪器设备、技术人才等支持,帮助民营中小企业提高技术水平,降低资源消耗,实施环境友好型生产;支持有条件的大企业和企业集团的技术开发中心向民营中小企业开放,为民营中小企业提供技术支持服务。

建立健全民营中小企业技术支持服务体系。促进各类技术服务机构发展,建立健全以满足民营中小企业技术创新需求为目标,以推动民营中小企业技术进步为主要任务,以民营中小企业技术创新服务机构为主体,各类社会服务机构广泛参与、协同配合的民营中小企业技术创新支持服务体系。以服务企业为宗旨,不断创新服务方式,提高服务质量,增强服务能力;引导创新服务机构帮助民营中小企业解决技术难题,完善知识产权保护和专利申报服务,积极推动采用先进技术改造提升传统产业,促进科技成果产业化。

推动产学研合作。鼓励民营中小企业与大学、科研机构建立长期合作关系,通过共建研发机构、联合或委托开发、技术成果转移、专业技术人才培养等多种形式,加快企业与科技资源的有机结合,加速科研成果产业化进程。

加强人力资源服务。落实人才强国战略,把培养、输送专业人才作为提升民营中小企业技术水平、增强自主创新能力的重要服务内容,组织、引导各类中介培训机构,针对民营中小企业的人才需求,开发培训教材,提供灵活的培训服务;鼓励民营中小企业技术服务机构建立技术服务专家库,组织大学、科研机构、企业的离退休技术人员采用灵活多样的形式为民营中小企业提供技术咨询、技术指导和技术诊断服务。

3. 建立民营中小企业自主创新联盟

解决民营中小企业普遍存在的缺乏自主创新的人才和资金,创新能力和承担风险的能力不足的问题,建立"自主创新联盟",通过组织的外延和创新,充分发挥联盟成员各方的资源优势,尤其是知识资源的开发与优势互补,从而创造新的能力,更新和重塑企业核心竞争力。民营中小企业自主创新联盟的模式可选择以下方式:

(1)纵向创新联盟模式。企业与供应商和用户构成的创新联盟,与用户合作,企业可以更好地满足用户需求而创新。与供应商合作时企业成为用户,企业让供应商明确创新需求,并以多种方式参与创新所带来预期利益。这种形式可以缩短技术创新周期,减少成本,提高创新成功率。

(2)横向创新联盟模式。企业与研究机构、高校或与其他公司合作的联盟,主要有产学研联盟、和其他相关企业间的联盟两种形式。

(3)动态网络联盟模式。在动态市场环境下产生的敏捷适应竞争需要的新型组织模式。该联盟以电子信息的快速流动和反馈取代资本和科技人才的聚集,具有强大的技术研发能力和竞争力,合作企业通过网络信息平台实现技术与信息的资源共享,最大限度地整合联盟内的资源,从而能够迅速协调行动,最终实现创新的目的。随着世界范围内信息化进程的加快,动态网络联盟将成为今后技术创新的主导模式。

4. 进一步发挥重点实验室的作用

加大对青岛市重点实验室的支持力度,坚持"基地＋项目＋人才"的模式,进一步提高实验室的硬件条件,提升实验室的研究水平和人才队伍层次。加强对青岛市重点实验室的管理,根据《青岛市市级重点实验室管理暂行办法实施细则》的有关规定,对运行期满两年的实验室进行考核评估,采取"优胜劣汰"的机制,促进实验室的规范管理和快速发展。根据《青岛市科学技术局鼓励市重点实验室向企业开放的办法》,鼓励和促进青岛市重点实验室向企业开放,实现实验室科技资源的共享,为以企业为主体的技术创新体系建设服务。

5. 支持信息产业发展

加大对民营信息产业的支持力度,完善企业创新体系,为企业引进人才建立更宽松的环境,鼓励信息产业企业发展具有自主知识产权的核心技术。

建立青岛市技术创新公共服务体系和行业技术中心,整合社会科技资源,发挥好青岛市国家电子信息产业基地的集聚效应;发挥院校的科技优势,解决企业科技开发力量不足的问题。优化政策环境。整合好分散在各部门的政策、资金等资源,理顺职能关系,完成《青岛市软件产业发展规划》的制定工作,尽快出台《青岛市关于进一步加快软件产业发展的实施意见》。通过建立软件产业投融资体系、提高民营企业自主创新能力、加强软件园区建设、完善软件人才引进培养体系和促进软件外包等方面具体措施的实施,实现青岛市软件产业跨越式发展。

(作者单位:青岛市社会科学院)

重点项目建设对青岛经济拉动作用研究

仉元明

近年来,青岛市以科学发展观为指导,以重点项目建设带动经济社会全面发展,不断优化投资环境,转变经济发展方式,提高经济运行质量,为构建和谐社会创造了雄厚的物质基础。

一、青岛市重点项目建设发展历程与现状

(一)发展历程

近几年,全市上下以推动重点项目建设作为工作重点,不断加大项目推进力度,逐步完善项目建设机制。青岛市重点项目建设历经了一个从计划安排到科学发展的过程。

端倪初现。2000年,为加大重点项目建设力度,青岛市委、市政府正式将重点项目纳入全市考核体系,项目建设开始走向经济社会发展前沿,以重点项目带动经济社会全面发展战略初现端倪。

走向规范。2001年,青岛市出台了《青岛市重点建设项目目标责任制考核工作的意见》、《青岛市重点建设项目管理实施意见》两个文件,推动重点项目走上制度化、规范化、科学化的发展轨道。

重点推进。2003年,青岛市委、市政府专门成立了重点项目协调领导小组,下设办公室负责重点项目协调推进。同时,确立了由各分管市长负责、各职能部门分工明确的协调推进小组。此举显示出市委、市政府对此项工作的高度重视。全市上下资源整合,形成合力共同推进,重点项目建设成为全市重点中心工作。

集群战略。2004年,青岛市委、市政府提出以大项目为龙头,按照国家产业政策和宏观调控政策要求,重点发展石化、汽车、造船、家电、电子和港口等产业集群的战略决策。

科学发展。2006年,青岛市委、市政府将全市外资重点项目、工业重点项目等合并汇总,统一制定全市年度重点项目计划及责任目标,每

年年初以市政府名义下发执行。此举改变了以往重点项目名目繁多、多头管理、秩序混乱的局面,理顺了重点项目管理渠道。同时,开发了重点项目数据库管理系统,实现了重点建设项目的信息交流和管理的网络化、智能化、自动化及全过程动态监控,确保了重点项目的有效跟踪督促和推进落实。在重点项目建设方面,青岛市代建制的实践受到国务院表扬,并在全国推广;体育馆迁建、东部医院、辽阳路综合整治等一批重点项目相继推行代建制模式,取得较好效果,投资体制改革取得显著成效。

(二)重点项目当前建设情况

2007年,青岛市安排重点建设项目89个,总投资1052.6亿元,年度计划投资289.3亿元。预计年内竣工23个,其余项目争取年内全部开工建设。另有支撑条件尚不齐备、需跟踪推进的重点前期项目99个,总投资1586亿元。

在89个重点建设项目中,按投资规模划分,50亿元以上项目3个,30亿～50亿元项目9个,10亿～30亿元项目14个,2亿～10亿元项目38个,2亿元以下项目25个。

89个重点项目的产业分布是:石化产业项目4个,总投资162.9亿元,2007年度计划投资95.3亿元;汽车(机车)产业项目6个,总投资25.6亿元,2007年度计划投资12.9亿元;造船产业项目10个,总投资175.9亿元,2007年度计划投资23.3亿元;家电电子产业项目3个,总投资16.3亿元,2007年度计划投资5.4亿元;纺织服装产业项目4个,总投资17.7亿元,2007年度计划投资2.5亿元;工业其他产业项目9个,总投资31.1亿元,2007年度计划投资8.2亿元;城市建设项目8个,总投资165.6亿元,2007年度计划投资24.3亿元;交通能源项目8个,总投资208.7亿元,2007年度计划投资66.1亿元;社会事业项目11个,总投资35.7亿元,2007年度计划投资15亿元;循环经济项目7个,总投资19.8亿元,2007年度计划投资7.4亿元;农林水利项目4个,总投资19.7亿元,2007年度计划投资2.5亿元;现代服务业项目15个,总投资173.7亿元,2007年度计划投资26.5亿元。

目前,新开工项目27个,开工在建项目总数达到80个(包括17个竣工项目),占重点建设项目总数的90%;完成投资近180亿元,占年度计划投资的63%。青岛港原油码头三期工程、德枫丹(青岛)机械有限公司、武汉重工曲轴一期等17个项目竣工或基本竣工,其中产业项目11个。

二、重点项目对青岛市经济发展的拉动作用

近年来,青岛市紧紧围绕发展这个主题,紧密结合实际,充分发挥自身优势,以重点项目推进经济结构调整和经济增长方式转变,累计安排重点项目300多个,陆续建成投产200多个,一批工业、农业、社会事业、能源交通、城市建设、财贸流通等重点项目引领全市经济社会步入了健康、快速、可持续的发展轨道。

(一)重点项目建设结合了经济发展实际

青岛市坚持把科学发展观落实到重点项目建设的全过程,不断总结以往经验教训,重点项目确定机制日益契合经济发展实际。2002年青岛市确定重点项目之初,只集中在基础设施、交通能源、农林水利、公检法司安等市财力投资领域,随着全市经济工作重点的转移,重点项目安排转向产业项目和基础设施、交通能源、高新技术、社会事业等领域项目并重,并从单纯注重总量扩张逐步向结构调整转型。2004年起,青岛市结合自身发展特点和资源禀赋条件,重点发展了石化、造船、汽车、家电、电子、港口等产业集群项目,使重点项目带动作用从简单的产值增加、利润增长提升到形成一个产业、引领区域经济发展的战略地位。

(二)重点项目建设促进了区域协调发展

由于最初重点项目确定带有浓重的指标考核色彩,在地区安排上人为保持相对平衡,没有从项目本身和各区(市)区位优势上统筹考虑。随着项目确定和推进机制不断完善,重点项目安排上逐步实现了合理的空间布局,凸现了区域的功能规划和集聚效应。2006年以来,重点项目采取属地化管理,按照统一、标准化原则,凸显各区(市)基础优势,分层次发展。如市北区打造都市商贸中心;崂山区在719所、725所、平板电视等重点项目的基础上,突出发展高科技产业;开发区集聚了青岛市一批重化工业、制造业大项目。重点项目的空间布局体现了区域发展的重点和特色,逐步实现区域及环境的协调发展,突出了"金山银山"与绿水青山的和谐共生。

(三)重点项目建设促进了产业结构优化升级

青岛市将结构战略性调整贯穿于整个重点项目建设始终。青岛的经济结构已呈现出第一产业比重逐年下降、第二产业逐年上升、第三产业保持稳步增长的可喜态势,并形成人们预期的第二、三产业共同支撑

青岛经济快速增长的格局。一大批工业重点项目开工建设,青岛市产业高级化和适度重型化趋势已愈发明显,2005年轻、重工业增加值比例由2004年的52∶48调整为49.4∶50.6,重工业第一次超越轻工业,青岛市工业结构发生了根本性变化,标志着青岛市"以轻纺工业为主"的产业模式已成为城市历史,重化工业时代已经到来。高新技术产业比重不断上升,工业含金量明显提高。依托这些骨干产业项目,青岛全新的产业格局已现雏形:以西部重化工业、汽车造船和港口物流集散服务区,东部高新技术产业和孵化创业聚集区,环胶州湾产业集聚带中轻型产业、零配件制造和技术中试区等为主的产业布局基本形成。同时,以国际会展中心为依托的会展业,以中山路商贸区改造项目为代表的现代商贸流通业,以区港联动项目为载体的现代物流业,以极地海洋世界、大剧院等一批精品项目为支撑的旅游业不断发展,现代服务业发展再上台阶,成为推动城市发展的一大特色经济。重点项目的大力建设,不仅使青岛综合经济实力迅速跃升,经济结构也日趋合理,为青岛"十一五"乃至以后长期发展奠定了坚实基础。

(四)重点项目建设提升了产业集聚效益

按照国家产业政策和宏观调控精神,青岛市从2004年正式提出建设产业集群的战略决策,4年内共计安排产业集群重点项目上百个。青岛市产业集群一个突出特点就是国家级大项目龙头带动效应。上汽通用五菱项目的建设,为青岛市开启了以乘用车、商用车、客车、专用车等为核心的汽车产业集群发展新局面;青岛海西湾造修船基地全面开工建设,正在把青岛市打造成为国际一流、国内最大的现代化造修船基地之一;招商局国际集装箱码项目连同青岛港三期建设,使现有青岛港口集装箱吞吐能力提高1倍以上,有力推动了青岛"万国"码头的发展和北方航运中心的建设。

(五)重点项目建设改善了城市基础设施

为拓展城市发展空间,加快青岛市现代化工业城市的建设步伐,全市上下围绕大青岛城市框架这一目标,共计安排重点交通能源项目近40个,先后开工建设同三高速青岛段、滨海公路、即平高速公路、青岛海湾大桥工程等重要交通支撑。依托这一路(滨海公路)、一桥(海湾大桥),大青岛城市轮廓在重点项目建设过程中清晰浮现。最终形成了以同三高速、环海高速、滨海公路及204国道轴线构成的带状区域的西海岸产业基地。供气、供热、污水垃圾处理等基础设施的不断开工建设,提高了城市配套功能,进一步增强了城市承载能力。公用事业取得较大进展。

三、青岛市重点项目发展趋势展望

2008年,青岛市重点项目将坚持以结构调整为主线,认真落实科学发展观,更加注重产业建设,更加注重新农村建设,更加注重环境保护,更加注重科技含量,更加注重发展现代服务业,更加注重和谐发展。

(一)产业集群显现规模效应,产业结构将进一步优化升级

经过几年的努力,产业集群已成为全市工业发展的主导力量,大企业、大项目和品牌优势得到充分发挥,产业链进一步延伸,配套企业逐步增加,大企业在青岛经济发展中将发挥中流砥柱作用,带动区域经济蓬勃发展。全国重要的石化工业基地、胶东半岛制造业基地、海西湾造修船基地将名副其实并将产生经济社会效益;市南软件产业园等一批高端电子信息产业项目将建成运营,青岛市家电电子产业基地地位将进一步夯实;随着港口集群项目陆续竣工,将为实现区港联动、建设东北亚国际航运中心奠定坚实的基础。随着一批重点项目的加快建设,产业集群将进一步壮大,其集群效应将带动青岛市经济社会加速发展。

(二)城建和社会项目建设步伐将进一步加快,大城市框架渐现雏形

2008年,青岛市将继续规划建设城市基础设施(包括城市交通、供水、海水淡化、垃圾处理等)项目。海湾大桥、海底隧道、滨海公路、流亭机场三期等一批事关青岛"十一五"期间乃至更长一段时间经济和社会发展的重点项目顺利推进。不久的将来,青岛将实现"一路、一桥、一隧"连接胶州湾东、西两岸的大交通格局。流亭机场三期扩建工程顺利推进,建成后将为2008奥帆赛的举办和未来青岛经济发展提供重要支撑。整个市区基本完成城中村庄改造,城市功能配套同步发展。随着这些项目的逐步完工,整个城市建设亮点到处可见,城市面貌将整体改观,城市品位进一步提高。

(三)家电电子产业优势将进一步发挥,自主创新能力将明显提升

青岛市在家电电子产业方面有较大优势,电子信息制造业、信息基础设施建设发展较快,重点项目中高新技术项目比重不断提升,品牌带动效应突出。随着重点项目的快速推进,以及青岛市原有产业品牌优势的带动,大批国内外知名配套项目开始落户青岛,一个北方新兴电子信息产业基地即将诞生。世界企业500强之一的泰科电子项目已落户青岛市并正式投产,大大提升了青岛市微电子元件生产能力,市南软件

园、橡胶行业管控一体化项目、中天信息等一批重点项目托起了青岛市软件产业发展的明天。随着一批电子信息产业重点项目的陆续竣工投产,青岛市一大批拥有自主知识产权的电脑系列产品、电子化工、电池、微电子、家电等电子信息企业群将相互配套、互为依存,真正意义上的家电电子信息产业集群即将形成。

(四)循环经济将迅速发展,节能降耗将成为现实

"十一五"期间,青岛市将规划建设农业和生态环境项目上百个,包括农业、水利、畜牧、水产、绿化、环保、资源综合利用等。围绕"发展循环经济,建设资源节约型社会",一批循环经济型企业、生态工业园和生态农业园将建成,逐步构筑新型经济发展模式。一批秸秆发电、风力发电、海水淡化等项目陆续建成,废旧家电回收及资源化综合利用竣工运营。黄岛发电厂三期扩建工程、青岛电厂二期工程都注入循环经济理念,进行热电联产。长期困扰青岛市的碱厂白泥问题也将随着碱业集团的碱业联碱循环经济改造项目的实施得到解决,而且实现变废为宝;青岛市一批大企业也把发展循环经济作为企业发展的重中之重,在发展循环经济方面将走在同行业的前列,将像在产品市场创品牌一样,创出国内节能降耗、发展循环经济的一流品牌。

(五)新兴产业将不断涌现,创意产业将得到发展

围绕发展现代服务业,青岛市涌现出一大批新兴产业,金融机构不断增加,金融产品不断扩大,金融业不断发展;特色观光旅游、人性化度假旅游、文化旅游、精品旅游、奥运旅游、大企业旅游不断发展;现代物流业蓬勃发展,大物流和高端物流的发展态势逐步形成;文化产业呈现大发展态势,以凤凰岛影视基地为代表的影视业正渐渐兴起,并带动相关产业发展;市北特色文化街、市南闽江路餐饮文化街等特色街区的打造,更增添了城市的魅力。秉承"创造主意、创造新意、创造生意、创造惬意"的理念建设的"创意100产业园"的竣工,将对青岛市的创意产业发展起到领头羊的作用,引领青岛乃至整个山东的创意产业,一大批创意产业将逐步兴起,一种高附加值的新兴产业——创意产业将逐步形成独立的产业。"十一五"期间,青岛市规划建设旅游商贸项目近百个,包括商贸、物流、旅游等项目,这些重点项目将带动青岛市现代服务业加快发展。

(作者单位:青岛市发展和改革委员会)

青岛市地方立法与和谐社会建设研究

刘志荣

社会主义和谐社会是民主法治、公平正义、诚信友爱、充满活力、安定有序、人与自然和谐相处的社会。要实现这一目标,其中根本的、起基础和保障作用的是制度建设,而法律制度是基础中的基础,根本中的根本。法律是所有社会规范中最具有执行力的规范,依照法律来治理社会,人们就有章可循,社会也就有了和谐的基础。地方立法作为中央立法的补充,对构建社会主义和谐社会同样具有重要意义。

一、青岛市地方立法在和谐社会建设中的地位和作用

(一)青岛市地方立法概况

1. 青岛市地方立法在中国特色社会主义法律体系中的地位

我国现行的立法体制是统一的、分层级的立法体制,包括中央立法和地方立法两级。中央立法又分两种情况:全国人大及其常委会行使国家立法权,制定法律;国务院根据宪法和法律制定行政法规。地方立法也有两种情况:一般地方立法和特殊地方立法。一般地方立法包括省、自治区、直辖市人大及其常委会、省会城市、较大的市的人大及其常委会制定地方性法规。特殊地方立法包括民族自治地方的人大制定自治条例和单行条例、经全国人大授权的经济特区立法。特殊地方立法比一般地方立法权限要大,只需遵守法律和行政法规的基本原则,对不属于基本原则的内容允许作出不一致的规定。地方立法作为中央立法的补充,所规范的内容主要有四种:一是法律、行政法规的实施条例或者实施办法。二是本地方具有特殊性的事项,不必也不可能制定法律、行政法规,只能由地方性法规作规定。三是综合运用有关的几个法律、行政法规,有针对性地解决本地方特定问题的地方性法规。四是在某些问题上,改革先在地方试验,制定适用全国的法律、行政法规的条件

尚不成熟,有关地方可以先行制定地方性法规,待有关的法律、行政法规出台后,再相应地进行修改或者予以废止。青岛市的立法权属于一般地方立法权,遵循不同上位法相抵触的原则。该权力来源于《中华人民共和国地方各级人民代表大会和地方各级人民政府组织法》和《中华人民共和国立法法》。1986年12月,地方组织法第二次修改,赋予经国务院批准的较大的市的人大及其常委会制定地方性法规的权力(青岛市于1984年10月被国务院批准为较大的市),报省人大常委会批准后实施。2000年制定的立法法对此又作了进一步明确规定。

2. 青岛市地方立法的基本情况

青岛市人大及其常委会自1986年正式拥有地方立法权,并于1987年制定了第一部地方性法规——《青岛市城市公有房产管理暂行办法》。20年来,青岛市人大及其常委会共制定地方性法规119件(含修订13件),作出立法性决定1件,作出修改决定22件,作出废止决定13件,共计155件,现行有效的地方性法规90件。这20年的地方立法工作,横跨了青岛市五届人大常委会。其中,第九届人大常委会制定法规1件(于1987年该届人大最后一年制定),由于地方立法工作刚刚开始,该届人大常委会没有修改和废止过法规;第十届人大常委会制定法规17件,作出修改决定1件,共计18件;第十一届人大常委会制定法规40件,作出修改决定8件(对45件地方性法规作出了修改),作出废止决定1件,共计49件;第十二届人大及其常委会共制定法规33件(含修订3件),作出修改决定9件,作出废止决定3件,共计45件;第十三届人大常委会共制定法规28件(含修订10件),作出立法性决定1件,作出修改决定4件(修改了21件法规),作出废止决定9件,共计42件。从以上数字可以看出,青岛市从第九至十一届人大常委会所制定的法规数量逐年增加,在第十一届达到高峰,从第十二届到第十三届,数量开始逐步减少,尤其是第十三届人大常委会制定的法规数量与前两届相比大幅减少,而修订、修改和废止的法规数量却大量增加(第十三届人大常委会修订、修改和废止的法规数量占同期立法数量的54.8%)。总的来看,青岛市制定的地方性法规大致可以分为两类:一类是实施性立法,主要是对国家法律的原则规定进行细化、补充,使之更具可操作性,如《青岛市实施〈中华人民共和国水法〉若干规定》、《青岛市实施〈中华人民共和国献血法〉若干规定》、《青岛市实施〈中华人民共和国红十字会法〉办法》等。另一类是创制性立法,这类法规所涉及的事项国家并没有立法,主要是青岛市结合自己的实际和特点,在地方权限内作出的规定,如《青岛市禁止制作和限制销售燃放烟花爆竹的规定》等。还有些法规,制定之初是创制性立法,后来国家对该事项进行立法,地方性法规随之作出修改,转变成实施性立法,如《青岛市海域使用管理条例》等。青岛市制定的地方性法规涵盖了经济、政治、文化和社会建设的多个领域,在保证国家法律的顺利实施、解决地方事务方面发挥了重要作用。

(二)青岛市地方立法促进和保障社会和谐的主要做法

社会主义和谐社会要求公权力的行使必须以人为本,保障公民知情权、参与权、表达权和监督权的有效实现。立法权作为公权力中的基础和根源,也必然要以此来促进和保障社会和谐。青岛市地方立法在促进和保障社会和谐方面主要有以下做法。

1. 坚持以人为本,注重维护人民的切身利益

青岛市的地方立法,始终把以人为本作为核心理念,把实现好、维护好、发展好最广大人民的根本利益作为立法的出发点和落脚点,紧紧围绕和谐社会建设,制定了一大批与人民群众工作生活密切相关的法规。为了解决住房难,制定了《青岛市城市房地产开发经营管理条例》,规定有关部门在编制房地产发展规划和房地产开发年度计划时,必须优先安排普通商品住房、经济适用住房、危旧住房改造和城市基础设施建设中的拆迁补偿用房的开发项目。为了解决拆迁难,制定并多次修订了城市房屋拆迁管理条例,明确规定以"拆迁区域新建商品住房销售价格"作为补偿标准,并规定了最低保障面积,提高了对被拆迁人的补偿标准,保证了低收入群体能够享受到改革发展的成果,受到建设部和山东省人大常委会的高度评价。为了解决停车难,制定了《青岛市停车场管理条例》,从停车场的规划、建设到使用管理都进行了规范,并明确规定:市、区(市)人民政府应当在机动车停车位严重不足的区域和公共交通线路比较集中、可以实现自用车与公共交通换乘的地段,规划、建设公共停车场;行政事业性单位的专用停车场应当允许在工作时间前来办理事务的人员免费停放车辆;公安交通管理部门应当根据停车需求在非繁忙路段施划适当的免费道路停车泊位,等等。为了解决物业管理纠纷,制定、修订了《青岛市物业管理条例》,尤其对人民群众关心的房屋出现质量问题后权利难以维护的问题特别作出规定:进行住宅建设工程招标时,建设单位应当在招标文件中明确按照工程价款结算总额5%的比例预留建设工程质量保证金,并与施工单位在合同条款中对涉及保证金的事项进行约定。建设工程质量保证金应当专户储存,专项用于物业保修期内的保修。为了解决供热纠纷,制定并两次修订了《青岛市城市供热条例》,延长了采暖期,提高了供热温度,确定了测温标准和计费面积。

2. 立法过程开放,公民和组织参与地方立法的渠道通畅

一是在全国较早建立了向社会公开征集立法项目制度。每年制定

立法计划时，都面向社会公开征求人民群众对制定什么法规、修改或废止什么法规的建议。二是吸收社会中介组织和专家学者参与法规起草。委托律师事务所起草了《青岛市物业管理条例（草案代拟稿）》和《青岛市城市房地产开发经营管理条例（草案代拟稿）》；对无居民海岛管理立法实行立法机关、行政部门和专家学者"三结合"的起草方式。三是完善了法规草案公布制度。每一部地方性法规草案都要在青岛市人大常委会的网站上公布，重要的法规还在报纸上公布。四是建立了立法听证会制度，对《青岛市物业管理条例（草案）》中的四个重要问题和《青岛市停车场条例（草案）》中的两个重要问题进行了公开听证。五是建立了地方立法企业联系点制度。确定了21家不同类型的企业作为地方立法的联系点，对地方立法工作和地方性法规草案尤其是经济类的法规草案征求其意见。六是组织召开了市民座谈会。在制定《青岛市停车场管理条例》时，除了召开常规的座谈会，还专门召开了市民座谈会（参加座谈会的市民全部通过报名产生，不是由立法机关选定），面对面听取市民的意见和建议。

3. 科学立法扎实推进，立法质量明显提高

一是1993年9月在全国率先成立了"青岛市地方立法研究会"。研究会是青岛市地方立法工作的参谋助手和"智囊团"，主要由从事立法、法学教研、法律实践工作的国家机关工作人员、专家学者、司法工作者和律师以及其他具有法律、经济、管理等专业知识的人员组成，其中包括乔晓阳、张春生等立法方面的专家，也包括江平、李步云、应松年等著名法学专家。研究会成立以来的14年里，青岛市人大及其常委会共制定地方性法规135件（含修改、废止决定34件），地方立法研究会组织专家学者参与了其中绝大部分法规的制定。据不完全统计，14年来，研究会提出的法规修改建议达2500多条，其中，直接被立法机关采纳的建议有530多条，大大提高了法规质量。二是组织召开专家论证会。在修订《青岛市城市房屋拆迁管理条例》和《青岛市城市供热条例》时，分别召开专家论证会，就城市房屋拆迁和城市供热中的有关专业问题听取专家意见。由于青岛市的地方性法规在制定过程中采取了很多科学决策的措施，迄今为止全部得到山东省人大常委会的顺利批准，这在全国并不多见。

4. 坚持自主立法和创新立法，法规的地方特色鲜明

一是突出自主性立法。青岛是沿海开放城市，拥有丰富的海洋资源。为推动海洋资源的可持续发展，青岛市人大常委会先后制定了加强近岸海域环境保护、海岸带规划和海洋渔业、海域使用管理、海上交通安全等方面的法规，海洋立法成为青岛立法的特色，在全国、山东省也产生了一定影响。青岛又是一座在全国具有较高知名度的城市，为

了规划、建设和管理好城市,青岛市人大常委会制定了《青岛市城市建筑规划管理办法》、《青岛市城市风貌保护管理办法》、《青岛市城市市容和环境卫生管理办法》、《青岛市城市绿化管理办法》等法规。这些法规所确立的城市规划、建设和管理方面的制度做法,有很多在全国作为经验进行交流。二是注重创新性立法。在全国较早制定了资源综合利用、资源节约以及节约用水方面的法规,为资源节约型城市建设提供了法律支持。

5. 坚持与时俱进,重视法规的修订、修改和废止

在青岛市拥有地方立法权的前10年,政治、经济、文化和社会的很多领域都没有法律法规调整,当时的重点是解决无法可依的问题,在这一背景下,青岛市人大常委会制定了大量的法规。最近几年,无法可依已经不是地方立法的主要矛盾,人们对进一步提高立法质量,适时修订、修改和废止法规的呼声和要求日益强烈。青岛市人大常委会顺应这一呼声和要求,加强了对原有法规的修订、修改和废止工作。20年来,共修订法规13件,作出修改决定22件(修改了84件法规),作出废止决定13件(废止了13件法规)。同时,青岛市人大常委会还采取专项清理的办法对法规进行修改和废止。2004年,根据行政许可法的要求,青岛市人大常委会法制工作室和地方立法研究会联合成立了法规清理课题组,对原有的全部84件有效法规设定的行政许可事项进行了专项清理,共修改法规19件,废止法规8件。

(三)青岛市地方立法在和谐社会建设中的作用

1. 地方立法为各种利益诉求提供了表达、沟通的平台

和谐顺畅的社会关系必然使公众的愿望和要求得以充分表达、各类国家机关与民众之间形成良性互动的关系。青岛市地方立法为这种良好的社会关系的建立提供了一个重要平台。一方面,人们可以通过立法机关召开的座谈会、听证会、论证会等提出自己的意见和建议,表达自己的关切,也可以在立法机关的网站上对每一部法规草案发表意见。通过这些形式,公民的知情权、参与权、表达权和监督权就会得到有效实现。另一方面,公众提出的正确意见和建议在法规中得以体现,也会增加公众对法规的认同感,并切实遵守之。另外,参加座谈会、听证会、论证会的公民或组织在会议上发表意见,也听取其他人发表意见,实现了交流沟通,有利于消除矛盾、达成共识。

2. 地方立法通过制定规则和标准"定纷止争",解决影响社会和谐的矛盾和问题

任何社会都不可能没有矛盾,人类社会总是在矛盾运动中发展进步的。构建社会主义和谐社会是一个不断化解社会矛盾的持续过程。

青岛市地方立法通过制定规则,使人们在可预见的、法规允许的范围内行事,可以提前化解影响社会和谐的潜在因素。另外,社会的多元化必然产生不同的利益诉求,人们对同一事物有不同看法十分正常。如燃放烟花爆竹,有的从营造欢庆气氛的角度出发,希望允许自由燃放;有的从减少财产损失和人身伤害的角度出发,希望一律禁止。这就产生了观念和利益冲突,处理不好必然造成持不同观点的群体关系紧张,影响社会和谐。这就需要地方性法规作出权威规定,提出解决方案,平衡各方利益,使各方均能接受。《青岛市禁止制作和限制销售燃放烟花爆竹的规定》通过"限时、限地、限品种",允许有条件燃放,基本满足了不同群体的需求,营造了和谐喜庆的氛围。一般来讲,通过立法解决争议,能够从根本上、长远上解决问题,而不限于一时一事。

3. 地方立法对提高公众的法律意识,培养锻炼法律人才发挥了重要作用,为促进和谐奠定了坚实的社会基础

20年的地方立法工作不仅制定出台了大量调整各种社会关系的法规,而且公众通过参与法规制定、运用法规维权,法律意识不断增强,依法办事的能力逐步提高。在2004年青岛市人大常委会做的市民法律意识调查中发现,青岛市民对法律法规的认知状况有了明显改善。在接受调查的市民中,77.2%的人认为自己对法律知识的了解程度是"知道一些",14.5%的市民认为自己"知道很多","知道很少"的占8%,"几乎不知道"的仅占0.3%;在不给予提示的情况下,对"您在日常生活中比较关心那些法律"的提问,能够准确说出六七个乃至十几个具体法律名称的市民占了很大比例。调查还显示,市民遵守法律的自觉性在不断增强。对于"遵守法律往往会吃亏"的观点,82.9%的市民表示完全不赞成和不太赞成,17.1%的市民表示比较赞成和非常赞成。当然,市民法律意识的提高有多方面因素,但地方立法工作在其中无疑发挥了重要作用。20年的立法实践还培养了一支具有较强法制意识的立法专业队伍。目前,青岛市政府大多数部门设立了法规处,有些没有设立法规处的部门也都确定了一个处室负责法制工作。这些从事法制工作的政府部门工作人员直接负责法规的起草,对本部门各项工作提出意见和建议,尤其是有关合法性的意见和建议,直接促进了依法行政。

二、青岛市地方立法存在的问题及影响和谐的因素分析

经过20年的实践和探索,青岛市的地方立法工作取得了有目共睹的成绩,立法制度更加健全,立法程序不断完善,立法调整的领域不断

拓宽,公众参与立法的自觉性和主动性不断增强,立法质量不断提高。但是,青岛市的地方立法工作由于受整个法制环境、人员素质等多方面因素的影响,尚存在一些问题,主要包括以下几个方面。

(一)存在一定程度的部门利益倾向,权利与义务、权力与责任有时不对等

目前,青岛市的地方性法规由政府部门负责起草的占绝大多数。全国各地的政府部门在起草法规草案时有一个共性,即往往自觉不自觉地从有利于本部门执法、强化本部门权力出发,对管理相对人权益的保护和其他部门的职权往往重视不够。甚至有些部门之所以积极推动地方立法,就是为了借助立法来达到机构、编制、审批、发证、收费、处罚等方面的目的和权力。在这一思想的支配下,由部门起草的法规草案有时存在行政机关的权力远大于责任、管理相对人的义务多于权利;对行政机关的责任和义务尽量回避或只作原则性规定,对管理相对人的义务规定得极为详尽,法律关系有失偏颇。

(二)法规的修改和废止存在一定滞后性,给法律执行带来不必要的困扰

目前,地方立法更注重根据国家大政方针和新的政策变化,来制定新的法规,以便为开展或推动某项工作提供更明确、详细的法律依据,而对原有法规的修改或废止,相对忽视。青岛市法规的修改和废止,大都采取申报计划、集中清理的方式进行,而出于对法规修改和废止的慎重,所需程序也比较复杂,历时较长。有时国家已制定实施新的法律或对地方性法规所依据的法律作出修改,造成青岛市地方性法规中的某些条款与国家法律相抵触,但没有及时修改。虽然根据立法法的规定,下位法要服从上位法,下位法与上位法相抵触的部分自然无效,但这种现象的存在会产生两个不良影响:一是显得很不严肃,影响立法机关的形象;二是个别执法部门对法规中对其有利但与上位法相抵触的条款仍然执行,给管理相对人造成不必要的损失。

(三)法规草案征求意见的渠道尚未得到充分利用,公民和组织的意见体现得还不够充分

目前,青岛市人大常委会对每一部法规草案都在其网站上公布,征求公众的意见和建议。但从实际效果看并不理想,公众的参与度不高,一部法规草案通过网站征集到的意见只有几条,个别情况下甚至没有意见,没有达到立法机关预期的目的。究其原因,一是该网站点击率低,大多数市民并不了解,需要进一步加大宣传力度。二是公众的立法

参与意识需要进一步提高。三是征求意见的方式需要改进。目前的做法是对整个草案一揽子通过网站向社会征求意见，公众没有一定的专业知识和时间很难参与。以后可以考虑针对草案中的重点、难点问题和与人民群众密切相关的事项征求意见。

(四)有些法规的地域效力被人为割裂，造成全市行政区域内同一事项存在不同的管理方式

据统计，青岛市人大及其常委会制定的现行有效的90件地方性法规中，有9件法规在适用范围上不包括胶州、胶南、即墨、莱西、平度五个县级市(有的甚至不包括崂山、城阳、黄岛三个区)。在这些地域效力受限的法规中，有些法规属于青岛市人大常委会自身制度建设的内容，如《青岛市市级预算审查监督条例》等，由于主体特定，适用范围自然也特定。但还有5件行政管理和社会管理类的地方性法规在适用范围上不包括五市三区，如《青岛市市政工程设施管理办法》、《青岛市住房公积金管理实施办法》、《青岛市禁止制作和限制销售燃放烟花爆竹的规定》、《青岛市市区公共场所禁止吸烟规定》《青岛市城市风貌保护管理办法》。之所以做出区别对待，可能是当时考虑到五市三区实施以上法规的条件尚不成熟。但随着经济和社会的发展，五市三区的城市化进程不断加快，各项事业的发展同青岛市区的差距不断缩小，客观上需要同市区一样的制度保障。

(五)有些法规条款规定得过于原则、笼统

如有的法规对执法部门及其职责范围的表述含混不清，尤其是涉及几个执法部门时，权限划分不清，在执法过程中容易出现推诿扯皮或重复处理的现象；有些处罚条款规定的处罚幅度过大，导致部门的自由裁量权过大。尤其是早期制定的一些法规受当时国家立法"宜粗不宜细"思想的影响，法规条款规定的不够明确、具体，导致有些法规操作性不强，使执法、司法审判等工作和公众行事无所适从。

(六)对法规实施所需的成本及效益分析不够

这里的成本主要是制度得以实施所需的成本。立法实践中，往往对事物的定性分析比较重视，花得时间较多，但对定量分析做得还不够，用数据说话的手段还不多；从宏观上考虑得多，微观上研究得不够。一是对法律制度确定以后会产生什么效果，论证得并不十分充分，对可能产生的负面影响，有的法规也没有规定补救措施或补救措施不足。二是对大多数群体的利益能够有效维护，但对某些群体的特殊利益兼顾得不够，造成有的法规实施过程中阻力较大。三是有的法规为了达

到某种管理目的而确立的制度缺乏统筹研究,没有综合平衡,造成制度实施过程中成本高昂,甚至抵消了制度存在的意义。

三、加快青岛市地方立法建设,促进社会和谐的对策建议

(一)应更加注重社会事务方面的立法

制定并完善发展民主政治、保障公民权利、推进社会事业、健全社会保障、规范社会组织、加强社会管理等方面的地方性法规。在制定立法计划时对属于社会事务方面的立法要尽量优先安排;对其他法规中涉及的社会管理事项,应重点审议研究。尤其要加强保障农民利益、促进就业和完善社会保障等方面的立法,切实维护农民工、农村贫困人口、下岗职工、城市贫困居民、残疾人等弱势群体的合法权益,消除社会成员的不安全感和对立情绪,维护社会稳定。

(二)建立畅通、有效的立法意见和建议的表达、征集机制

一般来讲,民众的意志在立法上表达的渠道越畅通、意见体现得越充分,民众也就越愿意在立法过程中表达自己的意见,并在自己亲身参与的法律法规实施后严格遵守其规定,而非采取对抗的态度,也更少采用非法的、有可能付出极大代价的极端方式来寻求自己利益的实现,从而使立法与守法形成良性互动,促进和谐共赢。一是建立意见、建议反馈机制。将公众所提出的重要意见和建议的采纳情况通过一对一或集中反馈的形式及时向意见、建议提出人反馈,从而调动公民和组织参与地方立法的积极性。二是建立专家咨询制度。通过召开专家论证会或课题招标的方式对法规中所涉及的重大专业问题进行充分论证。三是建立和完善立法听证制度。青岛市在立法听证方面已经进行了成功实践,并取得了良好效果。今后应对所听证法规和听证事项进行更为缜密的研究和设计,增强听证的针对性。所确定的听证事项应确实反映出公众普遍关心的焦点问题。四是应更多地征求郊区五市的意见,确保基层群众的意见能够得到充分表达、利益得到切实维护。

(三)建立法规评估和定期清理制度

这项制度旨在及时消除制度之间的矛盾与冲突,提高制度的适应性。随着国家法律体系的日益完善和青岛市经济社会发展等领域新情况、新问题的出现,原有法规尤其是制定时间较早的法规可能出现与现实不相适应甚至与上位法相抵触的情况,对这些法规及时进行修改完

善将成为今后地方立法的一项重要任务。近几年,青岛市每年修订、修改和废止的法规数量已占到当年立法总量的50%以上。但目前对法规的修改和废止,基本是由政府部门提出立项建议、立法机关被动接受。建议青岛市人大常委会有关工作机构在其中发挥主导作用,定期对现行法规进行评估,查找法规存在的突出问题(包括影响社会和谐的因素),在全面把握现有法规总体情况的基础上,根据形势的发展变化,有计划、有步骤地安排好法规的清理。法规评估包括全面法规评估和单项法规评估,由立法机关根据人力、物力的情况适时组织实施。必要时,可以组成课题组或委托高等院校进行评估。尤其对那些国家新制定或修改的法律所涉及的法规要安排人员重点评估、及时评估。评估的重点可以集中在两方面:一是法规实施的绩效;二是法规中各项制度设计和程序规定是否需要进一步完善。

(四)应对法规的地域效力进行认真研究论证

法规的效力包括对人的效力、地域(空间)效力和时间效力。地域效力是指地方性法规在什么地方产生效力。一般来讲,青岛市的地方性法规除特殊情况外,应在青岛市的整个行政区域内实施。这也是市场经济统一性、行政管理措施协同性、权利义务一致性的客观要求。不可否认,青岛市市区同郊区五市在某些方面存在差异,有时实行一定的差异化管理是必要的,但一定要经过慎重研究、认真论证,确有必要时才能这样做。不能因为起草部门(或法规的执行部门)同郊区五市(有时甚至包括崂山、城阳、黄岛三区)的业务联系不是很紧密而出现人为的差别。建议对已经颁布实施的地方性法规,其适用范围不包括五市三区的,在以后的法规修改或修订过程中,应当根据经济和社会发展情况,适时地加以调整。对今后新制定的地方性法规,除涉及特定主体、特定范围或带有试点性质的外,原则上其适用范围不再区分行政区域。即使有些行政区域因特殊情况不能完全适用法规的规定,也可以在一般适用的前提下,对特殊情况作出特别安排,如可以采用特别规定、授权等方式解决。

(五)注意权利与义务、权力与责任的协调统一

对公民来说,主要是权利与义务的统一;对政府来说,主要是权力与责任的统一。为此,一是要树立公民权利本位的立法理念,实现义务型立法向权利型立法转变。二是要实现管理型立法向服务型立法转变。立法既要赋予政府机关必要的手段,确保政府在创造平等的市场竞争环境、协调经济社会发展、完善分配制度和社会保障等领域充分发挥公共服务职能,又要强化对公共权力的制约,建立起公正合理、设置

科学、程序严格、制约有效的权力运行机制。

(六)力求不抵触与有特色的统一

地方立法要维护国家法制的统一,不能与宪法、法律、行政法规相抵触,不能超越立法权限。但地方立法更要突出地方特色,反映地方经济社会发展的需求。因此在地方立法工作中,既要坚持依法立法,又要强调特色立法。在内容上,要增强法规的针对性,根据本地的具体情况和实际需要,解决地方经济和社会发展中的现实问题和焦点问题;在形式上,不盲目追求法规体例完整,尽可能避免"小法"抄"大法"、"后法"抄"前法"的现象,重点在"拾遗补缺"上做文章。在设定行政处罚时,要特别注意处罚幅度不宜太大,力争从源头上遏制处罚的随意性和执法腐败问题。

(作者单位:青岛市人大常委会)

青岛市公立医院改革研究

李传荣

上世纪 80 年代以来,公立医院改革一直是卫生改革的重点和难点。特别是 2005 年之后,随着解决群众"看病难、看病贵"呼声的不断高涨,公立医院改革更是成为卫生体制改革的焦点,甚至有不少专家认为,如何有效地实施公立医院改革将成为整个医疗卫生体制改革能否成功的关键。

一、公立医院改革回顾

从总体上看,青岛市的公立医院改革与全国的改革是一脉相承的。1979 年至今,公立医院改革大致经历了五个阶段。

(一)改革的启动阶段(1979~1985 年)

1979 年 4 月,卫生部、财政部、国家劳动总局共同发出了《关于加强医院经济管理试点工作的意见的通知》,标志着我国尝试公立医院改革的开始。此后,卫生部又在公立医院推行了"五定一奖"(即定任务、定床位、定编制、定业务技术指标、定经济补助、完成任务奖励),并尝试实行"定额补助、经济核算、考核奖惩"的管理措施。1980 年,国务院批转卫生部《关于允许个体医生开业行医问题的请示报告》,打破了国营公立医院在医疗卫生领域一统天下的局面。自此,医疗卫生机构的所有制结构从单一公有逐步向多种所有制并存转变。这一阶段改革总的指导思想是"卫生部门也要按经济规律办事"和"运用经济手段管理卫生事业"。

(二)改革的全面推进阶段(1985~1991 年)

卫生部为了认真贯彻党的十二届三中全会《关于经济体制改革的决定》和国务院批转《卫生部关于卫生工作改革若干政策问题的报告》精神,于 1985 年全面推行了县及县以上城市卫生机构的改革。当时,实施改革的目的是:"调动各方面的积极性,改善服务态度,提高服务质量和管理水平,有利于防病治病,便民利民。"主要手段是:"放宽政策,简政放权,多方集资,开阔发展卫生事业的路子,把卫生工作搞活"。这一时期的公立医院改革,基本思路是模仿国企改革,其核心内容是"放权让利,扩大医院自主权,放开搞活,提高医院的效率和效益",而改革的基本做法则是"只给政策不给钱"。改革取得了一定成效,主要表现为:卫生事业规模迅速扩大,医疗机构的数量、先进医疗设备的保有量等指标大幅增长。到80年代末,城乡居民看病难、住院难、手术难的问题基本得到解决。但也产生了一些问题,如由于实行"放权让利"的财政包干制,政府卫生经费支出占财政总支出的比重急剧下降,导致政府对公共卫生的投入严重不足,特别是农村三级医疗预防保健网未得到应有的发展等。

(三)改革向"医疗市场化"进军阶段(1992~1996年)

1992年,中国掀起了新一轮的改革浪潮。在这一背景下,1992年9月,国务院下发了《关于深化卫生改革的几点意见》。根据这个文件,卫生部按照"建设靠国家,吃饭靠自己"的精神,要求公立医院在"以工助医、以副补主"等方面取得新成绩。此后,一系列能够创造效益的新事物,诸如点名手术、特殊护理、特殊病房等等,很快被有心人发明出来,并且雨后春笋般地在医疗系统全面开花。但也产生了一些问题,如一些医生开大处方、收受"红包"等问题进一步增多,医疗责任事故也不断增加。这一时期更为突出的问题是医疗费用飞涨。1992~1995年,青岛市医药费用年增长幅度达到44%,药品费用占医药总费用的比重达到64%,大大超出了政府和社会的承受能力。"看病贵"成为社会关注的热点问题,因病致贫、无钱看病的事例时有发生,这也为下一阶段的改革提供了素材。

(四)改革向整体推进和进一步向市场化进军阶段(1997~2004年)

1997年1月,为了解决卫生工作中存在的问题,为国家的国有企业改革服务,中共中央、国务院下发了《关于卫生改革与发展的决定》,确定了新时期的卫生工作方针、到2010年的改革目标和一系列改革措施。2000年,为贯彻《国务院关于建立城镇职工基本医疗保险制度的决定》,进一步推进卫生改革,特别是公立医院改革,由国务院体改办牵头,八部门出台了《关于城镇医药卫生体制改革的指导意见》,确定了包括"建立新的医疗机构分类管理制度"、"转变公立医疗机构运行机制"、"实行医药分开核算和分别管理"在内的13项改革任务,利用市场机制解决卫生领域问题的改革思路被进一步强化,公立医院的改革在提法上也从改革运行机制转向重点改革管理体制(但实质并未涉及体制),卫生部门也由主动改革转向被动改革。到 2004 年,对公立医院进行拍卖为主的产权改革一时间呼之欲出。由于这一时期卫生部门一直处于被动改革的局面,加之对公立医院有管理职能的部门众多,利益错综复杂,意见不统一,整体推进改革的难度很大。

虽然在这一阶段的公立医院改革并没有取得实质性效果,但青岛市的公立医院改革却在一些方面特色突出,成效也比较明显,可概括为四个方面:一是按照"控制总量、盘活存量、优化增量、提高质量"的思路,编制和实施了区域卫生规划,先后对全市 57 家公立医疗机构进行资源调整,使新老城区的医疗资源配置得到优化,使卫生监督、疾病控制、中医等卫生"短线"得到加强。二是对医院人事分配制度改革进行了探索。1999 年 3 月,青岛成立全国第一个卫生人才市场,推行全员劳动合同制和岗位聘任制,市场机制被逐步引入。三是加强对公立医院的经济管理,建立卫生资金管理办公室,推行医院财务科长和审计科长由市卫生局委派的制度。四是对医药费用实行"总量控制、结构调整",以控制医药费用总量和增幅为目标,调整了医疗服务价格,优化了公立医院的收支结构,并在山东省率先推行了药品集中招标采购工作,对控制药品使用起到了一定作用。到 2001 年,全市医药费用增幅由 1995 年的 44% 降至 10%,明显低于全市 GDP 增长幅度(15.2%)和职工平均工资增长幅度(19.8%),药品费用占医药总费用的比重也由 1995 年的 64% 降至 49.97%,群众的医药费用负担有所减轻。由于改革成效显著,2001 年国务院在青岛召开了城镇职工基本医疗保险制度建设、医药卫生体制改革和医药流通体制改革工作会议。

(五)改革反思和调整阶段(2005 年至今)

2003 年"非典"之后,人们便对医疗卫生改革进行反思,期间对公立医院改革方向的争论不断,"政府主导"的公立医院改革被重新提上议事日程,对公立医院改革的认识也逐步深化,人们开始从根源上探讨如何改革。为了整体推进卫生改革,彻底解决公立医院和其他方面的卫生问题,实现全面小康社会的目标,使人人享有基本医疗卫生服务,2006 年国务院成立了医改领导小组,目前国家医改方案正在加紧制定中。2005 年以来,青岛市公立医院改革总的来看也处于反思和调整阶段,一方面继续落实以往的有效措施,巩固已取得的改革成果,另一方面稳定卫生队伍,促进公立医院正常运转。改革举措主要围绕保障医疗安全和缓解群众"看病难、看病贵"问题展开,先后在全市公立医院实行医药费用"总额均费双控"措施,进一步加强对医生处方、大型设备检查和医院收费的管理,推行"医院辅助检查结果互认制度",并发动各级医疗机构开展系列惠民医疗服务活动,有效控制了医药费用的过快增长。2006年,全市二级以上医院医药收入增幅近5年来首次出现回落(同比增幅下降6.5%),当年为群众减免医药费用2.68亿元。2007年1~9月份,在医院调整工资、人力成本增加的情况下,每门诊人次费用和出院者平均住院费用与上年同期基本持平。

二、公立医院改革的重点及路径分析

(一)公立医院改革拟解决的主要问题

目前,公立医院需要改革,而且政府、群众、卫生主管部门和公立医院都希望尽快改革,但是不同机构和群体对改革的关注点不同。从政府和社会的角度看,对公立医院进行改革,主要希望解决下列问题。

1. 医药费用增长过快,群众反映强烈

据2003年全国第三次卫生服务调查显示,我国城乡居民患病应就诊而未就诊的比例由1993年的36.4%上升到2003年的48.9%;在提前要求出院的病人中,因医药费用支付困难的比例占到63.9%。青岛市虽然采取了严格的控费措施,也取得了一定成效,但医药费用的增长速度总体上还是快于居民收入的增长。同时,由于政府财政补助比例的持续降低和医疗保险的实际保障水平下降等方面的原因,群众医药费用负担的绝对数和占总支出的比例不断上升,不少群众对此反映强烈。据市统计局调查,2005年青岛市有54.2%的人患病后未到医院就诊,其中属医院费用过高原因的占到了66.7%。

2. 医疗行业行为不够规范

有些医疗机构片面追求经济利益,鼓励医务人员创收;一些医务人员为增加个人收入,提供过度服务,如大处方、滥检查(据卫生部调查,在医生实施的诊疗措施中,不能合理检查、合理用药的比例平均占30%)。有些企业利用"回扣"、"开单提成"等不法手段向医院推销高价药品、医用器材,损害群众利益。这些问题虽经过多次整治,但收效不明显。

3. 医疗服务质量不高,医疗事故增多,群众就医缺乏安全感

由于受经济利益驱动和医院生存发展压力的影响,一些医院往往重视融资扩大规模、购置大型先进设备,对医疗服务质量等内涵建设缺乏深入细致的研究,对保证群众医疗安全缺乏行之有效的措施;医生也更多地关注自身经济收益,对医疗安全重视不够,有的甚至为了谋求个

人私利,违反诊疗常规和操作规程对患者实施诊治。近年来,青岛市医疗事故总体上呈上升趋势。

但是,从卫生主管部门和公立医院的角度看,对公立医院进行改革,希望迫切解决的却是稳定、生存和健康发展问题。改革开放以来,由于公立医院改革的主导思想是"商业化"、"市场化",政府对公立医院的投入比例大幅度降低,公立医院主要靠提供服务维持运行和发展,不同医疗机构之间的关系从分工协作走向全面竞争。在竞争中,公立医院逐渐分化、贫富不均,一些公立医院(包括部分市属医院)经营出现困难,职工政策内的工资福利难以落实,2005年仅市直属医院按照国家政策应发而未发的工资及补贴就达7500多万元。医疗服务本身具有高知识、高技能、高风险性,但是与其他高知识、高技术、高资格准入行业的员工相比,医护人员总体收入偏低,导致卫生队伍不稳定、逆向流动增多。2005年以来,在公立医院补偿机制和运行机制未改善的情况下,国家有关部门不断出台单边政策,大幅度降低药品价格和销售差率,使公立医院经营状况进一步恶化。2006年,全市仅药品收入就减少1.69亿元。同时由于医疗成本(人员、能源、材料等)不断上涨,医院亏损面加大,区属医院基本上都收不抵支,市属医院的负债也增长了3.92%。

(二)公立医院改革实践及分析

从上世纪90年代末开始,政府对公立医院改革的关注点逐步转向管理体制,认为公立医院存在的问题之所以长期难以解决且越来越严重,主要是管理体制问题。于是借鉴国有体制改革的做法,逐步形成了公立医院"政事分开"、"管办分开"、"医药分开"、"营利性与非营利性分开"的改革思路。在这一思想指导下,以产权制度改革、建立现代企业化管理制度、药房托管分离为主要内容,各地纷纷进行了公立医院管理体制改革的探索。公立医院内部运行机制改革,特别是人事、分配制度改革,由于受国家宏观政策的限制,逐步退居次要位置,也很少有人关注。目前,各地公立医院"管办分开"(其中也包括"政事分开"的内容)改革大致分为以下五种类型。

1. 宿迁模式

政府卖掉公立医院,对医院只监管而不举办,让所有医院充分竞争。公立医院是典型的公共服务机构,作为政府公共职能延伸部门,承担着广泛的社会职能,如果完全由市场举办难以体现政府的责任。因此,这种模式无论是从理论解释、实践效果,还是从国际惯例与通行做法来看,都是应该明确予以否定的。

2. 无锡模式

政府对公立医院仍然既监管又举办,但是由政府的委托、代理机构分别承担部分监管和部分举办职能,将原来由卫生行政管理部门行使的部分监管和举办职能转交给具有"部分行政管理职能"的行政性中介组织(事业单位)。无锡市专门成立了"无锡市医院管理中心",接受从无锡市卫生局整建制剥离的10个由政府出资举办的医疗卫生单位。该中心为正处级行政管理类事业单位,直接受无锡市委、市政府领导,并接受无锡市卫生局行业管理。这种模式的主要理论依据是所有权与经营权分离。改革试图实现"政事分开",但是由于管理中心与卫生局以及其他政府部门平行,可能造成新的多头管理问题。

3. 上海模式

政府对公立医院仍然既监管又举办,但是将原来由卫生行政管理部门行使的部分监管职能和部分举办职能转交给其他政府部门。上海市政府专门成立了申康医院管理中心,作为上海市级公立医疗机构国有资产投资、管理、运营的责任主体和政府办医的责任主体,代表政府行使国有资产的所有者职能。市卫生局专注于监督与管理医院,发挥行业管理和业务指导作用;而申康则将精力集中在"办"医院上,内容包括制定医院的发展战略和重大决策、提高国有资产运营效率等方面。这种模式的理论依据是国有资产保值增值,其最大问题是将公立医院等同于经济企业,由国资委按照管理经济企业的模式管理医院,健康公平目标、社会福利性质与市场机制、经济企业管理之间存在内在结构性冲突。

4. 北京海淀模式

这种模式也是政府对公立医院既监管又举办,也是将原来由卫生行政管理部门行使的部分监管和举办职能转交给其他政府部门,但是其理论依据确是政府应当强化公共服务职能。北京市海淀区将卫生局下属22家医院划归海淀区公共服务委员会(以下简称公共委)管理。新成立的公共委是区政府的特设机构,与其他政府职能部门是平行关系,但没有公共行政权力。公共委主要承担5个方面的职责:组织协调所属事业单位贯彻落实相关法律法规、规章政策、规划标准以及行业体制改革措施,参与有关行业规划和标准的研究拟定;负责所属事业单位财务和审计管理;负责所属事业单位固定资产管理、存量资产整合,以及系统内政府投资基本建设项目的组织实施;负责所属事业单位机构编制和人事管理;负责所属事业单位党群工作、精神文明建设和安全稳定工作。卫生局则集中精力制定政策,抓行业准入、监管等。这一改革模式试图实现公立医院管理的"政事分开",但并没有从根本上解决目前公立医院管理体制权力分配问题以及趋利倾向。而且由公共委行使举办职能的最大问题是,将医疗卫生服务与其他公共服务混淆在一起,忽视了医疗服务的"特殊性和专业性",难以划分其与卫生局之间监管举办职能边界,可能造成新的多头管理。

5. 潍坊模式

政府对公立医院也是既监管又举办,而且监管与举办职能仍然由卫生行政管理部门统一行使。潍坊市改革的总体思路是"明确所有权、扩大经营权、强化监督权"。主要措施是调整卫生局内部机构,按照"政事分开"的原则,成立平行的"疾病预防控制"、"卫生执法监督"和"医院管理"三个中心。医院管理中心承担运行公立医院的事权,不再具有行政权力;卫生监督执法中心负责医疗服务的全行业管理。卫生局受政府委托,行使出资人职能,聘任、考核公立医院院长;对医院院长取消行政级别,实行年薪制,赋予其用人权、分配权和经营权。为了强化对公立医院的监督,卫生局对所属医院实行"国有资产托管制"、"总会计师制"、"收支预算审批制"和"建设项目报批制"。这种模式实质是恢复政府监管主体与医院经办主体的身份,其制度设计符合行政管理的"简单化原则",政府的监管成本相对较低。目前,潍坊市的改革仍在推进中,有些改革措施尚未实施,因此对其改革的成效和存在的问题暂时不宜评论。

通过上面的分析,我们可以发现各种模式都具有自身的优点与缺点,但是各地实施"管办分开"的目标、重点、范围、方式却存在较大差异。应该说,"分开"只是改革的形式和手段,必须为改革的目标和目的服务。从我国公立医院改革的历程看,造成目前公立医院诸多问题的根本原因在于:一是在政府筹资责任严重缺位的情况下,部分权力下放过度,特别是资产剩余索取权的下放。二是医疗服务市场暴露过大。三是在管理上过分依赖经济激励机制,而对公立医院的社会责任缺乏有效的绩效考核措施。四是对公立医院社会融资与投入控制严重失控。公立医院改革首先要解决的问题应当是"恢复公立医院社会公益性的问题",而非管理体制或管办分离的问题。

近年来,青岛市没有进行全面的公立医院管理体制改革,而是针对公立医院在管理体制方面存在的突出问题,主要采取了两方面的管理措施:一是实行财务、审计科长委派制。市卫生局公开选拔财务或审计科长,派驻市属各医院,形成对所属公立医院有效的监管机制。二是实行医院院长聘任制和任期目标责任制。明确公立医院院长责权利,院长由卫生局聘任,除了考核财务指标外,侧重社会指标和服务质量指标的考核。纵观青岛市的公立医院改革,有两个显著的特点:一是注重改革的实效和可操作性。首先明确政府应该做什么、不应该做什么,然后适当调整权力分配,既避免了公立医院管理失控的现象,又避免了政府包揽过多、统得过死的倾向。二是始终强调改革的稳妥性、延续性,强调柔性操作,避免了改革震动过大。

关于"医药分开",就改革的目的而言在认识上比较统一,即改革医院"以药补医"机制,切断药品收入与医院的经济联系。但在实践操作上,其形式与目的并不一致。目前较为普遍的改革措施是将药房从医院剥离出来(或者在管理形式上实行剥离),交由医药公司或其他机构管理,医院不再对药房进行管理,只是按照药品销售收入一定比例提成。这种做法,无论在机制上,还是在经济联系上,都没有实现真正意义上的"医药分开"。关于"营利性与非营利性分开"更没有争议,特别对公立医院的非营利性质更是没有疑义,因此不再赘述。但是,在今后的实践中,应当首先科学确定划分两类医疗机构的标准,并实行不同的经济政策,以维护非营利性医疗机构的公益性质。

三、对青岛市公立医院改革的建议

公立医院改革处于整个医疗卫生体制改革的核心位置,公立医院改革的思路将决定整个医疗体制改革的成效。为有效推进青岛市医疗卫生体制改革,尽快建立科学、规范的公立医院管理制度,综合国内外和青岛市卫生改革的经验,对深化公立医院改革提出以下建议。

(一)坚持卫生改革的正确方向,进一步明确公立医院改革的目的和方式、方法

党的十七大报告指出:要坚持公共医疗卫生的公益性质,强化政府责任和投入。当前,公立医院公益性下降、趋利性明显、医药费用上涨过快是社会关注的焦点问题,也是"公立医院改革"被提上议事日程的主要原因。因此,公立医院改革应从"维护其公益性"入手,并围绕维护公益性展开。关于"政事分开"和"管办分开",从各地的实践来看,认识也不尽统一。因此,在推进公立医院改革过程中,应从改革的最终目标和需要解决的具体问题出发,实事求是,科学选择改革的途径,不能简单化,当分则分,不当分则不分。同时,由于长期以来公立医院并不是医院管理改革的主角,其改革发展与国家整个卫生保健体系改革发展之间缺乏一致性。在今后的工作中,应将公立医院改革放在整个卫生保健体系改革发展的大背景下通盘考虑,不能将其作为特殊案例来处理,更不能照搬模仿国有企业的改革模式,运用经济学思维和市场化理论指导医院改革。

(二)找准改革的切入点和利益结合点,齐心协力推进公立医院改革

改革本身是利益的调整,也是一场博弈。目前,政府、社会和卫生系统对公立医院改革期望达到的目标尚存在一定分歧,在具体改革措施上也缺乏共识。因此,必须找到一个各方面都认同的切入点,寻求共同的改革利益点。恢复社会公益性是公立医院改革的首要任务,但是从现有的卫生筹资渠道看,没有财政、医保和物价等部门的积极参与,实现公益性改革目标非常困难。近年来,"看病贵"、"医药费用虚高"是政府和社会关注的焦点,也是医保部门一直研究解决却未见明显成效的问题。因此,合理控制和降低医药总费用,从而减轻群众的医药费用负担,是当前推动公立医院改革的一个非常好的切入点。可以以降低医药总费用和单次服务的费用为条件,争取财政部门增加投入,争取医保部门改进支付方式、提高支付标准,争取物价部门合理调整服务价格,逐步建立起合理的公立医院补偿机制和运行机制。同时辅以适当的考核激励机制,强化监督管理,公立医院公益性回归将成为可能,群众也将得到实惠。相关政府部门也会积极提供政策和资金支持。

(三)切实落实政府责任,加大对公立医院的财政投入

公立医院作为政府举办的、非营利性的事业单位,理应成为卫生事业公益性的实践者、公益性服务的提供者。公立医院的公益性主要体现在两个方面:首先表现为提供基本卫生服务过程中体现出的可及性,即积极落实"人人享有基本卫生服务"政策,这是公立医院体现其公益性最基本的特征;其次表现为提供卫生服务的适宜性,即向人群提供适合其需要的卫生保健服务。但是,由于长期以来政府投入不足(目前财政投入仅占公立医院总收入的 6%),公立医院逐步走向商业化、市场化,全面追求经济目标,导致贫弱人群的基本卫生保健需要被严重忽视,卫生服务的公平性和可及性严重受挫,非必需和不适宜的医疗服务被大量提供。目前青岛市的医药总费用大约 60 亿元,其中各类社会保险能够提供大约 30 亿元,其他 30 亿元由群众自付。从青岛市的财政状况和增长水平看,政府完全有能力承担更多的费用。建议进一步明确公立医院功能定位,对于政府必须承担的公共卫生职能和慈善性救助、救治任务,财政必须全额保证;对于提供的基本医疗服务,政府应给予相应的补助。

(四)加强党委、政府的统一领导,建立协调机制,明确各部门的责任,严格考核管理

我国卫生管理体制的特点是分权化严重,有十几个部门对公立医

院行使管理职能。为推进医疗卫生体制改革和公立医院改革,建议青岛市成立由市政府主要领导为组长的医改领导小组,建立定期研究、协调和督导解决关键问题的工作机制。同时,应将公立医院改革涉及的主要问题和应采取的重要措施梳理出来,明确责任部门和责任人,拟定完成时间表,纳入政府目标考核,与奖惩挂钩,对工作不力的要严格追究责任,以确保改革顺利推进。

(作者单位:青岛市卫生局)

青岛市高端旅游产品发展研究

林红军

国内外旅游业发展的经验证明,旅游目的地城市旅游业的发展具有阶段性的特征,一般都需要经历起步和初期发展阶段、快速发展阶段、稳定和成熟阶段。

在城市旅游业的起步和初期发展阶段,旅游业的增长主要受到游客消费能力、基础设施和接待条件的制约,旅游开发主要集中在旅游资源开发和旅游景点、旅游酒店、餐饮设施、旅游车船、旅游商场、机场、码头、道路、厕所、停车场等基础设施,满足游客食、住、行、游、购、娱的基本需求。可提供的旅游产品种类比较少,游客较少有选择空间,一般是传统的、游客认知程度较高的旅游项目,如青岛的海滨和崂山观光等。旅游业发展到一定规模,旅游资源开发在广度和深度上有了进一步的发展,旅游业投资、市场和产品呈现多元化,旅游经济规模迅速扩大,旅游业便进入快速增长时期。此阶段尽管旅游方式更趋多样性,人均消费和停留天数有所增加,但旅游增长方式仍以游客数量增长为主要特征。青岛市"十五"期间旅游业的发展就体现了这一快速增长的特征。

"十一五"期间,受奥运赛事影响和投资快速增长的拉动,青岛市入境旅游客源市场仍然有较大的发展空间,将保持较快的增长速度;国内旅游市场也还有一定的增长余地,旅游人数整体上仍将快速增长,青岛旅游业进入从速度型向质量效益型转型的关键时期,将推动青岛市旅游业进入稳定和成熟阶段。

从市场营销的角度看,从速度型向质量效益型转型需要四个方面的提升,即发展模式从量的增长到质的提升,市场定位从大众市场向高消费市场的提升,产品结构从单一化向多元化的提升,旅游地模式从趋同化向个性化的提升。需求的梯次变化必将引导旅游产品的梯次升级,消费市场、消费结构、产业结构都将发生显著的变化。因此,把握青岛旅游经济的发展脉搏,面向多元化旅游市场,选准高端旅游产品,推进旅游业升级转型是青岛旅游业"十一五"期间实现突破性发展的关键。

一、青岛主要高端旅游产品发展现状及趋势

从以往的统计资料可以看出,青岛接待的入境游客以商务游客和观光游客为主,度假游客所占的比重较低;国内游客以观光游客为主,休闲度假旅游的发展空间较大。随着我国人均收入的大幅度提高,普通游客的旅游消费逐渐升级、成熟;中高端旅游客源市场开始形成,对高端旅游产品的需求不断增长;家庭自助旅游和自驾车旅游发展速度极快。关注和营销高端市场,是旅游业转型的一个重要方面。

从青岛的主要旅游市场发展趋势和资源条件分析,休闲度假旅游、国际邮轮旅游、商务会展旅游、海上旅游,应是青岛重点培育的主要高端旅游产品和主要经济增长点。

(一)休闲度假旅游

1. 青岛度假旅游市场研究

度假旅游的兴起是旅游业走向成熟的重要标志。按照世界旅游业发展的一般规律,旅游市场需求与国民经济发展成正比,呈现梯次变化。当人均 GDP 达到 1000 美元时,开始进入国内旅游的需求增长期,此时的旅游形态主要是观光旅游;当人均 GDP 达到 2000 美元时,旅游形态开始向休闲旅游转化,进入出国旅游的增长期;当人均 GDP 达到 3000 美元时,旅游形态开始向度假旅游升级;当人均 GDP 达到 5000 美元时,则开始进入成熟的度假旅游经济时期。

美国运通公司近日公布了"中国富裕人士旅行行为调查"结果,这项调查面向北京、上海、广州、深圳、杭州、成都、沈阳和西安等 8 城市的 1200 名富裕人士,当被问及"在不需考虑时间或开销的情况下,最希望去哪里旅行"时,36%的受访者表示,他们希望在中国大陆度假,这一选项居所有旅游选择之首。这在某种程度上表明在国内度假旅游已经成为国内富裕人士的首选。

目前来青旅游的海外游客中,商务客人约占 53%,观光客人约占 34%;来青旅游的国内游客中,观光客人约占 40%,休闲度假客人约占 21%,商务旅游客人占 13.7%。海外度假客源主要是来自俄罗斯的海滨度假客人,还有韩国、日本的高尔夫专项度假游客。由于韩国有 200 万人常年打高尔夫球,韩国本土的高尔夫球场主要集中在汉城附近和济州岛,两地球场规模仅能满足会员消费,散客消费价格较高,因而韩国约 50 万人选择到邻国打球。青岛市在韩国各大城市 1 小时飞机航程半径内,在韩国高尔夫度假市场很有竞争力。目前青岛市高尔夫球场的相对不足,已经成为制约开发韩国高尔夫专项度假市场的主要因

素。

国内旅游度假的主要客源市场以经济相对比较发达的大中城市为主,"五一"、"十一"长假和暑期是主要的度假时间;市民度假以周末、节假日为主,拥有私家车的市民涌向郊区、海岛,体验山村、渔村度假开始成为新的休闲时尚。目前青岛度假旅游市场规模不大,但作为全国主要度假目的地之一,顺应我国度假旅游发展的大趋势,度假旅游市场将会有很大增长,发展前景广阔。

基于以上分析,青岛度假旅游的市场定位应该以国际度假市场为导向,以国内大中城市度假市场为主体,以本市居住的外国人和本市居民为基础,积极发展度假多元化产品,形成度假产品的合理布局和梯次结构;大力培植散客市场、自驾车市场、市民节假日出游市场和山东省周末度假旅游市场。

2. 青岛度假旅游的优势和现状

青岛拥有得天独厚的度假旅游资源。早在19世纪末20世纪初建置之初就开始发展度假旅游,至20世纪40年代已经成为东亚著名的海滨度假地。

在中国18000千米大陆海岸线上,由于黄河、淮河、长江、闽江、珠江等大江大河入海口的影响,临海岸段多数是浑黄的海水和泥质海岸。山东半岛从日照到威海的海岸线,同时兼有蓝色的海水、金色的沙滩和宜人的气候环境,可以说是中国的黄金海岸。青岛是这片海岸中最大的经济中心城市,以临海的名山,众多的海湾、海岛、沙滩和欧亚风格结合的独特城市风貌闻名于世,具备创建中国最佳度假城市的环境和资源优势。2007年10月,青岛的海湾被联合国教科文组织支持的"世界最美海湾组织"评为远东唯一的"世界最美海湾",更给青岛创建中国最佳的国际海滨度假城市增加了筹码。

青岛拥有中国北方发展度假旅游最佳的地理区位。在国际上,青岛是东北亚城市群中的大城市,与韩国、日本之间有便捷的空中、海上客运航线和频繁的经贸往来,每年都接待大量的日、韩、俄游客。在国内,青岛处于京津冀和长江三角洲这两大国内高端旅游客源市场之间,空中1小时交通圈涵盖了华北、华中、华东的主要城市,发展度假旅游是青岛旅游业发展的必然趋势和最佳选项。

1992年国家批准设立第一批国家级度假区以来,青岛逐步建成石老人、薛家岛、田横岛、琅琊台、仰口、温泉等一批度假区和度假设施,已形成以青岛市区海滨为主、郊区市为辅的度假旅游体系,海水浴、避暑、高尔夫、温泉成为青岛度假旅游的主要内容。将度假旅游作为青岛市旅游业今后发展的重点,不仅能促进青岛旅游业的进一步发展,对青岛经济、社会、环境各个方面的发展都有很大的带动作用。

(二)国际邮轮旅游

1. 国际邮轮旅游的发展趋势

现代邮轮作为一种远洋交通工具其主要功能已经从承载大量旅客和邮政货物转为旅游观光和海上娱乐、休闲。邮轮旅游发展迅速,据世界旅游组织统计,1980~2003年间,世界邮轮接待游客年均增长8.1%,远远超过国际旅游的增长幅度。2003年邮轮游客达960万人次,邮轮收入130亿美元,平均住宿天数6.9天,人均消费1341美元,比当年国际旅游人均消费740美元高出601美元。据世界旅游组织预测,2007年,世界邮轮接待游客将超过1300万人,2009年将超过1600万人。邮轮旅游,正在成为旅游业最重要和发展最快的高端客源市场。各大邮轮公司推出了许多针对不同消费者设计的专项产品,如老年旅游、家庭旅游、会议旅游、奖励旅游和探险旅游等。

国际邮轮的总体产业规模不断扩大。全世界在航的邮轮约2000艘,还有许多新邮轮正在建造之中。邮轮公司正在发展更多的母港,在主要客源地建立宣传和营销连锁机构,并积极研究开发中国、印度等潜在的客源市场,寻找新的发展空间。

2. 青岛市接待国际邮轮旅游状况

青岛的国际邮轮或游船接待始自1979年,接待邮轮最多的一年是1987年,共有19航次到港邮轮。20多年来,来青的国际邮轮或游船主要是来自日本、瑞典、美国、北欧、德国、澳大利亚、英国、韩国、丹麦等国家和地区的远洋船只,以欧洲游客居多。由于青岛没有专用的邮轮港口设施,青岛港的邮轮停靠码头与商业港混用,离市中心较远、交通不便,码头环境和设施较差,不具备接待大型邮轮和超大型邮轮的条件,1995年后,来青的国际邮轮、游船和游客明显减少。

2002年,世界排名第三的丽星邮轮(香港)有限公司曾开通过青岛——韩国仁川——大连的短期旅游航班;2002年6~10月间,由"双子星"号执航的青岛——韩国平泽的国际旅游航线,航行58航次,运送出入境游客10309人次;2003年该公司派出更大的邮轮"山羊星号"执航,受"非典"影响,仅航行了两个航次便停航,至今尚未恢复。目前,青岛有通达韩国仁川、群山和日本下关的客货班轮航线,每周九个航班,乘客中游客占七成以上。

(三)商务会展旅游

1. 会展旅游的发展趋势

会展业,包括会议业、展览业和奖励旅游业,是世界性的重要产业。根据国际展览业权威人士估算,国际展览业的产值约占各国GDP总和的1%,如果加上相关行业从展览中的获益,展览业对全球经济的贡献则达到8%的水平。国际会议同样是一个巨大的市场,根据国际会议协会(ICCA)统计,每年国际会议的产值约为2800亿美元。会展业的相关度很高,可拉动住宿、餐饮、交通、电信、印刷、广告、旅游等多个行业的发展。

20世纪90年代以来,我国会展旅游业发展迅速,年增长速度达到20%以上。2005年,中国举办的各种国际会展旅游活动次数较上年增加77.7%,达到231次,增幅高居世界首位,在世界会展市场的排名也从2004年的第20位,一跃进入第10位。目前,中国每年举办的各类展览大约为2500个。有权威经济研究部门研究表明,会展业是中国今后十年最具发展潜力的十大行业之一。

在我国传统旅游业增长速度放慢的情况下,会展旅游业正以其快速增长的趋势受到旅游业界的普遍重视。同时,由于中国经济、商贸和对外交往活动的持续高速发展,中国在国际会展市场的竞争力大幅增强,促使会展旅游在亚洲地区的竞争时代提前到来。看好中国会展市场的巨大发展潜力,一些大的外国会展公司开始以与中方合资的形式进入中国市场。上海的国际会展中心就有德国的汉诺威展览公司、杜塞多夫展览公司、慕尼黑国际展览有限公司这样的世界顶级会展公司加盟。今后国际会展公司将从会议、展览,组织、接待等方面全方位地进入中国市场。

2. 青岛市会展旅游发展状况

目前青岛市达到一定规模的展馆有6个,室内展览面积达11.65万平方米。其中面积最大、功能最全的青岛国际会展中心,总建筑面积为14.8万平方米,室内展览面积为5万平方米,可设置2765个标准展位;室外展览面积也达到5万平方米。自2000年7月投入使用到2006年底,共承接各类展会262个,累计使用展览面积231万平方米,接待国内外来宾670万人次。2006年,承展数量达到60个,平均5天一个展会,其中国际性展会37个,占62%。预计2007年举办各类展会近80个。青岛国际会展中心目前在全国排名第22位,山东省内排名第3位。展览面积较小、配套设施滞后的问题,阻碍了会展经济的进一步发展。

(四)海上旅游

1. 青岛发展海上旅游的基础

青岛有69个海岛、49个海湾、10余处优质沙滩,海洋环境的调节使青岛夏无酷暑、冬无严寒,非常适合开展海上旅游活动。青岛滨海、风景区、度假区、海港、码头、海岛、渔村等资源丰富多样、特色突出。青岛近海的多数度假区、旅游区的海湾和近海岛屿还处于旅游开发的初期,多数区域和海岛还处在原生态状态,资源保护相对较好,有很大的潜力和开发空间。

青岛位于东北亚经济圈,靠近日、韩主要国际客源市场;临近北京及环渤海经济圈、上海及长江三角洲经济圈两大高端客源市场。"十五"期间青岛市旅游业各项经济指标的快速增长和较大的旅游经济总量,为海上旅游的进一步发展奠定了基础。

2. 青岛发展海上旅游存在的问题

尽管青岛有发展海上旅游的客源和市场基础,但仍存在较多阻碍海上旅游发展的因素,主要表现为:

(1)海上旅游基础设施不足。一是避风条件较好的旅游专用码头较少。二是目前运营的船艇吨位小、抗风浪能力差,多数没有导航雷达,在六级风以上海况条件下,很难保证安全航行,并且由于船艇甲板和内部空间较小,难以满足旅游者自由活动和海上娱乐、餐饮等活动的需要。

(2)海上旅游产品档次不高,品种较少。传统的海上旅游主要是青岛湾和汇泉湾的摩托艇和近海的小型旅游观光船,主要经营城区近海的海上观光,少数旅游船不定期地经营以包船为主的前往竹岔岛和灵山岛的游钓和观光旅游。前海游船靠拉客,使一些游客对参加海上观光游览抱有疑虑,亟须加强管理,改善青岛海上旅游的市场形象和服务质量,提高海上旅游产品档次。

二、青岛发展高端旅游产品的对策

旅游产品的结构和质量是直接影响旅游消费结构的关键因素。实施旅游精品工程,大力发展重点旅游产业,构建以度假旅游为核心、以精品项目为支撑的多元化旅游产品体系,积极开发高端旅游产品和高端旅游市场,成为青岛市旅游业发展的现实选择。

(一)度假旅游

度假旅游资源的开发,应坚持保护为主,开发为辅,通过对海滨、沙滩、海岛、山林及温泉等资源的保护性开发提升青岛度假资源的整体质量,严格保护海滨带、海域带、山地带旅游资源,严格控制旅游度假区的开发强度,强化度假区标准化环境质量管理,为青岛度假旅游的健康和可持续发展打下坚实的基础。

度假旅游产品的开发,应该从度假旅游市场的多元化需求出发,充分发挥青岛度假资源多样化的优势,开发都市度假、海滨度假、海岛度假、山村度假、温泉度假、休闲健身度假、蜜月度假、国际邮轮度假等特色度假旅游产品。

应突出度假旅游的特色。以蜜月度假旅游为例,在日本,蜜月旅游是旅行社的一个常规产品,有专门部门进行创意设计,有一整套适合新人度蜜月的线路、方案。青岛市八大关、太平角一带,已经形成新婚摄影的主要外景地,完全可以将当地的一些欧陆风格的旧别墅,改造成蜜月别墅,设计特色的蜜月度假产品,接待国内外新婚夫妇蜜月度假。

要兼顾不同消费层次度假者的需求。除了在资源品位高、市场区位好的度假地开发出一批高档次酒店、度假村、度假别墅、娱乐康体设施,满足高消费度假者外,还要面向城市居民和工薪阶层,开发经济实惠的中低档公众性度假设施和较为大众化、富有参与性的度假产品,如海滨垂钓、山林休闲、渔民生活体验、天然氧吧及温泉度假等。

要把防止城市化、园林化和房地产化作为度假区规划的原则。在集约用地和集聚经营上借鉴国外度假地经验,实行度假酒店和配套功能区相对集中和组团式发展,既方便度假区的基础设施配套集中建设,又有效地保护度假区的自然环境风貌,最大限度地保留度假地的自然生态,体现亲近自然、回归自然的度假主题。

此外,在度假区高端旅游产品的开发上,实行前瞻性规划,适当布局预留国际会议中心、高尔夫球场、游艇码头等高端度假旅游项目用地,为度假区的可持续发展留足空间。

(二)国际邮轮旅游

青岛市应组织有关部门和专家考察世界知名邮轮港口城市,借鉴其发展经验,研究制定青岛的邮轮旅游发展中长期规划,推动邮轮经济健康、快速、可持续发展。

在奥运水上运动中心的建设中,要按照国际一流标准进行浮山湾奥运中心的邮轮母港规划,帆船测量区要为赛后改建为大型邮轮泊位和候船大厅配套建设供水、供电设施,为设计国际一流水平的登船、候船与通关设施预留空间,开发附近区域的旅游和商业功能,形成奥运帆船中心、国际邮轮码头、海上旅游基地和旅游集散地四位一体的综合旅游商业区。

应对青岛港老港区进行必要的规划改造,建设与货运作业区分开的,兼容国际客运、邮轮专用码头的服务区;建设适应现代国际邮轮需要的高标准的国际客运旅游中心,完善相应的旅游服务功能;围绕国际客运旅游中心开展对周边城区的规划改造,拓宽新疆路、冠县路,并改善港区周边的城市环境,形成新兴的临港商业区。同时,依托海西湾修造船基地,发展邮轮航次修理和定期检修服务,提高邮轮经济效益。

积极与世界各大邮轮公司和代理商联系,加强与上海、宁波、厦门等城市的合作,联手发展中国的邮轮经济。同时应利用奥运机遇宣传青岛的邮轮旅游产品,争取更多的邮轮公司把青岛作为主要的旅游目的地或母港。

此外,青岛应积极争取发展邮轮旅游的有利政策环境,扩大青岛在国际邮轮旅游市场的份额。争取浮山湾成为国家一类开放口岸,扩大青岛接待国际邮轮主要是远洋邮轮的靠泊规模,努力开拓国际邮轮旅游市场。

进一步加强与韩国、日本的客货班轮合作,争取扩大经营规模和范围。在国家有关政策出台后,利用青岛优越的地理区位,发展东北亚国际邮轮航线航班,吸引韩国和日本游客参与邮轮旅游,同时开放中国公民参加地区国际邮轮旅游,实现地区国际邮轮旅游的互利多赢。

(三)会展旅游业

会展旅游是青岛市旅游业的高端市场,具有良好的发展空间。围绕建设富强、文明、和谐的现代化国际城市的目标,政府主导会展业发展,政策支持与行业协调并重,制定专项规划,把发展会展业作为旅游业和社会经济发展的增长点。

合理布局,发展和完善必要的会议和展览设施,弥补城市会议展览的缺项。青岛市已有大型国际展览设施,但缺乏举办国际峰会的高端国际会议中心及配套设施,大型室内会议场馆不足。为此,青岛将在仰口和凤凰岛度假区规划建设高端国际会议中心,以完善会展旅游功能。同时,可利用全国城运会在青岛举行部分比赛项目的机会,建设一些比赛、训练场馆,并考虑兼容文化表演活动功能,为承办大型活动创造条件。

积极推动青岛市的会展业与国际接轨的步伐,积极与国际展览业协会联系,争取青岛市的一些比较成熟的展览成为国际性的品牌,引进先进的办展模式和理念,使会展运作市场化、会展主题品牌化、会展技术现代化。

积极拓展会展经济的辐射面和关联带动服务,形成会展经济的产业链和消费链。积极发展为会展业配套服务的交通、住宿、旅游、电信、印刷、广告、装饰等配套服务,扩大会展经济规模和经济效益。

(四)海上旅游

实现旅游产品多元化。顺应国际海上旅游的发展趋势与潮流,引导海上旅游产品实现多元化、专业化与大众化的结合,并确立"以本市及周边城市居民为基础,以国内市场为主体,以国际市场为导向"的基本市场定位,积极培育海上旅游消费市场,针对不同游客的需求,发展和推销多样化的海上旅游产品。

整合资源优势。优化配置、合理开发海岸、海滩、海湾、海岛旅游资源,构筑"陆岛互动,点、线、面结合"的开发空间结构,形成多元化产品有机组合、布局合理、形象鲜明、特色突出、功能完善的海上旅游体系。陆岛互动,即以滨海旅游区、度假区、港口、码头为陆域依托,以近海岛群、岛链和岛屿为主要旅游目的地,滨海旅游产品与海上旅游产品互动,构筑青岛海上旅游的产品体系。点、线、面结合,即以滨海公路和海上旅游航线为纽带,以青岛城市海滨、滨海城市组团、滨海旅游区和度假区为重点,有选择地开发近海岛群、岛链,配置旅游产品,形成青岛海上旅游的完整布局。

加强规划,完善海上旅游设施建设。借鉴澳大利亚悉尼、国内秦皇岛等城市的经验,引导海上游船升级换代,选择适应青岛海况的大甲板双体游船,开发新的海上旅游航线,积极发展海上看青岛、海上游乐等海上旅游项目。通过政策和市场措施,引导、鼓励发展适合游客和市民消费的中档海上营业性游船;积极发展适合市民和游客参与的帆船帆板运动设施;利用陆岛交通码头、渔码头,发展兼容游船游艇停靠的旅游目的地码头及服务设施;规划建设唐岛湾一级方程式摩托艇比赛设施。

培养帆船运动人才。在培养具有世界帆船运动水平的专业运动队伍的同时,加强对青少年帆船体育运动人才和后备队伍的培养,开展普及性、大众性及青少年帆船帆板运动培训,推动帆船帆板运动的普及。

(作者单位:青岛市旅游局)

李沧区流动人口管理与和谐社区建设研究

张 纲 陈 东

改革开放以来,青岛市逐渐打破了以户籍制度为核心的人口控制"篱笆",鼓励和支持劳动力根据市场需求合法、合理流动。这一方面刺激了经济社会的迅速发展,解决了城乡劳动力的就业需求;另一方面也以"流动"促进了劳动力资源的市场配置,加速了城市化的进程。由于李沧区地处青岛城乡结合部,迅速成为流动人口的重要集散地。迄今为止,流动人口的数量已经占整个李沧区常住人口总数的1/4,成为劳动力人口的重要组成部分。在企业一线、建筑工程、道路清洁、家庭保姆、餐饮招待等生产和服务领域,几乎全由流动人口提供着劳动力资源,流动人口成为城市发展的有生力量。当受劳动力市场求人倍率上升或春节等重大传统节日的影响导致流动人口流失时,上述行业就会出现劳动力急剧短缺,劳动力市场大幅度动荡的现象,从而给李沧区城市的发展带来深刻的影响。在李沧区人口不断增长的趋势中,加强对流动人口的服务和管理,构建包括流动人口在内的和谐社会、和谐社区,不仅有利于流动人口就业和生活,而且对李沧区经济社会的发展具有重要的现实意义。

一、李沧区流动人口的基本状况及对城市的影响

(一)李沧区流动人口的基本状况及特点

根据2005年流动人口普查登记的情况来看,李沧区共有流动人口176081人,其中暂住人口99670人,占流动人口总数的56.6%;寄住人口27983人,占15.9%;境外人员468人,占0.3%;其他流动人口47960人,占27.2%。其中,暂住人口是指离开常住户口所在地,到其他地区暂时居住三日以上的人口,是流动人口的主流。在此,我们以暂住人口为主要调研对象,分析李沧区流动人口的特点。根据普查统计有关数据和实地调研情况,近年来,李沧区的流动人口呈现出"两高一

低,居住分散"的特点。

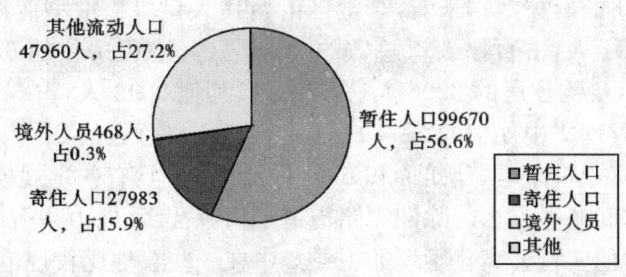

图 1　2005 年流动人口普查登记情况图

1. 流动人口总量逐年上升,所占比例越来越高

近年来,随着市场经济的不断发展,市场在优化配置人力资源方面的作用得到了充分体现,人口向发达地区流动的数量越来越大,速度越来越快,李沧区也是如此。据统计,2003～2005 年李沧区常住人口分别为 280758 人、286519 人和 290840 人,暂住人口分别为 51577 人、76961 人和 110146 人,暂住人口与常住人口之比分别为 100∶18、100∶27 和 100∶38,暂住人口总量及所占比例上升趋势明显。

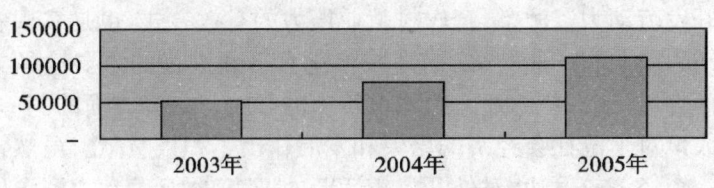

图 2　暂住人口数量趋势图

2. 流动人口中违法犯罪人员逐年增多,所占比例越来越大

从 2003～2005 年李沧区查获的犯罪嫌疑人来看,2003 年共查获 731 人,其中流动人口 436 人,占 59.6%;2004 年共查获 767 人,其中流动人口 473 人,占 61.7%;2005 年 814 人,其中流动人口 521 人,占 64%,所占比例呈上升的趋势。

3. 流动人口结构不合理,人员素质整体偏低

从李沧区暂住人口的职业状况来看,来青务工人员 78634 人,占 78.9%;经商人员 6835 人,占 6.9%;服务人员 4716 人,占 4.7%;私营业主 125 人,仅占 0.1%;其他 9360 人,占 9.4%。从文化程度来看,初中及以下 86565 人,占 86.9%;高中、中专或相当于中专 10211 人,占 10.2%;专科或相当于专科 2033 人,占 2%;本科及以上 861 人,仅占 0.9%,文化程度整体偏低。

4. 流动人口居住分散性特点明显,管理难度较大

从调研的有关数据来看,李沧区的暂住人口以松散型居住形式为主,共71911人,占暂住人口总数的72.2%(其中租房住的65656人,占65.9%,自购住房的3206人,占3.2%,其他3049人,占3.1%),实行公寓化管理集中住宿的27759人,占暂住人口总数的27.8%。从暂住人口公寓规模来看,建筑面积500平方米以上具有一定规模的仅23处,占地33948平方米。除湘潭路街道十梅庵社区、虎山路街道文昌阁社区外,其他实行公寓化管理的主要集中在一些管理比较规范的企业。由于居住分散,给李沧区的流动人口管理工作带来很大难度,流动人口漏管失控、违法犯罪、遭受侵害的几率增大,给社区的平安和谐、企业的稳定发展等带来负面影响。

(二)外来流动人口为李沧区城市建设和发展带来的影响

1. 积极影响

人口迁移流动是市场经济的必然产物。人口迁移流动有利于缓解部分地区人多地少、劳动力剩余的矛盾,实现劳动力资源的优化配置。从城市化建设的进程来看,农村剩余劳动力通过流动来实现劳动就业,既是开发劳动力资源、缓解农村就业压力的有效方式,也是实现农村剩余劳动力向非农产业转移、提高城市化水平和进程的重要途径。就李沧区而言,外来人口的涌入给城市带来的影响却是多方面的。一方面,外来人口对李沧社会经济的繁荣和发展作出了积极贡献。虽然青岛市作为一个经济较发达、对外开放较活跃的城市,本身劳动力资源比较丰富,但由于劳动力这一生产要素的实体是人,在供给方面存在着自我选择性、个体差异性以及非经济性等不同于其他生产要素的特点。因此,在劳动力供给总量充足的前提下,仍然存在着相当一部分无法满足的岗位需求,而这些岗位往往是劳动强度较大、工作条件艰苦而收入有限、本地人不愿意从事但又是城市发展所必需的。外来流动人口发挥着一定的"拾遗补缺"的作用,他们为城市的日常运转作出了积极贡献。同时,外来人口主要从事商业、餐饮等服务性行业,加速了城市第三产业的发展,促进了产业结构调整。而在城市生活中,散布在城市各个"角落"的外来人口经营着各类农副产品和老百姓生活的必需品。他们丰富了城市居民"菜篮子"、"米袋子",极大地便利了居民的生活。特别值得注意的是,外地来李沧就业的人员中还有一部分高级管理人才和高级专业技术人才,他们弥补了李沧区高级管理人才和高级专业技术人才的不足,对李沧的经济发展发挥着重要的作用。

2. 消极影响

(1)加重了城市能源和基础设施的压力。据专家测算,一个中等城市每增加10万个流动人口,每天需增加5万千克粮食、5万千克蔬菜、10万千瓦小时电力、2400万千克水、730辆公共汽车,方可满足其基本需要。与此同时,这些流动人口还会产生10万千克垃圾,排放2300万千克生活污水和污染物。以此推算,李沧区目前近20万的外来人口对城市带来的压力是非常巨大的。虽然从20世纪80年代中期以来,青岛市政府不断加强基础建设的力度,但城市基础设施仍处于超负荷运转状态,这不仅给广大居民的生活带来了不便,也给城市规划和城市建设造成相当大的困难。

(2)加重了城市治安管理的难度。大规模的外来人口对城市原有的社会秩序造成了很大的冲击,影响了社会稳定。近年来,李沧区各类刑事犯罪表现出两个显著的特点:一是发案地点集中在外来人口集中居住的区域;二是发案的季节性特点明显。每年春节前是各类刑事案件的多发期,绝大多数案件与外地来青人员有关。另外,外来人口中占了绝对数量的农村流动人口与本地居民交往隔绝,再加上基于二元社会结构的身份地位的不平等,使得他们个人无法正常融入有组织的社会生活,为寻求帮助和心理上的归宿,便常常会组成种种小团体,给城市社会安全造成各种隐患,给城市的治安管理带来许多新问题。

(3)在一定程度上增加了城市的就业压力。由于外来流动人口的用工成本相对低廉,在民营企业中使用外地员工的现象已经相当普遍。随着国家用工制度的改革,国有企业中外来就业人口的数量也在不断增加。虽然决定就业需求量的主要因素在于经济发展水平,但若一个地区在一定时间内经济发展呈现相对稳定性状态,能够提供的就业机会还是有一定限度的。因此,外来人口进入劳动力市场就表现为占据了一部分原有城市居民的就业岗位,特别是会对下岗职工的再就业产生较大的影响,增大了城市的就业压力。

二、李沧区流动人口管理存在的主要困难和问题

近几年来,李沧区通过全面开展暂住人口普查登记、探索实行并推广"以房管人"、"公寓化"管理等模式,使流动人口的管理工作取得了初步的成效,但从长远来看,仍然存在一定的问题,实践中也暴露出一些工作难点和薄弱环节。

(一)流动人口的管理体制尚未理顺,政府、市场、社会组织三方的职责尚未明晰

计划经济体制下政府、市场和社会组织之间,政府起着主导作用,占据了几乎所有空间。但随着社会主义市场经济体制的建立,原本属于市场和社会组织的功能逐渐从政府中分化出来,形成政府、市场和社会组织三个领域的界化,但是在社区建设中,市场、政府、社会组织之间的关系仍然没有被理顺,相互之间的权利义务范围往往被模糊。特别是逐渐成熟起来的小区物业公司,属于商业性组织,以追求利润为目的,这种商业化管理模式与社区组织的自治管理和政府的行政管理之间往往存在一定的矛盾,形成目标冲突。而一些单位家属院,在原有单位——尤其是国有企业的破产和改革中,已经失去了计划经济下的那种行政干预功能。一个社区当中,流动人口有多少,主要从事何种职业等,不管是街道指导下的社区,还是单位所属的家委会,或是新建小区的物业及业主委员会,都未被予以统计和承担监管的职责。而建筑工地等流动人口集中居住的地方,则属于市场化极强的经济组织。这些组织的社会管理职能缺乏,如果不发生突发性社会事件,政府管理机构和公安组织很难进入。这样一来,流动人口的管理,在基层就较难实施,各个社区和各个居民单位,都没有相对准确的流动人口信息。

(二)流动人口的数量难以统计,社区管理的职能难以发挥

从流动人口的管理方面看,现行的流动人口管理制度对流动人口缺乏有效、有力的控制,存在漏管失控现象。公安部门经常用以进行流动人口统计的两条途径——暂住证办理和出租房屋登记,目前也都存在着一些问题。据了解,李沧区每年都有大量的流动人口未被纳入正常管理,原因有四:一是用人单位瞒报、少报务工和聘用人数;二是部分长期居住在亲戚、朋友家中的人员不愿办证;三是不少流动性大的工商小贩和从事公共娱乐、建筑等行业的人员,未及时办理登记手续;四是非法租房居住或露宿街头的"三无"人员及拾荒、盲流人员等未被彻底清理,反复滞留市区。此外,由于目前在租赁房屋流动人口管理方面缺少统一的法规性文件,造成了房屋租赁业迅猛发展与法规建设相对滞后的矛盾日益突出。不少承租者和租赁者,为了个人利益,租赁双方私下签订合同,千方百计规避登记、规避纳税,导致房主擅自提高价位或单方废止合同而引发纠纷继而造成治安、刑事案件时有发生。由于租赁房屋管理制度不规范,管理不到位,给管理工作增加了压力和困难。

(三)流动人口的管理力量相对薄弱,专职管理队伍尚未建立

流动人口管理必须依靠一支稳定的专业管理队伍。按照现行管理体制,公安、劳动、工商、计划生育、民政、卫生等多个政府部门,都应该在各自的职责范围内对流动人口进行管理,但实际生活中这种管理往往难以协调进行,发挥最大效力。公安机关作为流动人口管理的主管部门,受到警力的制约,无法投入专门的警力进行流动人口管理。对此,李沧区主要采取了"公安管人"和"房管管房"相结合的方式对流动人口进行逐一摸底,依靠社区民警"串百家门,认百家人,知百家事"的方式进行登记和后续管理。但在实际工作中,社区民警本来就承担了大量的巡逻清查、调处纠纷、案件查处等责任,能够投入到流动人口管理工作上的精力极其有限。房管部门由于体制性原因,也很难发挥作用。街道办事处和社区虽然设立了流动暂住人口管理办公室和登记点,但因为没有执法权,在遇到流动人口不配合的情况下也十分无奈。由于缺乏专门的长期从事此项工作的人员,造成了暂住人口管理工作存在漏洞和疲于应付的局面。

(四)流动人口的服务措施尚不到位,基本需求难以满足

流动人口作为社会成员中的一员,理应享受到与流入地居民同样的权利,但是由于我国的人口政策长期实行严格的户籍制度和二元管理体制,大部分外来流动人口虽然为这个城市的建设和发展付出了艰辛的劳动,但是在就业、住房、医疗、劳动保障、子女入学等方面都很难得到毫无差别的待遇。据了解,目前李沧区的流动人口中外来务工及无业、拾荒人员所占的比例相当大,寻找工作岗位比较困难,用人单位随意扣押身份证、暂住证,变相收取押金,单方无故解除劳动合同、克扣工资等侵害流动人口合法权益的现象更是屡禁不止。还有大量低收入的外来人口,由于找不到合适的租赁房屋,散居在一些废弃的房屋、村庄,甚至在山沟、荒地以及铁路两侧搭棚居住,成为严重的治安隐患。部分流动人口由于长时间找不到工作,得不到有效的社会福利和保障,迫于生活压力,走上违法犯罪道路,为社会带来大量的不安全和不和谐因素。此外,流动人口的计划生育服务、生殖健康保护等相关服务工作也面临较大困难,特别是面对从农村到城市的流动人口这个群体,由于受传统生育观念的影响,需要计划生育部门反复进行广泛的宣传动员才能贯彻落实。与本地居民相比,这一群体对于避孕、性病和艾滋病的防范措施也缺少必要的了解。目前李沧区计划生育工作的辐射范围已覆盖每一个社区,但是在对流动人口的生殖卫生服务方面,还需要付出更多的努力。

(五)流动人口的组织建设需要加强,政治权利和基本权益难以保障

在城市化的进程中,流动人口这样一个越来越庞大的社会群体如果长期处于其所在城市主流社会的边缘,游离于该城市的政治体系之外,将对该城市的管理和稳定带来不可忽视的消极影响。因此,若要使李沧区的流动人口融入李沧区的生活,关心李沧区的发展,就不能不关注他们的基本政治权利保障,特别是选举权利的实现。然而在现行法律和制度执行的框架之下,外来流动人口很难真正行使选举和被选举的权利。不少外来务工者知道自己有权利选举人大代表,并希望能够行使政治权利,但是按照有关规定,"流动人口原则上在户口所在地参加选举。选民在选举期间临时在外地劳动、工作或者居住,不能回原选区参加选举的,经户籍地的选举委员会认可,可以书面委托有选举权的亲属或者其他选民在原选区代为投票。选民实际上已经迁居外地但是没有转出户口的,在取得原选区选民资格的证明后,可以在现居住地的选区参加选举"。从上述规定可以看出,我国对流动人口的选民登记仍然囿于以户籍登记为主的方式,那些不在李沧区工作或生活的人经社区选举委员会按照户口资料主动登记为选民,但这部分选民一般只能通过委托投票来参选,其权利并没有得到真正的行使;而非青岛户籍的外来暂住人员,按照有关规定虽然可以选择回原籍参选或者凭原籍的户口证明或选民资格证明到暂住地进行选民登记,但是由于受选举利益的关联性及制度设计等因素的制约,让个人辛辛苦苦不远万里回原籍一趟只为投上一票,或取得选民资格证明后再到李沧区投票的做法,耗费了大量的人力、财力、精力,是不切合实际的。各个社区出于选举稳定的需要也不希望外来流动人口参与本社区各项需要表决的事务。因此,这部分人的选举权利在实际操作中基本无法得到保障。从中可以看出,如果不解决流动人口的选民登记问题,将有相当一部分选民的政治权利得不到保障。除了这些基本政治权利之外,流动人口工资、福利、待遇和人身安全等切身利益受侵害的现象也时有发生,而维权工作跟不上,同样阻碍了流动人口与所居住地区的进一步融合,为社会稳定带来一定的消极影响。

三、关于李沧区实施流动人口社区化管理模式的思考

(一)流动人口社区化管理必须实现战略思路转变

面对新的形势和政策环境,推行流动人口社区化管理模式必须在

理念上有所突破,实现战略思路的转变。

1. 从歧视性管理向保护性管理转变

当前,李沧区的外来流动人口达到了相当的比例,仅凭原有的行政性指令和经验性的管理方式已很难适应新的形势需要。因此,有关部门必须端正思想,从构建社会主义和谐社会的高度,来认识"为谁管理、为谁服务、为谁执法、为谁谋利"这一首要问题,转变对外来流动人口的管理观念。对流动人口要予以公平的对待和主动的服务,把管理寓于服务之中,彻底转变长期以来形成的对外来流动人口重收费、重限制、轻保护、轻服务的管理倾向,要增强"服务就是管理"的意识,主动为外来流动人口提供热情的服务,同时,积极协同有关部门为外来流动人口提供安全保障和良好的生活环境,使其安居乐业。另外,要保护外来流动人口的正当权益,及时惩处侵害外来流动人口人身安全和合法权益的案件,建立流动人口的社会福利和社会保障制度,提高他们对李沧区城市管理的参与程度,充分调动流动人口参与社区建设的积极性,使流动人口真正融入李沧区的发展中来。

2. 从行政化管理向法制化管理转变

管理的法制化不仅是管理形式的最高体现,而且是实现管理目的的必由之路。我们对外来流动人口的管理一定要坚持依法管理和依法保护,在符合中央精神的前提下,加速符合青岛实际情况的外来流动人口管理的法制建设,制定并出台相应的配套政策,对有些已不能适用的条款加以必要的修改和完善,保证已有配套政策,如外来流动人员房屋租赁政策、就业培训政策、社会保险政策、子女义务教育政策的落实,并在现有的法律框架内,明确对外来流动人员从事哪些活动应予以鼓励、保护,哪些活动应予以限制或取缔。对应予限制或取缔的要加强相应的法制研究,制定相应的有效措施,加强管理。同时,规范外来流动人口的行为和管理部门、管理者的行为,最大限度地保护外来流动人口的合法权益,最大限度地调动外来流动人员的积极性,纠正过去一些伤害外来流动人口感情的行为,真正把外来流动人口的管理纳入法制化管理的轨道。

3. 从粗放型管理向集约型管理转变

流动人口管理必须突出重点,要紧紧抓住重点人口、重点领域和重点环节,实施有针对性的管理和服务。可以通过公安、劳动、房产等职能部门的携手合作与机制创新,通过工作站点的信息化、网络化管理,把流动人口管理纳入城市实有人口的管理轨道,并实施全方位的动态管理,真正做到底数清、情况明、动态及时掌握、反应快速。

4. 从专业化管理向社会化管理转变

管理部门的政府行为应向市场行为转变。要发挥市场机制对劳动力资源配置的基础性作用,加强青岛市、区两级外来劳动力市场的规划和布点工作,加强基础建设的投入,完善市场机制、强化服务功能,形成统一、开放、竞争、有序的外来劳动力市场。同时,传统强制性管理要向内在自我性调节管理转变。依托企业、依托社区、依托外来民工自治组织,通过加大法制宣传的力度,使广大外来人员和有关企业单位自觉规范自己的行为。

(二)关于推行流动人口社区化管理模式的具体建议

1. 坚持以基层社区为管理主体,理顺"条""块"关系

流动人口管理作为城市管理的一部分,基本沿袭了传统的城市管理体制,管理权限大多滞留于市、区政府各专业职能部门纵向的条条式管理体系中,基层社区则缺乏行政的综合协调与管理职能。因此,流动人口的社区化管理必须首先明确基层社区的管理主体地位,加强其综合管理和协调管理的权力和职能,如属地管理权,对环境卫生、社会救济、计划生育等事务实施直接管理;综合协调权,可组织协调辖区内公安、工商、税务等机构的执法活动等,同时,把专业职能管理的权力下放给行政职能部门的派出机构,并建立基层社区层面专业机构的对应设置,如治安办、工商所、计生办,由此充实和强化行政职能部门在基层社区的专业管理。总之,在流动人口的社区化管理中,应按照"小政府、大社会"的要求,真正做到"条块结合、以块为主"。

2. 设立流动人口管理专门机构,加强制度化管理

基层社区应建立流动人口管理站,作为实施管理任务的直接载体,具体承担社会治安、计划生育、环境卫生、劳动用工等方面的管理职能。在流动人口登记、办证、居住、务工、婚育等环节上统一收费、统一管理,避免流动人口管理中乱办证、乱收费现象,加强制度化、规范化管理。基层社区可建立流动人口信息库,及时登录流动人口的基本情况,如居住地、家庭状况、就业情况、婚育状况等,这样可以掌握实时、全面、动态的流动人口信息,作为政府行政职能部门制定政策、实施管理的基本依据。

3. 树立服务理念,依法保障流动人口的合法权益

在城市管理中,流动人口不仅是管理对象,而且是服务对象、保护对象。流动人口社区化管理应树立人本思想,以社区资源为基础,利用社区较多的服务阵地,努力开展各种便民利民服务,包括:①提供就业务工信息。②提供包括计划生育服务在内的医疗保健服务。③提供相关法律法规知识教育。④提供职业技能培训。⑤提供相关信息咨询服

务。

4. 积极发挥各类非政府组织的作用

在市场经济中,非政府组织的存在和发展在相当程度上是对政府行政管理的有益补充,尤其是在社会管理方面,可以提供多样化服务,帮助政府从具体社会事务中摆脱出来。西方国家政府社会职能变化的一个新趋势是公共服务的社会化,这成为20世纪80年代以来工业化国家行政改革实践的核心取向。因此,应努力培育和健全各非政府组织,如流动人口协会、志愿者组织等,利用其自我管理、自我组织、自我约束的功能,使其在流动人口社区化管理中发挥更大的作用。同时,大力推进社会工作专业化、职业化进程,更好地发挥社会工作机构的作用。在社区化管理中应加强流动人口的社区参与意识,鼓励其参与社区建设和管理,使他们从自身的实际需要出发,关心社区事务和社区发展,逐渐培养社区归属感和认同感,从而促进作为边缘群体的流动人口真正融入社区。

(作者单位:中共李沧区委党校)

即墨市小商品市场发展研究

丁爱梅

近几年来,即墨市紧紧围绕建设"胶东最大的小商品集散中心"这一发展目标,立足区位优势,不断扩张小商品市场规模,提升市场品质,增强竞争实力,规范市场管理,从而使市场步入快速发展的轨道,创造出良好的经济效益和社会效益。但离把即墨市建成区域性国际商贸中心还有很大的差距。因此,如何选择适合即墨市实际的市场运作模式,为区域经济发展作出更多的贡献是一个重要的课题。

一、即墨市小商品市场发展历程

改革开放以后,随着商品生产的大发展,一些专业性市场迅速兴起。即墨市因势利导,及时总结经验,加以扶持;工商行政管理部门精心设计,全面规划,全力投资建设;政府先后出台了 8 条鼓励社会各界投资建市场的优惠政策,坚持"谁投资谁受益"和"外商内商都是商"的招商原则,使一批现代化的专业批发大市场迅速形成,即墨商贸城的形象日趋明朗。即墨小商品城,是在即墨服装批发市场带动下逐步发展起来的,其发展过程大体可分为三个阶段。

(一)集贸市场阶段

1983 年即墨服装市场形成并粗具规模后,部分小商品经营户也进入服装市场。小商品的进入适应了采购商贩的需要,因为当时的采购商大多具有服装、小百货综合经营的特点,他们既采购服装,又采购小商品,因而小商品市场也得到迅速发展。为适应市场发展的需要,1987 年即墨市又在服装批发市场的西端专设小商品摊位 200 个。后又逐步引进了义乌、温州小商品经营户,小商品市场迅速壮大。

这个阶段的小商品经营量少、方式简单,早晨市场开市较早,许多客商上午采购商品,下午就打包回经营地。由于交易商品不多,交易额较少,大部分商品都在摊位上以现金、现货交易的形式来完成,采购的商品也都是大包小包随身带。

(二)专业批发阶段

1992年,为进一步加快小商品市场的发展,即墨市委、市政府决定建设小商品批发市场。新建的即墨小商品批发市场,位于鹤山路中段,与服装市场遥相呼应,占地73亩,建筑面积4万平方米,建有门市房802间,柜台式摊位1504个,共有经营业户2098家,经营方式以批发为主、零售为辅,主要经营日用小百货,包括鞋帽、五金、灯具、家用小电器、文具、布匹、工艺品、塑料制品、袜子、雨具、渔具、玩具、化妆品等十几类5000多个品种。

这个阶段小商品批发市场的特点:一是市场辐射能力逐步增强。到1998年,年商品交易额达16.7亿元,市场辐射全国20多个省(直辖市、自治区)及省内40多个县市。二是商品交易的业态,特别是交易方式发生了很大的变化。由于客商商品采购的量逐渐增大,大宗货物随身带已不现实。这样,大多数客商就在摊位上选好商品开好提货单,去摊主的仓库凭提货单提货,采用摊仓结合、店仓结合的方式完成交易手续。客商只要将货物运到指定的托运部,人就可以放心地回去。三是货款支付方式也由现金转变为支票和信用借记卡。由于采购商品量增加,所支付的商品款也增多,客商长途奔波,随身携带大量的现金不方便,采取远程货款支付方式的客商日益增多。

(三)规模化发展阶段

1992年建设的小商品批发市场由于地势低,雨天积水十分严重。因占地面积较小,停车场狭窄,车辆人员进出十分不便,同时受周边环境限制其规模无法进一步扩展。尤其是经过多年运转,该市场设施逐步老化,摊位明显拥挤,不能满足市场进一步发展的需要。1999年即墨市市场发展局又与义乌客商、即墨开发商共同协商投资兴建即墨小商品城。即墨市小商品城位于鹤山路西首,占地350亩,总建筑面积27.5万平方米,投资2.35亿元,分三期建设。一期工程于1999年8月开工建设,2000年8月完成即开始营业。二期工程——厂家直销区于2001年建成。两期占地271.4亩,建筑面积14.3万平方米,投资1.32亿元。目前小商品城吸纳业户2400余家,从业人员7000余人,日均上市5万多人。该市场经营24大类近万个品种,上市商品由于价格低廉、适销对路,销往全国20多个省(直辖市、自治区)及韩国、俄罗斯等国家和地区,是我国北方规模较大的小商品集散地之一。2006年完成商品交易额43.5亿元,连续三年被评为山东省30强市场,它不仅推动了即墨经济的发展,而且已成为即墨市一个亮丽的旅游购物景点。

这个阶段小商品市场的发展特点：一是市场档次全面提升。在实施量的扩张的同时，全力提升市场品质和综合竞争力。大力发展引进总代理、总经销和厂家直销业户，着力聚集了一批胶东半岛乃至山东省的厂家代理式业户落户市场。二是市场地产品份额不断扩大。目前即墨小商品城的地产品占有率接近30%，其中蓝村皮鞋占市场皮鞋行业总份额的40%。蓝村皮鞋的飞速发展，形成了远近闻名的"蓝村皮鞋专业街"，以"红塔星"、"金梦特"、"好乐帝"等为代表的蓝村皮鞋已通过小商品市场走向了中国的大江南北，成为全国的知名品牌。同时带动发展皮鞋加工企业、加工户3100多家，基本形成了产、供、运、销一体化。三是不断改进市场交易方式，逐步探索建立连接国内外生产企业、商业机构和批发市场的现代化营销网络，越来越多的业户实现了电话传真交易，并且通过网络发布信息和组织购销，从而使即墨小商品市场步入高速、规模化发展阶段。

二、即墨市小商品市场发展面临的形势

经过倾力培育和发展，即墨市的小商品市场由小到大、从弱到强，积累了雄厚的实力，已在全国专业市场中占据了一席之地。但也要看到，当前，即墨市小商品市场既具备了大发展的诸多优势条件，也存在着一些亟须改善的劣势因素；既拥有了加快发展的良好外部机遇，又面临着市场日益激烈的竞争和挑战。

（一）即墨市小商品市场发展的优势

一是交通区位优势。即墨东濒黄海，南依崂山，与日本、韩国隔海相望，素有"青岛后院"之称。区位优越，交通优势得天独厚。即墨扼青岛通往全国的陆上"咽喉"，胶济、蓝烟铁路横穿境内西部，济青高速公路、青银高速公路、青烟、青威、青沙等5条国家和省级公路纵贯全境。城区距流亭国际机场不足15千米，距青岛港40千米；西到蓝村、即墨火车站分别为24千米和15千米。市乡公路四通八达，境内还有鳌山、女岛两个国家二类开放码头，形成了海陆空交通便利的交通网络，为小商品市场的发展提供了得天独厚的交通区位优势。

二是规模优势。即墨市现有市场的数量、面积在全国位列前茅，加上正在规划建设的市场面积，2007年市场总面积可达到165万平方米，一个县级市拥有这么大规模的市场群体，在全国是不多见的。特别是以市场为依托的服装生产对布料、纽扣、针线、机械、配件、原料染织等的大量需求，为小商品市场的进一步发展提供了更大的空间。

三是经营优势。即墨市拥有3000多家总代理、总经销业户，3000

多家外地经营业户,1000多家产销一体化业户,代理式业户占到市场的1/3,品牌商品经营业户占到市场的1/3,外地业户占总业户的1/3,为小商品市场的发展增添了生机和活力。

四是产业优势。即墨市有7.5万家个体工商户和6700家民营企业,从业人员20多万人,仅针织服装服饰企业3300多家,其中规模以上500多家,为小商品市场发展提供了强有力的产业支撑。

五是环境优势。近年来,即墨市将市场的发展培育作为一项顺民心、富百姓的工程和产业来对待,作为下岗再就业、农民增收、带动税源经济发展及全市经济和社会发展的重要载体,围绕加快建设"江北最大综合批发市场基地"的发展目标,出台诸多优惠政策和条件,实行低门槛准入、低成本经营、低税负培育的发展模式,实行税费统一代征代收,并坚持三年不变,公开、公平和公正,从而为小商品市场的发展营造了良好环境。

六是人才优势。从一定程度上讲,人才决定市场的发展。经过多年的发展,即墨市的专业市场培育了一大批头脑灵活、懂经营、善管理的经营"专家",他们经商意识浓厚,带动全市形成了良好的经商氛围,为小商品市场的发展提供了有力保障。

(二)即墨市小商品市场发展面临的问题及挑战

一是地产品对专业市场支撑较弱。地产品对专业市场的发展起着强有力的支撑作用。从义乌市等较为发达专业市场的成功经验及专业市场发展的内在规律看,尤其是对产地型市场,地产品强则专业市场强,地产品弱则专业市场发展受到制约。如义乌市围绕中国小商品市场发展各种专业村和专业镇150多个,逐渐形成一村一品、一镇一品、一乡百厂、百厂一品的专业化生产布局,市场的地产品占有率高达70%。虽然即墨市的地产品市场有一定基础,但仍存在很大差距。目前,即墨市除皮鞋、五金和服装辅料等与小商品市场的关联性较强外,其他商品仍以贩运为主。小商品市场的地产品占有率为30%,与发达市场相比,占有率明显偏低。地产品占有率较低,不利于专业市场大规模、低成本发展,不利于产业与市场的互动。

二是市场基础设施不够完善,配套服务和经营水平较低。在基础设施方面,即墨市专业市场设施比较落后,普遍存在着交通拥挤、卫生条件差、生活娱乐设施不配套等问题,无法满足消费者对享受型购物环境的需求。在配套物流方面,托运线路覆盖面狭窄、线路站点分布不合理、从业人员素质低等问题严重影响了市场的进一步发展壮大,已经成为制约即墨市小商品市场发展的"瓶颈"。在经营模式上,小商品市场仍以现场看货、现场提货和现金交易的方式为主,基本上是店仓合一,交易方式传统落后。而浙江义乌等一些发达市场已经采用电子商务和以看样订货、订单生产为主要特征的先进交易方式,进入了前店后仓或前店外仓阶段。

三是业户素质不高,缺乏创新意识。与义乌等先进地区相比,即墨市最大的差距不在区位、资源和基础,关键在于思想观念的差距。江浙客商头脑灵敏,善抓信息,富有经商经验,肯吃苦,勇于创新,敢为人先。在即墨小商品城2000多业户中,江浙人员只占业户总数的1/6,本地业户居多,业主本身的文化素质、知识结构和决策能力,都有一定的局限性。在过去的特定历史环境背景下,本地业户靠种种有利因素取得了发展,但在今天的新经济环境背景下,多数业主固守传统的经营理念,缺乏创新意识,阻碍即墨小商品市场实施"走出去"战略的步伐。

四是商品档次较低,主要消费对象是小城镇和农村群体。随着经济的发展,城乡群众的消费水平不断提高,人们的消费观念不断改变,消费层次不断拉伸。人们购物不仅追求价廉物美,同时对购物环境、产品档次、服务质量等方面提出了更高的要求。即墨小商品城经营的商品大部分为中低档产品,并且购物环境相对于商场、超市来说较差,目前消费人群主要是工薪阶层和农村群众,但是随着这部分群体收入及消费水平和消费意识的提高,专业市场的消费人群将急剧缩小。

五是国内及周边地区小商品市场迅猛发展带来的挑战。近年来,我国东北、华北及中西部地区纷纷学习浙江义乌等南方城市以市场促发展的经验,利用销售地优势,千方百计培育发展专业市场,涌现出辽宁西柳、河北南三条等位居全国十强的商品批发市场。省外同类市场的迅速崛起,分流了即墨小商品市场的部分客货源,削弱了即墨市小商品市场的集散功能,尤其是一些缺乏地产品支撑的专业市场,问题更为突出。此外,即墨周边的文登、莱阳、莱西、城阳等市区也纷纷将发展商贸业作为壮大区域经济的主要措施,加快发展专业市场。

三、即墨市小商品市场发展的对策建议

即墨市小商品市场面临着优势与劣势同在、挑战与机遇并存的形势。在具备了上规模、上档次、上水平的基础上,只要选准市场定位、发挥优势、抓住机遇,就一定能够实现小商品市场的大发展。

(一)遵循市场发展客观规律,不断推进市场创新

针对全国批发业的发展形势和即墨市场商贸业的发展现状,围绕即墨小商品市场的未来走向、发展定位,应当以超前的意识、发展的眼光、创新的思维,提出适合市场需要、符合市场发展规律的新路子、新模

式。

一是应当坚持"一轴两圈"发展格局。通过这些年的实践和积累，结合即墨市场商贸业发展实际和批发业态的新变化，"一轴两圈"的发展思路应当不断进行提升和完善。"一轴"即鹤山路，以新建成的即墨服装批发市场为龙头，规划建设纺织品、床上用品、辅料、皮鞋等工业消费品批发市场，将其打造成青岛市服装贸易大道，这是青岛市在《2007年全市商品市场发展导向性意见》中提出突出抓好五大市场群（带）的规划项目之一。"两圈"，即鹤山路西段的现代商业批发圈和中段的城市时尚消费圈。

二是应当充分发挥即墨市商贸与旅游两大特色产业的优势，把市场与旅游结合起来，发展购物、旅游双业共进的格式。在东部，发展以满足人们精神享受需要的生态旅游；在中部，将商业批发圈和城市时尚消费圈发展结合起来，满足人们物质需要为主体的购物旅游；在西部，发展回归自然的田园风光绿色休闲旅游。将滨海大道、青银高速、鹤山路作为与大青岛的连接线，吸引青岛市乃至省内外游客来市场购物，形成购物、旅游双业共兴的发展格局。

三是应当推进小商品批发市场的信息化、现代化建设，做到真正与国际接轨。电子商务等先进的交易手段已在先进地区的市场得到广泛应用，义乌国际小商品城每个商位都可以上网，实现了有形市场与无形市场的结合，交易方式也由传统的现金、现货、现场交易转为洽谈订单、电子商务、物流配送等现代化方式。即墨市应尽快建立小商品城的电子信息化管理系统，以实现市场开发、商位租赁、经营户行为规范、商务信息等服务全电脑管理；在市场内统一设置大型电子信息屏、广播系统和电子信息咨询系统，使市场不仅是交易平台，还是发布商品价格和新产品动向的信息源头；加快发展电子商务，拓宽市场信息传播渠道，逐步建立网上市场，将有形市场商位全部搬上网站，使来自世界各地的供需一目了然。

（二）大力培育市场主体，不断提高市场经营者的整体素质

市场主体是市场赖以生存和发展的基础。即墨市应高度重视市场主体的培育，在政治上鼓励、政策上激励、法律上保护，支持和引导农民进入市场。在入场前，对商位进行公开招标，尽量让有经营能力的人进入市场；入场后，微观搞活，允许商位转让、出租，在商位和人员流动中吸纳较高素质的经营者。对本地和外地经营者在政策上应当一视同仁，主动帮助外地经营者解决生活中遇到的实际困难，不断吸引更多的外地经营者入市。

一是强化市场主体的教育培训，把提高经营者素质作为一项基础

工作来抓,经常在广大经营者中开展普法教育、诚信教育,不断增强经营户依法经营和诚实守信意识;采用培训班、讲座等多种形式,开展外贸、外语、经济、金融、法律、电子商务等知识的培训活动,着力提高经营户的专业知识水平和实际操作能力,以适应现代商贸业的需要。

二是重点发挥市场中温州经营业户在实施"走出去"战略中的领头羊作用,推动即墨小商品市场"走出去",在境外兴办批发、零售市场。要针对市场经营业户对"走出去"的不同要求,进行分类指导,加大政策扶持力度,为他们"走出去"创造条件,推动他们成为即墨市民营企业率先"走出去"的骨干力量,以带动即墨小商品市场当地及周边经营业户尽快"走出去",逐步使即墨市在境外兴办商品批发零售市场和超市形成规模化、实业化、连锁化。

三是针对外来业户多、流动党员多的特点,成立业户党支部,引导党员业户积极争创"党员示范岗",引导普通业户争创"诚信经营户",政府挂牌表彰,大张旗鼓进行宣传。引导业户积极参与,与政府互动,创造出独特的市场管理文化。

(三)规范市场的管理和服务,着力营造良好的经营环境

一是改善市场发展环境。环境是专业市场发展的基础。要继续强化"环境就是生产力"的意识,努力为客商打造一流的发展平台。首先要完善硬环境。努力抓好硬环境建设,加快专业市场的交通、仓储、物流、生活娱乐等配套设施建设。其次要强化软环境。市场的竞争很大程度上是管理与服务等软环境的竞争。要为市场发展营造高效优质的软环境,抓好专业市场的社会治安环境,抓好税费稳定和征收工作,规范市场经营行为和经营秩序,杜绝假冒伪劣商品,创造公平、公正的竞争环境。要不断创新服务市场的手段和方式,一切以客户的利益为前提,从证照办理、人员落户、子女入学等方面为业户提供最优质的服务,使业户在最舒心的市场环境中经营。

二是要大力发展市场物流。物流业的发展水平决定着专业市场的生命力。义乌模式的发展是物流业在商贸业和制造业之间起着桥梁和纽带作用的结果。义乌的物流业从先前的联托运市场发展到区域性物流中心,它的发展伴随着小商品市场不断壮大的过程。小商品市场的价格优势主要在于制造成本、创新成本、信息成本和运输成本等一些成本优势。这些成本的降低都与物流有关。

即墨市物流业虽具有交通区位优势,但总量不足,起步较晚,在第三产业中的比重较小,与其他的产业间的相互带动不够。要充分发挥即墨市区位优越、交通发达的优势,积极学习借鉴义乌、温州等地的先进经验,不断完善和改进托运市场的管理机制,牢固树立为专业市场服

务的经营理念,巩固原有物流线路,开辟新的物流线路,提高服务水平,降低托运费用。要结合物流中心和客运中心的建设,逐步完善专业市场的信息设备、管理结构、硬件设施,包括计算机网络建设、软件平台建设等方面,使批发企业逐渐过渡到物流配送中心。要结合西部新商贸区的规划建设一处大型的现代化物流中心,促进专业市场的聚散快捷、大进大出。应当积极培育发展公路、铁路、航空等多形式货运市场,尽快建设中国即墨物流中心,为商贸新区及全市企业提供安全、快速、优质的市场仓储和配送等市场物流及第三方物流服务。

(四)强化产业支撑,实现市场与产业的良性互动

义乌模式的精髓是产业间联动发展。在创新市场机制引导下,由地方政府协调各方关系,形成义乌市的商贸业、制造业及物流业等多产业的有机联动。即墨市的三次产业结构呈二三一状态,产业结构逐步优化。三次产业结构的比例关系由2005年的9.5∶55.7∶34.8调整为2006年的8.5∶54.5∶37.0。对于即墨市的产业结构,第二、第三产业比例虽然较高,但主导产业不突出,物流业发展滞后,产业间缺乏紧密联动,形成不了市场、相关产业、物流业联动发展的产业群。缺乏产业支撑的市场是没有竞争力的市场。应充分发挥专业市场发展中形成的销售、资金、信息、人才等优势,大力发展本地工业,形成前摊后厂、前店后企、前专业市场后产业园区的发展格局,夯实即墨市工业基础,使本地产品为市场提供强大的支撑力,实现专业市场和工业经济的良性互动发展。

(作者单位:中共即墨市委党校)

平度市经济作物种植与农业发展研究

贾晓峰　王成德

经济作物又称技术作物、工业原料作物,指具有某种特定经济用途的农作物。按其用途分为纤维作物(棉花、麻类、蚕桑)、油料作物(花生、油菜、芝麻、大豆、向日葵等)、糖料作物(甜菜、甘蔗)、饮料作物(茶叶、咖啡、可可)、嗜好作物(烟叶)、药用作物(人参、贝母等)、热带作物(橡胶、椰子、油棕、剑麻)。广义还包括蔬菜、瓜果、花卉等园艺作物。经济作物具有地域性强、技术性高、经济价值大和商品率高的特点,对自然条件要求较严格,宜于集中进行专门化生产。近几年来,平度市以农民增收为出发点,引导和鼓励农民大力发展高效经济作物,并根据"因地制宜,适当集中"的原则,调整作物布局,建设各种经济作物基地,促进了平度市农业全面发展。

一、平度市经济作物种植情况回顾

平度市经济作物种植以花生、蔬菜、瓜类、水果(主要是苹果、梨、葡萄、桃等)为主,辅以棉花、大豆、桑蚕、烟叶等。常年播种面积在130万亩左右,约占农作物总播种面积的33%。

近几年,平度市重视农业结构的调整,全市农业结构调整在稳定粮食生产的同时,向区域化、高效化、效益化发展,形成了粮油、果品、蔬菜、花卉等主导产业。整个种植业发展趋势表现为粮食种植面积下降,经济作物种植面积上升。粮食种植面积由1990年的67.6%下降到2005年的54%,下降了13.6个百分点。粮经种植面积比例1990年为2.5∶1,2004年为4.5∶5.5,2005年达到4∶6。在经济作物中,蔬菜种植面积总体上呈上升趋势,近几年表现突出。由1990年的17.15万亩发展到2004年的99.15万亩。蔬菜种植品种由大路菜向早熟、晚熟品种发展,并向建立稳定的设施蔬菜基地、无公害蔬菜基地、绿色蔬菜基地、出口创汇蔬菜基地及特色蔬菜基地发展。蔬菜种植面积的增大对种植业结构调整的贡献最大,直接影响农民种植业收入的变化;棉花的种植面积总体上呈递减趋势。由1990年占农业种植总面积的12.49%下降到2004年的4%,但近两年种植面积在价格的拉动下有所上升;花生的种植面积总体上呈递增趋势。由1990年的47.13万亩递增到2006年的62.29万亩,增长了32%;到20世纪90年代末仍呈递增趋势的甜菜、麻类、烟叶等作物于2000年以后逐渐消失。

二、平度市经济作物的发展现状

(一)平度市经济作物种植的现状分析

1. 花生种植面积比较稳定

花生是平度市面积最大的经济作物和油料作物,也是传统的大宗出口农产品。曾连续六年总产居全国县(市、区)之首,先后被农业部命名为"中国花生之乡"、"商品油料生产基地"和"花生绿色食品生产基地"。据统计,2007年全市花生播种面积达到62.29万亩,较上年增加3.6万亩。

2. 棉花种植面积增长

自2006年春天国内棉花价格上涨后,带动全市棉花种植面积迅速增长。2007年棉花面积8.63万亩,较上年增加2.43万亩,增幅高达39.3%。其中,明村镇种植面积超过2万亩,白埠、新河镇种植面积分别超过1万亩,田庄、马戈庄、张舍、灰埠等镇种植面积也都超过0.5万亩。

3. 蔬菜种植面积发展迅速

目前,平度市有耕地260万亩,其中蔬菜面积为100万亩左右。近年来,各镇(街道)根据自己的实际情况和区域特点把农业结构调整的重点放在发展蔬菜等高效作物上。全市蔬菜种植面积不断扩大,2006年蔬菜种植面积达760015亩,总产量达2282593吨。

全市初步形成了具有地方高端特色的优势蔬菜产业。如"平度四辣"(大蒜、大姜、圆葱和干制辣椒)常年种植面积在40余万亩,是平度市蔬菜出口的主要品种。主要形成以下几大生产规模:一是以沿大沽河流域镇为主的45万亩的出口蔬菜加工基地,包括大蒜、芋头、生姜、圆葱、甘蓝、大葱、辣椒等;二是以明村、灰埠、长乐、祝沟等镇为主的西瓜、甜瓜生产基地8万多亩;三是以李元、店子、城关、崔家集等镇为主的特色生产基地6万多亩,有马家沟芹菜2万亩,蟠桃大姜2万亩,地老虎黄瓜8000亩,南村菠菜6000亩,崔家集有机蔬菜1000亩。另外,还有南村、明村等镇的彩色椒、樱桃西红柿、胡萝卜、西瓜、百灵菇、榆黄菇、花菇等生产基地1万多亩。

蔬菜种植特点：一是菜农、瓜农由过去单纯数量扩张转而更加注重质量和效益,根据市场需求,不断调整品种结构。二是蔬菜的区域化布局更加突出,大沽河沿岸的古岘、仁兆、张戈庄、郭庄、南村五镇"菜园"面积达到43.38万亩,占全市蔬菜总播种面积的比重达到56.6%。三是部分传统蔬菜品种因效益差,面积逐渐萎缩,如全市辣椒种植面积仅1.69万亩。

4. 果、茶、花卉业种植面积持续稳定发展

2006年平度果园面积达182427亩,总产量达296633吨。在果、茶的种植中,一是积极引进、繁育、推广新品种,加快了果树栽培更新换代的步伐。二是培植具有地方特色的水果品种,坚持高标准、高质量发展果园,突出选"好看、好吃、好放、适应性强、市场前景好、效益高"的优良品种,增强果树生产的发展后劲。对一些有地方特色的果树实行区域化、良种化、基地化发展,规范化管理,实现由数量向质量生产的转变。推广"生态果园基地建设"和"无公害果品基地建设",带动全市生态果园基地建设面积达10万亩,无公害果品基地5万亩,绿色果品基地建设1万亩。三是加大名、优、稀、特水果保护地栽培发展力度。四是注重果品质量,加强科技推广与服务。

近几年,随着产业结构的调整,平度市经济作物种植出现新的亮点,在崔召镇桃花涧新发展茶园200亩,南村、云山镇花卉市场粗具规模,并不断向沿路其他村庄辐射,花卉面积达3500亩。

(二)平度市经济作物种植发展特点

1. 高端特色经济作物发展迅速

平度市按照"东菜、西牧、南桑、北果、中间油"结构布局和"一镇一业、一村一品"的发展要求,制定下发了《农产品标准化无公害生产基地建设意见》,在抓好2006年60处101.5万亩无公害基地的基础上,2007年规划扩建面积11.5万亩,使全市标准化无公害农产品生产基地面积达到113万亩。重点建设马家沟牌绿色食品芹菜、大田镇无公害红富士苹果、佑昌牌绿色食品蔬菜、大泽山绿色食品葡萄等4个无公害农产品基地。目前,4处基地建设已完成计划的75%。13处农产品生产基地通过上级无公害质量检测,初步认定为国家级无公害生产基地,面积9.5万亩。制定了"青岛旧店苹果"品牌项目建设规划、技术实施方案和操作规程,加快推进旧店3万亩绿色果品基地建设;完成了大泽山镇五龙埠3000米葡萄长廊建设的项目规划和品种选择及栽培实施方案,栽种优良品种25个。推进无公害生产基地建设。全市已初步建设了南村无公害蔬菜示范园,旧店无公害果品生产基地,店子无公害葡萄生产基地,大田、旧店"淳金"花生绿色食品原料基地,大泽山"富狮

王"葡萄酒绿色食品基地等6个农产品生产示范基地,总面积16万亩。

2. 名牌经济作物种植取得成效

一是组织制定了地方农业标准。在认真贯彻执行国家标准、行业标准的同时,平度市从农业生产实际出发,围绕蔬菜、花生、果品、葡萄等主导产业研究制定了一系列技术操作规程,制定了无公害圆葱、无公害菠菜、无公害草莓、无公害大白菜、无公害干制辣椒、无公害黄瓜、无公害芋头等7个无公害地方标准,进一步完善了平度市农业生产技术标准体系。二是抓好农产品质量检测体系建设。在平度市农业局建立了农产品质量检测中心,在南村镇和蓼兰镇两个主要优势农产品生产基地建立了快速检测点。全面开展农产品产地环境、农业投入品和农产品质量安全定点检测和跟踪检测。积极参与青岛市农产品、食品安全专项整治活动,抽检8个基地20个样品,合格率达到100%。指导农产品检测点搞好农产品质量检测工作,南村蔬菜批发市场检测点积极做好上市产品的质量检测,日检测样品30~40个,确保上市产品的销售质量。三是积极开展质量认证。制定下发了平度市《关于2007年农产品认证及产地认定有关内容的通知》,进一步明确了农产品质量认证的工作流程。同时,积极组织各类农产品参与质量认证,已完成15个农产品、12处基地的无公害质量认证申报工作,目前全市国家级无公害农产品质量认证达到34个,国家A级绿色食品质量认证达到13种,国家无公害基地认定达到24处。四是积极争创农产品名牌。在深入基层、认真调查研究的基础上,确定了平度市2007年重点发展的农产品品牌,计划将"胶河"牌西瓜、"麻兰"牌油桃、"吞莱山"牌苹果、"沽河"牌蔬菜培育成青岛市名牌农产品;培育"马家沟"牌芹菜;将"大泽山"牌葡萄和"马家沟"牌芹菜创建为国家级名牌。

3. 区域布局渐趋合理,结构不断优化

立足平度市农业发展的三大比较优势,按照"多业发展,一业特强"的工作思路,以市场为导向,以龙头企业为依托,建设高效优质经济作物基地,实现优势产业的区域化布局,逐步实现企业与基地相连接,种养加销一体化的产业化格局。目前,形成了以兰底、万家、蓼兰、崔家集、明村、白埠、张戈庄、旧店、云山等镇为主的绿色花生主产区;以大沽河沿岸为主的特色蔬菜主产区(主要品种有大蒜、圆葱、芋头、大姜、土豆、辣椒);以麻兰、万家、蓼兰、祝沟等镇为主的草莓主产区;以万家、明村、白埠等镇为主的西瓜主产区;以明村、马戈庄、崔召、旧店等镇为主的烤烟生产区;以蓼兰、白埠、同和、店子等镇(街道办事处)为主的桑蚕主产区;以大泽山、店子等镇为主的葡萄主产区;以东北山区为主的苹果主产区。这六大产业基地因地制宜,为经济作物产业化提供了丰富的产品资源。

4. 建立健全了农产品市场体系

平度市有全国唯一的国家级常设农业技术市场——江北农业技术市场所在地,为农民提供各类市场信息有着得天独厚的优势。在农产品市场方面,先后建成南村蔬菜批发市场、明村西瓜批发市场等大型农产品专业批发市场17处,年交易额达21亿元以上,进场业户20.5万户。同时,对原有的集贸市场进行了规范完善,发展了一大批季节性的产地市场,全市初步形成了以专业批发市场为龙头、以传统的集贸市场为依托、以村边地头市场为补充的左右相连、上下贯通的农产品市场销售网络。

5. 实施项目带动,促进农业基础设施建设

一是全面启动平度市32万亩优质蔬菜示范区建设。青岛市百万亩优质蔬菜示范区建设项目,平度市承担了32万亩的建设任务,已研究制定了其建设可行性报告及项目实施方案,决定在南村、古岘等5镇建设优质蔬菜示范区。二是启动了30万亩无公害花生示范区及"优质花生良种繁育及标准化集成技术展示基地建设"项目,总投资100万元,重点在张戈庄、蓼兰、麻兰3个镇16个村的2089户建设1万亩优质花生良种繁育基地,在蓼兰镇冯戈庄村的155户建千亩标准化技术集成展示基地。目前,已向项目区引进花生良种1万多千克,每千克补助资金4.8元,调进黑花生、红花生、特大花生等名特优稀新品种4个,进行优良品种调剂14万千克,举办大型技术培训班3期,发放技术材料1万余份、科技光盘500多张。项目实施过程中,重点对项目核心示范区进行了倾斜,规划培植了节水灌溉区、新品种展示区、标准化技术集成区、良种繁育区等四个能体现国内一流花生良种繁育和集成技术水平的板块。三是启动了30万亩生态果品示范项目。

6. 规范发展农村专业合作组织,增强辐射功能

实践表明,合作组织是实现一家一户分散生产与瞬息万变大市场连接的桥梁和纽带。到2007年9月底,全市有农民专业合作经济组织260个,会员1.6万户,带动农户11万户。平度市果农协会成立后,推广新技术53项,引进新品种78个。坊头村蔬菜种植协会成立前,菜农在生产、销售上各自为战,客商乘机压级压价,菜农蒙受很大损失。协会成立后,协会与广大会员建立了风险共担、利益共享的机制,统一组织销售,统一注册包装,规范了菜农和客商的经营行为,彻底改变了菜农之间恶性竞争的状况。经过几年的成功运作,协会发展了,会员也得到了实惠,凝聚力不断增强,2005年以来会员户的年纯收入一般都在3万~6万元,比非会员户高出1万~2万元,2006年纯收入5万元以上的会员达到160户。

7. 专业批发市场带动,促进经济作物的销售

围绕特色化、专业化,不断发展壮大南村姜家埠蔬菜、李园果品、明村西瓜、何家店花生等八大专业批发市场,全市初步建立起以市级中心批发市场为龙头、镇级专业批发市场为主体、村级产地批发市场为补充的农产品市场体系。何家店花生市场是平度市一处以花生收购、加工、销售为主业的专业性"农"字号市场,2002年被确定为青岛市重点农副产品专业市场。依托该市花生资源优势,何家店花生市场获得了迅猛发展,规模不断扩大。2006年市场成交量达到15万吨,购销额7亿元,产品销售到内蒙古、河北、广东等全国12个省区100多个县市,以及俄罗斯、西欧、韩国等海外市场,成为胶东半岛地区规模最大的花生集散地。市场的壮大,不仅活跃了经济,富裕了群众,而且吸收消化了大批富余劳动力。2007年,市场内仅从事花生米分选的固定工就达1800多人,带起了周围同和、中庄、万家、张戈庄等镇40多个村庄的花生收购户2500多户,从事花生收购、加工的达9000多人,一些购销户还招用下岗职工共500多人。

三、平度市经济作物发展的因素分析

(一)平度市经济作物发展的优势分析

1. 自然条件优越

平度市地处胶东咽喉地带,交通发达,距青岛海、空港不足70千米,属于青岛市1小时经济圈,是出口日本、韩国及东南亚国家最便捷的通道之一,对市场反应迅速,最大限度地减少了交通运输费用。平度市地处中国山东半岛西南部,东临黄海,属暖温带季风气候,气候温暖,光照充足,四季分明,无霜期较长。平均气温12℃,年均日照2700小时,平均降水700毫米以上,平均水资源总量6.4亿立方米(地表水1.7亿立方米,地下水3.1亿立方米),人均占有淡水资源486立方米,比山东省人均占有量(344立方米)多142立方米,比青岛市人均占有量(342立方米)多144立方米。土壤多为沙壤土,自然环境得天独厚,适宜多种经济作物品种的生长。特别是发展蔬菜生产具有得天独厚的自然条件和人力条件,土壤类型多样,呈区域化分布,满足多种类型的蔬菜生长和实行产业化生产,蔬菜生产具有广阔的发展空间。平度有近40万亩"四荒"资源可供开发利用,经济作物种植具有较大潜力。

2. 产品具有较强的比较优势

平度市具有多年出口蔬菜生产的传统,目前全市共有蔬菜播种面积97万多亩,其中出口创汇蔬菜面积达到50余万亩,特别是平度辣椒

干、圆葱、大姜、芋头等传统出口蔬菜,以其品质优良、外观靓丽在国际市场上占有一定份额和较强的市场竞争力。近几年,为了提升该区域的生产档次和出口创汇能力,加大了无公害农产品生产技术的宣传力度,推行了农业标准化生产技术,先后注册了沽河牌、姜家埠牌、古岘牌等多个蔬菜商标,较好地解决了无商标上市的问题,区域内10多个蔬菜品种被农业部和山东省认证为无公害农产品,特别是马家沟芹菜已经得到农业部绿色食品质量认证。由于生产规模较大,蔬菜产品质量优,生产技术先进,产品知名度高,吸引了大批国内外的企业家来区域投资建厂,韩国、日本等国家和地区的客商先后在平度市建设蔬菜食品加工出口企业80余家。

花生具有比较价格优势。以2000年为例,平度市花生出口价格平均为每吨5000元,比同期美国花生在国际市场上的价格低20%左右。近几年不断加大引进花生生产新技术、新成果的力度,使花生生产在单产、总产的提高,产品品质的改善等方面在国内、国际市场上声誉甚佳,具有较强竞争力。

3. 技术力量雄厚

目前,平度市从事农业技术研究、引进、推广的技术人员有200多人,其中高级农艺师60多人,农艺师90多人,技术力量雄厚,实施过国家、山东省、青岛市级科研项目40多项。几年来,科技工作者和广大菜农,针对当前国际国内蔬菜无公害的发展趋势,进行了多年的生产探索,通过利用有机肥和微生物菌肥,减少化肥用量,禁施剧毒农药等,提倡使用生物农药和农业综合防治技术,在生产实践中取得了良好的效果,并在应用单项技术的基础上,研究组装配套了综合技术体系,为今后大面积推广提供了技术支撑。

在经济作物的种植中,平度市不断优化种植业内部结构,在充分利用好现有资源的基础上,有重点地引进、繁育、推广优良品种,进一步把高端特色蔬菜、葡萄、苹果、大樱桃等主导产业调大、调优,加速规模化、产业化发展,打造有特色、多样化、有商标的"绿色作物"。

4. 具有发展的长远规划

近年来,平度市按照"调大(扩大规模)、调高(实施农业标准化提高品质)、调外(发展出口创汇型蔬菜)、调优(种植名优产品)"的总体要求,加快了农业结构调整和农业标准化的步伐,促进了经济作物的种植与发展。出台了《平度市现代果、茶、花卉"十一五"发展规划》,就"十一五"期间现代果、茶、花卉业发展的指导思想、基本原则、发展目标作了明确规定:适度膨胀规模,全面提升果品生产水平,逐步走向区域化、良种化、集约化、规范化,使果品生产集中向最适区发展。规划到"十一五"末,全市果园面积由现在的34.1万亩达到50万亩,年总产达5亿千克,产值达10亿元;茶叶面积由现在的300亩达到1000亩;花卉由现在的3500亩达到5000亩。特别是根据平度市实情因地制宜提出了果品发展的具体要求:果树每年新增3.18万亩,其中每年新增苹果1万亩,葡萄0.5万亩,桃0.2万亩,大樱桃0.78万亩,梨0.2万亩,其他0.5万亩;茶叶每年新增140万亩,花卉每年新增300万亩。并就发展区域、设施栽培、发展品种、保障措施提出了明确的发展要求。这些规划的制定为平度市经济作物今后的发展指出了明确的目标与措施,有利于平度市经济作物的发展。

5. 具有较好的基础设施

近年来,平度市累计投入6600余万元,着力加强农业基础设施建设,加强中低产田改造,提升科技装备水平,目前已全面完成建设任务,基本实现了水利化、良种化、道路林网化、生产机械化和销售合同化。基本水利建设达到了渠相通、沟相连、桥涵闸电配套齐全,全部实行低压软管节水灌溉,有效灌溉达到100%,为大规模开发建设现代农业提供了有利条件。

(二)平度市经济作物发展的劣势分析

1. 产品质量意识不够高

平度市各种经济作物产品数量很大,但大路货比较多,高、精、特产品少。据调查,南村镇的都市乡村目前每天以比市场高15%左右的价格收购各类蔬菜6吨多,但从平度当地购进的蔬菜仅占30%左右,主要原因就是多数产品农药残留过多,达不到无公害或者绿色食品的标准,无法进入超市。

2. 名牌意识不够强

近年来,平度全市上下的名牌意识有了较大提高,目前全市已经注册的农业产品商标120多件,46个农产品通过了无公害农产品、绿色食品及有机食品认证,青岛市级以上农产品名牌11个。但名牌意识和商标意识差的问题依然存在,相当一部分农产品以"贴牌"形式外销。特别是目前全市还没有一个地理标志产品(马家沟芹菜正在申请),使得特色优势农产品在市场上没有"身份证",直接影响到平度市高端特色农业的快速发展。

3. 市场营销力度不够大

满足于当地销售和受资金方面的制约,多数镇、企业和村庄对特色优势农产品宣传、推介力度不够大。由于农副产品包装落后、促销不力,没有获得认证的优势食品,根本无法进入大中超市;已获得认证的绿色食品,能够进入大中超市的数量也极为有限,高端市场占有率比较低。

4. 农产品加工企业带动能力弱

从优势品牌的发展历程看,缺乏像青岛琴园现代农业有限公司这样有基地、有品牌、带动能力强的龙头企业。虽然目前平度市有620多家农产品加工企业,但多数以粗加工为主,精深加工企业不多,而且多数企业既没有自己的基地,与农户的联系也不够紧密,辐射带动能力不够强。在全市出口的3万吨花生产品中,95%以上只是经过简单分级的果、米等初级产品,几乎没有深加工产品,产品附加值低。而省内的莱阳、莒南等地早已形成原材料、花生酱、烤花生果、烤花生米、饮料、保健药品等花生系列出口产品,大大提高了产品附加值,产生了极大的经济效益和社会效益。而平度市作为花生主产区,70%以上的原材料流入邻近的莱阳、莱西等县市,成为其他地区出口花生产品的原材料基地,从而造成产品附加值流失。

5. 农业科技推广体系不健全,农业科技人才缺乏,导致经济作物科技含量不够高

随着农业产业化的发展和农业走向国际化,必须有相当数量的农业科技力量和一批懂技术、懂管理、善于根据市场信息组织生产的知识型农民。而目前,平度市的许多农民文化程度较低,接受新技术的能力较差,使农业新技术的推广和应用受到限制。加之农业战线本身就缺乏研发人才,使新产品的开发和新技术的推广应用更加困难,产品加工难上档次,制约了农产品的市场竞争力。另外,由于机构改革等原因使原有的农业科技推广体系"线短、网破、人散",镇(街道)多数农业科技人员工资及福利待遇得不到保障,这些都制约了经济作物的进一步发展。

四、加快平度市经济作物发展的建议

(一)加快发展特色经济作物种植

着眼发挥比较优势,结合平度实际,建议重点发展蔬菜、果品、花生等特色产业,打造城市安全生活品骨干生产加工基地。蔬菜产业以马家沟芹菜、明村西瓜、洪兰菠菜为依托,带动全市89万亩蔬菜加快发展,特别要大力发展太阳能、沼气、种植、养殖"四位一体"蔬菜大棚,提高蔬菜品质。果品产业以大泽山葡萄、云山大樱桃为依托,带动全市38万亩果园加快发展。花生产业以华元牌花生、天祥食品、4000亩花生制种基地为依托,带动全市55万亩花生加快发展。这些主导产业不但有做大做强的潜力,而且已经实现了非常好的效益,既容易让群众接受,也有利于开拓市场。要以这些特色产业为抓手,带动全市高端特色

农业加快发展。一是加强基地建设。重点建设以酿造品种为主的葡萄产业基地、以生态优质高效为主的果品产业基地、以设施栽培为重点的出口创汇蔬菜产业基地、以名特优为重点的无公害瓜类产业基地和桑蚕产业基地。二是推进标准化生产，提高产品质量。要充分发挥龙头企业、合作组织等在标准化推进中的作用，构建起利益共同体，实行统一规划、统一标准生产、统一商标上市，提高农业标准化生产水平。要尽快启动农产品质量检测站，发挥农产品质量检测站在推进高端特色农业生产中的作用，进一步提升农产品品质。三是加强科技服务。鼓励龙头企业、合作组织、生产基地加强与农业科研院所的联系与合作，定期聘请农科院所专家和技术人员对农民进行技术培训和现场指导。发挥当前信息网络资源优势，为农民提供便捷高效的技术服务。进一步优化种植业内部结构，在充分利用好现有果树资源的基础上，有重点地引进、繁育、推广苹果、葡萄、桃、梨、大樱桃等极早、极晚熟优良品种，进一步把葡萄、桃、大樱桃等主导产业调大、调优，加速规模化、产业化发展，打造有特色、多样化、有商标的"绿色果品"，占领国内大中城市，并打入国际市场。

（二）做大做强龙头企业

扶持现有农业龙头企业做大做强。对成长前景好的三统万福、田润食品、天祥食品、众成食品、裕龙食品、都市乡村等企业加大扶持力度，争取有更多的企业进入青岛市农产品加工龙头企业、山东省和国家农业产业化龙头企业名单。据调查，当前制约企业发展的主要问题就是资金问题，建议采取以下几条渠道解决：一是建立专项基金。每年从财政支出中列支专项资金，专门用于扶持特色龙头企业发展。二是加大信贷扶持。要通过组织银企洽谈会、建立担保机构等形式，引导银行信贷部门加大对龙头企业、合作组织和农户的扶持力度。三是争取上级支农扶持资金。

（三）加快市场体系建设

一是大力发展合作组织。要充分发挥278家合作组织的作用，走统一供种、统一管理、统一销售的发展路子。坊头村蔬菜协会通过股份制改造，解决了资金制约问题。要引导合作组织在推进股份制改造上下工夫，一方面，密切农户与合作组织的关系，提高组织化程度；另一方面，解决合作组织发展的资金制约，提高发展水平。二是加快提升产地市场。平度市的产地市场具有较好的基础，要加快仁兆蔬菜城建设步伐，搞好姜家埠蔬菜市场、何家店花生市场的升级改造，改善市场基础条件和交易环境，建设设施先进、功能完善、交易规范的产地批发市场，力争用两三年的时间将姜家埠蔬菜市场打造成山东省第一大蔬菜市场,将何家店花生市场打造成全国最大的花生市场和区域性花生价格形成中心。在旧店、祝沟等适宜地区建设果品批发市场,带动东北山区果品产业的快速发展。三是建立专业批发市场,增强农业产业化经营的活力。在完善壮大南村、李园、城关、明村等一批蔬菜批发市场的同时,根据各镇的实际情况再创建一批蔬菜批发市场,使全市农产品批发市场由目前的13个发展到20个。四是加快发展现代物流企业。现代物流能够将生产和销售紧密结合起来,以更快速度、更低成本将农产品送到消费者手中。要鼓励龙头企业、合作组织建立农产品配送中心,如针对青岛机关单位、大中超市实施专业配送,减少中间环节,提高农产品运转效率。

(四)加大市场营销力度

一是运用现代化的营销手段,提高经济作物的产业化、组织化程度。一方面要持续不断地进行宣传推介,另一方面在国庆、元旦、春节等重要节日,加大宣传力度。要丰富节庆内涵,建议在马家沟芹菜、大泽山葡萄节庆期间,举办现代农业发展论坛。要搞好农产品包装,既要体现品种特点,又要挖掘文化内涵,如大泽山葡萄的包装盒一面可全部透明,上部设计一根形似葡萄枝的横梁,葡萄一串一串地平放,形成挂在葡萄枝上的视觉冲击,底部可铺垫弹性柔软的保鲜泡沫,确保能够长途运输。二是积极参与展会。要组织龙头企业、合作组织、产地市场和农户等积极参与各种农产品展示会、推介会、展销会,如组织平度特色农产品·青岛(济南)推介会,加强与青岛超市、酒店、企业的对接,提高平度市高端特色农业的认知度和知名度。要继续唱响"四季节庆歌",尤其要在品牌策划上下工夫,打造平度市高端特色农业的城市名片。三是搞好品牌认证。要积极鼓励经济作物加工企业、合作组织和生产基地争创名牌,尽快获得 GAP、HACCP 等与国际要求一致的认证,推动平度市名牌建设再上新台阶。

(作者单位:中共平度市委党校)

莱西市生物质能源发展与新农村建设研究

张仁坤　孙玉励　孙玉欣　仇宝琴

生物质是指通过光合作用而形成的各种有机体。生物质能是太阳能以化学能形式贮存在生物质中的能量形式,它以生物质为载体,直接或间接地来源于绿色植物的光合作用,可转化为常规的固态、液态和气态燃料,替代煤炭、石油和天然气等化石燃料,可永续利用,具有环境友好和可再生双重属性,发展潜力巨大。开发生物质能源,是对自然能源、绿色能源的开发,不仅增效、降耗、节能、环保,也有利于促进农民增收,推动社会主义新农农村建设。发展生物质能源对经济可持续发展,推进能源替代,减轻环境压力,促进新农村建设都具有重大的战略意义。

莱西市新型能源的开发利用从上个世纪80年代农用沼气开始已有20多年的历史,但受科技水平、资金、群众思想认识等因素的制约,一直发展不快。随着新型工业化和新农村建设的加速推进,新型能源,特别是生物质能源在全市经济中的战略地位日益凸现。莱西市新型能源发展取得了初步成效。

一、莱西市生物质能源发展与新农村建设的基本情况

莱西市共辖15个镇(11个镇、3个街道、1个省级经济开发区),总面积1522平方千米,862个行政村,全市总人口72.43万人,其中农业人口19.52万户、61.6万人,耕地105.2万亩,粮油种植面积169.6万亩。

近年来,莱西市发展农村能源事业取得了初步成效。截至目前,全市已建成沼气示范村42个,建成户用沼气池8000多座,大中小型沼气池21座,秸秆气化站2处,有近万户用上了清洁能源。

(一)生物质资源状况

莱西市生物质资源丰富,依据2006年有关数据预测生物质资源年

产生量：

——玉米种植 54.3 万亩，秸秆产量 30 万吨。

——小麦种植 62.8 万亩，秸秆产量 25 万吨。

——花生种植 31.2 万亩，秸秆产量 10 万吨。

——果林面积 25 万亩，可产薪柴 1 万吨。

——林地面积 59.6 万亩（以西北部山区为主），可产薪柴 1.2 万吨。

——畜禽粪便资源量。莱西市是畜牧业大市，大牲畜存栏量 19.8 万头，年出栏生猪 75 万头，羊 13 万只，鸡 7200 万只。畜禽粪便资源丰富。

——蔬菜垃圾产生量 150 万吨，其中可集中处理量（指具有一定规模的蔬菜批发市场）50 万吨。

——生活垃圾产量 7.2 万吨，其中经分选后的生物质资源约 3.6 万吨。

（二）生物质能开发利用状况

莱西市生物质资源丰富，自 1991 年被列为"全国农村能源综合建设示范县"后，更加重视农村能源的开发利用，尤其是近几年来，围绕资源综合利用、建设社会主义新农村，认真贯彻执行"环境保护"基本国策和"因地制宜，多能互补，综合利用，讲求效益"及"开发与节约并重"的农村能源建设方针，以农村能源建设项目为依托，采取以点带面稳步发展的措施，积极推广以"一池三改"为主要内容的农村沼气新技术，在农村户用沼气、秸秆气化站、大中型沼气池建设等方面成绩斐然，基本形成了"以农业种植、养殖废弃物综合利用发展农村新能源由'点'向'线'逐步延伸、由'线'向'面'逐步铺开的生物质能建设新框架"。

经初步匡算，全市每年可综合利用秸秆产生沼气 476 万立方米，折合标准煤 3390 吨，占全市农村年综合用能 17.45 万吨的 1.94%。具体情况包括以下几方面。

1. 生物柴油项目

生物柴油是近年来迅速发展并规模化使用的生物替代能源，是一种可再生的清洁能源。随着人们生活水平的不断提高，对食用油的要求越来越高，地沟油、植物油下脚料及废弃动物油脂等人类不能食用的油脂越来越多。以此为原料生产的生物柴油燃烧时不产生二氧化硫，排出的有害气体比石油柴油减少 70% 左右，对环境保护具有重要作用。莱西市辖区内的山东省花生研究所经过近三年的研究，在生物柴油生产关键技术上取得突破，现已在望城街道办事处建立了日产 10 吨的生物柴油中试生产线，生产过程安全、节能、环保，生产的生物柴油质量可以达到0号石油柴油的标准,具有良好的市场前景。目前,山东省花生研究所已在莱西市南部工业组团征地50亩,准备建设年产10万吨的生物柴油生产线,项目建成后年销售收入可达6.4亿元,利税5000多万元。

2. 农村生活沼气项目

建设沼气池,对污水粪便进行无害化处理,使之变成有机肥料,产生的沼气可用于做饭、取暖、照明,既解决了农村环境脏乱差和水源污染问题,又探索出了一条开发农村能源的有效途径。沼气项目推广过程中,莱西市主要采取两种方式:一是发展户用沼气。截至2006年底,已建成沼气综合利用示范村18个,累计建成户用沼气池8000多座。2007年,莱西市承担并实施了青岛市3000个"一池三改"(改厕、改圈、改灶)户用沼气池建设项目,新建沼气示范村24个,青岛市财政扶持资金300万元,对建池户每户补贴1000元,目前已建池2600多个,其余正在建设中。孙受镇蒲湾泊村作为"一池三改"户用沼气重点示范村,在青岛市农委的支持下,已建成沼气池180座,普及率达到了85%,每建一座沼气池,可为农户节约燃料开支500元。二是建设规模化沼气池。目前,全市已建成20~50立方米的小型沼气池19座(主要建在规模化养殖场),建成大型沼气池2座,其中,万福集团在朴木养殖场建成了2000立方米大型沼气池一座,总投资158万元,年产沼气14.4万立方米。经济开发区三里庄村引进了总投资940万元的青岛罡泰沼气有限公司,占地40亩,主要利用人畜粪便和青岛海升果业公司的废弃果渣为原料生产沼气,投资340万元的一期工程已建成投产,发酵池容积4000立方米,主体池地上高20米,地下深4米,日产沼气1500立方米,可满足7000人做饭和取暖需要。

3. 秸秆气化项目

秸秆气化主要是对农作物秸秆进行高温不完全燃烧,产生一种含有一氧化碳、氢气和甲烷的混合气体,可用于村民生活和取暖。项目实施后,从根本上解决了农村"家家点火、户户冒烟"的问题,大大减少了烟尘及甲烷、二氧化碳的排放量,可直接为居民家庭在燃料方面节约支出60%以上。目前莱西市已建成店埠镇东庄头村、南墅镇刘建村2座秸秆气化站,总投资143万元,年产燃气1.22万立方米,供372户农户用气,一年可转化利用秸秆270吨。其中,刘建村秸秆气化站投资70万元,日产量在300立方米左右,基本可满足全村村民用气。目前,全村112户村民用上了卫生节能的燃气,与使用液化石油气相比,每户每年可节省400元。东庄头村秸秆气化站工程总投资130万元,2002年3月建成一期工程并投入使用。该机组每小时产气600立方米,供给320户用气。二期工程将于2007年底前完成。

4. 清洁供热项目

在莱西市城区,先后将20余台燃煤锅炉改换为燃用焦炭、轻柴油或电加热锅炉,关停、淘汰分散燃煤供热锅炉86台,所有餐饮业及单位食堂的炉灶全部更换为液化气灶。鼓励居民家庭使用煤制气,目前城区已有11474户居民用上了煤制气。在南部工业组团,建设了青岛金谷热电有限公司,先后淘汰分散燃煤供热锅炉10余台。在西部工业组团,投资1.2亿元的九联集中供热工程正在建设中,工程建成后将淘汰现有分散供热锅炉13余台,同时为组团内新上项目提供充足的热力保证。通过大力推广清洁能源,实现集中供热。

(三)存在的主要问题及制约因素

通过对种植业、养殖业废弃物综合利用,既使部分生物质资源转化成了生物质能,减少了化石能源的利用量,缓解了化石能源供求的压力,减少了SO_2、CO_2等有害气体和温室气体的排放,又改善了农民生产生活条件,推进了社会主义新农村建设。但在生物质能开发利用过程中还存在以下几方面的问题。

思想认识方面。随着农村生活条件的逐步改善和农民生活质量的逐步提高,但部分农民小富即安、极易满足的思想仍然很严重,缺乏对化石能源开采、使用的危机感和对生物质能使用的紧迫感的认识。由于思想认识不到位,影响了生物质能开发利用的积极性。

服务指导方面。沼气池建成使用后,技术指导、管理服务等方面力量比较薄弱,镇、村两级能源技术服务站建设尚不完善,缺乏定期对用户进行技术指导、设备维护与检修等规范化服务,服务功能有待于进一步加强和完善。

资金投入方面。目前,莱西市在生物质能开发利用资金投入方面,主要采取国家、青岛市和地方财政补贴一部分,农户投入一部分的形式。建设"一池三改"沼气池每个投资3000元,财政补贴近1000元,农户投入2000元左右,群众投资压力较大。要实现到2015年建设5.7万个户用沼气池的规划目标,仍有较大的资金缺口。

区域布局方面。在生物质能建设区域布局方面,存在着重点不够突出、面上星星点点的问题。以沼气建设为例,上世纪80年代初期,为解决农村生活用能,莱西市开始发展农村能源,到1995年,全市建设农村户用沼气池2000多座。1995年,国务院八部委联合在莱西市召开了全国农村能源建设现场工作会议,推广莱西市农村沼气建设的经验。但是,到2001年,这些沼气池已大部分废弃或损毁,正常使用的很少。

二、莱西市生物质能源发展方向及发展重点

按照积极发展现代农业、扎实推进社会主义新农村建设的总体要求,围绕建设"繁荣、平安、文明、和谐"的现代化生态型中等滨河城市,努力打造"齐鲁水城"——新莱西,在今后一个时期,莱西市生物质能发展将围绕拓展农业功能、发展循环农业、促进农民增收,充分发挥生物质资源优势,在全市范围内,重点在环莱西湖、大沽河沿岸(旨在水源地保护)区域村庄,以综合利用农业废弃物(种植业秸秆、养殖业粪便等),大力加强沼气建设,积极推广秸秆气化和固化成型燃料建设。通过利用农业废弃物发展生物质能,提高农业资源利用效率,优化能源结构,降低化石能源消耗,减少农业污染排放,为建设社会主义新农村、保护生态环境做出积极努力。莱西市生物质能建设重点项目有以下几个。

1. 农村户用沼气池

以"一池三改"为主要内容的户用沼气池建设,以植物秸秆、粪便等废弃物为原料,通过对厨房、厕所、畜圈进行改造,建设一个8立方米的沼气池,废弃物入池发酵后产生沼气,其主要特点是可家家户户分散生产,使废弃物变成清洁能源。

根据规划,到2015年的发展5.7万个户用沼气池,需投入资金2.05亿元,目前,已经建成1.1万个,完成资金投入0.33亿元(已建成的沼气池没有增温、保温设备,按每个3000元计)。资金来源,采取政策扶持、群众自筹等措施予以解决。

2. 大中型沼气池

大中型沼气池主要指在规模化养殖场建设利用畜禽粪便和其他生物质资源(秸秆、烂果、酒糟等废弃物)生产沼气。

大型沼气池一般指容积在2000立方米左右的沼气池,规划到2015年建设10座大型沼气池,总投资3000万元。目前已经建成2座,后续投资2400万元。

中型沼气池一般指容积在200立方米左右的沼气池,规划到2015年建设11座中型沼气池,总投资308万元。目前已经建成2座,完成投资56万元。

3. 沼气取暖、照明工程

沼气取暖指用沼气做燃料,通过沼气炉燃烧沼气产生热量用于取暖;沼气照明指将沼气通过管路——照明灯燃烧沼气用于照明。目前,沼气照明工程已在部分村庄沼气用户投入使用,计划2008年开始在全市沼气用户推广,到2015年5.7万沼气用户全部用上沼气照明。沼气取暖工程预计于2008年通过科研国产化降低成本,向取暖用户推广。

4. "四位一体"大棚

"四位一体"指利用太阳能进行"太阳能—种植—养殖—沼气"综合性大棚建设。它通过沼气把养猪、塑料大棚和棚内种植结合起来,实现农业发展的良性循环。按目前已投入使用的大棚情况看,比普通大棚增温2℃左右,增产20%,种植作物可提早上市10~30天,总体效益增加30%以上;用沼液喂猪,可节约饲料15%左右,缩短育肥期25%左右;沼渣用于作物肥料,既节省了化肥,又生产了绿色食品;沼气用于照明,每个棚年节省电800多千瓦时。目前,莱西市已建设"四位一体"综合性大棚20个。

5. 秸秆气化站

秸秆气化是指利用作物秸秆通过不完全燃烧产生一氧化碳、氢气和少量甲烷等气体,气体通过机组转换成可燃气体,净化后由储气柜通过管道送到用户使用。按规划,到2015年建设秸秆气化站25座,共需投资2500万元,目前已建成2座。

6. 秸秆发电

秸秆发电主要指利用农作物秸秆、薪柴燃烧发电、供热。为促进可再生资源的开发利用和对生物质能的应用,改善环境状况,减少资源的浪费,莱西市规划在"十一五"期间,分别在南部工业组团和市区经济开发区各建设1处秸秆热电联产项目,南部以青岛金谷热电有限公司为依托,建设2台12MW抽凝式汽轮发电机组,配2台75t/h炉排型秸秆燃烧锅炉。在经济开发区建设1台25MW汽轮发电机组,配1台130t/h秸秆燃烧锅炉。

7. 生物柴油、乳化汽柴油

生物柴油指用动植物油脂、酸化油、地沟油及其他废弃油为原料生产的燃料油,其可取代化石能源柴油。乳化汽柴油指在汽柴油中掺入一定比例的甲醇及添加剂生产合成(乳化)汽柴油,其可取代化石能源汽柴油。

由青岛富安伯集团有限公司与山东省花生研究所合资成立进行生物柴油研发生产的青岛福瑞斯生物能源科技开发有限公司,于2007年初在莱西南部工业组团投资5000万元建设生物柴油生产厂,产品主要以动植物油脂、酸化油、地沟油及其他废弃油为原料生产生物柴油,达产后年生产能力10万吨。该项目预计于2007年11月投产。2008年10月投资3900万元的二期工程将开工建设。

青岛月湖环能科技有限公司拟利用青岛莱西实用技术研究所的技术进行生物柴油、乳化柴油、甲醇汽油的生产。该技术属国内先进水平,以动植物油脂、酸化油、地沟油及其他废弃油为原料生产生物柴油,2006年5月进行了中试,产品符合"DLNV51606"标准,具有长时间不沉淀、不分层等特点。计划投资 4300 万元建设生物柴油、乳化柴油、甲醇汽油生产厂,项目达产后年生产能力达到 6.8 万吨。

8. 蔬菜垃圾综合处理

青岛月湖环能科技有限公司拟利用青岛莱西实用技术研究所的技术,利用废弃的蔬菜集中后进行无害化、资源化、能源化利用,生产有机叶面肥、有机冲施肥、饲料、沼气等系列产品。项目计划投资 3800 万元,在莱西店埠东庄头蔬菜批发市场建设生产厂。项目建成达产后,年处理蔬菜垃圾 5 万吨(蔬菜上市高峰期每年 250 天左右,日产蔬菜垃圾 200 吨左右)。

9. 饲料玉米综合利用系统工程

饲料玉米综合利用系统工程指将原来直接用于畜禽养殖的饲料经加工后建立循环链条的生物质能系统工程。该项目的技术核心——糖化蛋白饲料由青岛莱西实用技术研究所于 1999 年研制,1999 年 11 月 2 日经过莱阳农学院(现青岛农业大学)动物饲料检测中心鉴定。

青岛月湖环能科技有限公司拟利用该技术建立生物质能系统工程示范园,其主要工艺流程为饲料玉米—乙醇或食用酒—糖化蛋白饲料—养殖—沼气—发电—有机肥料—种植。从工艺图看,项目符合循环经济资源化、减量化、再利用的特点,项目总投资 9395 万元,达产后年综合利用饲料玉米 6000 吨,生产乙醇或白酒 1800 吨、饲料 7500 吨、年出栏猪 2 万头、生产沼气 30 万立方米、生产生物有机肥 2100 吨。初步预计年经济效益可达 3200 万元,具有良好的经济效益和明显的社会效益。

三、几点体会

(一)发展农村能源事业离不开各级政府和社会各界的大力支持

发展农村能源是改变农村传统生活方式的一场革命,是缩小城乡差距的重要举措,对农村和广大农民来说也是新生事物。莱西市实践证明,农村能源建设之所以开局良好,关键是得到了各级领导的大力支持,得到了各级财政的鼎力扶持,得到了各职能部门的全力帮助,从而形成了强大的推进合力。

(二)发展农村能源事业核心是让农民得实惠

建设社会主义新农村是惠及农村千千万万农民群众的民心工程,因此在工作中至少应在三方面得到群众认同:一是省钱,二是干净,三是改变传统的生活方式,农民群众的幸福感明显增强。农民群众认同了、接受了，他们参与新农村建设的积极性也就提高了，农民的主体作用就会得到发挥。

(三)发展农村能源事业必须整体推进

从莱西市情况看，发展农村能源建设，在组织领导上既要坚持必要的行政推动和政策引导，还要搞好典型带动，让农民看到实实在在的效果，增强吸引力。在事业管理上，要坚持建、管、护、研并举，不仅要重视模式的选择、工程的建设，更要重视后续的服务和管理，确保这项工作能够善始善终，决不能重建轻管，更不能一阵风。

(四)发展农村能源事业需要科学技术的支撑

莱西这几年推广的沼气、秸秆气化两种模式，相对来说技术比较成熟，但仍有很多技术性的难题，需要各级科研部门进一步加大科研攻关力度，使技术更加成熟完善，为扩大推广面提供有力的支撑。同时，农村能源事业还是一个具有广阔前景的大产业，科研部门及相关企业应加大研发力度，推出更多适合农村实际的新型能源，惠及广大农民。

四、加快莱西市生物质能源发展的对策建议

目前，莱西市新型能源发展还处于起步阶段，普及率还不够高，存在着新产品开发缺乏高新技术支撑，企业缺乏相关的技术标准，专业开发人才和开发资金不足等问题。为此建议：

(一)加强工作指导

成立莱西市新型能源开发应用领导小组，进一步加强对新型能源工作的组织和指导，使生物质能发展工作真正形成"分工合理、密切配合、整体推进"的工作格局。同时，把新型能源建设工作纳入生态城市、文明城市、新农村建设发展规划，加大培育力度，逐步将其建成一个大产业。

(二)加强宣传

通过多种形式，大力宣传新型能源开发应用的重大意义，使这项工作深入人心，成为全民的自觉行动，为加快新型能源建设创造有利的环境条件。充分利用网络、广播、电视、报刊等新闻媒体，大力宣传建设和利用生物质能对节约能源、优化能源结构、保护生态环境、建设社会主义新农村的重大意义，宣传先进典型和成功经验；各职能部门和镇(街道办事处)、经济开发区要深入基层做好面对面的宣传发动，以提高地

方政府、企业及广大农民群众自觉建设和使用生物质能的积极性,形成全社会关心、支持、利用农业生物质能的良好氛围。

(三)加强示范基地建设

把新型能源建设同生态城市建设、镇村建设、科技兴农、菜篮子工程等结合起来,培植典型,以典型引路,靠示范带动,以此推进全市工作。莱西市每年应安排10个以上的村和5家以上企业作为示范点,每个镇(街道办事处)每年应至少安排3个村和2家企业作为示范点,重点扶持和指导,提高建设水平,加快建设进度。

(四)加强政策扶持,完善服务体系

给予新型能源项目更多的资金、政策、智力支持,加快新技术新产品的开发及推广应用。同时,鼓励企业围绕新型能源开展招商引资,引进相关专业人才,开发先进实用的技术和产品。

整合现有资金、技术和人才等要素和资源,尽可能地倾斜到生物质能产业上来,加大工作推进力度;充分发挥职能部门的作用,积极争取各级财政专项资金的扶持;充分发挥地方能源技术服务站的作用,加强能源管理知识、技术培训,增强服务功能,保障能源设备、设施发挥长效作用,从而形成市、镇(街道)、村三级服务网络,在农户建设、管理和使用过程中提供全面的服务,确保生物质能事业的持续健康发展。

(作者单位:张仁坤、孙玉欣,中共莱西市委党校;
孙玉励,莱西市庄扶中学;仇宝琴,莱西市交通局)